# SHOW-HEY シネマルーム

41

2018年上半期 お薦め50作

弁護士 坂和章平

# はじめに

『シネマルーム41』は2017年10月1日から2018年3月31日までに観た洋画80本、邦画23本、計103本の映画から2018年上半期お薦め50作を選び、まとめたものです。

&lt;第1章　第90回アカデミー賞&gt;
第1章は第90回アカデミー賞の受賞作の特集です。受賞式を席巻したのは、①サーチライト魂を受け継ぐ男女2人の共同社長体制、②作品数は年間最大12本を目安にすること③手掛ける作品は製作と買い付けが半々、④製作費は1500万ドル以下の低予算が基本、⑤潜在するニッチなマーケットを掘り起こす、の五箇条を「社是」とした「FOXサーチライト」配給の❶『シェイプ・オブ・ウォーター』と❷『スリー・ビルボード』です。前者は作品賞、監督賞、美術賞、作曲賞を、後者は主演女優賞、助演男優賞を受賞しました。

　日本では❸『ウィンストン・チャーチル　ヒトラーから世界を救った男』のメイクアップを担当した辻一弘氏がメイクアップ＆ヘアスタイリング賞を受賞したことが大ニュースになりました。ゲイリー・オールドマンの主演男優賞は元々の実力でしょうが、メイクの出来もその一端を担っていたはず。これによって同作の観客が増大したことはまちがいありません。❹『ゲット・アウト』の脚本賞＜オリジナル脚本＞受賞は少し意外な面も・・・。

　他方、作品賞、主演女優賞にノミネートされていた❺『ペンタゴン・ペーパーズ　最高機密文書』が無冠に終わったのは残念でした。ニクソン政権当時のウォーターゲート事件とFBIとの関係を描いた❻『ザ・シークレットマン』と共に必見の作品であるうえ、同作は現在のトランプ政権や安倍政権と対比しながら鑑賞すれば、より興味が増すはずです。

　私には外国語映画賞を受賞した『ナチュラル・ウーマン』も、撮影賞を受賞した『ブレードランナー2049』もその出来はイマイチで、私の採点は星3つ。さらに、脚本賞にノミネートされながら受賞を逸した『ビッグ・シック　ぼくたちの大いなる目ざめ』も星3つでした。そのため、その評論は収録していません。なお、アリソン・ジャネイが助演女優賞を受賞した『アイ、トーニャ　史上最大のスキャンダル』と脚本賞＜脚色＞を受賞した『君の名前で僕を呼んで』はまだ観ていませんが、今回のアカデミー賞は主なものをほとんど鑑賞できたため、その多くを紹介できたのは幸いです。

&lt;第2章　日本アカデミー賞、キネマ旬報ベスト・テンなど&gt;
　第2章では邦画に目を転じ、日本アカデミー賞、キネマ旬報ベスト・テン、大阪シネマフェスティバル・ベストテンなどの受賞作を特集しました。

　2018年の第41回日本アカデミー賞は、是枝裕和監督の『三度目の殺人』が作品賞、監督賞、脚本賞、助演男優賞、助演女優賞、編集賞の6部門を席巻しました。助演男優賞は殺人犯役（？）の役所広司、助演女優賞は14歳の娘で、キーウーマンとなった広瀬すずでした。しかし、2017年の第91回キネマ旬報日本映画ベスト・テンでは、『三度目の殺人』は第8位で、『夜空はいつでも最高密度の青色だ』がトップに、また私が長年ベス

トテンの投票委員をしている「おおさかシネマフェスティバル２０１８」では❷『彼女が
その名を知らない鳥たち』がトップになりました。私が２０１７年の邦画の断トツ１位に
推したのは❶『あゝ、荒野　前篇・後篇』ですが、同作はキネ旬の読者選出日本映画ベス
トテンでは１位、日本映画ベストテンでは３位でした。また、キネ旬の個人賞では『あゝ、
荒野　前篇・後篇』『火花』『帝一の國』『キセキ―あの日のソビト―』の菅田将暉が主演男
優賞を、『彼女がその名を知らない鳥たち』の蒼井優が主演女優賞に選ばれました。

　注目すべきは、大林宣彦監督の遺作になるかもしれない『花筐／HANAGATAMI』
がキネ旬日本映画ベストテンの２位に入ったことです。❸『火花』と❹『花筐』を「青春
群像劇の今昔」として対比してみるのも一興だと思います。また２月２１日に飛び込んで
きた大杉蓮の突然の訃報には驚きましたが、『アウトレイジ最終章』が日本アカデミー賞の
音楽賞を受賞したことを彼も喜んでいることでしょう。

　近時の邦画のくだらなさを嘆いている私ですが、意外に面白かったのが❺『嘘八百』❻
『祈りの幕が下りる時』❼『ビジランテ』です。また、昭和の激動の時代をエロ雑誌の編
集者として生き抜いた末井昭氏の爆発的な生きザマを描いた❽『素敵なダイナマイトスキ
ャンダル』は興味深い異色作でした。

　興行収入は低かったものの、特筆すべきはオダギリジョーが全編キューバ語で出演した
阪本順次監督の❾『エルネスト』です。また、吉永小百合の❿『北の桜守』は大ヒット公
開中と新聞で宣伝されているとおりの興収を収めたようです。第１３回アジアン映画祭に
初出品された、藤本明緒監督の⓫『僕の帰る場所』は私が出資し、製作協力したミャンマ
ー人一家４人家族を描く佳作です。これら３作の関係者各位の努力に拍手！

## ＜第３章　中国映画が豊作！その多様性に注目！＞

　今回は中国映画が豊作でした。まずは、チェン・カイコー監督の日中合作の歴史ファン
タジー超大作❶『空海　KU-KAI　美しき王妃の謎』と、ジョン・ウー監督が高倉健主演の
『君よ憤怒の河を渉れ』（76年）を、大阪ロケをふんだんに使ってリメイクした❷『マン
ハント』に注目！前者はマンガチックな作り方の賛否が分かれ、後者は福山雅治と高倉健
との対比が微妙なところですが、その挑戦や良し！両作とも必見です。逆に小さい作品で
すが、ワン・ビン監督独特の社会派ドキュメンタリーである❸『苦い銭』にはビックリさ
せられるし、ヤン・チャオ監督がジャ・ジャンクー監督ばりに（？）長江をテーマに作っ
た❹『長江　愛の詩』にはうっとりさせられるはずです。

　２０１７年の中国映画では❺『戦狼２　ウルフ・オブ・ウォー２』の「独走」が目立ち
ました。その興行収入、約１０００億円は中国の歴代トップの記録を塗り替え、「一帯一路
構想」を推し進め、既に中国の支配圏になっているアフリカ（？）を舞台に繰り広げられ
る「中国版ランボー」の戦いぶりを世界に見せつけました。これぞ、３期目はおろか、終
身の国家主席を目指す習近平体制そのもの！そんな反面教師的な見方を含めて、日本人も
必見の中国映画です。他方、インドで３００億円の興収を挙げ最大のヒット作になったの
が❻『バーフバリ　王の凱旋』。『十戒』『スパルタクス』『クレオパトラ』等と同じ、桁外
れのスケール、アクション、ドラマ力はすごいものでした。１０００～２０００円で１４
１分間、これだけ楽しめれば安いもの。映画は最高の娯楽だということが、本作を観れば
確信できるはずです。

3

中国の戦争はそんな仮想のもの（？）だけではありません。倭寇を追っ払った明の将軍・戚継光を描く❼『ゴッド・オブ・ウォー』は本格的歴史秘話（？）として、また、ジャッキー・チェンが思いを馳せた、インドでの昔々の戦争をテーマにした❽『カンフー・ヨガ』は肩の張らない娯楽大作として鑑賞してください。さらに、今年は『僕の帰る場所』を第１３回アジアン映画祭に出品したことによって私も鑑賞することができた、香港と台湾の最新話題作である❾『血観音』と❿『空手道』にも注目！この両作を観る機会は少ないかもしれませんが、ネット上の資料のお勉強だけでもしっかりと。

＜第４章　ハリウッドはやっぱり面白い！＞
「ハリウッドはやっぱり面白い！」と題した４章では、まず、今なお続く楽しいシリーズものとして❶『猿の惑星　聖戦記（グレート・ウォー）』を楽しみましょう。続いて、クリント・イーストウッド監督の❷『１５時１７分、パリ行き』と、キャスリン・ビグロー監督の❸『デトロイト』に注目！両者とも「史実」に基づく映画ですからリアルさが際立っているのは当然であるうえ、「さすがの作り方」と感心！そして、私の大好きなハリウッド・ビューティーとしていつまでも美しいニコール・キッドマン主演した❹『The Beguiled／ビガイルド　欲望のめざめ』と❺『聖なる鹿殺し　キリング・オブ・ア・セイクリット・ディア』に注目。前者は女性監督ソフィア・コッポラらしく、「女の欲望」がわかりやすく表現されていますが、カンヌ国際映画祭の常連監督の後者はタイトルを含めてチョー難解な映画。決して後味がよいとは言えませんが、たまにはこんな映画も！
さらに、キネマ旬報で「カラダが目当て　リターンズ」を連載中の秋本鉄次氏が、４月上旬号で“２人のパッキン”として絶賛している、ジェニファー・ローレンス主演の❻『レッド・スパロー』と、シャーリーズ・セロン主演の❼『アトミック・ブロンド』にも注目です。『くの一忍法帖』を彷彿させるこれらの女スパイものは、是非『００７シリーズ』や『ボーンシリーズ』と同じように「女スパイもの」としてシリーズ化してほしいものです。また、女性の社会進出が著しい昨今、“職業婦人”という言葉は既に死語。❽『ドリーム』では女数学者の、❾『女神の見えざる手』では女ロビイストの、そんじゃそこらの男をはるかに上回る実力をしっかり噛みしめてください。

＜第５章　各国からの素晴らしい問題提起作その１＞
ドイツでは『ハンナ・アーレント』（１２年）（『シネマ32』215頁）以降「アウシュビッツもの」の名作が続いていますが、❶『否定と肯定』はその正当な後継作。そして同時に「本格的法廷もの」として司法修習生必見の教材です。また、ナチス親衛隊を祖父に持つ青年と、祖母をホロコーストで殺されたユダヤ人女性との恋の行方を描く❷『ブルーム・オブ・イエスタディ』も必見。さらに、ナチスドイツの時代なればこそ、❸『永遠のジャンゴ』や❹『ユダヤ人を救った動物園　アントニーナが愛した命』のような物語もしっかり味わいたいものです。
韓国では今なお日帝支配時代の韓国民衆の抵抗を描く映画が大人気で、『暗殺』（１５年）（『シネマ38』176頁）がその典型でした。今回は『暗殺』と同じ系譜の作品として、義烈団の活躍を描く❺『密偵』と、アジアン映画祭でオープニング上映された❻『朴烈（パクヨル）　植民地からのアナキスト』が登場。「慰安婦合意」の撤回の可否という現在の政治

状況とともに、その問題点をしっかりと考えてください。

　また、両者ともイギリス映画ですが、❼『ベロニカとの記憶』と❽『ウイスキーと２人の花嫁』の味わい方は全く別。前者は『終わりの感覚』という原作のタイトルどおりの若き日の波乱に満ちた恋とその別れを、『花筐』や黒澤明監督の『わが青春に悔いなし』（４６年）と対比しながらしっかり味わいたい佳作です。それに対して、後者はホントは映画館内でウイスキーを飲みながら鑑賞したいようなお楽しみ作。中国流（？）の「上有政策、下有対策」（上に政策あれば、下に対策あり）をしっかり楽しみましょう。

＜第６章　各国からの素晴らしい問題提起作その２＞
　近時、イランやイラク、スウェーデンやフィンランド、さらにアルゼンチンやチリ等、世界各国の名作が次々に登場しています。『シネマルーム』ではそれらを意識しながら丹念に取り上げていますが、今回は、セルビア発の❶『オン・ザ・ミルキー・ロード』とアルゼンチン発の❷『笑う故郷』に注目！前者は『ウェディング・ベルを鳴らせ！』（０７年）（『シネマ22』162頁）で注目されたセルビアのエミール・クストリッツァ監督の、メチャ面白く示唆に富んだ寓話、後者はノーベル文学賞作家のお里帰りを描く怪作です。
　近時ヨーロッパでは「難民」が大きな政治問題になっていますが、それを面白い視点で切り取ったのが、フィンランド発の❸『希望のかなた』とドイツ発の❹『はじめてのおもてなし』です。外国人観光客が約３０００万人となり、観光立国として大きく成長しつつある日本では、まだまだ難民についての問題意識は低調です。それが陸続きのヨーロッパとは異なる“島国ニッポン”の有利性でもありますが、やはり法的整理はもちろん論点の整理だけはしっかりしておく必要があります。
　『シネマ40』ではフィリピン映画『ローザは密告された』に注目しました（259頁）が、本書では、２２８分でもまだ短い方だというラブ・ディアス監督のフィリピン映画❺『立ち去った女』に注目！トルストイの短編から着想を得たという同作は難解で、ヒロインおばさん（老女？）をずっと見続けるのは少し苦痛ですが、最後にはなぜかカタルシスが・・・。他方、１９３２年公開の『私の殺した男』を大胆にアレンジした❻『婚約者の友人』は何ともミステリアスな展開になりますが、敗戦国ドイツの女性と戦勝国フランスの男性との恋の成就は如何に・・・？

　以上の通り、『シネマ41』も盛りだくさんですが、今回は２０１８年４月からデジタルハリウッド大阪校でデザインを学び始めた中国人留学生の王雅さんが描いた絵を、画像とは別に挿入しました。彼女の繊細なタッチで表現される登場人物たちが醸し出すその映画のイメージをしっかりお楽しみください。
　なお、前回の『シネマ40』に続いて今回の『シネマ41』も自費出版とはせず、出版コードを取り、書店で販売するスタイルとしています。そのため、書店で売れれば売れるほど著者に印税が入る仕組みになっていますので、ぜひ書店でお買い求めください。『シネマルーム』の出版は今後も毎年２冊のペースで継続していくつもりですので、多くの映画ファンの皆様から注目され、購入されることを期待しています。

　　　　　２０１８（平成３０）年５月２２日　　　　　弁護士　坂　和　章　平

# 目　次

はじめに ・・・・・・・・・・・・・・・・・・・・・・・・・・・・・・・・・・・・・・・・・・・・・・・ 2

## 第1章　第90回アカデミー賞

第90回アカデミー賞は「FOXサーチライト」が席巻！

シェイプ・オブ・ウォーター（作品賞・監督賞・美術賞・作曲賞）・・・・・・・・・・ 10

スリー・ビルボード（主演女優賞・助演男優賞）・・・・・・・・・・・・・・・・・・・・・・・・ 18

この受賞は当然！

ウィンストン・チャーチル　ヒトラーから世界を救った男

（主演男優賞・メイクアップ＆ヘアスタイリング賞）・・・・・・・・・・・・・ 26

ゲット・アウト（脚本賞〈オリジナル脚本〉）・・・・・・・・・・・・・・・・・・・・ 33

無念ながら無冠だったが・・・

ペンタゴン・ペーパーズ　最高機密文書（作品賞・主演女優賞逃し）・・・・・・・ 37

ザ・シークレットマン（ノミネートなし）・・・・・・・・・・・・・・・ 44

## 第2章　日本アカデミー賞、キネマ旬報ベスト・テンなど

邦画ベスト・テンのトップは？

あゝ、荒野【前篇】【後篇】・・・・・・・・・・・・・・・・・・・・・・・・・・ 50

彼女がその名を知らない鳥たち・・・・・・・・・・・・・・・・・・・・・・・・ 57

青春群像劇　その今昔

火花 ・・・・・・・・・・・・・・・・・・・・・・・・・・・・・・・・・・・・・・・・ 62

花筐／HANAGATAMI ・・・・・・・・・・・・・・・・・・・・・・・・・・ 67

こりゃ意外に掘り出しもの

嘘八百 ・・・・・・・・・・・・・・・・・・・・・・・・・・・・・・・・・・・・ 72

祈りの幕が下りる時 ・・・・・・・・・・・・・・・・・・・・・・・・・・・・・・ 77

ビジランテ ・・・・・・・・・・・・・・・・・・・・・・・・・・・・・・・・・ 81

素敵なダイナマイトスキャンダル ・・・・・・・・・・・・・・・・・・・・・ 88

この努力に拍手！

エルネスト ・・・・・・・・・・・・・・・・・・・・・・・・・・・・・・・・・ 93

北の桜守 ・・・・・・・・・・・・・・・・・・・・・・・・・・・・・・・・・・・ 99

僕の帰る場所 ・・・・・・・・・・・・・・・・・・・・・・・・・・・・・・・ 105

## 第3章　中国映画が豊作！その多様性に注目！

中国の二大巨匠の最新大作
　空海　KU-KAI　美しき王妃の謎（妖猫伝 Legend of the Demon Cat）

　　　　　　　　　　　　　　　　　　（チェン・カイコー監督）‥‥‥‥112
　マンハント（追捕　MANHUNT）（ジョン・ウー監督）‥‥‥‥‥‥‥‥117
小さい作品だがこんな中国も
　苦い銭（苦銭／Bitter money）‥‥‥‥‥‥‥‥125
　長江　愛の詩（長江図／Crosscurrent）‥‥‥‥‥‥‥‥‥‥131
中国とインドの興収トップ作品に注目！
　戦狼2　ウルフ・オブ・ウォー2（1000億円）‥‥‥‥‥‥136
　バーフバリ　王の凱旋（300億円）‥‥‥‥‥‥‥‥141
中国とインドではこんな戦争も
　ゴッド・オブ・ウォー（蕩寇風雲／God of War）‥‥‥‥‥‥‥‥146
　カンフー・ヨガ（功夫瑜伽／Kung Fu Yoga）‥‥‥‥‥‥‥‥151
第13回大阪アジアン映画祭で香港・台湾最新の話題作を上映
　血観音（香港・第54回金馬奨）‥‥‥‥‥‥‥‥156
　空手道（台湾・第37回香港電影金像奨）‥‥‥‥‥‥‥‥160

## 第4章　ハリウッドはやっぱり面白い！

シリーズ最新作と男女二大巨匠の最新作
　猿の惑星　聖戦記（グレート・ウォー）‥‥‥‥‥‥‥‥164
　15時17分、パリ行き（クリント・イーストウッド監督）‥‥‥‥‥‥168
　デトロイト（キャスリン・ビグロー監督）‥‥‥‥‥‥‥‥174
ニコール・キッドマン2作
　The Beguiled／ビガイルド　欲望のめざめ‥‥‥‥‥‥‥‥181
　聖なる鹿殺し　キリング・オブ・ア・セイクリッド・ディア‥‥‥‥‥‥184
女スパイ2作
　レッド・スパロー（ジェニファー・ローレンス）‥‥‥‥‥‥‥‥189
　アトミック・ブロンド（シャーリーズ・セロン）‥‥‥‥‥‥‥‥194
女の仕事にもこんなプロが
　ドリーム（女数学者）‥‥‥‥‥‥‥‥198
　女神の見えざる手（女ロビイスト）‥‥‥‥‥‥‥‥204

## 第5章　各国からの素晴らしい問題提起作その1

**アウシュビッツの悲劇をどう考える？**
　否定と肯定　‥‥‥‥‥‥‥‥‥‥‥‥‥‥‥‥‥‥‥‥‥‥‥‥‥‥ 214
　ブルーム・オブ・イエスタディ　‥‥‥‥‥‥‥‥‥‥‥‥‥‥‥‥‥ 221
**「ヒトラーもの」にはこんな物語も**
　永遠のジャンゴ　‥‥‥‥‥‥‥‥‥‥‥‥‥‥‥‥‥‥‥‥‥‥‥‥ 227
　ユダヤ人を救った動物園　アントニーナが愛した命　‥‥‥‥‥‥‥‥ 231
**日帝支配下の韓国にはこんな物語も**
　密偵　‥‥‥‥‥‥‥‥‥‥‥‥‥‥‥‥‥‥‥‥‥‥‥‥‥‥‥‥‥ 236
　朴烈（パクヨル）　植民地からのアナキスト　‥‥‥‥‥‥‥‥‥‥‥ 243
**イギリスにはこんな物語も**
　ベロニカとの記憶　‥‥‥‥‥‥‥‥‥‥‥‥‥‥‥‥‥‥‥‥‥‥‥ 249
　ウイスキーと2人の花嫁　‥‥‥‥‥‥‥‥‥‥‥‥‥‥‥‥‥‥‥‥ 254

## 第6章　各国からの素晴らしい問題提起作その2

**セルビア発**
　オン・ザ・ミルキー・ロード（面白く示唆に富む寓話）　‥‥‥‥‥‥ 260
**アルゼンチン発**
　笑う故郷（ノーベル賞作家のお里帰り）　‥‥‥‥‥‥‥‥‥‥‥‥‥ 266
　≪1頁コラム≫表紙撮影の舞台裏（29）　‥‥‥‥‥‥‥‥‥‥‥‥ 272
**フィンランド発**
　希望のかなた（難民もの）　‥‥‥‥‥‥‥‥‥‥‥‥‥‥‥‥‥‥‥ 273
**ドイツ発**
　はじめてのおもてなし（難民もの）　‥‥‥‥‥‥‥‥‥‥‥‥‥‥‥ 279
**フィリピン発**
　立ち去った女（近時大注目！228分）　‥‥‥‥‥‥‥‥‥‥‥‥‥ 284
**フランス・ドイツ発**
　婚約者の友人（フランソワ・オゾン監督）　‥‥‥‥‥‥‥‥‥‥‥‥ 289
おわりに　‥‥‥‥‥‥‥‥‥‥‥‥‥‥‥‥‥‥‥‥‥‥‥‥‥‥‥‥ 294
索引（50音順）　‥‥‥‥‥‥‥‥‥‥‥‥‥‥‥‥‥‥‥‥‥‥‥‥ 296
出版物の紹介　‥‥‥‥‥‥‥‥‥‥‥‥‥‥‥‥‥‥‥‥‥‥‥‥‥‥ 298
著者プロフィール　‥‥‥‥‥‥‥‥‥‥‥‥‥‥‥‥‥‥‥‥‥‥‥‥ 299

# 第1章
# 第90回アカデミー賞

## 第90回アカデミー賞は「FOXサーチライト」が席巻！

シェイプ・オブ・ウォーター（作品賞・監督賞・美術賞・作曲賞）

スリー・ビルボード（主演女優賞・助演男優賞）

## この受賞は当然！

ウィンストン・チャーチル　ヒトラーから世界を救った男
（主演男優賞・メイクアップ＆ヘアスタイリング賞）

ゲット・アウト（脚本賞〈オリジナル脚本〉）

## 残念ながら無冠だったが・・・

ペンタゴン・ペーパーズ　最高機密文書
（作品賞・主演女優賞逃し）

ザ・シークレットマン（ノミネートなし）

# SHOW-HEYシネマルーム

★★★★★

## シェイプ・オブ・ウォーター

2017年／アメリカ映画
配給：20世紀フォックス映画／124分
2018（平成30）年3月9日鑑賞　TOHOシネマズ西宮OS

**Data**
監督・原案：ギレルモ・デル・トロ
脚本：ギレルモ・デル・トロ／ヴァネッサ・テイラー
出演：サリー・ホーキンス／マイケル・シャノン／リチャード・ジェンキンス／ダグ・ジョーンズ／マイケル・スタールバーグ／オクタヴィア・スペンサー／デビッド・ヒューレット／ニック・サーシー／ナイジェル・ベネット／ローレン・リー・スミス

## 👀みどころ

　低予算ですばらしい作品を生み出し続ける「FOXサーチライト・ピクチャーズ」の今年の実力発揮ぶりはすごい。アカデミー賞で『スリー・ビルボード』が主演女優賞、助演男優賞なら、本作は作品賞、監督賞の他、美術賞、作曲賞の最多4部門を受賞。その評価はベネチア国際映画祭でも金獅子賞、ゴールデングローブ賞でも監督賞、作曲賞だ。

　メキシコ生まれのギレルモ・デル・トロ監督は『パンズ・ラビリンス』（06年）でも不思議な世界を紡ぎ出していたが、同作で私は「団塊世代の私には、もっと現実の世界を描いてほしかったという思いも・・・。」と評論した。それと同じように、当初は「つらい時代のためのおとぎ話」から出発し、アマゾンの半魚人と声を失った孤独な中年女とのラブストーリーを目指した本作も、何とも不思議なファンタジー。

　そんな映画はもともと私の好きな範疇ではないが、本作だけは例外。ラストに見る、水中で抱き合う2人のシーンの美しさにはうっとり！物語も1962年という時代のアメリカがよく表現されているし、東西冷戦時代のスパイ映画の要素も面白い。更に、「古き良きアメリカ」における男の生き方の両極端を見ることができ、大満足！こりゃ必見！

———＊———＊———＊———＊———＊———＊———＊———＊———＊———

### ■□■見事に作品賞と監督賞をゲット！美術賞も作曲賞も！■□■

　2018年の第90回アカデミー賞では、2月10日に観た『スリー・ビルボード』（17年）と本作が注目の的だったが、これは両者とも「FOXサーチライト・ピクチャーズ」

の作品。その特徴は『スリー・ビルボード』の評論で紹介したとおりで、そこでは「製作費は１５００万ドル以下の低予算が基本」とされている。ちなみに、『スリー・ビルボード』は１２００万ドル、本作は１９５０万ドルだから、『タイタニック』（９７年）の２億ドル、『猿の惑星　聖戦記』（１７年）の１．５億ドルとの差は歴然だ。

　ところが、アカデミー賞が発表される３月５日直前の２月２１日付朝日新聞では、「アカデミー賞作品賞の栄冠はどちらの手に？３月５日発表の前にぜひ劇場でご鑑賞ください。」と題して『スリー・ビルボード』と『シェイプ・オブ・ウォーター』が全面広告に。さらに、２月２７日付朝日新聞では、「第９０回アカデミー賞最多１３部門ノミネート」と題して、本作が頁全面で広告されていた。これを見て私は、やはり「ＦＯＸサーチライト・ピクチャーズ」でも作品賞、監督賞には本作の方が近いとみているのでは？と推測していると、案の定・・・。本作は作品賞、監督賞の他、美術賞、作曲賞を含む最多４部門をゲットした。そして『スリー・ビルボード』は主演女優賞（フランシス・マクドーマンド）、助演男優賞（サム・ロックウェル）を受賞したから、「ＦＯＸサーチライト・ピクチャーズ」の底力は立証されたし、朝日新聞での異例の大広告も功を奏したのかもしれない。

　ちなみに、監督賞を受賞したギレルモ・デル・トロの名前を私はあまり意識していなかったが、彼は『パンズ・ラビリンス』（０６年）の監督だと知って、なるほど、なるほど。同作は、ナチス・ドイツと手を組んだフランコ将軍による、レジスタンス派への弾圧という厳しい現実の中で少女オフィリアに魔法の国からのお誘いがかかってくる物語だったが、私は「撮影賞、美術賞、メイクアップ賞を受賞した美しい映像は、たしかに見モノだが、団塊世代の私には、もっと現実の世界を描いてほしかったという思いも・・・。」と解説し、星３つとしていた（『シネマルーム１６』３９２頁参照）。

　そんな、当初は「つらい時代のためのおとぎ話」というタイトルで構想を練り始めたという、ギレルモ・デル・トロ監督の大人のおとぎ話、ファンタジーは一体どんな映画？また、第７４回ベネチア国際映画祭での金獅子賞、第７５回ゴールデングローブ賞での監督賞、作曲賞の他、なぜアカデミー賞でも作品賞、監督賞等、最多４部門を受賞できたの？

## ■□■一方の主役は大アマゾンの半魚人！■□■

　日本人は子供の頃から「桃太郎」や「さるかに合戦」等の童話・民話に親しんでいるが、西洋諸国では「シンデレラ」の物語やアンデルセンの「人魚姫」等の童話・おとぎ話が有名。しかして、ギレルモ・デル・トロ監督は、６歳の頃テレビで「大アマゾンの半魚人」を見たらしい。これは、ユニバーサル・ホラーの傑作『大アマゾンの半魚人』（５４年）だが、もちろん私は全く知らない映画。しかして、予告編ではチラリとしか見えなかった、そのアマゾンの半魚人の全体像を本作のスクリーン上で最初に見た時は、その醜悪さとモンスター性に思わずゾー。これが大人のファンタジーの一方の主人公・・・？

　韓国で大ヒットしたポン・ジュノ監督の『グエムル　漢江の怪物』（０６年）では怪物の

クリーチャーづくりが大きな話題になった(『シネマルーム11』220頁参照)が、本作に見る半魚人はアマゾンで捕えた水陸両棲の動物。本作ではそのクリーチャーをどのように創造するの?そして、それをどんな俳優がどのように魅力的に演じるの?

アマゾンで捕えた半魚人の調教係がストリックランド(マイケル・シャノン)で、そのボスはホイト元帥(ニック・サーシー)。他方、ホフステトラー博士(マイケル・スタールバーグ)らは、しのぎを削っているソ連との宇宙開発競争に勝つため、この生き物を人間の代わりに宇宙に送り込む方法をさぐっているらしい。そこでのストリック

『シェイプ・オブ・ウォーター』
20世紀 フォックス ホーム エンターテイメント
(C)2018 Twentieth Century Fox Home Entertainment LLC.
All Rights Reserved.

ランドの提案は「生体解剖してでも、その機能を調べるべきだ」ということだが、総責任者であるホイト元帥はそれをいかに判断?この半魚人はアマゾンの奥地では、現地の人々に神として崇められていたから、そんな解剖実験の対象にされるのは迷惑な話だが、とらわれの身としては仕方ない。そんな半魚人の役を演じる俳優ダグ・ジョーンズも大変だが、本作に見るそのクリーチャーは?そしてまた、そんな半魚人がいかにして、大人のファンタジー、美しい愛の神話の一方の主人公に・・・?

## ■□■他方の主役は、声を失くした孤独な中年女!■□■

他方、アカデミー賞主演女優賞こそ『スリー・ビルボード』のフランシス・マクドーマンドに譲ったものの、本作で「手話」を中心としながら、ヌードシーン等のサービスも見せてくれる女優サリー・ホーキンスの演技もすごい。冒頭、1階に映画館がある大きなアパートの一室に住むイライザ(サリー・ホーキンス)が、朝のルーティーンをこなしてバスに乗り、清掃員をつとめている研究センターに入

『シェイプ・オブ・ウォーター』
20世紀 フォックス ホーム エンターテイメント
(C)2018 Twentieth Century Fox Home Entertainment LLC.
All Rights Reserved.

って仕事をし、またアパートに戻るという１日の生活が描かれる。そこには、男の私にはアッと驚くシーンも登場する。なるほど、男に見向きもされない冴えない中年女なら、これくらいの（性）生活も当然・・・？

ちなみに、柳下毅一郎氏（映画評論家）の新聞紙評では「１９２９年、第１回アカデミー賞で監督賞と主演女優賞、脚色賞を受賞したサイレント映画「第七天国」は、孤独な男女の至上の結びつきを描いた天上のラブストーリーであった。無学な清掃員チコは、恋人とともにあることの喜びを手ぶりで「チコ・・・ディアンヌ・・・天国！」と表現する。」と紹介した上、「その感動的な手話が、まさかそれから９０年後に再現されようと、いったい誰が思っただろうか？それもよりによってモンスター・ムービーとして。」と解説しているが、まさにそのとおりだ。

『第七天国』と同じように、イライザの仕事は清掃員。相棒の黒人女ゼルダ（オクタヴィア・スペンサー）はおしゃべりで行動的だから、機密のセンターで働くにはイマイチ不適切だが、イライザは口が利けないから実に好都合。本来そんな役割分担のはずだったが、新たな機密研究の

『シェイプ・オブ・ウォーター』
画・王雅（２０１８．５）

ためセンターに運び込まれた半魚人の姿を見たイライザは興味津々。普通は恐さが先に立つものだが、孤独で口の利けないイライザには、孤独で虐待されている半魚人がかえってお友達に思えたらしい。そのため、最初は自分の好物のゆで卵を与えるところから始まり、その後は音楽を聞かせたり、手話を教えたり・・・。このように２人の感情が少しずつ交流し合う中、醜悪に見えた半魚人（モンスター）と口の利けない孤独な中年女とのロマンスが・・・？

それが本作の主軸のテーマだが、本作では１９６２年の東西冷戦時代下における、宇宙開発競争の時代だったため、なぜかロシア語のセリフも入り込み、スパイ映画と見間違えるようなシーンやストーリーが登場するので、それにも注目！

## ■□■「美女と野獣」のインチキ性とは？この指摘の賛否は？■□■

私の中学高校時代、日活は「青春モノ」が、松竹、大映は美男美女の「メロドラマもの」が名物だった。それは基本的に世界各国いつの時代も共通で、それらの「恋愛モノ」はやっぱり美男美女が主役だった。しかし、それには例外もある。『人魚姫』や『美女と野獣』、

更に『キングコング』等がそうだ。すなわち、『美女と野獣』はタイトルどおり、なぜか美女が野獣と仲良くなっていくストーリー。そのテーマは「人は外見じゃない」ということだが、ラストで野獣は見事に美男の王子様に変身したうえでハッピーエンドになる。

ところが、そんな一般的な解釈に異を唱えたのがギレルモ・デル・トロ監督。パンフレットにある「『モンスターは救世主で、僕はその伝道師だ』 ギレルモ・デル・トロ、自作を語る」では、「アンチ美女と野獣」と題して、彼は「僕は『美女と野獣』が好きじゃないんだ。「人は外見じゃない」というテーマなのに、なんでヒロインは美しい処女なんだ？」と疑問を呈したうえ、「だから『シェイプ・オブ・ウォーター』のヒロインをモデルみたいな美女にしたくなかったし、映画の冒頭でヒロインに自慰をさせた。恋人のいない中年女性の日常としては自然なことだろう？」と解説している。なるほど、なるほど。私はこの意見に大賛成だが、さてあなたは・・・？

## ■□■「つらい時代」の男たちの生き方は？■□■

今から思い返せば、日本では１９６０（昭和３５）年から１９７０（昭和４５）年頃の高度経済成長時代が、『ALWAYS』３部作で描かれた、誰もが前向きで夢を持つことができた「昭和の良き時代」。それに対して、「古き良きアメリカの時代」は、ジェームズ・ディーンの『理由なき反抗』（５５年）やプレスリー音楽に代表される、１９５０年代から１９６５年頃の時代。そこでは黒人差別はあったものの、郊外の庭付き一戸建てに住み、妻はブロンド美女で、車はキャデラックが理想で、現在トランプ大統領がしきりにアピールしているのは、基本的にそこへの哀愁と回帰だ。

本作のパンフレットには町山智浩氏(映画評論家)の「神とモンスターの新時代に乾杯！」があり、そんな時代状況に触れているが、「つらい時代のためのおとぎ話」というタイトル

『シェイプ・オブ・ウォーター』
20世紀 フォックス ホーム エンターテイメント
(C)2018 Twentieth Century Fox Home Entertainment LLC. All Rights Reserved.

『シェイプ・オブ・ウォーター』
20世紀 フォックス ホーム エンターテイメント
(C)2018 Twentieth Century Fox Home Entertainment LLC. All Rights Reserved.

で構想が練られ始めた本作における「つらい時代」とは一体ナニ？それが、このREVIEWを読めばよくわかる。ケネディ大統領による１９６１年のベトナムへの派兵と１９６

2年10月の「キューバ危機」の発生は大きな政治問題だったが、その他にも黒人差別を巡る公民権運動やソ連との宇宙開発競争は大きな政治問題だった。また『ドリーム』（16年）ではNASA（アメリカ航空宇宙局）における黒人女性数学者の大活躍が明るく描かれていたが、本作に見る半魚人の宇宙派遣計画とそのための生体解剖実験の可否はあくまで重要機密事項だから、そのための研究センターが暗く陰鬱だったのは仕方がない。

　そんな時代状況の中、町山氏の前記REVIEWでは「小便の後、手を洗うのは弱虫だ」と語るストリックランドは、「アメリカの男性主義の塊」だと書かれている。つまり妻をレイプするように犯し、男の弾痕にすら指を突っ込み、妻の口をふさいで黙らせ、イライザが口を利かないのを「好きだぜ」と言うストリックランドは、今では両者とも「絶滅人種」となってしまった高倉健タイプではなく、三船敏郎タイプのいかにも「日本男児」のイメージらしい。それに対して、本作では脇役ながらイライザの隣のアパートに住んでいる画家のジャイルズ（リチャード・ジェンキンス）の存在感がキラリと光っている。売れない画家ジャイルズはイライザのただ一人の友人だから、イライザから半魚人を紹介された時（？）には、驚きつつ彼に少しずつ慣れていったのはさすが。ところが、彼がピザを食べるために通っているダイナーでは、一見仲良くなりそうになったウエイターと「ある出来事」によってたちまち離反してしまう。このジャイルズは、あの「つらい時代」における人間の善意を代表する人物のようだ。しかし、いくらそんなジャイルズでも、密かに半魚人をセンターから脱走させ、海の中に逃がしてやるというイライザの計画の手伝いは無茶。

『シェイプ・オブ・ウォーター』
20世紀フォックス ホーム エンターテイメント
(C)2018 Twentieth Century Fox Home Entertainment LLC. All Rights Reserved.

「無理に決まってる」「違法だ」とジャイルズが突っぱねたのは当然だが、イライザから再三の懇願を受けると、彼の最終決断は・・・？

ホフステトラー博士についてはスパイ映画もどきの展開にビックリだが、ストリックランドとジェイルズについては、あの「つらい時代」における男の生きかたの両極端な例として、しっかり目に焼き付けておきたい。

## ■□■美しい水中シーンと抱き合う２人に注目！■□■

半魚人は両棲動物だが、通常は水の中で生活している。したがって研究センターから脱出させた彼をイライザが匿うのは、狭いバスタブの中だ。そこに塩を入れたり、なんやかやと彼の生存のための努力は大変だが、このようにイライザとの間に互いの心が通ってくると、次にそれはひょっとして男女の「性愛」に発展？誰しもそう思うが、さてその展開は？

隣人のジャイルズにはそんな展開は「まさか・・・？」と思えたようだが、ゼルダは女同士だけにイライザとの会話はあけっぴろげ。そのため、「ちゃんと、ついていたよ。」というイライザの発言にゼルダは納得・・・。もっとも、一旦は半魚人の訴えるような目を見て、それを拒否したものの、思い直してバスタブに近づき、自ら服を脱いでいくイライザと半魚人とのラブシーン（ベッドシーン？）は未だかつて見たことのない風景だから、それはあなた自身の目でしっかりと。さらに、半魚人へのサービスが高じて（？）、バスタブ内の水だけでは不足だとばかりに水道を出しっぱなしにして、浴室はおろかイライザの部屋全体、ひいては１階に映画館のある大きなアパート全体を水浸しにしてしまう行動は如何なもの・・・？そう思うのは当然だが、本作の冒頭に、あるナレーションと共にスクリーン上に映し出される水の中の風景は実に美しいので、それに注目！

『シェイプ・オブ・ウォーター』
20世紀 フォックス ホーム エンターテイメント
(C)2018 Twentieth Century Fox Home Entertainment LLC. All Rights Reserved.

『タイタニック』（９７年）では、映画中盤にジャックが超大型のダイヤモンドの宝石だけを身に着けたローズの裸身像をスケッチするシーンが、突然海の中の遺物ばかりのシー

ンに切り換わったのが印象的だったが、何もかも飲み込んだ水の中は美しいものだ。本作ラストには、そんな冒頭のシーンと呼応するかのように、ストリックランドの拳銃で撃たれたイライザを抱きかかえたまま海の中に飛び込んだ半魚人が、イライザと抱き合う美しいシーンになる。それがチラシの写真であり、前述した朝日新聞全面広告の写真だが、スクリーン上で見るその美しさは息を呑むばかりだ。

本作では半魚人のクリーチャーづくりが大きなポイントになるのは当然。私は導入部ではその醜悪さに思わず目をそむけたが、イライザと仲良くなる中盤以降は次第に彼の姿に慣れてくると共に、ラストに向かってはその神々しさにも納得。そして、ラストではまさにギレルモ・デル・トロ監督が目指した「切なくも愛おしい、誰も観たことがない究極のファンタジーロマンス」に納得し、アカデミー賞作品賞、監督賞にも納得！

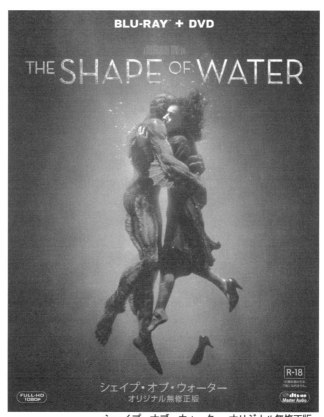

シェイプ・オブ・ウォーター オリジナル無修正版
2枚組ブルーレイ&DVD
20世紀 フォックス ホーム エンターテイメント
2018年6月2日発売（発売中） 2枚組 ¥3,990＋税
(C)2018 Twentieth Century Fox Home Entertainment LLC. All Rights Reserved.

２０１８（平成３０）年３月１５日記

## ★★★★★ スリー・ビルボード

2017年／イギリス、アメリカ映画
配給：20世紀フォックス映画／116分
2018（平成30）年2月10日鑑賞　TOHOシネマズ西宮OS

**Data**
監督・脚本・製作：マーティン・マクドナー
出演：フランシス・マクドーマンド／ウディ・ハレルソン／サム・ロックウェル／アビー・コーニッシュ／ジョン・ホークス／ピーター・ディンクレイジ／ルーカス・ヘッジズ／ケイレブ・ランドリー・ジョーンズ

## 👀みどころ

　今年のゴールデン・グローブ賞では、本作と『シェイプ・オブ・ウォーター』（17年）という、低予算ながら2つの「FOXサーチライト」作品が席巻！それは一体なぜ？本作を鑑賞する中、その分析をしっかりと！
　まずはタイトルの意味の確認を兼ねて、「スリー・ビルボード」に載せられた広告を見れば、「こりゃダメ。こりゃ人権侵害だ」と誰もが思うが、本作はそこから素晴らしい人間ドラマに発展していく。
　地味な監督、地味な俳優陣ながら、見事な脚本と見事な演出、そして見事な演技に大拍手！もっとも、登場人物たちの行為は「こりゃ、違法！」というものが多いから、くれぐれも真似はしないように。そしてそれは、余韻を残す素晴らしい幕切れでも同じだから、そこにも注目！

———＊———＊———＊———＊———＊———＊———＊———＊———＊———

### ■□■今年も低予算の"FOXサーチライト"作品が席巻！■□■

　2018年1月7日（現地時間）に開催された、第75回ゴールデン・グローブ賞で主要6部門にノミネートされていた本作は見事、作品賞（ドラマ部門）、主演女優賞（ドラマ部門）、助演男優賞、脚本賞の最多4冠を獲得した。本作は1994年に設立されたFOXサーチライト・ピクチャーズの作品で、同社は近時、『リトル・ミス・サンシャイン』（06年）（『シネマルーム12』414頁参照）、『JUNO／ジュノ』（07年）（『シネマルーム19』294頁参照）、『（500）日のサマー』（『シネマルーム24』未掲載）（09年）、『ブラック・スワン』（10年）（『シネマルーム26』22頁参照）、『グランド・ブダペスト・ホテル』（13年）（『シネマルーム33』17頁参照）、『バードマン　あるいは（無知

がもたらす予期せぬ奇跡』（１４年）（『シネマルーム３５』１０頁参照）、『ブルックリン』
（１５年）（『シネマルーム３８』２１１頁参照）等、ハリウッド大作とは一線を画する比
較的低予算作品で、なおかつ監督、脚本家、アクターなどの新しい才能を発掘している。
これは映画界における"目利き"としての役割に会社の方針が特化しているからこそで、
同社の躍進は映画界全体の快挙として受けとめられている。

　同社が「刺激的なスタジオであるための５か条」として掲げているのは、次の５つだ。

　①サーチライト魂を受け継ぐ男女２人の共同社長体制

　②作品数は年間最大１２本を目安にすること

　③手掛ける作品は製作と買い付けが半々

　④製作費は１５００万ドル以下の低予算が基本

　⑤潜在するニッチなマーケットを掘り起こす

　ちなみに『JUNO／ジュノ』の製作費は７５０万ドル、『ブラック・スワン』は１３０
０万ドルだが、『タイタニック』（９７年）は２億ドル、『猿の惑星　聖戦記』（１７年）は
１．５億ドルだから、その違いは歴然。しかして、本作の製作費も１２００万ドルだそう
だ。

　なお、私が３月に鑑賞予定としている『シェイプ・オブ・ウォーター』（１７年）も同社
作品で、同作もゴールデン・グローブ賞で監督賞と作曲賞の２部門を受賞しているからす
ごい。ゴールデン・グローブ賞は「アカデミー賞の前哨戦」と言われているが、両作とも
ノミネートされているから、そこでの受賞の期待も高まっている。カンヌ、ベルリン、ベ
ネチアのヨーロッパ３大映画祭での受賞作はアメリカのゴールデン・グローブ賞やアカデ
ミー賞とは異質の作品が多いが、本作は２０１７年のベネチア国際映画祭でも脚本賞を受
賞しているから、さらにすごい。

　しかし、本作のタイトルである「スリー・ビルボード」って一体ナニ？そして、本作は
一体どんな映画・・・？

## ■□■地味な監督、地味な俳優陣、しかし・・・■□■

　３月１日からは『１５時１７分、パリ行き』（１８年）が公開されるが、その監督である
クリント・イーストウッドは日本でも超有名。また、昨年１２月２３日に観た『STAR
WARS　最後のジェダイ』（１７年）のジョージ・ルーカス監督も超有名。また、社会問
題提起作にこだわる『デトロイト』（１７年）の女流監督キャスリン・ビグローも『ハート・
ロッカー』（０８年）（『シネマルーム２４』１５頁参照）や『ゼロ・ダーク・サーティ』（１
２年）（『シネマルーム３０』３５頁参照）で超有名だ。しかして、今回ゴールデン・グロー
ブ賞４部門をゲットした本作のマーティン・マクドナー監督をあなたは知ってる？また、
本作で主役のミルドレッド役を演じた１９５７年生まれの女優フランシス・マクドーマン
ドやディクソン巡査を演じたサム・ロックウェルをあなたは知ってる？

19

本作で私がかろうじて知っているのはエビング警察署長ウィロビーを演じたウディ・ハレルソンだけで、その他は監督も俳優陣も知らない人ばかりだ。それは何故かというと、みんな地味な人ばかりだから？しかし、地味と実力はまったく意味が違う。私はフランシス・マクドーマンドを全く知らなかったが、彼女はシャーリーズ・セロンが主演した『スタンドアップ』（０５年）（『シネマルーム９』１８６頁参照）でアカデミー賞にノミネートされ、『ファーゴ』（９６年）で同賞主演女優賞を受賞したこともある実力派らしい。

　タイトルの「スリー・ビルボード」とは３枚の広告看板のこと。映画冒頭、ミズーリ州にある架空の田舎町エビングにある、"迷った奴かぼんくらしか通らない"寂れた道路に並ぶ３枚の看板に、突然「レイプされて死亡」、「犯人逮捕はまだ？」、「なぜ？　ウィロビー署長」と書かれた広告が登場する。こんな広告を出すミルドレッドって一体何者。名前が出されたウィロビー署長はただちにミルドレッド宅を訪れたが、そこで見せるミルドレッドの対応とは？このシーンを観ただけで、フランシス・マクドーマンドという女優が本作で演じるミルドレッドの役柄と演技のすごさがすぐにわかる。

『スリー・ビルボード』
20世紀 フォックス ホーム エンターテイメント
(C)2018 Twentieth Century Fox Home Entertainment LLC. All Rights Reserved.

　他方、『デトロイト』（１７年）では差別主義者であるデトロイト市警の警官フィリップ・クラウスが酷い捜査と取り調べをしていたが、エビング警察署に勤務する本作のディクソン巡査も黒人の被疑者に暴力をふるう等何かとトラブルの元になる男らしい。そんな地味な男も、本作では何ともすごい役ですごい演技を！

## ■□■これも表現の自由？それとも・・・？■□■

　この広告はミルドレッドが地元の広告社に勤める男レッド（ケイレブ・ランドリー・ジョーンズ）と１年間の契約を交わしたものだが、私がまず第１に考えたのは、その費用はＨｏｗ　ｍｕｃｈ？ということ。いくら田舎町の寂れた道路に立つスリー・ビルボードとはいえ、その費用はかなりのものでは？その次に考えたのは、これも表現の自由？それとも・・・？ということだ。

　ミルドレッドがそんな手段に訴えたのは、彼女が７カ月前に娘をレイプされたうえ殺された事件の捜査が一向に進展しないことに腹を立てたためだ。事件の捜査が進まないのはよくあること。それなのにこんな広告を出してＯＫなの？こんな広告を出せば、ミルドレッドはもちろん広告社もウィロビー署長から名誉毀損で損害賠償請求されるのでは？ミルドレッドはここまで表現の自由が保証されているの？それとも・・・？

自宅で妻のアン(アビー・コーニッシュ)や2人の幼い娘と一緒にくつろいでいたウィロビー署長は、パトロール中にこの看板を見つけたディクソン巡査から報告を聞いてびっくり。さらに、テレビのニュース番組で取材をうけたミルドレッドが「責任はウィロビー署長にある」と答えていることにも、ビックリ。普通ならそれに激怒して何らかの処置を取るところだが本作にみるウィロビー署長は紳士的。まずは自らミルドレッドの家を訪れて、捜査状況を丁寧に説明するが、ミルドレッドはそれに対して「そうやって弁解している間にも、別の子が犯されている」とはねつけたばかりか、「末期ガンのために先がない」と告白する

『スリー・ビルボード』
20世紀 フォックス ホーム エンターテイメント
(C) 2018 Twentieth Century Fox Home Entertainment LLC.
All Rights Reserved.

署長に対して、平然と「町中の人が知っている」と回答。この態度は一体ナニ!この女はいったい何様なの?本作を観ている観客は、ミルドレッドにそこまでの表現の自由があるのか否か、という疑問を抱く他、一斉にミルドレッドという女に対する反発心が生まれるはずだ。ミルドレッドは一体なぜそこまでの行動とそこまでの発言を・・・?

## ■□■静かな田舎町に思いがけない抗争が勃発!■□■

神戸で君臨していた山口組は今、「六代目山口組」と、そこから分裂した「神戸山口組」、そこから再分裂した「任侠山口組」の間で、壮烈なヤクザ抗争が展開されているが、それは一体なぜ?北野武監督の『アウトレイジ 最終章』(17年)では、冒頭に見た韓国での花田のお遊びが張グループと花菱会抗争の原因になっていたが、この抗争はヤクザ社会ならではのものだった。それに対して本作では、ミルドレッドが道路上に出したスリー・ビルボードを契機として、人情味溢れるウィロビー署長を敬愛していたディクソン巡査とミルドレッドとの間でものすごい抗争が勃発してくるので、それに注目!

わざわざ捜査状況の説明に来たウィロビー署長に対するミルドレッドの発

『スリー・ビルボード』
20世紀 フォックス ホーム エンターテイメント
(C) 2018 Twentieth Century Fox Home Entertainment LLC. All Rights Reserved.

言や態度もひどいが、説教するためにやって来た神父サマに対するミルドレッドの発言もひどい。これらの発言は弁論術を学ぶべき弁護士にはある意味では大いに参考になるが、

ミルドレッドの歯を治療する歯科医師に対するミルドレッドの「逆襲」はひどすぎる。これは明らかな傷害罪だ。エビングの町の多くの人はウィロビー署長を敬愛していたから、広告の掲示以降ミルドレッドが町中の人々を敵に回すことになったのは当然だ。

本作中盤はそんなミルドレッドとディクソン巡査をはじめとする町の人々との抗争ぶりが描かれるが、それはどこまでエスカレートしていくの・・・？

## ■□■看板の放火、署長の自殺、さらに・・・さらに・・・■□■

ミルドレッドに向かってきた最強の敵はディクソン巡査だが、ミルドレッドは一人息子のロビー（ルーカス・ヘッジズ）、離婚した元夫のチャーリー（ジョン・ホークス）からも反発を受けることに。お姉さんがレイプされて殺されてしまった弟のロビーは、一瞬でも姉の死を忘れたいのに、学校からの帰り道にミルドレッドがそんな看板を並べたことによって毎日その事実を突きつけられることに。また、チャーリーも、「連中は捜査よりお前を潰そうと必死だ」と忠告し、事件の1週間前に娘が父親と暮したいと泣きついてきて「俺は"ママといろ"と言った。そう言わなければ、死なずに済んだ」と畳みかけてきたから、さてミルドレッドは・・・？そんな最中のある日、問題の看板が誰かの手によって放火されたが、さてその犯人は？これは明らかな放火事件だから大問題。ミルドレッドが告訴すればただちに警察は捜査に乗り出さなければならないはずだが、さてミルドレッドはどうするの・・・？

さらに、ある日、末期ガンであることが町中に知れ渡っていたウィロビー署長が拳銃で自殺したとのニュースが流れると、町中の人々はビックリ。そしてミルドレッドに対する反感は最高潮に。そんな中、エビング広告社に乗り込んだディクソン巡査によって、レッドは鼻骨を折られたうえ、2階の窓から投げ飛ばされて大怪我を負うことに。いやはや、あの看板以降、エビングの町にはそんなこんなの大騒動が・・・。

他方、末期ガンを患っていたウィロビー署長が自殺した原因はミルドレッドが掲げたあのスリー・ビルボードに違いないと、町中の人々はミルドレッドに憤ったが、本作の脚本では「死せる孔明、生ける仲達を走らす」という「三国志」の故事と同じように、ウィロビー署長が書き残した3通の手紙（遺書）がその後のストーリー構成に大きな役割を果たすので、それにも注目！その1つが後述する「君はホントはいい警官だ。」と書いたディクソンへの手紙だが、あとの2つは、妻への手紙とミルドレッドに書き残した手紙で、それぞれその文面には大きな感銘を受ける。

本作でゴールデン・グローブ賞主演女優賞を受賞したフランシス・マクドーマンドはアカデミー賞でも主演女優賞が有力視されるが、本作ではその演技のみならず、全体のストーリー構成の素晴らしさを実感するためには、ウィロビー署長が3人の人たちに書き遺した3通の手紙にもしっかり注目したい。

## ■□■この凶暴性（？）に注目！そのエスカレートぶりは？■□■

　綺麗な女優が登場する映画ではそのファッションも楽しみの１つだが、本作の主人公であるミルドレッドは一貫して不機嫌な顔できついセリフを吐くだけだし、着ている服も「戦闘服」とも言うべき「つなぎ」だけだから、女優としての魅力は一切ない。逆に歯科医師に対する「反撃」に見られる彼女の凶暴性（？）にビックリ！そして、それは無人の（？）エビング警察署に次々と火炎瓶を投げ込むという、とんでもない形にまでエスカレートしていくので、それに注目！

『スリー・ビルボード』
20世紀 フォックス ホーム エンターテイメント
(C) 2018 Twentieth Century Fox Home Entertainment LLC. All Rights Reserved.

　いくら愛する娘がレイプされ殺されたとはいえ、ウィロビー署長を攻撃するスリー・ビルボードを掲げたり、それに対して町民からこぞって攻撃されると、一介の主婦だったミルドレッドがここまで凶暴に反撃できることにビックリ。この反撃ぶりは『アウトレイジ　最終章』で見せたビートたけし演じる大友と同じくらいのレベルだと言わざるを得ない。

　そんな中、ミルドレッドの唯一人の味方で、彼女の気を惹こうとしていた中古車のセールスマンをしている小男ジェームズ（ピーター・ディンクレイジ）は、ミルドレッドとの食事までこぎつけるものの、同じレストランで若い女と一緒に食事していた元夫のチャーリーとのやりとりの中、ジェームズもミルドレッドの元を去っていくことに。

## ■□■クビにされたディクソン巡査の生きザマは？■□■

　本作では、ミルドレッドの凶暴性だけでなく、ディクソン巡査の凶暴性も目立っている。ディクソン巡査がウィロビー署長を慕う気持ちは貴重だが、そうかといってスリー・ビルボードに広告を載せたエビング社に乗り込み、レッドを2階の窓から外に放り投げるという暴行・傷害行為はいくら何でもひどすぎる。ウィロビー署長に代わって新たに赴任してきた黒人の署長がディクソンを叱りつけ、銃とバッジを取り上げた上、自宅謹

『スリー・ビルボード』
20世紀 フォックス ホーム エンターテイメント
(C) 2018 Twentieth Century Fox Home Entertainment LLC. All Rights Reserved.

慎を命じたのは当然だ。

　本作は、１１６分と通常の長さだが、詰め込まれているストーリーは多く、ディクソンについてのそれは２つある。その１つは、クビにされ、自宅でふさぎ込んでいるディクソンがバッジを返上するため警察署に入った中で、ウィロビー署長の手紙を読むストーリー。なるほど、この手紙を読ませるためにディクソンの仲間は夜一人で警察署に入ってくるよう促したわけだ。ところが、ディクソンが感動しながら夢中でその手紙を読んでいる時、無情にも外からミルドレッドが投げ込んだ火炎瓶が爆発し建物が炎上し始めたから大変。早く気づいて、早く脱走しなければ・・・。

　ディクソン巡査に関するもう１つのストーリーは、ダイナリーでのある事件の発生。ヤケドも少し治り退院できたディクソンが、ある日１人で入っていたダイナリーで、背後の席に座った２人組の男の自慢話（？）を耳にすると・・・。ひょっとして、これはミルドレッドの娘へのレイプのこと・・・？ディクソンの耳にそう聞こえたのは当然だが、そこでディクソンの取った行動は、何とも意外なものだ。ディクソンは警官だから、今は謹慎処分中で銃もバッジも持っていないとはいえ、格闘能力はそれなりのものがあるはず。ならば、たとえ２人組が元軍人だとしても、それなりに２人組を痛めつけて、自慢話の内幕をゲロさせるくらいのことはできるのでは？そう思っていると、ディクソンは２人組の席に移ると、いきなり女のように相手の男の顔をかきむしったうえ、２人の男からボコボコにされるがままに・・・。なぜディクソンは抵抗しなかったの？ここらあたりのストーリー構成が本作は実によく出来ている。本作後半はこのようにディクソンが身体をボコボコにされることの見返りとして手に入れた男のＤＮＡ鑑定資料によって、ミルドレッドの娘のレイプ犯特定捜査が進むことに・・・。ディクソンのみならず、新署長も観客もみんなそう思ったはずだが、さてそのＤＮＡ鑑定の結果は・・・？

## ■□■ラストに向けた展開は？ＧＧ賞４冠受賞にも納得！■□■

　前述したディクソン巡査に関する２つのストーリーだけでも、その意外な展開をうまくまとめた脚本の素晴らしさに脱帽。従って１１６分の本作に詰め込まれたさまざまなストーリーを紡ぎ出した本作が、第７５回ゴールデン・グローブ賞の脚本賞を受賞したのは当然だ。また、フランシス・マクドーマンドの主演女優賞も、サム・ロックウェルの助演男優賞も妥当。そして、２月１７日に観た『グレイテスト・ショーマン』（１７年）等

『スリー・ビルボード』
20世紀 フォックス ホーム エンターテイメント
(C) 2018 Twentieth Century Fox Home Entertainment LLC.
All Rights Reserved.

24

を押しのけて、作品賞を受賞したことにも納得だ。

　せっかく自らの身体をボコボコにされながら、レイプ犯をDNA鑑定するための資料を爪の中にもぎ取ったにもかかわらず、それがミルドレッドの娘のレイプ犯逮捕の証拠にならなかったのは残念。しかし、ミルドレッドの娘がレイプされた当時中東に赴任していたという軍人のこの男はきっと中東の砂漠地帯で戦う中、現地の少女をレイプしたのだろう。もしそうなら、そんな男（軍人）がレイプ自慢をしながらこの国で偉そうに生きていていいの？

　本作ラストに至って、ミルドレッドの凶暴性とディクソンの凶暴性の向かう方向が、この中東でのレイプ男（？）に合致していく脚本も意外性があって面白い。あのディクソンをボコボコにした男は今アイダホにいるらしい。それなら、２人してライフルを持ってアイダホまで乗り込んでいき、いっそのこと・・・。日本と違ってアメリカは銃を持つことを規制されていないが、あくまで法治国家だから、自力救済は禁止。さらに、月光仮面のように自分が「正義の味方」となって、レイプ犯を勝手に処分（射殺）することが許されないのは当然だ。従って、何となくそんな方向に向かっていくような雰囲気の本作は、法科大学院の教科書としては不向き。たしかにそれはそうだが、そんな本作のラストには何とも意外な爽快感が・・・。

スリー・ビルボード　２枚組ブルーレイ＆DVD
20世紀 フォックス ホーム エンターテイメント
2018年6月2日発売（発売中）　　２枚組￥3,990＋税
(C)2018 Twentieth Century Fox Home Entertainment LLC.
All Rights Reserved.

２０１８（平成３０）年２月１９日記

25

**Data**
監督：ジョー・ライト
原作：アンソニー・マクカーテン『ウィンストン・チャーチル ヒトラーから世界を救った男』（角川文庫）
出演：ゲイリー・オールドマン／クリスティン・スコット・トーマス／リリー・ジェームズ／スティーブン・ディレイン／ロナルド・ピックアップ／ベン・メンデルソーン

ウィンストン・チャーチル
ヒトラーから世界を救った男
2017年／イギリス映画
配給：ビターズ・エンド、パルコ／125分
2018（平成30）年3月31日鑑賞　TOHOシネマズ西宮OS

## 👀 みどころ

　メリル・ストリープは『マーガレット・サッチャー 鉄の女の涙』（１１年）で第８４回アカデミー賞主演女優賞を受賞したが、第９０回アカデミー賞メイクアップ＆ヘアスタイリング賞を受賞した辻一弘氏の助力もあって（？）ゲイリー・オールドマンは同主演男優賞をゲット！

　たしかに、ナチスドイツの攻勢が強まる中、宥和政策を排して徹底抗戦を貫いたチャーチルの頑固力（？）と、ラストに見る演説の巧みさは光っている。しかし、今ドキなぜチャーチルなの？

　トランプ大統領の登場以降、北朝鮮政策を中心に、融和策？それとも強硬策？の議論が強まっているが、本作はその参考になるの・・・？

　本作は、ヒトラーの１２日間ＶＳチャーチルに２７日間という視点からも、しっかり検討したい。

―＊―＊―＊―＊―＊―＊―＊―＊―＊―

### ■□■今ドキなぜチャーチルが映画に？彼が果たした役割は？■□■

　昨年１２月９日に観た『否定と肯定』（１６年）は、「ホロコーストはなかった」と主張するイギリス人の学者から、それを批判したユダヤ人の女性が名誉毀損で訴えられた、「アーヴィング・リップシュタット事件」を描いた傑作だった。このようにドイツでは、ホロコーストもの、アウシュビッツものの名作は多いし、ヒットラーものの名作も途切れることがない。しかし、今頃どうしてチャーチルの映画が登場したの・・・？本作は日本人の辻一弘氏が第９０回アカデミー賞メイクアップ＆ヘアスタイリング賞を受賞したことが大きな話題となり、チャーチル役を演じて第９０回アカデミー賞主演男優賞を受賞したゲイ

リー・オールドマンも大きな名誉を得たが、はっきり言ってチャーチルが歴史上果たした役割って一体ナニ・・・？

　ナチスドイツが１９４０年５月に始めたフランスへの侵攻によって、フランスはあっけなく敗北した。そして、一方でロンドンにドゴール率いる「自由フランス」の亡命政権を誕生し、他方でフランス中部の町ヴィシーにヴィシー政権がナチスドイツの傀儡政権として誕生した。そんな状況下、イギリスではチェンバレン内閣の弱腰外交が批判される中、突然、保守派・強硬派の雄であったチャーチルがイギリスの戦時内閣を担うことに。彼はとことんナチスドイツに抵抗することを国民に宣言したが、さてそのことの意味は？功罪は？

　日本だって、対英米戦争を始めた東条英機内閣をはじめ、歴代戦時内閣は国民に対して最後まで抵抗を訴え、本土決戦、１億総玉砕まで叫んだが、その結果は・・・？たまたまイギリスはチャーチルの頑張りによって結果オーライになったから、チャーチルは英雄とされているだけではないの？私はそんな疑問を持ちつつ、本作の鑑賞に臨むことに・・・。

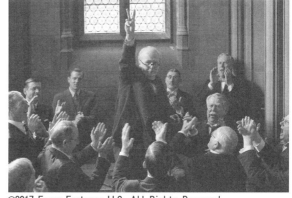

©2017 Focus Features LLC. All Rights Reserved.
2018年3月30日(金)TOHOシネマズ シャンテほか全国ロードショー

## ■□■平和には宥和策？それとも強硬策？現在と対比すれば？■□■

　今日までずっと北朝鮮情勢は中東情勢と並ぶ「世界の火薬庫」だったが、世界平和のためには強硬策より宥和策の方がベター？ブッシュ・ジュニアを例外として、アメリカのオバマ大統領をはじめとする歴代大統領はそう考えてきたが、トランプ大統領の登場によってその考え方は一変した。北朝鮮に対する経済制裁の強化をはじめ、軍事オプションをも排除しないとするトランプ戦略の是非は、本作を鑑賞するについての参考としたい。

　本作はそれまでナチスドイツに対して宥和政策をとってきたチェンバレン内閣が国民の支持を失い、辞任を余儀なくされるところからスタートする。ちなみに、月刊誌『Ｗｅｄｇｅ』４月号で本作を評論している瀬戸川宗太氏は①「ヒットラーのヨーロッパ支配を許した根本的な原因が、チェンバレンらがドイツの要求に屈した３８年のミュンヘン会談にあることはよく知られている。」②「同会談によってもたらされた一時的な平和が、世界大戦の引き金を引いたことの教訓を踏まえ、戦後、ミュンヘンの地名は宥和主義の犯罪性を示す代名詞となった。」とまとめているが、私はこれに同感だ。また、同氏はチャーチルが

「全体主義と徹底的に戦った保守政治家。第二次世界大戦の英雄である。」として、その歴史的に果たした役割を強調するとともに、戦後は「「鉄のカーテン」演説で、東西冷戦のきっかけをつくるわけだから、彼の全体主義との対決姿勢は終始一貫している。」と評価している。その上で、最後には、「現在、北朝鮮の挑発行為に対して「戦争を避け平和を」といった主張が叫ばれているが、再び世界を独裁権力の支配と破滅へ導く新たな宥和主義の危険性を認識することが重要だ。戦争の危機が迫る今、全体主義と不屈に戦ったチャーチルの実像が映画化された意義は極めて大きい。」とまとめている。私はこの論旨にも大賛成だが、さてあなたは・・・？

森友学園問題等で、安倍内閣への支持が急下降している中、そしてまた、トランプ大統領の側近が次々に首を切られている中、北朝鮮の金正恩委員長が韓国のＫ－ＰＯＰを観劇するという歴史的大転換がはじまっている中、やっぱり宥和政策が正しいの？それとも・・・？

## ■□■ヒトラーの１２日間ＶＳチャーチルの２７日間■□■

『ヒトラー〜最後の１２日間〜』（０４年）は、ヒットラーが総統官邸地下要塞にこもった１９４５年４月２０日から４月３０日にヒットラーが自殺するまでの「最後の１２日間」を描く名作だった（『シネマルーム８』２９２頁参照）。それに対して本作は、チェンバレン内閣に対する不信任決議が出された１９４０年５月９日から、チャーチルが首相に就任し、５月２８日に下院で歴史に残る名演説を行い、「ダンケルクの戦い」に至るまでの２７日間を描く映画だ。

©2017 Focus Features LLC. All Rights Reserved.
2018年３月30日(金)TOHOシネマズ シャンテほか全国ロードショー

そのため、『ヒトラー〜最後の１２日間〜』では愛人エヴァとの暮らしぶりや、自殺直前の４月２９日に挙げた質素な形ばかりの結婚式の様子など女性関係を含むヒットラーの全人格が否応なく炙り出されていたが、それは本作も同じ。そのため、本作ではチャーチルがその美貌に一目惚れして結婚したという１１歳年下の妻クレメンティーン（クリスティン・スコット・トーマス）との微妙な夫婦関係（？）を含めて、チャーチルの全人格が否応なく炙り出されてくるので、

それに注目！さあチャーチルの人物像は？こんな頑固なおっさん、あなたは好き？それとも・・・？さらに、彼はヒトラーに対して具体的に、どのように対抗したの？彼の軍事―外交面での真の功績は一体ナニ？それらをじっくり確認したい。

ちなみに、『ヒトラー〜最後の１２日間〜』については、反対論として「殺人鬼の人間性を振り返るなど、どこにあるのだろうか」（ターゲスシュピーゲル紙）、「ドイツはユダヤ人大虐殺の歴史を取り繕い美化している」（エルサレムポスト紙）等の反対論が噴出し、賛否両論が展開されたが、さて本作は？前述した『Ｗｅｄｇｅ』の評論を読めば、本作に対する反対論はあまりないようだが、それってホントはあまりよくないのでは・・・？

## ■□■二人の政敵は？その扱いは？役割は？■□■

保守派の政治家で度重なる失策から「政界一の嫌われ者」といわれていたチャーチルは、チェンバレン内閣で海軍大臣に就任していたが、ナチスの抬頭の前にイギリスの海軍力はなす術もないまま、１９３９年９月１日、ヒトラーのポーランドへの快進撃が始まった。すると、ヒトラーのフランスへの侵攻はいつ？さらに、ひょっとしてイギリスへも・・・？イギリス政府としてはそう考え、対抗策を講じるべきが当然だが、当時のチェンバレン内閣の対応は？

不信任案決議を受けてチェンバレン首相が辞任した後、なぜチャーチルが次期首相になったの？それは、対英米戦争開戦前夜の日本における首相選びと対比して考える必要があるが、かなりいい加減なもの。要するに、弱腰のチェンバレンより、強硬派のチャーチルの方がいいだろうという、わかったようでわけのわからない"民意"によるものだ。２００１年４月の自民党総裁選挙で、「自民党をぶっ壊す」をキャッチフレーズとし、政敵の排除を公言して立候補し、総理大臣に就任した小泉純一郎とは異なり、この時のチャーチルは対独宥和派のチェンバレンも、それに同調する外務大臣であったハリファックスも打倒するとは言っていなかったため、彼らも新内閣の一員に取り込まざるを得なかった。そのため、戦時の「挙国一致内閣」とは名ばかりで、その実態は最初から妥協せざるを得ない人員構成だったわけだ。

本作中盤では、そんな実態の中で閣内調整に気をとられ、思うような指導力を発揮できないチャーチルのイライラ状態が目立っている。そのためチャーチルの酒の量は進んでいたようだが、それをうまくコントロールしているのが愛妻のクレメンティーン。また、国王ジョージ６世（ベン・メンデルソーン）は「なぜハリファックスではなく、チャーチルなんだ？」と当

©2017 Focus Features LLC. All Rights Reserved.
2018年3月30日(金)
TOHOシネマズ シャンテほか全国ロードショー

初はチャーチルの首相起用を疑問視していたが、毎週の恒例となった2人だけのランチタイムの中で互いの信頼関係が強化されたのはグッド。更に、タイピストとして雇用されたエリザベス・レイトン（リリー・ジェームズ）も当初はボロクソに怒鳴られていたが、その後は有能な秘書兼タイピストに育ったらしい。

　このように、一方ではチャーチルの支持者は増えていたが、他方では、チェンバレンやハリファックスという旧来からの政敵は同じ閣内にありながら、やはり政敵。そして、外務大臣のハリファックスを中心とした宥和派は今、イタリアのムッソリーニの仲介によってヒトラーとの"和平交渉"に臨むべきだと主張し、閣内では徐々にその意見が強くなっていた。さあ、そんな苦境の中でチャーチルはいかなる決断を・・・？

## ■□■「ダイナモ作戦」はチャーチルの発案？その成否は？■□■

　戦争映画の名作は昔からずっと続いているが、２０１７年は「史上最大の撤退作戦」と呼ばれている「ダンケルクの戦い」に焦点を当てた映画が２本登場した。第１は、『ダンケルク』（１７年）（『シネマルーム４０』１６６頁参照）、第２は『人生はシネマティック！』（１６年）だ。もっとも、前者はクリストファー・ノーラン監督が「生き抜け！生き残れ！」をテーマとした映画で、『史上最大の作戦』（６２年）のような歴史大スペクタクルでもなければ、『太平洋奇跡の作戦 キスカ』（６５年）のような歴史秘話ドラマでもなかった。また、後者も「ダンケルクの戦い」の脚本に挑む女性脚本家の活躍に焦点を当てた映画で、「ダンケルクの戦い」そのものを描くものではなかった（『シネマルーム４１』未掲載）。

　「ダンケルクの戦い」＝「ダイナモ作戦」の全貌とその結果は今ではすっかり明らかにされているが、その今日的評価として、その成功はイギリス側の見事な作戦のためではなく、ドイツ側のミスのせいとされているのでは・・・？もちろん私はその正確なことは知らないが、本作ではそれをチャーチルが提案し、一部イギリス将兵の犠牲を覚悟したうえで断行し、成功させたように描かれている。しかし、それってホントにホント・・・？

　『ダンケルク』の導入部のシークエンスを観ていると、海岸線に集結した英仏連合軍がドイツの空海軍による攻撃で全滅もしくは降伏させられるのは必至。そう思ってしまうが、現実がそうではなかったのはラッキー。しかし、それはすべてチャーチルの功績なの？

©2017 Focus Features LLC. All Rights Reserved.
2018年3月30日(金)
TOHOシネマズ シャンテほか全国ロードショー

私は疑問なしとしないが・・・。

## ■□■民意は大切！それをどうやって感じ、汲みとるの？■□■

　リーダーを直接国民の投票で選ぶ大統領制（＝直接民主主義）の下では、最大のキーワードは民意。日本やイギリスのような議員内閣制（＝間接民主主義）の下でも、やはりリーダーの政策決定においては民意が最大のテーマとなる。日本ではかつて、すべての国民が当たり前のように「天皇陛下万歳！」「欲しがりません、勝つまでは」と叫んでいたが、フランスがナチスドイツに占領され、イギリス本土にまで空襲が及ぼうかという状況下で、イギリス国民の対独戦争への民意は・・・？水戸黄門サマは、自らスケさんとカクさんを連れて日本国内を歩き回り、自分の目で民意を感じ、汲みとろうとしてきた。しかし、複雑な生い立ちながら名門貴族の出身で、幼い頃からエリートコースだけを歩み、階級社会であるイギリスでは完全に"殿上人"であったチャーチルは、どうやって民意を感じ、汲みとるの？

　本作後半では、ナチスとの和平交渉もやむなしとするのか否かに悩むチャーチルが、閣議をすっぽかして一人ロンドンの地下鉄に乗り込み、列車の中で国民（＝庶民）と言葉を交わすシークエンスが登場する。ここで生きるのが、辻一弘氏によるチャーチルのメイクアップだ。地下鉄の乗客は、目の前にチャーチル首相が立っていることにビックリ。しかも、チャーチルは彼らに笑顔を向けながら、「ざっくばらんに聞きたい。君たちイギリス国民は、いまどんな気持ち？」と語りかけてきたから、さらにビックリだ。現在のように、毎日垂れ流されているテレビ局の取材なら、「チャーチルはバカだ！」「戦争反対！」と言えるかもしれないが、１９４０年当時、突然目の前に現れた一国の首相からそんな質問を受ければ、「チャーチル賛成」「ナチスには断固屈しない」と答えざるを得ないのは当然だ。

©2017 Focus Features LLC. All Rights Reserved.
2018年3月30日(金)
TOHOシネマズ シャンテほか全国ロードショー

　それを聞いたチャーチルは、自分の政策は国民に支持されており、間違っていないと確信し自信を取り戻すわけだが、これって少し単純すぎるのでは・・・？心配していた首相がやっと帰ってきたのはひと安心。その顔は一転して自信に満ち溢れているようだが、そ

れは一体ナゼ？そしてそれは、閣議の前に閣外大臣たちを集める中でのチャーチルの演説に集約されていく。すなわち彼は、地下鉄で会話した市井の人びとの名前をあげながら、国民が抱く不安を伝え、「ナチスに屈したら我々はどうなる？得する者もいるだろう。だが、鉤十字がバッキンガム宮殿やウィンザー城にはためくのだぞ！」と、ある意味で反対勢力を脅しつけるかのような力強い言葉が彼の口から発せられることに。

　本作が描く、民意の感じ方、それの汲みとり方は以上の通りだが、さて、その是非は？

## ■□■人物像は？酒好き、葉巻好き。注目は分筆力と演説力■□■

　歴代の各国のリーダーたちがそれぞれ強烈な個性を持っていたのは当然だが、さて本作が描く１９４０年５月当時のチャーチル人物像は？

　本作は辻一弘氏が第９０回アカデミー賞メイクアップ＆ヘアスタイリング賞を受賞したことによって、主演男優賞を受賞した俳優ゲイリー・オールドマンの実像とは全く異なるチャーチルの顔や表情が注目されることになった。しかし、本作のパンフレットには、①大森さわこ氏のレビュー「人間味あふれるチャーチル像に結実したオールドマンのキャリア」②木畑洋一氏のコラム「苦悩するチャーチル」③松本正氏のコラム「雄弁家チャーチル」があり、それぞれチャーチルの人物像を解説しているので、これは必読。さらに、本作のパンフレットにはチャーチルにまつわるキーワードとして、①酒好き②葉巻③絵描き④Vサイン⑤ノーベル賞受賞文筆家⑥動物好き、が解説されているので、これもしっかり勉強したい。

　ちなみに、チャーチルは生涯で５００もの絵を描き、ロイヤルアカデミーで１６回の展覧会を行っているほどの腕の持ち主で、ルーズベルト大統領に絵を贈ったこともあるそうだが、ヒットラーも元々は画家を志していた青年だった。したがって、政治家としてはチャーチルがヒットラーに勝利したが、もし画家の勝負をさせたらどちらが勝っていただろうか？

　それはともかく、本作に見るこれらのチャーチルの人物像はあくまで彼の一面に過ぎず、彼の政治家としての最大の注目点は分筆力と演説力にあったことは明らかだ。私は弁護士についても「書き弁」と「しゃべり弁」に分類し、ホントは弁護士にはその両者が不可欠だと主張しているが、それは政治家も同じ。政治家には、とりわけ演説力が重要だ。その点については、ひょんなことからヒットラーの能力が卓越していたことは万人が認めていたところだし、チャップリンがヒットラーを演じた（？）『チャップリンの独裁者』（60）では、クライマックスでの演説がものすごい迫力だったが、さてチャーチルの演説力は？本作では、導入部でも中盤でもその１部を見る（聞く？）ことができるが、本作のクライマックスはラストの約４分間に及ぶチャーチルが下院で行った大演説になるので、それに注目！

２０１８（平成３０）年５月９日記

## ゲット・アウト

2017年・アメリカ映画
配給／東宝東和・104分

2017（平成29）年11月11日鑑賞　TOHOシネマズ西宮OS

★★★★

**Data**
監督・脚本・製作：ジョーダン・ピール
出演：ダニエル・カルーヤ／アリソン・ウィリアムズ／ブラッドリー・ウィットフォード／ケイレブ・ランドリー・ジョーンズ／キャサリン・キーナー／マーカス・ヘンダーソン／ベティ・ガブリエル／レイキース・スタンフィールド／リルレル・ハウリー

## みどころ

　黒人差別を描く映画は多いが、黒人初の大統領まで登場した昨今のアメリカでは、娘の恋人として黒人青年を受け入れる両親も急増中・・・？
　本作を見る限り、アーミテージ家はそうらしいが、そこで働く２人の黒人の使用人はかなりヘン。さらに、パーティに集まった白人たちもかなりヘン・・・。そこでは一体何が行われているの？
　白人の娘が黒人の恋人を実家に連れてくるのは、『招かれざる客』（６７年）のプロットと同じだが、本作はそこにコメディ的要素が入るうえ、後半からはホラー映画に大きくサマ変わり。結果オーライに、ほっと胸をなで下ろしたが、今なお続く黒人差別のあれこれにビックリ！

——＊——＊——＊——＊——＊——＊——＊——＊——＊——

### ■□■古くはアンクルトムの小屋。黒人差別の今は？■□■

　近時のハリウッド映画でも依然として、黒人差別をテーマにした映画は多い。しかし、本作冒頭にみる写真家の黒人青年クリス・ワシントン（ダニエル・カルーヤ）とその恋人である白人女性ローズ・アーミテージ（アリソン・ウィリアムズ）のアツアツぶりを見ていると、アメリカにはもはや黒人差別はなくなった、と感じてしまう。
　もっとも、これからローズの実家に行こうとするクリスは、ローズの両親や家族が「本当に黒人の俺を娘の恋人として差別しないで受け入れてくれるのか」という不安でいっぱい。そこで、クリスが「俺が黒人であることを家族に言ったのか？」と質問すると、「まだ言っていない」とのこと。しかし、ローズの言葉によれば、「私のパパもママも差別主義者じゃないし、オバマの３期目があれば、オバマに投票すると言っていたもん」と至って楽

観的でアッケラカンとしていた。ホントにそうならいいのだが・・・。

## ■□■黒人青年が白人の恋人の家族に会いに行く不安は？■□■

第88回アカデミー賞が「白すぎるオスカー」と呼ばれたことの反動として（？）、翌年の第89回アカデミー賞では『ムーンライト』（16年）、『Ｆｅｎｃｅｓ』（16年）が、作品賞や黒人女優のヴィオラ・デイヴィスが助演女優賞を受賞した。しかし、2016年11月のアメリカ大統領選挙では、黒人初の大統領だったバラク・オバマの「後継者」とされたヒラリー・クリントンが、共和党のドナルド・トランプに敗れるという大大番狂わせが発生した。本作では、ローズが言っていたとおり、アーミテージ家の広大なお屋敷にローズと共に赴いたクリスに対して、脳神経外科医の父親ディーン・アーミテージ（ブラッドリー・ウィットフォード）、精神科医の母親ミッシー（キャサリン・キーナー）、柔術を駆使するスポーツマンの弟ジェレミー（ケイレブ・ランドリー・ジョーンズ）は、一様に大歓迎。しかも、ローズの父親に至っては「もしオバマの3期目があれば、私は彼に投票した」という印象的なセリフが現実に登場するが、・・・。

## ■□■この奇妙な雰囲気は一体ナニ？■□■

アーミテージ家における父親のディーン、母親のミッシー、弟のジェレミーの歓迎ぶりにクリスは一安心したが、気になるのは黒人の使用人である男性のウォルター（マーカス・ヘンダーソン）と女性のジョージーナ（ベッティ・ガブリエル）。この2人のクリスに対する態度はどう見てもヘンだ。さらに、精神科医という母親が禁煙のため催眠療法を勧める姿勢も医者としての一線を越えていないの・・・？また、週末にアーミテージ家で開催される大パーティをローズが忘れていたというのも何かヘン。しぶしぶそのパーティに参加したクリスは、金持ちで老人ばかりの白人たちへの対応にうんざり。そこに唯一出席していた黒人の招待客が、ローガン（レイキース・スタンフォード）だが、クリスがローガンに声をかけると、この男もかなりヘン。要するにアーミテージ家の人間とその周辺の人間はローズ以外全員ヘンなわけだ。クリスはそんな状況を逐一友人で、クリスの留守中愛犬の面倒をみてもらっているロッド・ウィリアム（リルレル・ハウリー）にスマホで連絡していたが、ある日、このスマホのコンセントが切られていたから、アレレ。一体その犯人は誰？そして、アーミテージ家に全体に広がるこの奇妙な雰囲気は一体ナニ？

## ■□■奴隷の売買は今でもあり？そんなバカな・・・■□■

『アミスタッド』（97年）（『シネマルーム1』43頁参照）では、黒人奴隷の売買が公開のオークションで行われていたが、オバマ大統領が登場した近時のアメリカでは、そんな姿をみることはありえない。そう思っていたが、アーミテージ家のパーティでは、ビンゴゲームの他、クリスの大きな写真を前にして何かの公開オークションが行われていたか

ら、アレレ。これは一体ナニ？

　他方、嫌々ながらに受けたミッシー独特の催眠療法によって、クリスは見事に禁煙に成功。クリスはそれを怪我の功名としてロッドに報告していたが、ロッドからはそれ自体を「お前が罠にはまってる証拠だ」と警告されていた。さて、その真偽は？

　本作中盤に見る、夜中の散歩や謎のオークション以降、アーミテージ家全体を覆っていたあの奇妙な雰囲気の実態が少しずつ明らかにされてくるので、それに注目！もっとも、それがわかった時には既に、クリスはとんでもなく危機的な状況に！

## ■□■後半からは恐い恐い「ホラー映画」に！■□■

　本作のチラシには、拘束されて椅子に座らされたクリスが恐怖におののいている姿が写ってるが、これは一体ナニ？私は基本的にはホラー映画が嫌いだから、今年全米でNO.1ヒットしたという『イット　それが見えたら終わり』（１７年）も観ていない。しかし、本作も後半からはそれと同じような（？）ホラー映画に変身していくので、それに注目！さらに、アーミテージ家の２人の黒人使用人やローズの父親、母親、弟たちの奇妙さは織り込み済みだったが、後半からクライマックスにかけては、何とローズまで大変身してしまうので、それにも注目！

　アーミテージ家からの「脱出」を決意したクリスを見て、大いに動揺していたローズだったが、２人の心の交流のおかげ（？）で、ローズもそれなりの理由をつけて明朝の早期出発を同意。それに向けて急いで準備している中、クリスは収納庫の中にあった数
枚の写真を発見。すると、そこには、黒人のローガンやジョージーナ、ウォルターと恋人のように仲良く写っているローズの姿が・・・。ひょっとしてローズはこれまでに何人もの黒人と恋人に・・・？こりゃ、一体ナニ？

　そんな疑惑（恐怖？）の中、クリスは急いでローズと共に車に乗り込もうとしたが、なぜかローズは車のキーがなかなか見つからないらしい。しかし、そんなことってあるの・・・？そう思い、イライラし、ついクリスは大きな声を出したが、そこで遂にローズも本性を暴露してくることに・・・。さあ、そこからはじまるホラー的展開はいかに・・・？

## ■□■これ以上のネタバレはダメ！■□■

　本作のチラシには、「全米初登場NO.１大ヒット！　米映画レビューサイト９９％大絶賛」の文字が躍っている。本作がそうなったのは、黒人差別という重いテーマとしながら、同時にコメディ的要素とホラー的要素を巧みに入れ込んだためだ。

　黒人青年が白人の恋人の家族を訪れるという物語の設定は、かつての『招かれざる客』（６７年）と同じだが、時代が５０年も経てば、黒人青年を受け入れる娘の両親たちの対応も大きく変わっているのは当然。本作の結末を見れば、ローズの父親がほんとにオバマ大統領に投票していたのかどうかは疑わしいが、本作に見るローズの父親像や母親像の描き方

は絶品だ。催眠療法のバカバカしさ（インチキ性）や、眠り（谷）に落ちてしまう映像処理等は映画独特のものだが、黒人差別の実態を追った本作は『招かれざる客』と同じように鋭いものがある。しかも、それにコメディ色とホラー色を交えたのは絶妙だ。ジョーダン・ピールの脚本に大きな拍手を送りたい。

２０１７（平成２９）年１１月１６日記

『ゲット・アウト』ブルーレイ＋DVDセット　発売元：NBCユニバーサル・エンターテイメント
価格：3,990円＋税　2018年4月11日発売（発売中）
(C) 2018 Universal Studios. All Rights Reserved.

## ◉◉みどころ

　「表現の自由」はジャーナリズムにとって最も大切な「憲法で保障された権利」だが、それが「国家機密」と衝突した場合、守るべき価値はどちらが大きいの？

　１９７１年のペンタゴン・ペーパーズ事件と１９７２年のウォーターゲート事件は共にニクソン政権時に発生し、大統領を辞任に追い込んだが、その歴史的戦い全貌とポイントはどこに？ワシントン・ポストの女性社主と辣腕編集主幹の２人を主人公した激動の本作は必見！

　現在、トランプ大統領は自分の主義主張に反する記事を「フェイクニュース」と排斥しているし、任期制を廃止した中国の習近平国家主席も、４期目の大統領に就任したロシアのプーチンも権力集中を強め、報道規制を強化しているが、それってかなりヤバイのでは・・・？本作を鑑賞し、そんな今日的論点をしっかり整理したい。

―――＊―――＊―――＊―――＊―――＊―――＊―――＊―――＊―――＊―――

### ■□■ペンタゴン・ペーパーズとは？PP事件とは？■□■

　ペンタゴンとはアメリカ国防総省のこと。したがって、ペンタゴン・ペーパーズ（以下ＰＰ）とは国防省が作った文書のことだが、今日ペンタゴン・ペーパーズという言葉が定着したのは、１９７１年にペンタゴン・ペーパーズ事件（以下、ＰＰ事件）が発生したためだ。ペンタゴン・ペーパーズとは、１９６７年に当時の国防長官だったロバート・マクナマラ（ブルース・グリーンウッド）の指示で作られた「アメリカ合衆国のベトナムにおける政策決定の歴史（１９４５から１９６７年）」のこと。そして、ペンタゴン・ペーパー

ズ事件とは、そのペンタゴン・ペーパーズをニューヨーク・タイムズ紙がスッパ抜いた事件のことで、その記事は１９７１年６月１３日日曜日の朝刊に掲載された。ペンタゴン・ペーパーズ事件は、翌１９７２年６年に発生したウォーターゲート事件（以下、WG事件）と並んで、当時のニクソン政権を揺るがし、ついにはニクソンを１９７４年８月の辞任に追い込んだ大事件だ。

ウォーターゲート事件とは、何者かが盗聴器を仕掛けるためにウォーターゲート・ビルにあった民主党本部に入り込んだ事件だが、ペンタゴン・ペーパーズ事件は何者かがこっそり盗み出し、コピーしたペンタゴン・ペーパーズを、ニューヨーク・タイムズが１９７１年６月１３日の１面に掲載したことが発端だ。これに対して、ニクソン政権は国家の安全保障を脅かすとして記事の掲載の差し止め命令を連邦裁判所に要求し、連邦裁判所は直ちに差し止めを認めた。

国民に明かすことができない国家機密があることは仕方ない。また、そのための国家機密費やそのための金庫があるのも仕方ない。しかし、その濫用が許されないのは当然だから、国民は、そして国民の代表としてのジャーナリズムはそれをどこまでチェックできるの？また、それを批判するための「表現の自由」はどこまで認められるの？３月２４日に見た『素敵なダイナマイトスキャンダル』（１８年）は私と同世代の末井昭氏の体験談を元にした、エロ雑誌、エロ写真の販売を巡る国家権力と「表現の自由」との戦いを描く面白い映画だったが、本作はそれとは全く違うレベルの「表現の自由」をテーマにしたもの。さあ、ペンタゴン・ペーパーズとは？そしてペンタゴン・ペーパーズ事件とは？

## ■□■一方の主人公はワシントン・ポスト紙の社主！■□■

去る３月９日に観た『ザ・シークレット』（１７年）はウォーターゲート事件をテーマにした映画だったし、『大統領の陰謀』（７６年）も、ワシントン・ポスト紙の記者たちがウォーターゲート事件の取材に活躍する話だった。しかして、本作もラストに少しだけ、その事件が暗示されるが、本作が描くのはペンタゴン・ペーパーズ事

全国公開中
©Twentieth Century Fox Film Corporation and Storyteller Distribution Co., LLC.

件。それは、ウォーターゲート事件に先立ってニクソン政権を大きく揺るがした大事件だ。

　本作の一方の主人公は、ワシントン・ポスト紙（以下WP紙）の社主兼発行人であるキャサリン・グラハム（メリル・ストリープ）と、編集主幹であるベン・ブラッドリー（トム・ハンクス）の2人。そして、本作の特徴は、それまであまり知られていなかったキャサリンの"ある"決断に焦点を当てたところだ。パンフレットによると、これは、リズ・ハンナの脚本に負うところが大きいらしい。

　ワシントン・ポスト紙の社主であった夫・フィル・グラハムが１９６３年にうつ病を患って自殺した後を継いで、当時4人の子供の母親だった46歳のキャサリンがアメリカ主要新聞紙初の女性社主になったが、その実力は？経営手腕は？キャサリンは他の有能な人材にワシントン・ポストの社主を委ねず、自分が経営者になることを決断したものの、その手腕はハッキリ言って頼りなかったらしい。そのため、取締役会長のフリッツ・ビーブ（トレイシー・レッツ）や取締役のアーサー・パーソンズ（ブラッドリー・ウィットフォード）らが事実上それを補佐していたらしい。しかし、株式上場というワシントン・ポスト社にとっての一大イベントを控えて、キャサリンは今しっかりその準備を整えているようだ。

　１９６０年代は、①ベトナム戦争反対②黒人の公民権運動と並んで③ウーマンリブ運動がアメリカ中に吹き荒れていたが、それはある意味で当時の女性の権利の低さの裏返し。そんな時代にアメリカ主要紙初の社主となったキャサリンは、ペンタゴン・ペーパーズ事件において社主として如何なる役割を？本作でアカデミー賞主演女優賞にノミネートされたメリル・ストリープは、『ザ・サッチャー』（１１年）で見せた"鉄の女"とは全く異質のキャサリン役を、さすがと思える自然な演技で演じているので、それに注目！

## ■□■もう一方の主人公はWP紙の編集主幹■□■

新聞社の社主がプロ野球球団のオーナーだとすれば、編集責任者はプロ野球の監督のようなもので、現場の責任者だ。プロ野球の球団にも強い球団ＶＳ弱い球団、資金力の豊かな球団ＶＳ貧しい球団があるのと同じように、新聞社にもそれがある。１９６７年当時のアメリカで、ニューヨーク・タイムズとワシ

全国公開中
©Twentieth Century Fox Film Corporation and Storyteller Distribution Co., LLC.

ントン・ポストの間にどの程度の差があったのかは知らないが、本作にはワシントン・ポストの編集責任者であるベン・ブラッドリーとニューヨーク・タイムズの編集責任者であるエイブ・ローゼンタール（マイケル・スタールバーグ）が登場するので、それに注目！

全国公開中
©Twentieth Century Fox Film Corporation and Storyteller Distribution Co., LLC.

　この２人の編集責任者の間に、日本における朝日新聞ＶＳ産経新聞ほどの違いがあるのかどうかも知らないが、本作前半ではワシントン・ポストに対してニューヨーク・タイムズの方が圧倒的に優位にあることが鮮明にされる。すなわち、１９７１年６月１３日、日曜日のニューヨーク・タイムズの一面には、ベトナム戦争に関する調査報告書の一部が掲載され、そこでは４人の大統領トルーマン、アイゼンハワー、ケネディ、ジョンソンがベトナム戦争に関する嘘をつき、マクナマラが１９６５年にはすでにこの戦争には勝てないと知っていたことが明らかにされた。同紙がニューススタンドに並ぶと、アメリカ国民とニクソン政権に激震が走ったのは当然だ。

　ニューヨーク・タイムズのそんな記事を見て歯ぎしりをして悔しがったのは、ワシントン・ポストの編集責任者であるブラッドリー。ワシントン・ポストは所詮地方紙だから、ニューヨーク・タイムズに勝てるわけがない、とハナから諦めてしまえばそれでいいのだが、ブラッドリーはそういうタイプではなかった。そのため彼は、ニューヨーク・タイムズ紙に負けじと編集局次長で記者のベン・バクディキアン（ボブ・オデンカーク）、編集局次長のハワード・サイモンズ（デビッド・クロス）、外交特派員主任チャルマーズ・ロバーツ（フィリップ・カズノフ）等の尻を叩いて、ペンタゴン・ペーパーズのコピーを入手す

40

るため動き始めることに・・・。

　パンフレットによると、ベン・ブラッドリーは１９６５年にキャサリンが編集長代理として雇用した後瞬く間に出世し、一流の記者を雇って彼らの能力を最大限に引き出せる編集主幹として評価されたそうだが、本作でトム・ハンクスが演じるブラッドリーを観ていると、まさにそんな人物像がはっきり浮かび上がってくる。トム・ハンクスは『キャプテン・フィリップス』（１３年）（『シネマルーム３２』４４頁）では実在の人物である船長役を、『ハドソン川の奇跡』（１６年）（『シネマルーム３９』２１８頁）では実在の人物である機長役をリアルに演じたが、本作でも実在の人物で本作のもう一方の主人公となるベン・ブラッドリー役を見事に演じているので、それに注目！

## ■□■ＰＰを持ち出した男の人物像は？その掲載の可否は？■□■

　本作導入部では、１９６６年にベトナム戦争の視察に赴くマクナマラ長官の姿や、長官あてにドロ沼化するベトナム戦争の状況を報告する、軍事アナリストのダニエル・エルズバーグ（マシュー・リス）の姿が登場し、ペンタゴン・ペーパーズの存在を暗示させる。そして、次にはそのダニエルによるペンタゴン・ペーパーズの秘かな持ち出し窃取とそのコピーという、何ともヤバイ行為が具体的に見せられていく。日本ではかつて１９７１年に沖縄返還協定にからみ、取材上知り得た機密情報を国会議員に漏洩した毎日新聞社政治部の西山太吉記者らが国家公務員法違反で有罪となった西山事件が起きた。しかし、ペンタゴン・ペーパーズ事件はそれ以上のハッキリした機密文書の持ち出し事件だから、その違法性は高い。したがって、まず、本作では政府も資金提供していたシンクタンクであるランド研究所の優秀な軍事アナリストであったダニエルがなぜそんなヤバイ行動に走ったのかについて十分考える必要がある。それは、政府やニクソン政権そしてマクラマラ長官への幻滅のため？それとも、「世のため社会のため」というジャーナリストの正義感のため？それとも、研究所内での地位に対する不満や不平のため？自分の刑事処分の可能性はわかっていたはずだから、そんなリスクを犯してまでダニエルはなぜそんなヤバイ行動に・・・？

　他方、ダニエルが違法に収集してきたペンタゴン・ペーパーズをニューヨーク・タイムズがその一面にすっぱ抜くのはよほど勇気のある行為。それを熟慮に熟慮を重ねた挙句、実行したのがニューヨーク・タイムズ紙の編集局長ローゼンタール（マイケル・スタールバーグ）であり、経営陣のパンチ・サルツバーガーだ。だが、その決断（力）はどこから生まれたの？これも、彼らがマスコミの社会に対する役割・責任、とりわけ国家権力の監視、批判というマスコミの最も大切な役割を大統領からの弾圧＝会社の存続の危機よりも大きく考えたため？それとも・・・？

　本作後半はニューヨーク・タイムズの大英断を見て歯ぎしりして悔しがったブラッドリーが前述のような新たな戦いを組み立てていく姿がメインになるが、まずはペンタゴン・

ペーパーズ事件の発端となったダニエルという男の人物像をしっかり考えたい。

## ■□■WPの合意形成は？多数派は？顧問弁護士は？■□■

日本ではホリエモンこと堀江貴文の登場以降、「会社は誰のものか？」という議論が盛んになったが、本作のクライマックスとなるペンタゴン・ペーパーズのワシントン・ポストへの掲載の可否を巡っては、それの論点が面白い。株式上場を進めいているワシントン。

全国公開中
©Twentieth Century Fox Film Corporation and Storyteller Distribution Co., LLC.

ポストにとっては、ペンタゴン・ペーパーズ掲載による政権との対立、抗争、裁判という事態は避けたいもの。したがって、ワシントン・ポストの顧問弁護士の意見が、不当・違法に収集してきた可能性が高いニュース・ソースを記事として掲載することに警鐘を鳴らしたのは当然だ。また、発行部数の確保＝会社の収益を最大の課題としているキャサリンら経営陣の中では、そんなリスクは負わないという意見が強かったのは当然だ。そんな議論の中でキャサリンは日夜苦悩していたが、そんな彼女に猛烈なアプローチをかけたのがブラッドリー。スクリーン上に見る文字通りの「夜討ち朝駆け」風景は迫力たっぷりなので、それに注目！

日本でも中国でも、肝心の最終決断シーンになると決定権者の表情1つだけで演じてしまう傾向が強いが、本作ではブラッドリーとキャサリンの間で交わされる議論の内容がわかりやすい上、論点を的確に押さえているものが多いので、それに注目！ちなみに、ブラッドリーはジョン・F・ケネディ元大統領らと親しくつき合いながら情報を集めていたし、

キャサリンはニクソン大統領との家族ぐるみの付き合いの中で共存共栄を図っていたようだが、それってどこまで許されるの・・・？ちなみに、日本の産経新聞は中国では嫌われており、記者会見の場から排除されることもあるが、ジャーナリストの立場からすればその方がむしろ正しいのでは？政権とベッタリ仲良くしながら情報を得ていては政権に有利なニュースしか掲載できなくなってしまうのでは・・・？

　そんなこんな多くの論点を議論する中で、一方では記事の執筆、確定と印刷作業が進んでいたが、そのままゴーサインが出るの？それとも直前にストップされるの？本作後半は、そんな緊迫の議論の展開をしっかり観察したい。

## ■□■連邦最高裁場所の判断は？歴史的な判決文は？■□■

　日本では衆議院、参議院の議員定数を巡って「一票の格差」が「法の下の平等」に反するか否かの裁判が多数提起され、いくつかの地裁、高裁判決が出ている。これは司法による行政の監視として重要なものだ。また日本では近時、原子力発電所の稼働、再稼働を巡って仮処分申請が出され、いくつかの正反対の決定や判決が出ているが、これも現実に起きている社会事象に対して裁判所がいかに機能するかをはかる重要なメルクマールだ。

　１９７１年６月１３日のニューヨーク・タイムズの一面記事を読んで激怒したニクソン政権は、一方ではペンタゴン・ペーパーズの秘密を暴露しようとするすべての者に対する起訴準備を進め、他方では６月１５日、ニューヨーク・タイムズに対して記事の掲載の差し止め命令を連邦裁判所に申請し、連邦裁判所は差し止め命令を出した。そんな状況下にもかかわらず、でワシントン・ポストの社主であるキャサリンは最終的にペンタゴン・ペーパーズ掲載を決定し、法的措置を取られる可能性がある中で６月１８日ワシントン・ポストはペンタゴン・ペーパーズを掲載した。それに対して、司法省は同日、同紙に対する掲載禁止命令と恒久的差し止め命令を要求し、連邦裁判所はそれを却下したが、最終の判断は連邦最高裁判所に持ち込まれることに。さあ、連邦最高裁判所はいかなる判決を？

　中国では昨年１０月の第１９回共産党大会、今年３月の全国人民代表大会（全人代）を通じて、習近平国家主席への権力集中が進んでいるから、国の意思決定は北朝鮮の金正恩と同じように一人でできるかもしれないが、民主主義国アメリカではそうはいかない。しかし、時のニクソン政権はペンタゴン・ペーパーズに関する記事掲載を暴挙ととらえ、直ちにその差し止めを請求したから、さあ、アメリカの大統領の権力は？三権分立制度の機能は？それが、本作最大のポイントになる。

　その結論は周知のとおりで、アメリカ連邦最高裁判所は６：３でニューヨーク・タイムズやワシントン・ポストの記事掲載を認め、差し止め請求を却下した。ちなみに、パンフレットにはアメリカ合衆国憲法修正第１条とヒューゴ・ブラック判事が書いた感動的とも言える判決の抜粋が載っているので、これは必読だ。

２０１８（平成３０）年４月９日記

# SHOW-HEYシネマルーム

★★★★★

## ザ・シークレットマン

2017年／アメリカ映画
配給：クロックワークス／103分
2018（平成30）年3月9日鑑賞　梅田ブルク7

**Data**
監督・脚本：ピーター・ランデズマン
原作：マーク・フェルト／ジョン・D・オコナー
出演：リーアム・ニーソン／ダイアン・レイン／マートン・ソーカス／トニー・ゴールドウィン／アイク・バリンホルツ／ジョシュ・ルーカス／マイカ・モンロー／マイケル・C・ホール／トム・サイズモア

## 👀みどころ

　ＣＩＡ（中央情報局）が大統領の直轄組織で外国担当の諜報機関なら、ＦＢＩ（連邦捜査局）は司法省に所属し、国内問題担当の機関。そのため、ＦＢＩにはテロやスパイ等の公安事件のみならず、政治家や政府高官の汚職はもちろん、不倫、浮気等のスキャンダル情報もたっぷり！

　そこに48年間も長官として君臨してきたジョン・エドガー・フーバーが死亡すれば、その後継者は、有能で忠実かつ人格高潔な副長官のフェルト。誰もがそう考えたが、時のニクソン政権による人事は・・・？

　時あたかも大統領選挙の直前。そこで起きたウォーターゲート事件とは？それに対するＦＢＩの捜査とは？

　こりゃ必見！そしてＦＢＩの基礎知識は『エドガー』（11年）から。また、同時期に公開される『ペンタゴン・ペーパーズ　最高機密文書』（17年）からは、ベトナム戦争をめぐるニクソン政権のもう一つの問題点を、本作と対比して！

———＊———＊———＊———＊———＊———＊———＊———＊———＊———＊———

## ■□■ＦＢＩのフーバー長官が死亡！その後継者は？■□■

　3月12日付新聞各紙は一面で東日本大震災7年の追悼式典の様子を伝えるとともに、中国の国家主席の任期撤廃のニュースを伝えた。すなわち、中国の全国人民代表大会（全人代＝国会）は、3月11日、国家主席の任期を2期10年までに制限した規定を撤廃する憲法改正案を約99．8％の圧倒的賛成多数で採択。これによって、「毛沢東の大失敗」以降、集団指導体制とされていた国家主席の制度が180度転換し、3期目はおろか終身

制にもつながる可能性が出てきたことになる。

　しかして、本作『ザ・シークレットマン』は、かつての毛沢東やこれからの習近平と同じように（？）、ＦＢＩ（連邦捜査局）長官として４８年間も君臨してきたフーバー長官が、１９７２年に突然死亡したところから物語がスタートする。フーバーがＦＢＩ長官として仕えてきた歴代大統領は何と８名。その功績は大だが、そこにはきっとさまざまな弊害も・・・。フーバー長官の死亡は、時あたかも大統領選挙の１７８日前だ。２期目を目指していた現職の共和党大統領ニクソンにとっては、間違ってもＦＢＩが握っているさまざまな「不適切な交友関係」等のスキャンダルは漏れてはならないことだ。

　フーバー死亡の数日前にジョン・ディーン大統領法律顧問（マイケル・Ｃ・ホール）に呼び出され、ホワイトハウス内政担当補佐官室で「フーバー長官をいかにすれば退任させられるか？」という相談を受けたＦＢＩ副長官のマーク・フェルト（リーアム・ニーソン）はその相談を一蹴し、時の政権とは一定の距離を置いた独立の機関としてのＦＢＩの存在価値を強調していた。しかし、フーバー長官が死亡してしまうと、フェルトはどうすればいいの？フーバー長官が死亡した今、次の長官候補は誰が考えても副長官のフェルトだが、そのためにはニクソン政権と仲良くした方がいいのでは・・・？一瞬フェルトの頭にはそんな考えもよぎった（？）だろうが、そこでフェルトが全職員に命じたのは、ただちにＦＢＩ内のメモをすべて処分すること。それは一体ナゼ・・・？

## ■□■ウォーターゲート事件とは？ＦＢＩの対処は？■□■

　２０１６年９月のアメリカ大統領選挙で、ドナルド・トランプ共和党候補がヒラリー・クリントン民主党候補に勝利したことには世界中がビックリ。ところが、トランプ政権では、２０１７年５月にＦＢＩ（連邦捜査局）のコミー長官を解任したことに端を発した「ロシアゲート問題」が、政権を空中分解させる危険をはらむ大問題になっている。この「ロシアゲート」という言葉は、ニクソン大統領当時の「ウォーターゲート事件」をもじったもの。そして、ウォーターゲート事件とは、１９７２年６月にウォーターゲート・ビルの民主党本部に何者かが侵入した事件だ。その犯人は逮捕されたが、彼らは誰に命じられて、何を目指したの？それが大問題になり、ＦＢＩやＣＩＡはその捜査に躍起になった。もし、ニクソン政権がこれに関与していたうえ、捜査妨害のために司法長官の解任等をしていたとすれば・・・？そこでは、「情報提供者Ｘ」という意味で、「ディープ・スロート」という言葉が面白おかしく語られ、独り歩きしていたが、さてその真相は・・・？

　他方、フェルトの予想に反して、ニクソン政権からＦＢＩの次期長官の代理として任命されたのは司法次官補のＬ・パトリック・グレイ（マートン・ソーカス）。この人選には、かつての同僚ながらフェルトとは犬猿の仲だった、フーバー長官の下で非合法な裏仕事を担当していたビル・サリバン（トム・サイズモア）の画策が利いていたのかもしれない。そんな人事が確定した後に起きたウォーターゲート事件について、ＦＢＩ内部の実務には

45

詳しくないグレイ長官代理に変わってフェルトが陣頭指揮をとっていたが、ある日グレイから今後ホワイトハウスやＣＩＡへの事情聴取には許可が必要だと告げられたからフェルトはびっくり。「ＦＢＩは独立機関だから、その捜査にそんな許可は必要ない」と食い下がったが、「４８時間以内に捜査を完了させろ」と逆に期限を区切られ、事実上のウォーターゲート事件の捜査打ち切りを示唆されたから、フェルトはさらにビックリ。ディーン大統領法律顧問がグレイの部屋に来ていたから、そんな処理方針がニクソン政権＝ホワイトハウスの意向であることは明らかだ。さあ、フェルトはグレイ長官代理の指示に黙って従うの？それとも・・・？

## ■□■本題の前にＦＢＩとは？その役割は？政権との距離は？■□■

イギリスでは近時、『裏切りのサーカス』（１１年）（『シネマルーム２８』１１４頁参照）のようなシリアスなスパイ映画と共に、『キングスマン』（１４年）（『シネマルーム３７』２１３頁参照）のようなマンガ的アクションを強調したスパイ映画も流行っている。しかし、一貫して人気が高いのは、やはり「殺しのライセンス」を持った「Ｍ１６」のスパイを主人公にした『００７』シリーズだ。

それに対して、アメリカのスパイ映画では『ボーン』シリーズや『スパイ・ゲーム』（０１年）（『シネマルーム１』２３頁参照）のような「ＣＩＡモノ」が多く、「ＦＢＩもの」は意外に少ない。しかし『ブラック・スキャンダル』（１５年）は、貧乏で悪ガキだった幼なじみが一方はギャングのボスに、他方はＦＢＩ捜査官に、そして弟は上院議員に。という興味深い実話だった（『シネマルーム３７』５９頁参照）し、レオナルド・ディカプリオが主演した『Ｊ・エドガー』（１１年）は、１９２４年から１９７２年まで４８年間もＦＢＩに君臨したジョン・エドガー・フーバー長官の良くも悪くも波乱に満ちた一生を描く素晴らしい映画だった。同作を『シネマルーム２８』に未掲載にしたのは「５０作」に収めきれなかったためだが、そこではＣＩＡとＦＢＩとの違いをはじめとする、ＦＢＩの基礎知識とフーバー長官の活躍ぶりを詳しく評論した。そこで、本作の参考のため、その全文を「別紙」として掲げておく。少し長くなるが、しっかりと参考にしてもらいたい。

## ■□■フェルトの落胆は？でも仕事は？そして究極の決断は？■□■

世間を揺るがす大事件に一方の主人公として登場し、良くも悪くも社会的に大きな影響を及ぼした人物を映画で描く場合、ややもすればその公的側面のみに目を奪われる傾向がある。それが悪いわけではないが、その主人公、つまり本作ではＦＢＩ副長官として３０年間もフーバー長官を支えてきたフェルトにも当然、家庭では夫としての側面や父親としての側面もあったから、映画でそのプライベートな側面を描けば、その人物（ＦＢＩ副長官）の心の中のさまざまな苦悩がより明らかになるはずだ。そんな視点から、本作ではフェルトとその妻オードリー（ダイアン・レイン）との関係や、なぜか失踪しているという

一人娘ジョーン（マイカ・モンロー）のエピソードが登場するので、それにも注目！

夫がＦＢＩに勤務し、忠実にその任務を果たそうとすれば、妻のオードリーは夫と共に何と３０回近くの引っ越しを余儀なくされたらしい。それを含めて大変な思いで働いている夫をオードリーが支えてきたのは、いつか夫がＦＢＩ長官に立身出世するのではないかという夢があったためだ。しかして、フーバー長官が死亡した今、その後継者は誰が考えても夫のフェルト！フェルト本人以上にオードリーはそう確信していたのに、ニクソン政権の介入（？）による次期ＦＢＩ長官人事は・・・？

また、フェルトが副長官として長年フーバー長官や部下たちの信頼を集めてきたのは、ひとえにＦＢＩの任務を理解し、有能で忠実な捜査官の鑑として働いてきたため。その高潔さゆえ敵も多いものの、周囲からの信頼が厚いのがフェルトの特長だ。したがって、フーバー長官の死後、突然発生したウォーターゲート事件に対して、フェルトはＦＢＩとして原理原則どおりの捜査を進めているのに、ニクソン政権の介入によって誕生したグレイ長官代理からあんな指示を受けたのでは・・・。そこで、フェルトが「やってられねーよ」と考えたのは当然だ。こうなれば、いっそのこと退職を・・・。フェルトも一瞬そう考えたようだが、さて彼の最終決断は？

そんな中、ある日ワシントン・ポスト紙に「ウォーターゲートビルに侵入したのは元ＣＩＡ職員でその目的が民主党本部の盗聴だ」という記事が掲載された上、タイム誌にも「ＦＢＩが真相の隠蔽を画策している」という記事が出るという噂が・・・。これはＦＢＩのどこかからリークされた情報に違いない。リークしたのは一体ダレ？そんな大問題が発生することに・・・。ＦＢＩには、有能な捜査官のチャーリー・ベイツ（ジョシュ・ルーカス）、ベテラン捜査官のロバート・カンケル（ブライアン・ダーシー・ジェームズ）、毒舌だが顔が広く、情報収集能力に長けた捜査官アンジェロ・ラノ（アイク・バリンホルツ）らがいたが、彼らにも疑いの目がかけられたのは当然。フェルトにはグレイ長官代理の補佐役かつウォーターゲート事件の捜査実務の責任者としてリーク犯をつきとめるべき任務があったが、ひょっとしてフェルト自身がそのリーク犯？ＦＢＩとニクソン政権内には、少しずつそんな疑いも・・・。

## ■□■ 『ペンタゴン・ペーパーズ　最高機密文書』と対比！■□■

第７５回ゴールデン・グローブ賞主要６部門にノミネートされ、第９０回アカデミー賞の作品賞、主演女優賞にもノミネートされた『ペンタゴン・ペーパーズ　最高機密文書』は、スティーヴン・スピルバーグ監督がメリル・ストリープとトム・ハンクスを共演させた骨太の社会派ドラマで、　日本では３月３０日から公開。しかして、その邦題になっている「最高機密文書」とは一体ナニ？

アメリカでは、ニューヨーク・タイムズ紙とワシントン・ポスト紙がライバル関係にあるが、１９７１年以降ベトナム戦争が泥沼化していく中、ペンタゴン（国防総省）が作成

していたという「ペンタゴン・ペーパーズ」とは一体ナニ？ある日、その文書が流出したことを突き止めたニューヨーク・タイムズ紙がその内容の一部をスクープしたから、ワシントン・ポスト紙は後れを取ることに。そんな中、それを挽回するべく、ワシントン・ポスト紙のトップで、アメリカ主要新聞社史上初の女性発行人となったキャサリン・グラハム（メリル・スリープ）と、編集主幹のベン・ブラッドリー（トム・ハンクス）はいかなる手を・・・。

　同作はそんな映画だが、本作でもタイム誌の記者でフェルトとは長年の付き合いを続けてきたサンディ・スミス（ブルース・グリーンウッド）とワシントン・ポスト紙の若き敏腕記者ボブ・ウッドワード（ジュリアン・モリス）が登場し、「ある役割」を果たすので、それに注目！近時、我が国で朝日新聞が安倍政権の反発や産経新聞の批判をものともせずに、「もり・かけ問題」の追及に執念を燃やしているのは、新聞（マスコミ）は「社会の公器」としての役割を果たさければならないとの責任感からだが、本作で彼らは「社会の公器」としていかなる役割を・・・？

© 2017 Felt Film Holdings, LLC

２０１８（平成３０）年３月１６日記

# 第2章
## 日本アカデミー賞、キネマ旬報ベスト・テンなど

### 邦画ベスト・テンのトップは？

あゝ、荒野【前篇】【後篇】
彼女がその名を知らない鳥たち

### 青春群像劇　その今昔

火花
花筐／HANAGATAMI

### こりゃ意外に掘り出しもの

嘘八百
祈りの幕が下りる時
ビジランテ
素敵なダイナマイトスキャンダル

### この努力に拍手！

エルネスト
北の桜守
僕の帰る場所

## 👀 みどころ

　カルチャーアイコン、寺山修司が書いた唯一の小説が『あゝ、荒野』。その時代は東京オリンピック開催直後の１９６５年だったが、映画は時代を２０２１年の東京オリンピック直後の２０２１年に。舞台は同じ荒れ果てた荒野（＝新宿・歌舞伎町）だが、その底辺に生きる２人の若者が求めるものとは・・・？

　ボクシング映画として『あしたのジョー』（１１年）や『ロッキー』シリーズと比較するのも面白いが、前後篇で５時間４分の本作では、時の社会問題あれこれもしっかり確認したい。さらに、少し女々しいようだが、２人の若者の恋人、母親、父親との繋がりも・・・。

　「両雄並び立たず」は項羽と劉邦のようなケースにぴったりで、２人の悪ガキの８回戦対決ごときに使う言葉ではないが、本作ではなぜ「両雄」が戦ったの？そして、なぜ「両雄」が並び立たなかったの？それをしっかり考えたい。それにしても、久しぶりに素晴らしい邦画をたっぷりと鑑賞。

―＊―＊―＊―＊―＊―＊―＊―＊―＊―＊―

### ■□■カルチャーアイコン、寺山修司とは？■□■

　１９３５年生まれの寺山修司は１９８３年に４７歳で亡くなったが、１９６０年代後半から学生運動を中心にさまざま社会的活動を展開した私たち「団塊世代」の文化面における象徴となった人物。彼はラジオ、テレビ、映画、演劇、ミュージカルの台本作家、詩人、歌人、作詞家、スポーツ評論家、政治評論家、演出家、劇作家、映画監督、エッセイスト、雑誌編集者、写真家、ゲームプランナー、ビデオ作家等々として活動したが、彼が主催した「演劇実験室◎天井桟敷」はとりわけ社会的に大きな影響を及ぼした。

私は特にそれ以上詳しく彼のことを知らなかったが、本作のホームページやパンフレットを読んで、彼が「時代の先駆者であり、今なお生き続けるカルチャーアイコン」とされていることを知った。また、彼の唯一の長編小説が『あゝ、荒野』であることもはじめて知った。

## ■□■原作と本作の時代は？その異同は？■□■

原作の時代の設定は、１９６４年の東京オリンピック直後の１９６５年。その舞台は、孤独と不毛の精神風土が宿る大都会新宿の片隅、歌舞伎町だ。１９６０年代後半の「ボクシングもの」の代表は、何といっても『週刊少年マガジン』に連載されていた、ちばてつやの『あしたのジョー』。私は、『あゝ、荒野』のことを何も知らなかったが、なぜか５０年後の今、その小説が映画化されたことによって、はじめて『あゝ、荒野』が「ボクシングもの」であることを知った。

１９６０年代後半は、５０年代後半からはじまった高度経済成長政策と１９６４年に開催された東京オリンピックによる「日本民族の復興」によって、日本全体が大きく躍進した時代。そんな流れの中で『あしたのジョー』をはじめとする「スポ根もの」も大流行りになっていたが、その『あしたのジョー』も２０１１年には映画化されて、大きな話題を呼んだ（『シネマルーム２６』２０８頁参照）。しかして、寺山修司の『あゝ、荒野』は一体どんな「ボクシングもの」？そして、なぜそれが今映画化されたの？

本作は、前篇１５７分、後篇１４７分の長尺だが、その時代と舞台はなぜか２０２０年の東京オリンピック直後の２０２１年の新宿に設定されている。登場人物やその周辺人物の設定も、かなり変更されているらしい。さらに、そんな時代状況（の変更）を反映して、本作ではさまざまな社会問題が描かれるが、本作に見るそれらの社会問題は寺山修司が原作で描いたものから大きく変更されている。

本作を鑑賞するについてはそんな異同を十分考えながら、『あしたのジョー』のような「スポ根もの」のボクシング映画とは全く異質の「ボクシングもの」としての『あゝ、荒野』をしっかり位置付けたい。

## ■□■若者の孤独は１９６５年も２０２１年も同じ？■□■

原作のメインキャストは新宿新次とバリカン建二という孤独な２人の若者。それは本作も同じだが、５０年前の原作に見る２人の若者の孤独と本作に見る２人の若者の孤独の異同は？いかにも孤独で、『あしたのジョー』の主人公である矢吹ジョーと同じようなキャラの孤独な若者、新宿新次（菅田将暉）に対して、本作に見るバリカン建二（ヤン・イクチュン）は、新次より年齢が１０歳上。そして、父親によって韓国から無理やり日本に連れてこられた建二は、吃音で対人恐怖症の男。したがって、彼はガールフレンドはもとより、他者との関係をほとんど築けない孤独な若者になっていた。

前篇は、荒野（＝新宿）の中で孤独に過ごすそんな２人の若者を、元ボクサーの堀口（ユースケ・サンタマリア）が海洋（オーシャン）拳闘クラブに引き入れるというストーリーから始まっていく。この片目の男堀口は『あしたのジョー』における丹下段平と同じような役割で登場し、トレーナーの馬場（でんでん）と共に、新次と建二の「疑似家族」のような役割を果たすので、それに注目！

他方、前篇冒頭のシークエンスでは、振り込め詐欺をめぐって新次とその友人の立花劉輝（小林且弥）が、元仲間の山本裕二（山田裕貴）らと激しく対立し、殴り合うシークエンスが登場する。それによって、新次と裕二との対立がストーリー全体の核となるが、そこからヤクザ同士の抗争とならずに、ボクシング映画なるところが原作と本作のミソだ。新次が少年院から出てきた時、既に裕二はプロボクサーとしてデビューしていたから、建二と共に海洋拳闘クラブに入った新次は、裕二への復讐を目指していかなる特訓を・・・？そんなストーリーを見ていると、若者の孤独は「スポ根」に昇華されたかに見えたが、いやいや、荒野（＝新宿）に生活する新次の孤独はそれ以上・・・。そして、建二の孤独も、それ以上・・・？

## ■□■孤独を癒す恋人は？母親は？父親は？■□■

山田洋次監督の『家族はつらいよ』は、パート１（『シネマルーム３７』１３１頁参照）、パート２（『シネマルーム４０』未掲載）に続いて、現在パート３が作られており、今や平成末期を代表するファミリー映画になっている。

本作は、新次と建二の孤独がテーマだが、人間は１人で生まれてくるものではないから、本作にも新次の母親・君塚京子（木村多江）、建二の父親・二木建夫（モロ師岡）、そして新次の恋人の曽根芳子（木下あかり）等が登場する。しかし、新次と建二の恋人や、母親、父親との関係は、『家族はつらいよ』に見るホームコメディ的な「つらさ」とは根本的に違う、本質的根源的な「つらさ」なので、それに注目！

そして、前後篇あわせて５時間４分の本作では、迫真のボクシングシーンとは別に、新次と建二それぞれの恋人、母親、父親との人間関係が生々しく描かれるので、その「つらさ」をしっかり確認したい。

## ■□■社会問題あれこれ！１９６５年と２０２１年の異同は？■□■

１９６４年に開催された東京オリンピック直後の日本の社会問題といえば、７０年安保改定問題とベトナム戦争反対問題。そして、それを大きくリードしたのが学生運動だった。また、その時代に書かれた寺山修司の原作では、大学生による「自殺研究会」なるものもあった。それに対して、２度目に開催された２０２０年の東京オリンピック後の社会問題として本作が描くのは、①自衛隊の海外派兵問題、②２０１１年の３．１１東日本大震災の問題、そして、③「自殺研究会」から大きく形を変えた今日的な「自殺抑止研究会」等々

だ。

　①は、バリカン建二の父親と新次の父親に何かの絡みがあったようだし、②では、今なおさまざまな心の傷を抱えている３．１１東日本大震災の被災者である曽根芳子やその母親セツ（河井青葉）が登場する。さらに、③では、前篇のラストに「自殺抑止研究会」を主宰する川崎敬三（前原滉）が、１９７０年１１月２５日に発生した三島由紀夫の割腹自殺事件を彷彿させるような形で（？）自殺するシーンが登場するので、それに注目！

　これらの２０２０年以降に発生した日本の社会問題への目の付け方は、もちろん寺山修司のそれとは異なり、本作を監督した岸善幸の視点だが、５０年前との異同を含めて、それらもしっかり注目したい。

## ■□■２つの試合に大興奮！とりわけ菅田将暉に拍手！■□■

　ボクシング映画の代表は『ロッキー』シリーズ全６作だが、ストーリーのクライマックスを占めるシルベスタ・スタローン演じるロッキーのボクシングの試合はいつも迫力満点で、感動の涙すら溢れてくる。それは、『ミリオンダラー・ベイビー』（０４年）（『シネマルーム８』２１２頁参照）や、ラッセルクロウが主演した『シンデレラマン』（０５年）（『シネマルーム８』２１８頁参照）、そしてミッキー・ロークが老いたプロレスラー役を演じた『レスラー』（０８年）（『シネマルーム２２』８３頁参照）でも同じだ。『あしたのジョー』（１１年）（『シネマルーム２６』２０８頁参照）でも互いの限界まで肉体を改造したうえでの、山下智久（矢吹ジョー）と伊勢谷友介（力石徹）の対決は素晴らしかった。本作前篇における新次と建二の４回戦ボーイとしてのデビュー戦は、ちょっとした小手調べ程度のものだが、後篇における新次と裕二、新次と建二の２つの試合は大興奮まちがいなしなので、それに注目！

　『息もできない』（０９年）（『シネマルーム２４』１５７頁参照）で長編映画監督デビューを果たしたうえで、本作では言葉の壁を乗り越え俳優として何とも繊細な役柄を演じ、さらに、１９７５年生まれという実年齢にもかかわらず、立派なボクサーとしての肉体を作り上げたヤン・イクチュンに拍手！他方、同じ時期に公開された『火花』（１７年）では売れない若手芸人・徳永役を原作者又吉直樹と板尾創路監督の狙い通りに演じた一方、本作では本物のボクサーと変わらない肉体を作り上げ、２つの死闘で見事に勝利した菅田将暉の努力にも大拍手！

　世界タイトルを３階級制覇している現ＷＢＡフライ級王者のプロボクサー井岡一翔は、幸せいっぱいの新婚生活の中、おいしいものの食べ過ぎのためかトレーニング不足となり、同級１位アルテム・ダラキアン（３０＝ウクライナ）と１２月３１日に行う予定だった６度目の防衛戦をキャンセルすることになった。そのため、大晦日の楽しみが１つ減ったから、その代わりに今年の大晦日には本作のＤＶＤを鑑賞してはいかが・・・？

53

## ■□■若者のセックスは？試合前はセックス禁止だが・・・。■□■

『ロッキー』シリーズは、ボクシング映画であると同時に夫婦愛の物語。また、『シンデレラマン』や『レスラー』でも、中年男女の真剣な愛がボクシングやレスリングの物語を支える大きな下敷きになっていた。しかし、『あしたのジョー』における矢吹ジョーは、若いこともあって女に対して愛を求める気持ちは全く見せていなかった。それに対して、本作に見る新次は自分を捨てた母親との距離感が興味深い。口先ではかなり割り切っているようだが、さてその内実は・・・？

また、新次は人並み以上に健康な若者だから、性欲が旺盛なのは当然。したがって、前篇に見る芳子とのセックス描写は興味深い。こんなに便利にいつでも自由にセックスできれば男にとっては天国だが、さて芳子の方はなぜこんなにいつでもOKなの・・・？この2人のいかにもしっくりしたセックス関係は後篇でも続くが、それと正反対に女とのセックスが全然ダメなのが建二。女とろくに口もきけないのだから建二の周りに女がいないのは当然だが、後篇ではそんな内気で寡黙な建二に対して、西口恵子（今野杏南）がやさしくラブホテルにまで誘ってくれたので、やっと一安心。そう思っていたが何と、そこでも建二がギリギリのところでセックスを拒否したから、アレレ？こりゃ、一体どうなっているの？

試合前のボクサーは、セックス厳禁！堀口からそう厳命されていたが、新次は完全にそれを無視。孤独なトレーニングの合間に芳子の部屋に飛び込み、束の間のセックスで欲求不満を癒やしていたが、その芳子もなぜかある日黙って部屋を引き払ってしまうことに。岸善幸監督は本作でメインのボクシング物語とは別に、そんな若者特有のセックスのあり方を濃密に見せてくれるので、本作ではそれにも注目！

## ■□■憎め！憎め！VS繋がり！どちらがベター？■□■

『息もできない』で脚本・制作・編集・主演を1人でこなしたヤン・イクチュンは、同作で「暴力！暴力！暴力！」の何ともすごい債権取り立て屋役を演じていたが、本作に見る建二役はそれとは正反対。そんな男が堀口の誘いに応じて海洋拳闘クラブに入ったのは、自分を変えたいと思ったからだ。しかし、人間の性格はそう簡単に変わるものではないから、デビュー戦での敗退は当然。その後の練習ぶりを見ていても新次と同じように一生懸命やっているのだが、何しろ人とケンカするのが苦手で内にこもる性格だから、そもそもボクシングには不向き。彼が一貫して求めているのは人との繋がりだが、そんなものは一体どこにあるの・・・？

それに対して、新次が海洋拳闘クラブに入り必死に練習しているのは、あくまで裕二を倒すためというより、試合で裕二を殺すためだ。そのため新次の合言葉は「憎め！憎め！」だが、建二にはどうしてもそれが理解できないらしい。しかし、「憎め！憎め」の精神で新

次が見事に裕二に勝利する姿を目の当たりにすると、建二の心境は・・・？

　本作では、後篇の後半から始まるそこからの建二の心境の変化が興味深い。建二が海洋拳闘クラブを辞める決心をするについては、海洋拳闘クラブの二代目オーナーとなった石井和寿（川口覚）がえらく建二のことを気に入り、その「引き抜き」を図ったことも影響しているが、それはあくまで建二の心境の変化を後押ししただけ。建二は石井の世話で新たに入居したマンションの壁に新次の絵を描き、「憎い！憎い！」「殺せ！殺せ！」と言いながら、そこにパンチを繰り出し始めたから、建二の人間的な変化はすごい。これなら新次との対決で、建二はいい勝負をするのでは・・・？私は一瞬そう思ったし、現に対新次戦ではすごいパンチを繰り出していたが、さて、その試合の結末は・・・？

## ■□■項羽と劉邦は「両雄並び立たず」だったが、本作は？■□■

　『ロッキー』シリーズの第1作ではロッキーが凄まじい死闘で最強のヘビー級チャンピオン・アポロに挑戦し、タイトルを奪うストーリーが感動を呼んだが、第3作ではそのチャンピオンが、老いぼれたロッキーのセコンドになってヘビー級ボクサーのラングに挑戦するストーリーが面白かった。このように、かつてライバルとして戦ったロッキーとアポロが後には互いの心の絆を結ぶ盟友になるわけだが、それはシルベスタ・スタローンが書いた単純な発想の素人流の脚本のため。しかし、カルチャーアイコンと呼ばれた寺山修司の手で書かれた『あゝ、荒野』では、新次が「殺してやる」と意気込んで試合に臨んだ裕二との試合とその後の2人の人間関係は・・・？そしてまた、建二が生まれてはじめて自分の意思で戦う姿勢を見せ、重いパンチで新次を追い詰めていたクライマックスの試合の勝敗と、その試合後の新次と建二の人間関係は・・・？

　「両雄並び立たず」の言葉は、天下の覇権を争った「項羽と劉邦」のようなケースにぴったりで、新宿歌舞伎町で生きるチンピラ風情に使う言葉ではない。また、新次と建二の試合は8回戦に過ぎないから、『ロッキー』シリーズで見たチャンピオン戦の15回戦と全く様相を異にするのは当然だ。しかし、逆にそんなレベルだからこそ、最初から打撃戦（どつき合い）になる。そして、その前半戦では低い姿勢からの建二のパンチの重さが目立っている。これには新次もタジタジとなり、矢吹ジョーばりのノーガード戦法を見せながら対応するが、これでは互いのダウンは必至。4回、5回、6回とラウンドが進むごとに2人の死闘が続いていくが、ラストに近づくとスクリーン上では次第にスローモーションの映像が増え、新次の内心の叫びを見せてくるように変化してくるので、それに注目！

　そんな手法の是非の判断は難しいところだが、そこに見る建二の心の叫びを聞いていると何とも切なくなってくる。そして、ラストに向けて一方的にサンドバッグのように新次から打ちのめされる建二の姿を見ていると、つい涙が溢れ出てくることに。さあ、その結末は如何に・・・？

　小池百合子東京都知事が国政に進出するべく自ら立ち上げた「希望の党」の代表を、約

55

２ヶ月足らずで辞任してしまったことを受けて、都政全体の運営にも暗雲が立ち込めてきている今、２０２０年の東京オリンピック開催時には彼女は都知事も辞任し、知事が交代しているのでは？そんな現実的な心配（論点）も含めて、２０２１年の「荒野」におけるボクシングにかけた２人の若者の生きザマをしっかり検証したい。

２０１７（平成２９）年１１月１７日記

『あゝ、荒野』
画・王雅（２０１８．５）

### 彼女がその名を知らない鳥たち

★★★★★

2017年／日本映画
配給：クロックワークス／123分

2017（平成29）年11月3日鑑賞　シネ・リーブル梅田

**Data**
監督：白石和彌
原作：沼田まほかる『彼女がその名を知らない鳥たち』（幻冬舎文庫刊）
出演：蒼井優／阿部サダヲ／松坂桃李／竹野内豊／村川絵梨／赤堀雅秋／赤澤ムック／中嶋しゅう

## 👀みどころ

　『ユリゴコロ』（17年）に続いて、沼田まほかるの原作が映画に！前作も異色で気味の悪い映画だったが、本作もタイトルからしてヘン！

　本作は「本格的な大人のラブストーリー」ながら、「共感度０％、不快度１００％」の映画らしい。そして、ヒロインが"共感度０"の"最低な女"なら、共演する男たちは、"下劣な男"、"ゲスな男"、"クズな男"の３人。そりゃ一体ナニ？

　そんな映画が、「おおさかシネマフェスティバル２０１８」では作品賞、監督賞、主演女優賞の三冠をゲット。それは一体なぜ？「共感度０％、不快度１００％」でも、あと味の良さをしっかり味わいたい。

――＊――＊――＊――＊――＊――＊――＊――＊――＊――

### ■□■この奇妙なタイトルの原作は？監督は？■□■

　近時は、小説も映画もやたらタイトルの長いものが多いが、本作もその一つ。しかも、『彼女がその名を知らない鳥たち』は長いだけでなく、その意味もサッパリわからない。ところが、この奇妙なタイトルの原作は人気作家・沼田まほかるの傑作ミステリーだというからビックリ。チラシでは「ラブストーリーに夢を見られなくなった大人の女性たちに『究極の愛とは何か』を突き付け、読者を虜にした沼田まほかるの人気ミステリー小説『彼女がその名を知らない鳥たち』（幻冬舎文庫）がついに映画化。」と絶賛されている。沼田まほかるの原作を映画化した『ユリゴコロ』（17年）もかなり異色で、かなり気味の悪い映画だった（『シネマルーム40』110頁参照）が、「本格的な大人のラブストーリー」とされた本作も、２人の主人公のキャラが超異色であるため、かなり異色なラブストーリー

になっているらしい。

　他方、本作を監督したのは『凶悪』（１３年）、『日本で一番悪い奴ら』（１６年）の白石和彌。宮本太一・新潮４５編集部編の原作『凶悪―ある死刑囚の告発』（新潮文庫刊）を映画化した『凶悪』では、ピエール瀧演じる主人公・須藤純次と、リリー・フランキー演じる「先生」こと木村孝雄の凶悪ぶり、悪人ぶりが素晴らしかった。そして、それは園子温監督の『冷たい熱帯魚』（１０年）（『シネマルーム２６』１７２頁参照）で個性派俳優・でんでんが見せた悪人ぶりや、主人公・村田の悪人ぶりにも比肩しうるものだった。そのため、私は「さすが若松孝二監督の薫陶を受けた白石和彌監督の手腕に拍手！」、と書いた（『シネマルーム３１』１９５頁参照）。

　さあ、そんな白石和彌監督が、沼田まほかるの人気ミステリー小説をいかに映画化・・・？

## ■□■ “嫌な女” を演じる主演女優は？■□■

　「本格的な大人のラブストーリー」となれば、その主役は美男と美女。相場は普通そう決まっているが、何と本作のチラシには、「共感度０の最低な女と男が辿りつく“究極の愛”はきっと、あなたの愛の概念を変えるだろう」、と書かれているから、アレレ・・・。そしてまた、そんな“共感度０”の“最低な女”を演じる主演女優は一体誰？そんな嫌なヒロイン役は人気美人女優なら誰もが嫌がるのでは・・・？そう思っていると、なんと本作の嫌な女（ヒロイン？）北原十和子を演ずるのは蒼井優だからビックリ！

　蒼井優は岩井俊二監督の『花とアリス』（０４年）（『シネマルーム４』３２６頁参照）でのバレーの演技できらりと光る実力を見せ、李相日監督の『フラガール』（０６年）（『シネマルーム１２』５２頁参照）では日本アカデミー賞最優秀助演女優賞、新人女優賞などを総なめにした女優。山下敦弘監督の『オーバー・フェンス』（１６年）ではオダギリジョーと共演し、超異質なヒロイン像を見事に演じていた（『シネマルーム３８』６６頁参照）。

　そして、『百万円と苦虫女』（０８年）では彼女は大きく演技派としても成長しており、同作でのやるせない演技に感心した私は、“「演技派女優」蒼井優の確立を期待”、と書いた（『シネマルーム２０』３２４頁参照）。さらに、近時山田洋次監督に見出された彼女は、『家族はつらいよ』シリーズに出演し、山田組の常連となっている。

　このように、１４歳でデビューした後順調に成長し、今や“好感度ナンバー１”女優になっている蒼井優が、何と本作では“嫌な女”役に挑戦！しかして、本作で蒼井優が見せる北原十和子の“嫌な女”のレベルは・・・？

## ■□■下劣な男は？ゲスな男は？クズな男は？■□■

　本作冒頭には、１５歳年上の男・陣治（阿部サダヲ）と暮らしている十和子の姿が登場する。十和子は８年前に別れた黒崎（竹野内豊）のことが忘れられないまま、不潔で下品な陣治に嫌悪感を抱きながらも彼の少ない稼ぎに頼って働きもせずに怠惰な毎日を過ごし

58

ているらしい。チラシには陣治を"下劣な男"と形容しているが、冒頭のシーンではそれ以上に不潔さと下品さが目立っている。したがって、こんな役を演ずる阿部サダヲも大変だ。彼は、西川美和監督の『夢売るふたり』（１２年）では松たか子がプロデュースする結婚詐欺の実行役を小気味よく演じていた（シネマルーム２９）６１頁参照）が、２０１７年のNHK大河ドラマ『おんな城主　直虎』の徳川家康役は一年間を通してイマイチだった。また、『奇跡のリンゴ』（１３年）は予告編だけ何度も観たが、そこでは彼特有の癖のある演技が目立っていた。そんな阿部サダヲの演技には賛否両論だろうが、演技力は大したものだから、本作の陣治のような"下劣な男役"はぴったり・・・？

　他方、今を時めく俳優・松坂桃李は映画では『湯を沸かすほどの熱い愛』（１６年）（『シネマルーム３９』２８頁参照）、『映画　真田十勇士』（１６年）（『シネマルーム３９』２９０頁参照）等々、テレビでもNHKの朝ドラ『わろてんか』等々、その活躍は目覚ましい。その彼も、本作では何と"ゲスな男"水島真役に挑戦！十和子が妻子持ちの水島との情事に溺れたのはどこか彼に黒崎の面影があったためだが、刑事から黒崎が行方不明だと告げられると、ひょっとしてその犯人は陣治ではないかと疑ったのはやむを得ない。さらに、十和子のかつての恋人だった黒崎は、スマートで羽振りも良いが、上昇志向が強く自身の出世、保身のためなら女を道具に使うことも厭わない男。そのため別れる時は十和子の心にも体にも傷が残る手ひどい仕打ちをしたらしいから、チラシではこの男は"クズな男"と形容されている。

　このように、本作は蒼井優演じる"嫌な女"に"下劣な男"、"ゲスな男"、"クズな男"が絡まるラブストーリーでありながら、殺人事件が絡まるミステリー。しかして、その展開はいかに・・・？

## ■□■男もやはり顔？いやいや、誠意と真心？！■□■

　映画は目で見て耳で聞く芸術。もっとも、近時はそこに風、噴射、水しぶき、地響き等を感じさせ、さらにはシーンに合わせた香りまで劇場内に漂わせる装置を備えた特別な劇場（４Ｄシアター）も用意されており、私は一度だけそこに入ったことがある。もし本作をその劇場で観たら、阿部サダヲの汚れた足や靴下の臭いにおいまで感じることになりそうだが、さてその成否は・・・？本作では陣治の徹底した汚さが顕著だが、他方でトコトン十和子に尽くす誠意と真心も顕著だ。しかし、誠意、真心とストーカーとの線引きは微妙だし、いくら誠意と真心を尽くす陣治だって嫉妬心はあるはずだから、十和子の見えないところで陣治は水島や黒崎に対して一体何を・・・？

　他方、本作では冒頭からベッドに寝っころがったままで購入した商品にいちゃもんをつける十和子の"達者ぶり"が目立っている。近時は、物販店のみならず医療の世界でも法曹界でもこの手の"クレーマー"が花盛り。それを困ったご時世だと思っている私には、本作にみるそんな十和子はまさに"嫌な女"そのものだ。しかし、買った時計にいちゃも

んをつけてくる十和子に対しても、あくまで誠実に対応しているデパートの時計売り場の販売員・水島を見ていると、これぞサービス業の模範社員と思えてくる。このように、あくまで腰を低く顧客サービス第一を徹底させる水島が十和子に気に入られたのは当然だが、それ以上に水島がスマートでハンサムだったことが大きな要因だろう。そう考えると、男は顔ではなく誠意、真心が大切だと言われているが、男もやはり顔、いやいや、誠意と真心・・・？

　本作中盤における、陣治と水島を巡って微妙に揺れ動く十和子の女ゴコロを見ていると、それがわからなくなってくるのは仕方ない。もっとも、本作では顔やスタイルのみならず、心もまっすぐに見えた水島にも、その実ドロドロした汚い内面があったことが明らかになってくるので、本作後半からは、それに注目！

## ■□■共感度０％、不快度１００％、でもあと味は？■□■

　「あなたはこれを愛と呼べるか」、「共感度ゼロの最低な女と男が辿りつく"究極の愛"とは」、「このラストは、あなたの恋愛観を変える」。これらを"うたい文句"にした本作の「恋愛面」における到達点は、きっとハッピーエンド・・・？つまり、己の愛を全うするため、十和子にとって最悪な男である黒崎を殺しても、それは神が赦してくれるはず・・・。そんな展開と結論になれば、"沼田まほかる風"ではなく、"ドストエフスキー風"だが、さて本作の到達点は？それは、しっかりあなた自身の目で。

　ちなみに、その点についての本作公式サイトのイントロダクションの記載は次のとおりだ。

肌にまとわりつくような不穏で不快な空気を漂わせながらも、物語はあまりにも美しい"究極の愛"へとアクロバティックに着地していく。誰も裁くことができない予想を超えたラストを見届けたとき、観る者の胸に驚きと感動が広がる、まぎれもない愛の物語が誕生した。

　他方、"ミステリー"として本作を観た場合、黒崎殺しの犯人捜しとその動機が大きなポイントになるが、それについても、あなた自身の目でしっかりと。ちなみに、その点についての本作公式サイトのイントロダクションの記載は次のとおりだ。

十和子への過剰な愛ゆえに陣治は黒崎を殺したのか。異常な献身と束縛の先には、水島に手をかけ、十和子を追いつめる不吉な未来が待っているのか、それとも――。

## ■□■大阪シネフェスでベスト１に！主演女優賞もゲット！■□■

　私は約１０年間映画ファンのための映画まつりである「おおさかシネマフェスティバル」のベストテン投票メンバーを務めている。そして、２０１８年３月４日に開催された「お

おおさかシネマフェスティバル２０１８」で本作は見事作品賞に選出された。ちなみに、日本アカデミー賞の作品賞は『三度目の殺人』（１７年）（『シネマルーム４０』２１８頁参照）、２０１７年第９１回キネマ旬報日本映画ベスト・テン第１位は『夜空はいつでも最高密度の青色だ』（１７年）だったから、「おおさかシネマフェスティバル」の独自性が顕著だ。ちなみに、私は１位を『あゝ、荒野』（１７年）に、２位を『幼な子われらに生まれ』（１７年）（『シネマルーム４０』１０２頁参照）に、３位を本作にしたが、計３２名のベストテン投票メンバーの総意として本作がベスト１、作品賞に選ばれたのだから立派なものだ。

さらに特筆すべきは、昨年も『オーバー・フェンス』で主演女優賞に選出された蒼井優が、今年も本作で２年連続の主演女優賞に選ばれたこと。『幼な子われらに生まれ』で助演女優賞に選出された田中麗奈と共に授賞式に参列した蒼井優の美しさはひとしおだった。

白石和彌が監督賞も受賞したから、「おおさかシネマフェスティバル２０１８」では、本作が作品賞、監督賞、主演女優賞の三冠を受賞したことになる。そのこともあって、本作については鑑賞直後の２０１７年１１月６日にショートコメントを書いていたが、本日あらためて詳しい評論を書くことに。

©2017 映画「彼女がその名を知らない鳥たち」製作委員会
２０１８（平成３０）年３月９日記

## 👀 みどころ

　お笑い芸人の小説が大ヒットし、芥川賞を受賞！そうすると今の時代、当然ドラマ化、映画化だが、さてその出来は？同業の板尾創路が監督しただけに、「笑い」に魅せられ、「現実」に阻まれ、「才能」に葛藤しながら、「夢」に向かって全力で生きる二人の１０年間の青春物語は興味深い。
　「あなたの夢をあきらめないで」と言うのは簡単だが、夢を実現するための才能は？努力は？また、それに対する世間の評価は？
　６８歳になった私たち団塊世代は既に「第２の人生」に入っているが、夢をあきらめた神谷と徳永の「第２の人生」は・・・？

———＊—＊—＊—＊—＊—＊—＊—＊—＊———

### ■□■お笑い芸人が芥川賞を！その原作が早くも映画に！■□■

　私はいつの頃からかテレビのお笑い番組を全然見なくなったが、自然に入ってくる情報から、又吉直樹という芸人の名前は知っていた。その又吉直樹が書いた『火花』と題する小説が発表されるや、その掲載誌「文學界」は驚異的な売り上げを記録。単行本、文庫本の売り上げは３００万部を突破した。そして、彼は芸人として初めて第１５３回芥川賞を受賞する快挙を成し遂げたからビックリ！
　新規ネタに敏感な私は、早速同書を購入。読んでみるとこれは予想通り、又吉の体験を基にしたいわゆる私小説。これがなかなか面白かった。主人公は、若手コンビ「スパークス」としてデビューするも、まったく芽が出ないお笑い芸人の徳永と、「あほんだら」というコンビで常識の枠からはみ出た漫才を披露する、天才芸人の神谷の２人。お笑い芸人として共に下積み生活を送りながら、互いに自分の人生を模索していく物語だ。

今や邦画はコミックものや純愛ものを中心とした「原作もの」が花盛り。すると、いずれこの小説も映画に。そう思っていると、テレビでのドラマ化を経て、この小説は早々に映画化が決定され、今般公開されることになった。本作の監督・脚本は、お笑い芸人ながら『板尾創路の脱獄王』（０９年）（『シネマルーム２４』１７８頁参照）を監督した板尾創路。また、火花製作委員会のトップには、吉本興業が並んでいる。そして、徳永を演じるのは若手ピカ一の俳優・菅田将暉、神谷を演じるのは桐谷健太だ。さあ、本作の出来は・・・？

## ■□■中国語版も大ヒット！中国の若者たちの反応・関心は？■□■

日中を股にかけたバイリンガル作家・毛丹青氏（現在は神戸国際大教授）と２００８年４月に知り合って以降、私は中国のノーベル賞作家、莫言氏との対談や彼の教え子たちとの交流等、さまざまな共同作業を続けてきた。今や、毛さんの活動領域は、「知日」や「在日本」の出版、有名小説の翻訳や各種メディアでの講座等々に飛躍的に広がっている。しかして、『火花』を中国語に翻訳し、その中国語版を今年６月に出版したのも彼だ。

同書の出版を記念して毛さんは中国と日本を股にかけた講演会を次々とこなしており、６月１３日には上海で約４００名の参加者を前に、お笑いと文学の関係や日中の相互交流などについて講演した。また、６月２７日にNHK「クローズアップ現代」で放映された、「"火花"中国を行く～又吉が見た"９０后"～」は大きな話題を呼んだ。

中国には「相声」という日本の「漫才」と同じような芸があるし、テレビではお笑い番組が花盛り。中国共産党が支配する中国では政治面での自由な発言は許されないが、芸能面での発言は自由。そのため、日本の漫画やアニメは昔から大人気だ。そんな状況下、又吉直樹が書いた小説『火花』の中国語版の人気は上々で大ヒット！しかして、『火花』にみる徳永や神谷の生き方について、中国の若者たちの反応・関心は・・・？

## ■□■若者が求めるものは理想、夢、才能！しかし現実は？■□■

本作のストーリーは、熱海の花火大会で徳永（菅田将暉）が先輩芸人・神谷（桐谷健太）の常識の枠からはみ出した漫才を聴いてその才能にホレ込み、突然「弟子にして下さい！」と申し出るところから始まっていく。神谷が相方の大林（三浦誠己）と一緒にやっている漫才を聴いたのは、徳永の相方・山下（川谷修士）も一緒だが、なぜ徳永だけがそんな反応をしたの？現在、上方落語協会の会長を務めている桂文枝師匠は今や大御所になったが、同世代の天才漫才師と言われた横山やすしは若くして死亡している。その死亡原因の１つが、酒・タバコ、女（？）をはじめとする破天荒でハチャメチャな生活ぶりであったことは明らかだが、徳永がその才能にホレ込み、弟子入りを求めた神谷の天才ぶりはどうだったの？やすしの天才ぶりはその変人ぶりと共に周りの多くの人が認めていたようだが、神谷の才能を認めたのは徳永ひとりだけ？

小説を読んだ時もそこらあたりのポイントが興味深かったが、実は小説を読んだ時私は

神谷の才能について正直よくわからなかった。しかし、同じお笑い芸人の板尾創路が監督をした本作を観ていると、神谷の変人ぶりと共に彼の天才ぶりがよくわかったので、なるほど、なるほど・・・。

徳永はスパークスのボケ担当、山下はスパークスのツッコミ担当で、2人は中学時代からの友人だが、2人とも自分たちの才能をどう考えているの？私の大学時代を考えてもわかることだが、分野こそ違え、若者が求めるのは、いつも理想、夢、才能。しかし、才能の有無は容易にわからないから、それに代わる自分に見えるものとして、努力に頼らざるをえないのが常だ。私の場合は幸い1年半の司法試験の勉強という努力によって弁護士への理想、夢を実現できたが、さて徳永の才能は？また、徳永の努力は・・・？

## ■□■なぜ、鹿谷がバカ売れに？世間の評価とは？■□■

今年は将棋の世界では14歳の藤井聡太四段の28連勝が、囲碁の世界では井山裕太が再び七冠に返り咲いたことが大ニュースになった。このように将棋や囲碁は100％実力の世界。また10月26日に行われたドラフト会議によって、早稲田実業高校の清宮幸太郎は日本ハムへ、広陵高校の中村奨成は広島へ、履正社高校の安田尚憲はロッテへ、それぞれの進路が決まったが、プロ野球の世界でも99％が実力の世界。私がいつも楽しみに観ている堺正章がオーナーを務める『THEカラオケ　バトル』では、ワケのわからない審査員が採点するのではなく、厳正で客観的な「カラオケマシン」が採点するから、そこでの勝ち負けはすべて実力だと割り切ることができる。しかし、お笑い芸人の世界では？女には「枕営業」があるが、男にはそれはない。しかし、それに代わるものやその他諸々の雑多な「実力以外」の要素は一体どれくらいあるの？

本作では、一生懸命頑張っているスパークスの2人がなかなか売れないのに対して、クドイ顔と女性的なキャラが人気のピン芸人・鹿谷（加藤諒）がバカ売れする姿が強調されるが、これは一体なぜ？私は、阪本順治監督の『エルネスト』（17年）を公開初日に鑑賞したが、残念ながら席はガラガラ。それに対して、『アウトレイジ　最終章』（17年）はほぼ満席になっていた。これを見て『エルネスト』は短期で打ち切られるなと思っていると案の定・・・。このように映画の世界でも良作が必ずしもヒットするとは限らないのが実情。それが世間というわけだ。もちろん、それは弁護士の世界でも政治家の世界でも同じで、実力、能力才能と人気、評判、金儲けは必ずしも一致しないことが多い。もちろん、そんなことは天才肌の神谷も現在懸命に努力中の徳永もわかっているが、鹿谷のフィーバーぶりを横目に、2人はどうあがけばいいの・・・？

## ■□■2人の芸人の女関係は？このヒロインとはいつまで？■□■

落語家も芸人と言っていいはずだが、落語家の初代桂春団治の女関係は「浪速恋しぐれ」の歌を聞くまでもなく、ハチャメチャで有名。これは大阪の芸人特有のものかもしれない

が、その「女の泣かせ方」はある意味、将棋の坂田三吉と小春の関係によく似ている。天才肌の男の生き方や仕事ぶりは破天荒だから、そんな男の女関係はおおむねハチャメチャ。相場はそう決まっているはずだが、真樹（木村文乃）と同棲している神谷の生活ぶりを見ると、これが極めてノーマルだからアレレ・・・？これは、原作者の又吉直樹が大阪出身の芸人であるにもかかわらず真面目な性格で、初代桂春団治や坂田三吉タイプとは正反対のため・・・？

　本作に見る真樹はその「変顔」を見せることでそれなりの存在感を見せるが、本作では神谷と徳永との男同士の師弟関係に焦点を当てているため、２人の芸人の女関係についてはほとんど描いていない。きっと２人とも経済的には恵まれていないだろうから、そんな男に良い女がつく確率は本来少ない。しかし、それでもお笑い芸人の陣内智則と美人女優の藤原紀香が結婚した例もあるから、やり方次第では・・・？

　ちなみに、神谷と徳永のつき合いにおいて、飯代はすべて神谷が負担していたようだが、２人がいつも行っているのは居酒屋クラスだからその金額はたかが知れたもの。それでも、神谷は借金で首が回らなくなったそうだから、神谷の生活の破天荒ぶりはきっと坂田三吉並みだったはずだ。したがって、そんな男にずっとこの真樹がついていくとは思えないが、さて、神谷の女関係は？そしてまた、本作では全く描かれていないが、徳永の女関係は・・・？

## ■□■あなたの「夢をあきらめる」潮時は？■□■

　１９８２年に「待つわ」でデビューした女子大生デュオの１人岡村孝子は、私の大好きな歌手の１人。また、彼女のソロデビュー曲で１９８７年にヒットした『夢をあきらめないで』は、私のカラオケでの定番ソングの１つだ。この歌は彼女が結婚した巨人軍の石井琢朗選手の生きザマを見ながら作ったそうだが、「夢をあきらめる」潮時は難しい。今年の将棋界では藤井聡太四段フィーバーが席巻したが、奨励会では２６歳までに四段になれなければ自動的に退会というルールが決まっているから、「夢をあきらめる」潮時は動かせない。しかし、芸術、スポーツ、芸人の分野ではそれが客観的に決まっていないから、あなたの「夢をあきらめる」潮時は難しい。ちなみに、１０月１２日に観た『ゴッホ　最期の手紙』（１７年）では、「炎の画家」と呼ばれたゴッホの絵も生前中は１枚しか売れず、ゴッホは死後に有名になったそうだ。

　しかして、スパークスとして長い間頑張ってきた徳永も、ついに今日はコンビ解散の日。そこで、相手方の山下との掛け合いの中で徳永が見せる漫才はすごい。それまでは観客やスポンサーの目ばかり気にしていたのに、最後の最後のコンビ解散の日＝漫才師廃業の日となると、やっとそれから解放されたため、それらの目を気にすることなく、あるがままに自分の言いたいこと、自分の主張したいことをこの日の漫才にぶつけたから、その姿は鬼気迫るものになった。漫才はお笑いをとるもの。それが当たり前の常識だが、この日のスパークスの漫才が始まると、観客は一瞬シーン・・・。そんな中、徳永のヒステリック

な声が響き渡ると、観客はさらにシーン・・・。まさに会場は水を打ったようになったが、それは一体なぜ？そして、肝心の観客席からの笑いは・・・？

## ■□■夢をあきらめたお笑い芸人の第２の人生は？■□■

　今年４月に愛光学園高校卒業後５０周年として「６８歳記念大会」を開催した私たち愛光９期生は、医者や弁護士等の自由業を除いてほとんどが定年退職し、それぞれ「第２の人生」を歩んでいる。私たち団塊世代は豊かさを追い求めた昭和のよき時代を経済成長と平和の中で生きてきたから、まだかろうじて維持できている年金や社会保障制度の中で「第２の人生」を順調に送っている人が多い。しかし、バブル経済の崩壊、リーマンショック等を経て、経済格差が広まった今の時代、夢を叶えられた若者はラッキーだが、神谷や徳永のように夢をあきらめた若者の「第２の人生」は・・・？

　徳永のような若者は変わり身も早そうだから、スパークスの解散ライブを終えた彼が今スーツ・ネクタイ姿で不動産屋の仕事をしていても、それはそれなりに納得できる。しかし、徳永と連絡が取れなくなった後、破産宣告まで受けたと聞いた神谷の方は、芸人としての評判も一切聞くことはなかったから、ひょっとして彼には「第２の人生」はなかったの・・・？パンフレットにあるストーリーのまとめは、「『笑い』に魅せられ、『現実』に阻まれ、『才能』に葛藤しながら、『夢』に向かって全力で生きる二人の１０年間の青春物語」とされている。たしかに、その１０年間の青春物語は原作者の又吉直樹の体験を元に書かれているから説得力があるが、その結末をどう受け止めればいいの？

『火花』画・王雅（２０１８．５）

　ちなみに、又吉直樹の『火花』の芥川賞受賞とその映画化に刺激を受けた天才・ビートたけしは、マジに直木賞を狙って自身初の恋愛小説『アナログ』を書き、現在好評発売中だ。その謳い文句は、『アウトレイジ』３部作とは違う、「凶暴なまでにピュア」というものだ。同じお笑い芸人でも、長い間底辺にいた又吉直樹と違って、ビートたけしは大成功した芸人だから、その体験に基づいてそこに描かれるピュアな恋物語は、ビートたけし特有のものになるはずだが、さて、あなたは本作に描かれた「笑い」「現実」「才能」「夢」についてどう考える・・・？

２０１７（平成２９）年１１月１日記

## ◉◉みどころ

　大林宣彦監督の名前は知っていても、今や『夕日と拳銃』や『花筺』はもちろん、檀一雄という作家も知らない日本人が多いだろう。そもそも本作のタイトルを「はながたみ」と読める人は？その時代背景を知っている人は？

　青春群像劇はたくさんある。黒澤明監督の『わが青春に悔なし』（４６年）はもちろん、戦後大流行した石坂洋次郎の原作で何度も映画化された『青い山脈』もそうだが、本作にみる戦争直前の大学予科生４人の青春とは・・・？

　男はみんな軍隊に入るもの。そして、軍隊に入ることはすなわち死ぬこと。それが当たり前だった時代。いかにもお金持ちのお坊っちゃま風の僕を含め、それに対置される３人の予科生たちの生き方（死に方）を、平和で安全かつ豊かな今のニッポン国に生きる若者はどう考えるの？

　末期ガンと闘う中で完成させ、ガンを駆逐した大林監督の気力に感服するとともに、遺作になるかもしれない本作のメッセージをしっかり受けとめたい。

―＊―＊―＊―＊―＊―＊―＊―＊―＊―＊―

## ■□■これぞ大林流の映像美！とりわけ赤色の見事さに注目！■□■

　私は特に大林宣彦監督のファンというわけではないが、『転校生』（８２年）や、『時をかける少女』（８３年）は観ている。しかし、本作によって完成した「大林的戦争三部作」と呼ばれる『この空の花―長岡花火物語』（１１年）も、『野のなななのか』（１４年）も観ていない。

　大林監督は「映像の魔術師」と呼ばれているが、本作は冒頭からそんな魔術師ぶりがすごい。今の邦画は明るく綺麗な色で、一定の距離を保って撮影するオーソドックスなもの

67

がほとんどで全然面白くないが、本作は映像の美しさの種類が全然違う。そのうえ、大林監督流のクローズアップが多いうえ、張藝謀（チャン・イーモウ）監督ばりの（？）色彩へのこだわりがすごい。とりわけ、本作の象徴となる①花の赤さや②血の赤さ、そして、青春群像劇たる本作のリーダー役となる美しき叔母・江馬圭子（常盤貴子）が後半に見せる③まっ赤なドレスの赤さは印象的だ。また、陳凱歌（チェン・カイコー）監督の久々の日中合作の大作『空海　KU－KAI　美しき王妃の謎』（１７年）はファンタジー性が強すぎて少しマンガ的になってしまっていたが、本作のファンタジー性はほどほど・・・。

　血をめぐる本作のさまざまなシークエンスを観ていると、結核の従妹・美那（矢作穂香）の血を吸う圭子は、ひょっとしてドラキュラ・・・？

## ■□■原作は檀一雄唯一の純文学！タイトルの読み方は？■□■

　今の若者は女優の檀ふみは知っていても、その父親で小説家の檀一雄は知らないはず。それは、今でもテレビによく出ている阿川佐和子は知っていても、その父親で小説家の阿川弘之を知らないのと同じだ。もっとも、映画『火宅の人』（８６年）の公開によって、「無頼作家」檀一雄の名前も少しは知られたが、私が中学生時代に胸を躍らせながら読んだ『夕日と拳銃』（５５年）はほとんどの人が知らないだろう。そんな私ですら、「私小説」ばかり書いていた檀一雄の出世作にして、唯一の「純文学」である『花筐』は知らなかったし、何よりそのタイトルを「はながたみ」と読むことすらできなかった。

　もっとも、この「筺」は中国語で「ｋｕａｎｇ」と発音するもので、私が愛用しているカシオ電子辞書「中日大辞典」には「竹あるいは柳の枝で編んだかご、竹かご、柳かご」と解説されている。劇場での本作の鑑賞は年配者ばかりで、約４分の１の入りだったが、私を含めてこれらの年配者の多くもこの字は読めないだろう。したがって今どき、こんな難しい字を読める若者は１人もいないのでは・・・？

## ■□■４人の主人公の人物像に注目！■□■

　それはともかく、『花筺』は１９３７年に出版された檀一雄の「処女作品集」に収められた小編で、彼が２４歳の時の作品。三島由紀夫が少年時代に愛読したそうで、ネット情報には「内容はほとんど尾崎豊の『１５の夜』である」との「解説」すらある。同作は当時の佐賀県の唐津にあった大学予科に入学したばかりの１７歳の４人の男（少年？）榊山俊彦（窪塚俊介）、鵜飼（満島真之介）、吉良（長塚圭史）、阿蘇（柄本時生）の青春群像劇だが、同作を特徴づけているのは何といっても同作が書かれた１９３６年（昭和１１年）という日中戦争から太平洋戦争に突入する直前の時代状況だ。

　大学予科に入学する時から既に、戦争に行って死ぬことを当然のことと運命づけられていたことは、檀一雄や彼が小説の中に登場させた榊山俊彦、鵜飼、吉良、阿蘇たちのような知的欲求の強い当時の日本男児の生き方にどのような影響を与えたのだろうか？『夕日

68

と拳銃』の主人公・伊達麟之介は満州の地で「馬賊」となって悠々と生きていくことに生きがいを見出したが、それは檀一雄が４３歳となり、満州浪人も悪くないと思った時代なればこそその人物像。檀一雄だって、『花筐』を書いた２４歳の頃は、同世代で早世した中原中也やフランスの詩人アルチュール・ランボーと同じように繊細で傷つきやすい神経を持っていたはずだ。そんな時代状況を考えると『花筐』で描かれた４人の主人公たちの人物像は興味深い。本作の鑑賞については、まずはそんな檀一雄の原作に注目。そして、４人の主人公たちの人物像に注目！

## ■□■１９４１年当時の大学予科生の青春は？生き方は？■□■

　原作は１９３６年（１９３７年の日中戦争突入の前年）当時の４人の大学予科生を主人公にしたものだが、大林監督はそれを１９４１年（１２月８日に対米戦争が始まった時）に移している。当時の小、中、高と大学の制度が戦後のそれと異なっているのは当然で、唐津にある大学予科に僕こと榊山たちが入学したのは１７歳だ。そのため、満島真之介と柄本時生はともかく、３６歳の窪塚俊介、４２歳の長塚圭史が１７歳の予科生を演じたのは少し無理筋だが、２人ともかなりの「変わり者」だから、ストーリーの進行につれて、違和感がなくなってくることに・・・。

　ちなみに、戦後の民主化の流れの中で作られた黒澤明監督の『わが青春に悔なし』（４６年）は京大の「滝川事件」をテーマとした興味深いものだったが、その時代設定は１９３３年（満州事変の２年後）で、日本が戦争へとひた走っていく中での青春群像劇だったから、その点では本作の時代状況と共通している。

## ■□■青春時代の感受性は？学友との出会いは？■□■

　本作はアムステルダムに住む両親の元を離れ、唐津に住む美しい叔母と婆や（入江若葉）、そして肺病をわずらう従妹の美那たちと暮らす榊山の語りからスタートする。私はいかにも金持ちのお坊っちゃま然としたこの榊山に好感を持てないが、それでも榊山の感受性はすごい。もっとも、いくら「さあ、お飛び、お飛び」と言われても、崖の上から海の中に飛び降りることができないのは当然だが、１９０３年当時の感受性豊かな旧制一校生であった藤村操が華厳の滝で投身自殺したことを考えれば、それも１９４１年当時の大学予科生たちが憧れた「肝試し」のひとつだったかも・・・？そんな面白いシークエンスから始まる本作では、スタートしたばかりの大学予科生活で榊山の学友となる鵜飼、吉良、阿蘇のかなりひねくれたキャラクターをしっかり確認したい。

　これを観ていると、私が愛光中学に入学した１９６１年、大阪大学に入学した１９６７年、そして、司法試験に合格し、司法研修所に入学した１９７２年という３つの時代での私なりの新しい「学友」との出会いが昨日のことのように思い出されてくる。今では、いくら親しい学友でもその友人との間に一定の距離を置くことがルールのように考えられて

いるが、私の青春時代は？そしてまた、榊山たちが青春を生きた１９４１年当時は・・・？

## ■□■4人のうち、長く生き残るのは誰？■□■

　本作には，美しき叔母・江馬圭子の家に住む従妹の美那をはじめとして、その「学友」の美女、あきね（山崎紘菜）と千歳（門脇麦）が登場し、ちょっとした「恋模様」（のまね事？）も見せてくれるので、それにも注目。私が興味を持ったのは「千人針」ならぬ、ハチマキへの「口紅塗りの儀式」だが、当時ホントにこんな儀式があったの？

　チャン・イーモウ監督の『ＨＥＲＯ（英雄）』（０２年）（『シネマルーム５』１３４頁参照）では赤色のみならず、青色、白色が強調され、『ＬＯＶＥＲＳ（十面埋伏）』（０４年）（『シネマルーム５』３５３頁参照）では緑色が強調されていたが、本作で強調されるのは赤色。本作で表現される赤色は、花の赤と血の赤がメインだが、戦争に行く若者のハチマキに塗った口紅の赤の効用は・・・？

　それはともかく、いかにも金持ちのお坊っちゃま然として、周りの学友からの影響を受けやすいタイプ（？）の僕に対して、他の３人はキャラが強い。まるでアポロ神のように雄々しい肉体を持つ鵜飼、いつも斜に構え頭を揺らす虚無僧のような吉良、懸命にお調子者を演じる阿蘇が本作でみせるキャラはそれぞれ興味深い。しかして、病を抱えた吉良はもともと命が短そうだし、逆に肉体的に１００歳まで生きられそうな鵜飼はいつか三島由紀夫のようになるのではないかという心配がある。そして、阿蘇はあの時代の最も標準的な若者だろうが、軍隊に入れば多分消耗品として一番に戦死・・・？彼らにはそんな運命が待ち受けてそうだが、さて僕は戦争の時代に入るとどう生きるの？それはもちろんわからないが、戦後長く生き残ったのは４人のうちの誰・・・？

## ■□■唐津くんちに注目！■□■

　私は「祭り」に詳しいわけではないが、２００１年に西天満３丁目に自社ビルを建てた時から、町内会活動に参加するようになったため、必然的に日本三大祭りの一つである「天神祭」との縁が深くなった。西天満は神鉾講で、私も息子も天神祭では陸渡御列に羽織袴で参加した。また、高校時代まで過ごした松山でも小学生の時は毎年地元の祭りに参加し、御輿を担いでいた。そんな私の目には、本作にみる唐津市の「唐津くんち」は興味深い。くんちには、長崎くんち、博多くんちと唐津くんちの３つがあり、「日本三大くんち」と呼ばれているが、本作の「唐津くんち」で大活躍するのは４人の男たちではなく、料理屋の娘、あきねだ。

　あきねの兄（原雄次郎）も出征していったが、日本が真珠湾攻撃を開始する直前の１９４１年の夏という時代でも、唐津くんちではあれだけの賑わいとあれだけのご馳走があったとは大きな驚きだ。唐津は佐賀県だが、九州といえば何といっても『無法松の一生』が有名で、北九州市の小倉で開かれる小倉祇園祭では、祇園太鼓が有名。それに比べれば、

唐津くんちの認知度は低く、私もよく知らなかったが、本作を鑑賞すればそれはバッチリだ。

　本作に登場するのは平和で安全、かつ豊かな今の時代の唐津くんちではなく、開戦直前の１９４１年夏の唐津くんちだが、そんな時代なればこそ、一人一人の若者が自分（の死）と向き合いながら参加もしくは不参加にしていた唐津くんちの意味を、本作でしっかり考えたい。

## ■□■ひょっとして、大林監督の遺作に？■□■

　２０１８年に入ってすぐの１月６日に突然、星野仙一監督死去のニュースが流れた。その第一報の時は死因が報じられていなかったが、その後のニュースで膵臓ガンだったことと、死亡までそれは内密にされていたことが報じられた。前年の１１月２８日に開催された「星野仙一氏野球殿堂入りを祝う会」では、少し弱っていたが立派に「あいさつ」をしていただけに、こんなに早く死亡するとは誰も予想していなかったはずだ。ひるがえって、私は２０１５年９月に直腸ガンの、２０１６年１１月に胃ガンの手術を受けたが、いずれも「ステージ１」で、その後の転移もなく、死の恐怖は今はない。しかしそれでも、いざ手術を受ける時の不安は・・・？また、手術後の定期検診のたびに持つ不安は・・・？

　そう考えると、１９３８年生まれの大林監督が、「ステージ４」の肺ガンだと診断され、余命３カ月の末期ガンだと宣告された中で、本作を完成させたのはすごい。彼が唐津の病院で末期ガンの宣告を受けたのは、２０１６年８月２５日。本作のクランクインの当日だったらしい。普通なら、その時点で長期入院を余儀なくされるため、映画撮影は中止とされるはずだが、彼は東京と佐賀の医師の連携プレーで新薬の抗がん剤を投与されながら、病院から撮影現場に毎日通ったらしい。檀一雄の息子で、本作のプロデューサーを務めた檀太郎氏の表現によれば、「監督の生に対する欲望の凄まじさに癌は押しのけられた」そうだ。檀太郎氏も大林監督と同時に肺ガンの告知を受けたそうだが、こちらは末期ガンではなかったため手術での除去で終了したらしい。ちなみに、檀一雄が６３歳で亡くなったのも肺ガンらしいから、この３人を取り持つ最大の縁は肺ガンということになる。

　映画製作はクランクアップで終了ではなく、そこから編集作業がはじまるが、大林監督はクランクアップ後、半年の歳月をかけてモンタージュを終えたそうだ。そして、その時点では大林監督の死に取りついていたガンも退散したそうだ。

　そうすると、大林監督は次回作へ向けて新たな企画を・・・？おいおい、それはいくらなんでも早すぎるだろう。私としては、本作が大林監督の遺作とならないことを願うばかりだが・・・。

２０１８（平成３０年）年２月７日記

## 嘘八百

2017年／日本映画
配給：ギャガ／105分
2018（平成30）年2月25日鑑賞　テアトル梅田

★★★★

**Data**
監督：武正晴
脚本：足立紳、今井雅子
出演：中井貴一／佐々木蔵之介／友近／野田誠治／森川葵／堀内敬子／坂田利夫／木下ほうか／塚地武雅／桂雀々／寺田豊／芦屋小雁／近藤正臣／

## 👀 みどころ

「潜水艦モノ」や「密室モノ」も面白いが、「詐欺師モノ」も面白い。『T.R.Y.』（02年）や『クヒオ大佐』（09年）に続いて、それを実証した（？）のが本作だ。

中井貴一は本来『壬生義士伝』（02年）の端正な役がハマリ役だが、意外に詐欺師もピッタリ。逆に、うだつのあがらない詐欺職人がピッタリの俳優・佐々木蔵之介との相性は・・・？

適正な商売と詐欺との線引きは？個人プレーと総合力・グループ力を備えた詐欺師集団との優劣は？そんな「論点」も踏まえて、一攫千金の一億円（プラス消費税）を目指す一大プロジェクトに挑戦！

もっとも、それに大勝利した後は、一難去ってまた一難・・・？

———＊———＊———＊———＊———＊———＊———＊———＊———

### ■□■「密室モノ」も面白いが「詐欺師モノ」も面白い！■□■

「潜水艦モノ」や「列車モノ」という「密室モノ」が面白いのは当然だが、「詐欺師モノ」も面白い。『Uボート　最後の決断』（03年）（『シネマルーム7』60頁参照）、『Uボート（ディレクターズ・カット版）』（97年）（『シネマルーム16』304頁参照）や、馮小剛（フォン・シャオガン）監督の『イノセントワールド―天下無賊―』（04年）（『シネマルーム17』294頁参照）、ポン・ジュノ監督の『スノーピアサー』（13年）（『シネマルーム32』234頁参照）等を観れば前者がよくわかるし、『T.R.Y.』（02年）（『シネマルーム2』217頁参照）や『クヒオ大佐』（09年）（『シネマルーム23』202頁参照）等を観れば後者がよくわかる。そして、大阪の堺を舞台にした「詐欺師モノ」

である本作を観れば、ますますそれに納得！

　年を取ってもなお若い時の端正さが変わらない俳優・中井貴一は、本来『壬生義士伝』（０２年）のようなシリアスな役がピッタリ（『シネマルーム２』７１頁参照）だが、本作のような「お笑い芸人」顔負けの詐欺師の役でも、しっかりその役割を果たすことができる。他方、冒頭は

©2018「嘘八百」製作委員会

「騙し騙され」の関係で始まりながら、本筋では中井貴一扮する詐欺師の強力なパートナーになる、売れない陶芸家・野田佐輔を演じる佐々木蔵之介はもともと何でもござれの万能役者。

　そんな２人がタッグを組んだ「詐欺師モノ」が面白いのは当然！

## ■□■詐欺と商売の「線引き」は？小池の「目利き力」は？■□■

　近代都市法の核になったのは、１９６８年の「新都市計画法」の制定だが、その新都市計画法の特徴の一つが「線引き」。これは、都市計画区域について地図上に線を引いて市街化区域と市街化調整区域を区分し、その法的効果を明確に区別する制度だ。小池則夫（中井貴一）は一人娘の大原いまり（森川葵）を助手として古物商を営んでいたが、骨董品の取引では「目利き」が何よりも大切。しかし、他方で、骨董品の取引では「お宝の鑑定」という重要な作業もあるから、いかにやり手の小池であっても、骨董店・樋渡開花堂を営む社長の樋渡（芦屋小雁）や、この社長とべったり組んでいる鑑定士の大御所である棚橋（近藤正臣）には、今なお頭が上がらないようだ。

©2018「嘘八百」製作委員会

　モノを安く仕入れ、それに経費や利益を上乗せして高く売るのが商売の基本だが、価値や値段のつけ方が難しい骨董商売では、そもそもどこまでが適切な商売なのか、どこからがインチキな詐欺商法なのかの「線引き」が難しい。市街化区域と市街化調整区域の線引きのように明確に線引きできないわけだ。そんな「線引き」の難しい骨董の世界において、小池はかつて樋渡や棚橋にひどい目に

73

合わされたらしいが、さて今回は・・・。

本作冒頭、古い大きな蔵の持ち主らしい男・野田と蔵の中に収まっている大量の骨董品売買の折衝を始めた小池は、蔵の中に千利休直筆の譲り状と幻の千利休の茶器を発見したため絶句！何としてもこれを手に入れようと頑張った小池は、「蔵のもの全部、１００万円で引き取りましょう」と申し向け、詐欺商法のようなチョー安値でお宝を手に入れることに成功したかに思えたが、さてその実は・・・？

## ■□■詐欺も、一人より総合力！グループ力！■□■

平昌冬季五輪では女子スケート、女子カーリング等において、日本選手の個人力もさることながら総合力、グループ力が際立っていた。日本が世界初の金メダルをとったスピードスケート女子チームパシュート（団体追い抜き）の総合力、グループ力はとりわけそうだった。そんな目で本作導入部を観ていると、騙したと思っていた小池が逆に見事に騙されていたのは、野田個人の詐欺力もさることながら、①飲み屋・土竜のマスターで、筆の名人である西田（木下ほうか）、②阪神タイガースのかつてのバース選手によく似た箱作りの名人である材木屋（宇野祥平）、③表具屋で紙に詳しいよっちゃん（坂田利夫）等との総合力、グループ力によるものが大きいことがわかる。

もちろん、小池は「詐欺の被害にあった」と警察に訴え出ることもできるが、そんなことをすれば、小池自身が警察から痛くもない腹を探られる恐れがある。さらに、西田が経営している飲み屋・土竜で、手の内を明かしながら（？）ワイワイ飲んで語っていると、その時間が小池にとってそれなりに楽しかったのは意外だった。また、野田の家に入ると、古女房で一人息子の誠治（前野朋哉）を溺愛している妻・康子（友近）のキャラも意外に面白かった。さらに双方の父親同士が全く想定できなかったのが、いまりと誠治が一目会ったその日から恋の花が咲いたこと。そのため、そそくさと野田の家を出ようとする小池に対して、いまりは「私はこの家に残る！」と宣言したから、アレレ・・・。しかして、本作中盤のメインストーリーの展開は如何に・・・？

©2018「嘘八百」製作委員会

## ■□■やられたら、やり返せ！さて、その計画は？■□■

　ボクシング等の格闘技でも、囲碁・将棋等の知的ゲームでも、勝負の鉄則はたくさんあるが、その中の一つが「やられたら、やり返せ！」。去る２月１７日の第１１回朝日杯オープン戦準決勝で藤井聡太５段に敗北した羽生善治七冠は、密かにその闘志を燃やしていることだろう。しかして、本作中盤は、小池が野田をはじめ、西田、材木

©2018「嘘八百」製作委員会

屋、よっちゃん等の詐欺師のグループ力、総合力、さらには文化庁の文化財部長（桂雀々）、博物館の学芸員・田中（塚地武雅）等の「外野陣」の力を結集して、一敗地にまみれた骨董店・樋渡開花堂の社長、樋渡（芦屋小雁）と大御所鑑定士・棚橋（近藤正臣）に対して仕掛ける、「一億円強奪ミッション」になるので、それに注目！「一億円強奪ミッション」の最初の一歩は、野田が利休の「幻の茶器」を焼くための土探しから。土を食べ食べしながら自分本来の仕事に励み始めた野田の姿勢には鬼気迫るものがあったが、さて茶器の出来は？そして、それを活かした小池の全体構想とグループ統率力は・・・？

　そこで問題になるのが、堺を基盤に活動した千利休の人となりやその功績。そして、彼の茶の湯の本質をどこまで理解できているかということだ。その理解がしっかりしていれば、小池のいかにも説得力のありそうなインチキ説明（？）にも対抗できるだろうし、棚橋鑑定士の博識ぶりにも理解や共感を示すことができる。しかし、それがなければ、基本的に本作の鑑賞については「受け身」にならざるをえない。豊臣秀吉から切腹を命じられるシリアスな千利休の歴史的ストーリーは『利休にたずねよ』（１３年）でしっかり勉強する必要がある（『シネマルーム３１』１８１頁参照）が、そもそも本作本筋のテーマになる利休の幻の茶器とは・・・？詐欺のテクニックの面白さとは別にそんな歴史秘話もしっかり学べば、本作の価値は増大するはずだ。

## ■□■かけひき、思い込み、錯覚。その展開は如何に？？■□■

　今年の元旦の夜、私は浜田雅功らが司会する、『芸能人格付けチェック！』を楽しく観た。そこでは、Ｘ　ＪＡＰＡＮのＹＯＳＨＩＫＩとＧＡＣＫＴという２人の芸能人のレベルの高さが際立っていた。それに対し、食通を自称する某芸能人たちが、安物のワインｖｓ高級ワイン、高級ステーキｖｓスーパーのステーキ等の違いを見抜けず、また音楽通を自称する某芸能人たちがストラディバリウスの演奏ｖｓ並のバイオリンの演奏の違いを見抜けな

いことに、ビックリ！というより、常々そんなものだろうと思っている私は、そんな展開に妙に納得し溜飲をさげたものだ。

しかして、本作のクライマックスは、小池と野田を中心とする詐欺師グループが仕掛けた一大オークションとなる。そこには、一般客はもちろん、流暢な（怪しげな？）日本語を操る謎の外国人ピエール（ブレイク・クロフォード）、博物館学芸員の田中、文化庁文化財部長等々「さくら」（？）の他、多くの骨董プロにまじって、樋渡も棚橋も参加していた。そして、オークション価格はみるみるうちに上昇し、いよいよ一億円の大台に乗ろうとするところまできたが、そこでそれまで積極的にオークションに参加していた棚橋から「ちょっと待て！この茶器はまがいものだ！」との声が出たから、雰囲気は一変することに。これにて万事休す。小池と野田を中心とし詐欺師たちの総合力、グループ力を結集して「一攫千金」を夢見た「お宝コメディ」は、失意のうちにジ・エンドと思われたが・・・。

多分、歴史上の表の舞台はここまで。しかし、実は歴史には裏があり、そこではかけひき、思い込み、錯覚という人間の心理に根差した真の（ウラの？）ストーリーの展開が・・・。

## ■□■付録は蛇足？それとも世代交代は不可欠？■□■

「詐欺師モノ」のケリのつけ方は難しい。ある意味では「詐欺師モノ」映画最大の傑作ともいえるアラン・ドロン主演の『太陽がいっぱい』（６０年）でも、ラストはご存じのとおりでハッピーエンドではなかった。しかし本作では、結果的に小池は一億円に消費税まで上乗せさせたキャッシュを棚橋から受け取ったから万々歳。後は、それを配分するだけだ。しかし、外の敵に対してはグループ力、総合力で戦い大勝利しても、その後の内部分配はスムーズにいくの？そこでは、人間の欲のぶつかり合いが発生し、新たな紛争が発生するのでは・・・？

当然そんな予感（心配）があるが、本作は実に想定外の展開でそれを進めていくので、それに注目！社会的にどうしようもなかった「引きこもり男」の息子・誠治が、いまりと恋仲になり、結婚の決意まで固めたのはラッキー！幸い今回の大仕事で大金を手に入れた双方の父親は豪勢なご祝儀をするはずだから、新婚夫婦はそれで豪華な海外への新婚旅行を。なるほど、なるほど・・・。ストーリー上では一見、ハッピーエンドの上にさらなるハッピーエンドを重ねるそんな展開が続いていくが、実はそのウラには・・・？

今や日本の中小企業の多くは後継者不足で事業を廃止しなければならない状況に陥っているが、それは詐欺師も同じ。小池も野田も後継者不足（ナシ？）で悩んでいたはずだが、本作のあっと驚くラストのドタバタ劇を見ると、なるほどこれもあり？もっとも、そんな結末のつけ方には当然賛否両論が・・・。

２０１８（平成３０）年３月５日記

★★★★

### 祈りの幕が下りる時

2018年／日本映画
配給：東宝・119分

2017（平成29）年12月15日鑑賞　東宝試写室

**Data**
監督：福澤克雄
原作：東野圭吾『祈りの幕が下りる時』（講談社文庫）
出演：阿部寛／松嶋菜々子／溝端淳平／田中麗奈／キムラ緑子／烏丸せつこ／春風亭昇太／音尾琢真／飯豊まりえ／及川光博／伊藤蘭／小日向文世／山崎努

## みどころ

　東野圭吾の『新参者』シリーズの"完結編"にして"シリーズ最高の泣ける感動巨編"が、阿部寛と松島菜々子の共演で映画化。これは必見！

　パンフやチラシには「この事件は俺の過去と関わりが強すぎる。」「事件のカギは俺なのか・・？」などの文字が躍り、「？？？の男」とされた登場人物もいるから、本作のミステリー一色は強烈。冒頭の絞殺死体の女は、一体誰？

　松嶋奈々子扮する"美しき舞台演出家"との関係は？さらに、長年日本橋署に勤務している阿部寛扮する刑事、加賀恭一郎との関係は・・？

　アガサ・クリスティ原作の『オリエント急行殺人事件』（17年）も複雑なミステリーだったが、まさにこれぞ東野圭吾の最高ミステリー！ラストには本作のタイトルの見事さが浮かび上がるので、それにも注目！

———＊———＊———＊———＊———＊———＊———＊———＊———

### ■□■東野圭吾の新参者シリーズとは？■□■

　私が1年間に鑑賞する映画は年間約200本だが、当然それは大変な時間を要する作業。したがって私は自宅で連続TVドラマを鑑賞する時間（習慣）はなく、いくら人気の連続TVドラマであってもほとんど見たことがない。そのため私は2010年4月からTBS日曜劇場で放映された、東野圭吾原作の『新参者』シリーズが大人気になっていたことを全く知らなかった。

　しかし、それを映画化した今回の作品は面白そうだ。チラシによると、本作はその完結編にして「シリーズ最高の"泣ける"感動巨編」だそうだが、そんな謳い文句にひかれて、私は新参者シリーズを初めて映画で鑑賞することに・・・。

## ■□■シリーズは？？？がいっぱい■□■

　本作のホームページやチラシそしてプレスシートには、「"泣けるミステリー"の最高傑作」「加賀恭一郎は、なぜ『新参者』になったのか―」「この事件は俺の過去と関わりが強すぎる。」「事件のカギは俺なのか・・・？」等々の文字が躍っている。また同時に、「親子の絆」「美しき女性演出家」「孤独死」等のキーワードがいっぱい並んでいる。その反面、ストーリーの解説は極めて短く、プレスシートでも、本作のキーパーソンとなる名優・小日向文世が演じる人物の名前が「？？？」とされている等、秘密の部分が多い。

　これは去る１２月９日に観た『オリエント急行殺人事件』（１７年）と同じように推理小説の傑作を映画化する時の常套手段。というより、「犯人探し」がテーマとなる推理小説の事前解説では、それは当然のことだ。しかして、『祈りの幕が下りる時』といういかにも謎めいたタイトルをつけられた本作に？？？がいっぱいなのは仕方ないが、本作の「推理モノ」としての出来ばえは？また、その醍醐味は・・・？

『祈りの幕が下りる時』　　画・王雅（２０１８．５）

## ■□■冒頭は絞殺死体！その捜査に向かう刑事は？■□■

　私が邦画のベスト1として挙げるのは、松本清張原作、野村芳太郎監督『砂の器』（74年）。その冒頭シーンは国鉄蒲田操車場で発見された扼殺死体だったが、本作冒頭で提示されるのは、それと同じように東京都葛飾区小菅のアパートで発見された女性の絞殺死体。被害者は滋賀県在住の押谷道子だとわかったが、殺害現場となったアパートの住人・越川睦夫も行方不明になっていた。その捜査にあたるのは、警視庁の松宮脩平（溝端淳平）。

　近時の映画では死体の惨状もリアルに撮影するものが増えているが、本作のそれもなかなかのもの。死体がここまでボロボロになってしまうと、昔はその死体の身元を洗うこと自体が大変だったが、近時はＤＮＡ鑑定等々の科学捜査の進歩によってそれは容易にわかるらしい。しかし、被害者の身元がわかっても、そこから犯人をたどっていく作業は大変。そのため、『砂の器』では大捜査陣が組まれていたが、それは本作でも同じ。しかして本作では若手刑事の松宮脩平（溝端淳平）のほか、警視庁捜査一課刑事大林（春風亭昇太）等の個性的な刑事が登場するので、それにも注目！もっとも本作の主役は『砂の器』に冒頭から登場していた森田健作扮する吉村正刑事と丹波哲郎扮する今西栄太郎刑事の新旧コンビではなく、後ほど登場してくる長年日本橋署に勤務している刑事・加賀恭一郎（阿部寛）になるので、ここまでの展開はその前座として謎解きのポイントをしっかり楽しみたい。

## ■□■"美しき舞台演出家"の登場はいつ？■□■

　他方、本作のプレスシートのストーリー4行目には「やがて捜査線上に浮かびあがってくる美しき舞台演出家・浅居博美（松嶋奈々子）」と書かれているが、この表現はちょっと安易すぎる。なぜなら、ストーリー展開を観ていても、観客は誰もこの謎めいた女性・浅居博美が冒頭に提示された腐乱死体に関与しているとは思えないはずだからだ。

　『砂の器』でも中盤に「紙吹雪の女」が登場するところからストーリー展開が少しずつ読めてきたが、本作では今は舞台演出家として大成功を収めている浅居博美の他、20歳の浅居博美（飯豊まりえ）と14歳の浅居博美（桜田ひより）も登場するので、それに注目。

　『砂の器』では父と息子2人の巡礼の旅がストーリーの骨格を形成していたが、さて博美は14歳から40歳になるまでの間にどんな波乱万丈の人生を・・・？なるほど、なるほど・・・。私は『新参者』シリーズを全く知らなかったので、本作がその最高傑作にあたるのかどうかは判定できないが、これはかなり面白い推理小説であることは間違いなし。

## ■□■2つのポイントは原発渡り鳥と2人の男女の人間関係■□■

　本作のポイントの第1は、2011年3月11日の東日本大震災に伴って発生した福島第一原発の爆発事故以降有名になった、いわゆる「原発渡り鳥」の登場！これは福島第一

原発の爆発事故以降、日本各地の原発で不可欠となった各種の点検修理のための作業員を差す新語だが、この手の「渡り鳥」の仕事は危険がいっぱいだから、荒くれ者や無法者がいても不思議ではない。また、この手の作業員を雇い入れるについては、本人の身分確認等もいい加減になりがちなため、ややもすれば「ヤバい人間」が紛れ込む可能性もある。

14歳の浅居博美を連れて全国を旅していた「？？？の男」(小日向文世)はある日、一見親切そうな「原発渡り鳥」の「？？？の男」と出会い、温かい言葉をかけられたが、この男に誘われた博美が、男がホテル代わりにしている車を訪れてみると・・？まさに「好事、魔多し」とはこのこと。さあ、そこでの2人の「？？？の男」の対決は？そして、生き残った「？？？の男」のその後の生き方は・・？

次に、第2のポイントは、本作が初共演となる阿部寛と松嶋奈々子が「なるほど、そういう関係だったのか」と誰もが納得しうる、しかし、誰もが容易に思いつかない設定になっていること。これには、「さすが推理小説の大家・東野圭吾」と感心させられるはずだ。しかし、それをネタバレさせるわけにはいかないので、その展開はあなた自身の目でしっかりと。

## ■□■私が納得できないポイントは？■□■

他方、私が全然納得できないポイントは、小日向文世扮する「？？？の男」が死亡する、本作のクライマックスとなるストーリー。その場面では、すでに加賀恭一郎と浅居博美との関係は明らかにされており、ストーリー全体が終結に向かっていることは明らかだから、まさに観客は手に汗を握って「？？？の男」と博美とのつながりを注視しているはずだ。

しかし音楽の盛り上げ方も含めて、スクリーン上を観ている限り、映像的には良くできているが、どう考えてもこの展開は納得できない。

しかし、その内容を詳しく書くこともできないので、その「論点」だけを示せば、自殺を決意した人間が勝手に自殺すれば誰にも問題は波及しないが、その自殺を助けたり、自殺する代わりに殺してやれば、自殺ほう助罪や殺人罪の問題が発生してしまうということ。ここでこれ以上書けないのは仕方ないので、後はあなた自身の目で確認してもらいたいが、さて、あなたのご意見は・・・？

## ■□■日本のみならず、中国での大ヒットも期待！■□■

東野圭吾の推理小説は中国でも大人気で、書店では平積みされているらしい。もっとも、中国では今やテレビの人気ドラマが多いから、いかに「新参者」シリーズでも、かつての山口百恵が主演した「赤いシリーズ」のような人気は得ていないはず。しかし、本作は推理物としては実によくできているから、中国版でリメイクすれば大ヒットする可能性も。そんな期待が膨らんだが・・・。

2017（平成29）年12月19日記

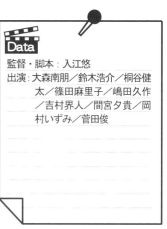

## 👀みどころ

　「原作モノ」やＴＶドラマの延長のような「製作委員会方式」が氾濫する邦画界の中、入江悠監督がオリジナル企画で、オリジナル脚本を！
　とある地方都市を舞台に、三人三様の少年時代の「原体験」を背負った三兄弟が主人公。最初の迫力ある事件と、それから３０年後の対比はお見事だし、俳優たちの熱演は入江監督の演出にハマっている。
　問題は、親父の土地を巡る相続処理。こうなれば本来は弁護士の出番だが、何故この物語にこんな遺言公正証書が登場してくるの？こりゃ脚本上の欠陥では・・・？また、そのために発生するヤクザを含む大抗争は一体ナニ・・・？三兄弟はもちろん、市会議員も、地元ヤクザもアホばっかり・・・？
　多くの評論家は本作を絶賛しているが、私はあえてそんな異論を・・・？

———＊———＊———＊———＊———＊———＊———＊———＊———＊

### ■□■入江悠監督のオリジナルな企画と脚本に注目！■□■

　本作は何よりも、入江悠監督のオリジナルな企画と脚本が注目されている。パンフレットにある「Ｓｐｅｃｉａｌ　ｃｏｎｔｒｉｂｕｔｉｏｎ」の中で入江監督は、「原作モノの映画とオリジナル企画の決定的な違いは、オリジナル企画は『もともと誰にも求められていない』という点だと思っています。原作モノは『これを映像化したものを見てみたい』と誰かが願って動き出すのが一般的だと思いますが、オリジナルの企画は誰にも求められていない。だけど、『私が見てみたいから作る』」と解説したうえ、「『ビジランテ』の脚本もそう考えて、部屋に閉じこもりウンウン悩みながら書きました。まだ荒削りでしたが、実現してくれそうな可能性のある会社のプロデューサーに持ち込み、『面白いのでやりまし

ょう』と言っていただきました」と述べている。

　本作は新聞紙評でも好評。そして、そのすべてがこのオリジナル性に触れ、たとえば「自らの脚本で入魂の一作を撮った」と絶賛されている（山根貞男・映画評論家）。近時の邦画界は安易な人気小説（？）に頼った「原作モノ」が目立つだけに、私にはその事前宣伝だけで「こりゃ必見！」と思わせるに十分。

　ちなみに、「ビジランテ」とは、聞き慣れない言葉だが、これは英語で言うと「Ｖｉｇｉｌａｎｔｅ」＝「自警団」という意味らしい。さあ、入江監督によるそのオリジナルな企画と脚本の出来は？そして、演出は？

## ■□■三兄弟の悲惨な原体験は？■□■

　冒頭、何の説明もないまま暗闇の川の中へ逃げる３人の子供たちと、それを追う父親・神藤武雄（菅田俊）の姿が登場する。その迫力は十分だが、はっきり言って、このシークエンだけでは父親が３人の息子たちの誰かから首を刺されて殺されそうになったこと、長男がリードしながら３人が逃げているのは、川の向こう岸の島に渡り、父親を刺したナイフを土の中に埋め込もうとしているためだということはわからない。しかし、その行為によって、３人の子供たちが今の時代では到底許されない父親からのひどい暴力的折檻を受けたこと、そして長男の一郎が家を出て行く決心を固めたことが示される。

　唖然としながら一郎を見送る二郎、三郎に対して、父親は「放っておけ！」の一言だけ。私も入江監督と同じ男の二人兄弟だった。そして、子供の頃に父親からひどい折檻を受けた時には、「この親父、殺したろうか！」と思ったこともあったし、「早くこの家を出ていきたい」と思っていたが、さて、神藤家を出て行った一郎のその後は？また、結局武雄の元で成長した二郎、三郎のその後は・・・？

　『ディファイアンス』（０８年）では、第２次世界大戦中の１９４１年、旧ソビエト連邦内ベラルーシを舞台として、ユダヤ人三兄弟が力を合わせてナチスドイツの東欧侵略に伴うユダヤ人狩りの中、命がけで戦う姿を感動的に描いていた（『シネマルーム２２』１０９頁参照）。また、だんご三兄弟や亀田三兄弟の団結力は有名だが、さて、神藤家の三兄弟は・・・？

　子供時代に受けた悲惨な原体験がずっと心に残るのは当然。当時最年長だった一郎がその傷を最も強く受けたのは当然だが、今彼はどこで何を？そして、一郎と同じ悲惨な原体験をした二郎と三郎の今は・・・？

## ■□■こんな二世議員は不要！これが地方都市の実態！■□■

　都市問題をライフワークにしている私は、愛媛県松山市で高校時代までを過ごしただけに、地方都市のまちづくりのあり方に大きな興味を持っている。かつて、藩に分かれていた江戸時代は、それぞれの藩が独立していたが、明治維新後中央集権化される中、地方都

市は大きく変容した。同じ地方都市でも、埼玉、千葉、茨城などの東京都近隣の地方都市は首都との関連に悩みながら、それぞれ「おらが町」のあり方を模索してきた。

武雄が長年にわたって市会議員を務めてきたのは、埼玉県の田舎町らしい。冒頭の川のシーンからもわかる通り、この地方都市はまだ田園風景が広がっていたし、アウトレットモールの誘致建設計画が市議会の大きなテーマとなっており、反対する住民への説明会が開催されている状況を見ると、その時代は１９９０年代・・・？少なくとも、少子高齢化・人口減少の方向に社会構造が変化する中、国土総合開発法から国土形成計画法へと方向性を切り替え、コンパクトシティが地方のまちづくりのキーワードになっている今の時代でないことは明らかだ。他方、１９８０年代は、中曽根内閣の「アーバンルネサンス」の掛け声の下、各地で駅前再開発の嵐が吹き荒れたが、アウトレットモール建設はその時代のテーマとは少しずれている。しかし、アウトレットモール計画が立ち上がると、それに関連する土地の価格は？その土地を巡る関係者たちの思惑は？

あれから３０年。長男の一郎は失踪したままだったが、今は次男の二郎（鈴木浩介）が武雄の後を継いで二世議員になっていた。アウトレットモール計画を牛耳っているのは、地元市議会最大会派の大泉源次郎（たかお鷹）と、その右腕のベテラン市会議員・岸公介（嶋田久作）の２人。武雄の葬儀を終えた二郎に対して岸は、アウトレットモール建設地に絡んでる武雄の相続地を早く二郎の名義にしろと命令。地元の暴力団・石部組が支配する風俗店で店長をしている三郎（桐谷健太）は、武雄の相続財産には何の興味も示していなかったから、二郎にとって岸からの命令の処理は簡単。当初、二郎はそう思っていたようだが・・・？

## ■□■相続処理をいかに？不動産の相続登記は困難！■□■

本作で武雄役を演じた菅田俊は私の大好きな個性派俳優で、冒頭のシーンでの存在感は本作のその後の展開への期待を大きく膨らませてくれる。それに対して、３０年後の今、武雄の後を継いで市会議員にはなっているものの、妻の美希（篠田麻里子）と先輩の岸の両方からハッパをかけられっ放しのナマクラな二世議員（？）二郎の活動ぶりは情けない。また、二郎と同じく地元に残ってはいるものの、風俗店で女の子の管理をしている三郎もろくな若者ではなさそうだ。もっとも、埼玉県の片田舎レベルではこの程度の市会議員やこの程度の若者しか育たないのはやむを得ないかもしれないが、それでも武雄の相続の処理を終え、アウトレットモールが建設されれば、この田舎町も少しは進歩・・・？

他方、一郎が失踪している状態で、武雄の土地建物を含む相続財産の処理をどうするの？武雄が住んでいた家屋敷の広さは相当なものだから、その価格もそれなりのもの。今の日本では、いわゆる「所有者不明土地」が大きな社会問題になっているが、相続人の１人が所在不明の場合も、その相続処理が容易ではないのは常識だ。すなわち、相続処理（不動産の相続登記）のためには、相続人である３人の兄弟の遺産分割協議書（合意書）が必要

だから、一郎が行方不明の場合は、その調査が不可欠。どうしても発見できない場合は裁判を提起しなければならないが、その場合の手続きはかなり複雑、難解でかつ長期間を要することになる。二郎には顧問弁護士の飯田中（日野陽仁）がいるのに、何故彼は早くそれをきちんと説明しないの？いくら岸からの命令であっても、一郎が行方不明である以上、不動産の名義を二郎に移すのは極めて難しいことを早くきちんと説明しなければ、話がこじれてくるだけでは・・・？

## ■□■なぜこんな公正証書が？こりゃ脚本上の不備では？■□■

　弁護士の私の心の中にそんな相続処理の不安が広がる中、スクリーン上では怪しげな雰囲気の男が相続地に入り、「立入り禁止」の看板を突き立てていたから、アレレ・・・？現地を見に行った二郎と三郎がアレレと思ったのは当然だが、よくよく見ると、この怪しげな男は一郎（大森南朋）らしい。いくら３０年経っても、兄弟同士なら一目見ればその男が誰かわかりそうなものだが、本作では額にある傷を確認してはじめて一郎だと気付くストーリーになっているから、アレレ・・・？

　さらに、「立入り禁止」の看板を立てているのは何故かと聞くと、一郎は「この土地は俺が相続する」「公正証書もある」と言うからビックリ！公正証書とは武雄の遺言公正証書で、そこには「武雄が住んでいた本件土地建物は、一郎に相続させる」と書いてあるらしい。スマホのカメラに収めた公正証書の写真を二郎の顧問弁護士に見てもらうと、はっきりそう言われ、これでは本件土地建物を二郎に相続登記するのは難しいと説明されたが、それに納得できないのは何よりも二郎のために懸命に働いてきた妻の美希らしい。さらに、一郎は堂々と、今は空き家（廃墟？）になっている家の中に若い女サオリ（間宮夕貴）と共に入り込み、堂々と住み込み始めたから、アレレ・・・。これでは相続争いの発生は必至だが、本件土地建物に固執する一郎の頑なな姿勢を見ると、その解決には時間がかかりそうだ。というよりも、公正証書がある以上、一郎の主張に正当性があるから、二郎が本件土地建物を相続するのは難しそう。そうなれば、二郎が岸の命令に従うことはできず、アウトレットモール計画も暗礁に乗り上げるから大変なことに・・・。

　弁護士の私としては、それはそれですぐにわかるが、そもそも、何故本作にそんな公正証書が登場するの？あの父親が何故３０年前に出て行った長男一郎に本件土地建物を相続させるという遺言公正証書を作っていたの？本作はこの公正証書を巡って三兄弟が争うのはもちろん、そこからアウトレットモール建設問題の可否、さらにはヤクザの抗争問題、そして、（大量）殺人事件へと展開していく物語だが、私にはそもそもこんな公正証書があること自体が不可解。こりゃ、明らかに脚本上の不備では・・・？

　ちなみに、武雄が住んでいた家屋敷のある本件土地に一郎が固執する理由は、「あそこは戦争に行った祖父さんが満州から帰ってきて最初に買った土地だ。鉄くず拾い集めた金で」というもの。しかし、父親にも家族にも、この町にもとことん絶望し、この町のことを考

84

えただけで、反吐が出そうなはずの一郎が、何故こんな気持ちを・・・？これも脚本上の不備では・・・？

## ■□■何故、こんなカッコつけのアホばっかり？■□■

　本件の脚本上の最大の疑問は、前述したように何故一郎への相続を明記した遺言公正証書があるのかということ。そして、一郎がそれを盾に本件土地建物の所有権を主張するのなら、一郎は何故弁護士を立ててまともな方法を取らないのかも、それに続く大きな疑問点だ。一郎は横浜に住んでおり、多額の借金を抱えたまま、今は生まれ故郷に逃げて来ているようだが、いずれ追っ手（ヤクザがらみの債権者）が押しかけてくるのは必至。すると、一郎はその借金返済のために本件土地を相続して売却するの？それならそれで合理的だが、本作を見ている限り一郎は何を考えてるのかサッパリわからないから、アレレ・・・？

　二郎からの、本件土地を譲ってくれとの要求にも、三郎からの要求にも、一郎はただNOを貫くだけ。また、岸の意向を受けた地元ヤクザ・石部組の大迫護（般若）が三郎を使って本件土地の放棄を迫っても、一郎はただただNOだけ。その結果、一郎に対して、大迫から左手甲に大ケガを負わされた三郎が相続放棄を迫る中、武雄のお屋敷には横浜からのヤクザと地元ヤクザが鉢合わせし大騒動に発展してしまうので、それに注目！いかにヤクザが脅しても、それにビビることなくNOを貫き、逆に「靴を脱げ」と切り返す一郎の姿はカッコいい。しかし、彼は飲んだくれているだけで、何の格闘術を持っているわけでもないし、拳銃を隠し持っているわけでもないから、しょせんそれはカッコづけだけで、ヤクザの暴力の前には無力。ボロボロのかつて父親を刺したナイフで、いきなり後ろからヤクザの首筋を刺しても、その報復を受ければ負けてしまうのは明らかだ。

　他方、地元のヤクザ・大迫も一郎に対して土地を放棄する念書を書けとすごむばかりで、何の具体的な対案も用意していないから、こいつも凄みっぷりは認めるものの実はかなりのアホ。一瞬地元ヤクザと横浜のヤクザのトップ同士で協議が持たれ、ボス間交渉がまとまったかに見えたが、そこで一郎がオンボロナイフで地元ヤクザを刺してしまうと、たちまち一面は銃弾が飛び交う修羅場に。そして、それによって地元ヤクザは全滅し、一郎もあっけなく死んでしまうから、アレレ・・・？たかがアウトレットモール建設に絡む土地の相続処理だけでナイフや拳銃を使ったヤクザ同士の抗争事件となり、死者まで出したのでは全然割が合わないのは当然。そこをうまく闇から闇のうちに処理するのが知能派ヤクザの仕事なのでは・・・？

　三郎だけは命からがら逃げ出したものの、さあこの後始末を如何に・・・？この武雄のお屋敷でのドタバタ劇（？）を見ている限り、一郎もアホだが、地元のヤクザも横浜のヤクザも、アホばっかり！

## ■□■こりゃ外国人差別では？今ドキ自警団の存在意義は？■□■

85

大阪市生野区には、かつて「猪飼野（いかいの）」と呼ばれていた朝鮮人部落があったため今でも御幸（みゆき）通り商店街を中心とする「コレアタウン」が有名。そのおかげで大阪環状線の鶴橋駅桃谷駅の周辺は今でも韓国式焼肉の人気エリアだが、本作にはアウトレットモール建設予定地の近くにちょっと怪しげな（?）「中国人コミュニティ」が登場するので、そのありさまに注目！

　他方、武雄が長年市会議員をやっていたこの地方都市には、けやき防犯会と名乗る自警団があり、今は二郎がその代表だ。二郎のキャラでは、荒っぽい自警団活動をやっていくには役不足だと思っていると、案の定・・・。若手の団員・石原陸人（吉村界人）らが登場し、家の外に集まって夕食をとっている中国人コミュニティに対して抗議し、コミュニティへの介入を強めていくと、たちまちあれこれの衝突が。

　中国の北京では、老朽家屋からの火災発生を契機として、現在一斉・大量の取り壊しと明け渡しが大きな社会問題になっているが、これは習近平への権力集中を強めている中国だからできること。外国人の人権も尊重する日本では、いかにこの中国人コミュニティが周辺に迷惑であっても、一斉立ち退きはとても無理。そう思っていたが、ある日、石原がパチンコのゴムで飛ばした石で失明したことをきっかけに、けやき防犯会と中国人コミュニティの全面抗争が激化し、放火事件にまで発展することに。

　ホントに、この地方都市はハチャメチャ。一体誰がここをこんな町にしているの? 今ドキ中国人コミュニティと市民との共存はどうあるべきなの? また、今ドキ自警団の存在意義は?

## ■□■キネマ旬報も絶賛！しかし、私はあえて欠陥の指摘を！■□■

　キネマ旬報1月上旬新年特別号の「REVIEW　日本映画＆外国映画」では、まず、普段厳しい意見を述べている北川れい子氏が珍しく星4つをつけ、「兄弟役3人の熱演も特筆もので、中でも桐谷健太に拍手を送りたい」と絶賛している。次に千浦僚氏も星3つながら、「今年のベストテンに入れたい。地元のヤクザをやった般若が最高だった」と褒めている。さらに、松崎健夫氏は星4つで、「グランドホテル形式」の構成を高く評価している。

　たしかに私も、土地利権が絡み、外国人問題を抱えた「とある地方都市」を舞台とし、そんな町で生まれ、武雄のような父親の下で育てられた3人の男兄弟が、もがき苦しみながら生きていく姿をオリジナル脚本で描いた本作のチャレンジ精神は高く評価している。しかし前述したとおり、本作についてはストーリー形成の骨格となる遺言公正証書が何故登場してくるのかが何よりの脚本上の欠陥。また、それを前提にすれば、遺産分割を巡る訴訟か、それとも力ずく・暴力づくで一郎に「放棄書」を書かせるか、のどちらしか解決方法がないことが最初から明らかであるにもかかわらず、三兄弟はもちろん市会議員もヤクザもアホばっかりだから、適切な処理がとれず、クライマックス（結末）のようなバカげた結果になってしまっている。もちろん、脚本としてはそれでも成立するが、少し利口

（マシな？）人間が１人ぐらいてもいいのでは・・・？もっとも、そういう人物がいれば、本作の脚本は成り立たなくなってしまうから、さあそこらを入江監督はどのように考えるのだろうか？また、本作を絶賛している多くの映画評論家たちは、私が指摘するこんな脚本上の欠陥をどのように考えるのだろうか・・・？

２０１７（平成２９）年１２月２２日記

ビジランテ　2018年5月9日発売（発売中）
価格：4,700円＋税
発売元：東映ビデオ株式会社　販売元：東映株式会社
(C)2017「ビジランテ」製作委員会

## 👀 みどころ

1967年3月、岡山の高校を卒業した末井昭氏は、大阪の工場に集団就職し、以降、昭和の激動の時代を、エロ雑誌の編集者として生き抜いた。そこには、母親の「ダイナマイトスキャンダル」の影響があったが、その「爆発的生きザマ」は興味深い。

同じ年に大阪大学法学部に入学した私の生きザマとは全く異質だが、よく考えてみると、その"爆発性"において多くの共通性も・・・

昭和の混とんの時代、何でもありの時代は1989年で終わったが、その後を継いだ平成の時代もまもなく終了。近々、末井氏も私も70歳を迎えるが、その"ダサイ人生"の仕舞い方は・・・？

冨永昌敬監督は末井氏に対して「ダサイ人生の鐘を鳴らすのはあなた」とコラムを書き送ったが、私は私なりに鐘の鳴らし方をしっかり考えなければ・・・。

———＊———＊———＊———＊———＊———＊———＊———＊———＊———

### ■□■原作者は私と同級生！私たちは昭和の申し子■□■

平成の時代はいよいよ平成31（2019）年4月をもって終了するが、その前の「昭和の時代」はいろいろな言葉で表現することができる。例えば、石原裕次郎と美空ひばりの時代、高倉健と吉永小百合の時代、そして『男はつらいよ』と『ALLWAYS』の時代等だ。それはまた同時に、高度経済成長の時代、ベトナム戦争の時代、学生運動の時代、バブルの時代とも言える。さらに、本作の主人公末井昭（柄本佑）の若き日のエロ雑誌、エロ写真を中心とする「爆発的生きザマ」を見れば、まさに昭和は混とんの時代、何でもありの時代、ハチャメチャな時代と言うこともできる。

もっとも、１９４８年６月１４日生まれで、２０１８年６月には７０歳になる末井昭氏は、今や社会的名声を得て安定しているが、１９６７年の春に高校を卒業した後、大阪の工場に集団就職した時の彼はまさに海のものとも山のものともわからない素材。１９４９年１月２６日生まれで、末井昭氏と同級生になる私は松山の愛光中学・高校を卒業し、１９６７年春に大阪大学法学部に入学した。その当時の私は末井昭氏とは違うエリート的な立場だったが、氏と同じように、海のものとも山のものともわからない素材だったことはまちがいない。そんな私たちは２人とも、まさに「昭和の申し子」だ。

『素敵なダイナマイトスキャンダル』
画・王雅（２０１８．５）

## ■□■１９６７年の高卒後の数年間のもがき方にも共通点が！■□■

　１９６７年３月に岡山の高校を卒業した末井（柄本佑）は大阪の工場へ集団就職。しかし、すぐに大阪の工場に絶望し、父親が出稼ぎに行っていた川崎の工場に再就職。やがて、父親と別居し、下宿先で恋人の牧子（前田敦子）と出会って同棲。そして、デザイン学校の夜間部に入学。このように、１９６７年４月から１９７０年２月までの約３年間を描く本作の導入部では、デザイン会社「作画会」に入社し、近松さん（峯田和伸）と出会う彼の激動の青春時代がメチャ面白いので、それに注目！

　１９６８年１０月当時に、末井が近松さんと喫茶店でデザイン談議に明け暮れる日々は、私が学生運動の中でビラ書きとアジ演説に明け暮れていた日々と全く同じだ。しかして、末井は１９７０年２月やっと「情念」を見つけ、「革命的デザインはキャバレーにある」ことを発見したが、私は１９７０年１月２６日の誕生日にやっと我妻栄『債権総論』の基本書を購入し、司法試験の勉強を開始。私にとっても、自分の道をやっと見つけたのは、末井と同じ１９７０年１月だった。その後、彼はキャバレー「クインビー」に入社し、革命的デザインの数々を発表。そしてキャバレー「クインビー」では「太陽の塔」ならぬ「チンポの塔」を店内に打ち立てるも不評だったらしい。それに対して私は、１９７０年１月から１９７１年１０月までの間、１人で下宿にこもり独学で司法試験の勉強を続けた。末井は１９７１年６月から「クインビー」時代の同僚・中崎（中島歩）に誘われ、『ヤングＶ』創刊号にイラストを描き始めたが、１９７１年１０月に司法試験に合格した私は、１９７２年からは司法修習生となり、国家公務員並みの給料をもらえる安定した身分に。

　このように１９６７年３月の高卒後の数年間の末井氏と私のもがき方にも共通点が！

## ■□■人生の宝は仲間・親友・同志！末井の場合は？■□■

　末井のはじめての恋人が牧子なら、はじめての友達は喫茶店でワケのわからないデザイン談議に明け暮れた近松さんだ。私は１９７２年から７４年までの司法修習生時代と、１９７４年４月に大阪弁護士会で弁護士登録した後は、仕事も収入もまともな道を歩き始めたが、１９７１年から７５年までの末井は、キャバレーやピンサロの世界で看板を描き、エロ雑誌でイラストを描く、かなりヤクザな毎日だったらしい。しかし、１９７５年１２月にセルフ出版に入社し、『ニューセルフ』を創刊した後は、「エロ雑誌でありながらエロではない記事を増やしたい」、等とワケのわからないことを言いながら順調に業績を伸ばしたようだ。

　また、私は１９７４年の弁護士登録後は、大阪国際空港弁護会の一員に加わったことが、そして１９７９年の独立後はＯ弁護士やＮ弁護士等々、若手の優秀な弁護士と共に大阪モノレール訴訟や大阪阿倍野再開発訴訟等をしたことがその後の大きな財産になったが、それは末井も同じだ。「セルフ出版」以降の末井が、憧れの写真家荒木さん（後のアラーキー

こと荒木経惟）と出会ったのは大収穫。さらに喫茶「マジソン」時代の真鍋のおっちゃん（島本慶）や、スナック「茫洋」のクマさん（戌井昭人）らとの、仲間・親友・同志としての出会いが末井の一生の財産になったことは間違いない。

さらに、私は１９７９年の独立から自分の事務所を持ち、その５年後の１９８４年以降は「都市問題」に没頭したが、１９８１年に写真雑誌『写真時代』を創刊した末井は、以降警視庁保安１課風紀係・諸橋係長（松重豊）との戦いを交えながら、すさまじい活動を展開していくことに・・・。

## ■□■爆発は芸術だけに！「爆発心中」とはいやはや・・・■□■

人間は誰でも１つや２つは「イヤな思い出」を持っているが、普通それは公にせず、心の奥に秘めているものだ。それは、７才の時に母親の富子（尾野真千子）がお隣の家の息子と心中死したという悲痛な体験をもつ末井も同じ。しかも、それがダイナマイトを胸に巻いての「爆発心中」だったのだから、末井がわざわざそれを世間に公表しなかったのは当然だ。しかし、高校を卒業して大阪で働き始め、近松さんや恋人の牧子、その他の人々と少しずつそんな体験談を話し始めると、そんな「ネタ」に興味を示す人々も。

母親の爆発死を純粋に面白がってくれる人がいることを末井が知ったのは、世間では藤竜也と松田暎子のセックスシーンが社会問題になった大島渚監督の『愛のコリーダ』（７６年）が公開された１９７６年頃だ。その頃には末井はアラーキーこと荒木経惟との仕事も順調にこなしていたから、末井はやっと母親の「素敵なダイナマイトスキャンダル」から「離脱」し「自立」することができたらしい。その結果、牧子を口説くときはいかにも素朴そうだった末井も、編集部の新人女子社員の笛子（三浦透子）に夢中になって口説き始めると、そこでは母親のダイナマイト心中の話題をうまく取り入れるまでに急成長！

１９７０年に開催された「大阪万博」では、岡本太郎製作の「太陽の塔」が大人気となり、彼の「芸術は爆発だ！」のキャッチフレーズが流行に流行ったが、まさか心中にも爆発が・・・。しかも「素敵なダイナマイト心中」とはいやはや・・・。

## ■□■エロと芸術の境界は？「表現者」と官憲との戦いは？■□■

１９６９年には、いわゆるブルーフィルムではなく、一般の映画館で公開された武智鉄二監督の『黒い雪』（６５年）が刑法１７５条にいわゆる猥褻図画公然陳列罪に該当するか否かについての東京高裁判決（昭和４４年９月１７日判決）が下された。また、私が２６期司法修習生として大阪で検察修習をしていた１９７２年には、大阪の下町・野田にある吉野ミュージック劇場での引退興行をしていた若きストリッパーの公判一条さゆりが逮捕されるという、一条さゆり「濡れた欲情」事件が発生し、担当検事の活躍ぶりを傍聴・見学した。このように憲法２１条が規定する「表現の自由」を巡っての、「エロか芸術か」という大論争は当時の日本中を揺るがしていた。

しかして、本作には警視庁の保安一課で厳格にエロ雑誌の検閲を担当している諸橋係長（松重豊）と、その「詰問」にのらりくらりと答える（逃げ回る？）末井との「論争」（？）風景が登場するので、それに注目！ビニ本が登場し、ヘアが透けて見えるかどうかの議論に熱中していた「あの時代」を経て、いわゆるAV全盛の時代になっていったわけだが、そんな「昭和の時代」は懐かしい思い出だ。「ノーパン喫茶」の登場は１９８１年。そして、末井が『写真時代』を刊行したのも同じ１９８１年。また、『素敵なダイナマイトスキャンダル』を刊行したのは、１９８２年だ。しかし、遂に１９８８年『写真時代』が発禁処分を受け廃刊にされると、それと軌を一にするかのように１９８９年１月には昭和の時代が終わり、平成の時代に入った。そしてバブルは崩壊・・・。

## ■□■彼の、そして私の「ダサイ人生」の仕舞い方は・・・？■□■

本作を監督した冨永昌敬氏は１９７５年生まれで、私と同じ愛媛県の出身。私は彼と同じように、あの昭和の時代を「爆発的」に生きてきた人間として末井氏に興味を持ったが、パンフレットにある冨永監督の「ダサイ人生の鐘を鳴らすのはあなた」というコラムを読めば、彼は彼なりに大きく末井氏に入れ込んでいたことがよくわかる。私は冨永監督の作品は『パンドラの匣』（０９年）と『乱暴と待機』（１０年）しか観ていないし、その評価も低い。直近の『南瓜とマヨネーズ』（１７年）も、友人から「つまらなかった」との声を聞き、「ああ、やっぱり」と考えて観ていない。しかし、本作は末井氏への興味と柄本佑の演技力に期待して観に行ったところ、大きな収穫があった。

昭和の時代を劇的に戦い抜いた末井氏も、１９８９年１月に平成の時代に入ってからは格別目立った活躍はない。サックス奏者でもある彼が現在哀愁歌謡バンド「ペーソス」のメンバーとして全国でライブ活動を行っているようだから、いわば悠々自適の日々・・・？したがって、今年７０歳を迎える本作が彼にとって大きな区切りになったはず。つまり、末井氏は、本作によって冨永監督が言うように「ダサイ人生の鐘を鳴らされた」はずだ。

しかして、来年１月に７０歳を迎える私は、私なりのダサイ人生の鐘をどのように鳴らせばいいのだろうか。つまり、私なりのダサイ人生の仕舞い方は・・・？本作の鑑賞を契機として、それをしっかり考えたい。

２０１８（平成３０年）年３月３０日記

## 👀みどころ

2017年はエルネスト・チェ・ゲバラの没後50周年の年。しかも、本作を鑑賞した10月9日は彼の命日だ。しかして邦題『もう一人のゲバラ』とは一体ナニ・・・？

社会問題提起作を次々と発表してきた阪本順治監督がすごいテーマに挑戦！またオダギリジョーが全編スペイン語で日系ボリビア人フレディ前村役に挑戦！さて「もう一人のゲバラ」はキューバで、そしてボリビアでいかなる活躍を？そして、いかなる人生を・・・？

予想外に、「血沸き肉躍る激動の映画」、とはならなかったが、今の日本人が見るべき問題提起作。しかるに、観客は『アウトレイジ　最終章』（17年）は満席だが、こちらはチラホラ。しっかりせんかい！日本映画の観客たち！

——＊——＊——＊——＊——＊——＊——＊——＊——＊——＊——

### ■□■阪本順治監督がすごいテーマに挑戦！■□■

大阪府出身の阪本監督は1958年生れで私より11歳年下だが、社会問題提起作が多く、私の大好きな監督。彼が「社会派監督」として問題提起した作品には、『KT』（03年）（『シネマルーム2』211頁参照）、『亡国のイージス』（05年）（『シネマルーム8』352頁参照）、『闇の子供たち』（08年）（『シネマルーム20』153頁参照）、『人類資金』（13年）（『シネマルーム32』209頁参照）等がある。他方『団地』（16年）（『シネマルーム38』255頁参照）の出来はイマイチだったが、『北のカナリアたち』（12年）（『シネマルーム30』222頁参照）や『大鹿村騒動記』（11年）（『シネマルーム27』224頁参照）はそれなりの充実した作品だった。

そんな阪本順治監督が、オダギリジョーを起用して、全編スペイン語の本作を監督・脚本したが、そもそも『エルネスト』とは一体ナニ？それだけを聞いてわかる日本人はまずいないだろう。しかし、『もう一人のゲバラ』というサブタイトルを聞けば、ひょっとして・・・。

## ■□■オダギリジョーが全編スペイン語で！■□■

オダギリジョーは過去、韓国の鬼才、キム・ギドク監督の『悲夢』（０８年）（『シネマルーム２２』２３２頁参照）、中国第５世代監督である田壮壮（ティエン・チュアンチュアン）監督の『ウォーリアー＆ウルフ』（１１年）、更に韓国のカン・ジェギュ監督の『マイウェイ　１２，０００キロの真実』（１１年）（『シネマルーム２８』８６頁参照）等の海外作品に出演し、韓国語や中国語を操っていた。また『ＦＯＵＪＩＴＡ』（１５年）で藤田嗣治に扮した彼はフランス語も流暢に（？）操っていた（『シネマルーム３７』未掲載）。しかして彼の語学力は如何に・・・？そんなオダギリジョーが、本作では、かつて実在した日系ボリビア人フレディ前村に扮し、全編スペイン語（しかも、ボリビアのベニ州の方言）を操りながら、革命戦士エルネスト・メディコ役に挑戦！

折しも今年２０１７年は、ゲバラ没後５０周年の年。しかも、１０月９日はゲバラの命日にあたるため、ゲバラ最期の地となったボリビアのバジェグランデ村では、死去５０周年の記念式典が行われたらしい。私はそんな日に本作を鑑賞したが、期待に反して客席はまばらだったから、アレレ・・・？それに対して、北野武監督の『アウトレイジ　最終章』（１７年）はほぼ満席になっていたから、なおさらアレレ・・・？これでは、日本の映画界はヤバイのでは・・・？

(C) 2017 "ERNESTO" FILM PARTNERS.

## ■□■月刊誌『お好み書き』では邦三郎氏が本作を紹介！■□■

　私はいつも『お好み書き』を読んでいるが、その２０１７年１０月号で邦三郎氏が本作を紹介している。本作ラストには、「マリー・マエムラ・ウルタードに捧ぐ」との字幕が表示されるが、このマリー・マエムラ・ウルタードはフレディ前村の姉で、彼についての伝記『革命の侍』(el samurai dela revolucion) の著者の１人であり、その邦訳（松枝愛訳）が出た頃の２００９年に邦三郎氏に対して、「邦さん、分厚い本など日本の若者はきっと読まないからマンガにしてもらえないだろうか。マンガならもっと多くの人に読んでもらえると思うので」と頼んだ人らしい。そして、邦さんたちの努力で完成したのが『週刊マンガ世界の偉人５０号　チェ・ゲバラ』（執筆・安彦良和）（２０１３年１月１５日号）。その一場面を紹介すれば、次の通りだ。

## ■□■阪本順治監督とオダギリジョーに拍手■□■

　阪本順治監督がそんな実在の人物であるフレディ前村に目をつけ、映画化の企画を練り始めたのは、『人類資金』（１３年）の製作後に原案となる書籍『革命の侍～チェ・ゲバラの下で戦った日系二世フレディ前村の生涯』と遭遇した時かららしい。以降、キューバとボリビアを何度も訪問し、リサーチを経て、自ら脚本を書き、本作を完成させたそうだから、その執念は凄い。安易な「原作本モノ」の映画が氾濫している近時の邦画界の中、まずは阪本監督のそんな努力に拍手。

そして次に、スペイン語のセリフや体重の増減等、阪本監督からの無理難題（？）に見事にこたえたオダギリジョーの俳優根性に拍手。

## ■□■導入部はゲバラの広島訪問から！なるほど、なるほど■□■

私は１９４９年生まれだから、１９５９年には１０歳。そんな年の７月に、ゲバラはキューバ使節団の団長として日本を訪問していたが、その際、急遽大阪から夜行列車に乗って広島に向かったそうだ。本作導入部には、いきなりそんなシークエンスが登場する。１９５９年元旦にキューバ革命を成功させた彼は当時少佐だったが、彼は一体何のために広島の原爆記念館を見学したの？たかだか少佐クラスの広島原爆記念館への訪問に興味を示さなかった多くの地元のマスコミの中、ただ一人、地元の中国新聞の記者、森（永山絢斗）だけはその取材に向かい、ゲバラに対して直接質問を。その質問の１つに対する彼の答えは、「君たちは、アメリカにこんなひどい目に遭わされて、どうして怒らないんだ。」だったが、さてその真意は・・・？

本作はスタート早々「もし我々を空想家のようだと言うなら、救いがたい理想主義者だと言うなら、できもしない事を考えていると言うなら、我々は何千回でも答えよう。その通りだと」との字幕が表示されるが、それだけでいかにゲバラが理想主義者だったかがよくわかる。したがって、そんな彼の口からこんな発言が出たのは少し意外。私にはそう思えたが、さて、阪本監督はその後本作をいかなる展開に・・・？

(C) 2017 "ERNESTO" FILM PARTNERS.

(C) 2017 "ERNESTO" FILM PARTNERS.

## ■□■なぜこんな学園ドラマに？良い意味での裏切り？■□■

本作のパンフレットには、伊高浩昭（ジャーナリスト）の「なけなしの命を捧げたフレディとゲバラ―映画『エルネスト』の時代と背景―」がある。また、「キューバ略史」があり、「チェ・ゲバラ略歴」、「フレディ前村略歴」「日本での出来事」が年代ごとに詳しく表示されている。ちなみに、ゲバラと共に闘い、キューバ建国の父となったフィデル・カストロは２０１６年１１月２５日に９０歳で死去したが、キューバ革命におけるカストロと

ゲバラの活躍は血沸き肉が躍るものだった。それは、『チェ 39歳 別れの手紙』（08年）（『シネマルーム22』未掲載）や『チェ 28歳の革命』（08年）（『シネマルーム22』92頁参照）で詳しく描かれていた。しかし、フレディ前村を主人公に据えた本作では・・・？

鑑賞前から私は本作にそんな血沸き肉躍る「活劇」を期待していたが、それは見事に裏切られることになった。つまり、本作中盤は、愛する祖国ボリビアのために医師となるべく、キューバに留学してきたフレディ前村（オダギリジョー）の学園ドラマ（？）になっていく。キューバへのボリビア人留学生は25名。彼らがまず入学したのは、最高指導者フィデル・カストロが創設したヒロン浜勝利基礎・前臨床科学学校。まずは、そこで医学の予備課程を学ぶことに。

1971年に司法試験に合格し、1972年4月に司法修習生として司法研修所に入った私は、東京で初めて約500名の同期生たちの交流が始まり、また松戸の寮での約300名との寮生活が始まったが、そこでは新鮮な収穫だらけだった。もちろん、そこには勉強以外にも青法協（青年法律家協会）を巡る政治的対立やさまざまな恋愛模様も含まれていたが、とにか

(C) 2017 "ERNESTO" FILM PARTNERS.

くそれは私の青春のすべてになった。それと同じように、本作でも基礎・前臨床科学でのフレディたちの青春のすべては学問、恋、政治テーマに費やされていく。そこに登場するのは、ベラスコ（エンリケ・ブエノ・ロドリゲス）、アレハンドロ（ヤスマニ・ラザロ）、ハシント（ダニエル・ロメーロ・ピルダイン）達で、それなりに興味深いものになるが、アレ、本作はゲバラから戦士名エルネスト・メディコと名付けられたフレディ前村の革命闘士としての姿を描くものではなかったの・・・？

パンフレットにある、北川れい子氏（映画評論家）の「フレディの青春の日々、そしてその輝き」も私と同じような違和感があったようで、そこには「それにしても完成した『エルネスト』はいい意味で裏切られた作品である」と書かれている。また、前述した『お好み書き』でも「原作などから勝手に想像していたゲリラ戦主体の映画とは違うものだったが、いい意味で私の期待を裏切って目的に邁進する素朴なラテンアメリカ青年の姿が描かれており、さすが阪本監督だ」と書かれている。そんな風に期待を裏切られたこと（？）について、私は「いい意味で」とは感じられなかったが、さてあなたは・・・？

## ■□■「革命の闘士」はゲバラの過大評価かも・・・？■□■

　チェ・ゲバラが革命とは無縁の医学生だった時、その感性がいかなるものだったかについては、『モーターサイクル・ダイアリーズ』（０４年）を見ればよく分かる（『シネマルーム７』２１８頁参照）。他方、彼の「革命の闘士」としての姿については、前述した『チェ ３９歳 別れの手紙』、『チェ ２８歳の革命』を見ればよく分かる。しかし、フレディについて、その活躍や実績は何があったの？

　具体的にそう考えた時、彼にはそんな活躍や実績は何もないのだから、「革命の闘士」として、彼をスクリーン上に描くことはもともと不可能だ。そもそも、医学生として優秀であっても、兵士として優秀かどうかは全く別。したがって、フレディがヒロン浜勝利基礎・前臨床科学学校を中退し、ゲバラの志願兵の一員として加わるにしても、数カ月の基礎訓練を経て、戦地に入り、実際にどれだけの働きができるかは全くの未知数だ。たまたまキューバ革命は少数のゲリラ部隊の奇跡的活躍によって成功したが、「第二のキューバ革命」は絶対に阻止すると身構えていたボリビアに、わずか５０名程度のゲリラが潜入して一体何ができるの？ましてや、そこにフレディのような実戦経験のない新兵が含まれていたのでは、ゲバラ率いる前衛隊及び本隊とフレディが所属していた後衛隊がばらばらになり、再会できないまま、ボリビア軍に制圧されてしまったのはある意味当然。織田信長は、奇跡的に勝利した「桶狭間の戦い」の無茶な戦術をその後二度と採用しなかったが、ゲバラはある意味、キューバ革命での成功体験をそのままボリビアに適用したため、失敗したともいえるのではないだろうか。

　本作を観ていても、ゲバラがフレディに対して「エルネスト・メディコ」の名前を授けたのは、実績から彼を「革命の闘士」と認めたためではなく、単に同じ医学生としての親しみからにすぎなかったのではないだろうか。そう考えると、フレディ前村を「革命の闘士」と呼ぶのは、ゲバラの過大評価かも・・・？

(C) 2017 "ERNESTO" FILM PARTNERS.

２０１７（平成２９）年１０月１３日記

## みどころ

『北の零年』(05年)、『北のカナリアたち』(12年)に続く、「北の三部作」最終章たる本作の舞台は樺太。時代は昭和だ。『人間の條件』第5部、第6部やミュージカル『異国の丘』(01年)とも重なり合う、ソ連軍侵攻当時の緊迫感と、人々の悲しみ・苦しみをしっかり感じたい。

吉永小百合は30代後半と60代後半の姿を交差させながら登場するが、残念ながらそこには少し無理がある。しかし、それを補いカバーするのが、次男・修二郎役の堺雅人や、佐藤浩市、岸部一徳、中村雅俊たちの助演陣だ。

母と息子の思い出の地を巡る旅の深みと重みは『砂の器』(74年)に見た父子の巡礼の旅の深みと重みには及ばないが、それなりの説得力はある。また、ラストに待ち受けるケラリーノ・サンドロヴィッチの舞台演出と、小椋佳作詞・作曲の『花、闌の時』という主題曲をしっかり味わいながら、吉永小百合120本目の記念作をそれなりに楽しみたい。

——＊——＊——＊——＊——＊——＊——＊——＊——＊——

### ■□■北海道命名150年！吉永小百合120本！■□■

今年2018年は明治維新150年の年にあたるため、NHK大河ドラマでは『西郷どん(せごどん)』が放映されている。また、今年2018年は、「北海道」と命名されてから150年を迎えるらしい。そんな年にちなんで、滝田洋二郎監督が吉永小百合とタッグを組んで、『北の零年』(05年)(『シネマルーム7』268頁参照)、『北のカナリアたち』(12年)(『シネマルーム30』222頁参照)に続いて、「北の三部作」の最終章たる本作に挑戦！もっとも、「北の三部作」はたまたま北海道を舞台にした映画に吉永小百合が主演したため

勝手にそう名づけているだけで、この3作に共通するテーマがあるわけではない。

　他方、１９５９年に『朝を呼ぶ口笛』でデビューした吉永小百合は、本作が１２０本目の記念作となる。１００本目にあたる市川崑監督の『つる－鶴－』の製作公開が１９９８年だから、吉永小百合は人生後半の４４歳から７３歳までの約３０年間に２０本に出演したことになる。私が中学、高校時代に観ていた吉永小百合・浜田光夫のゴールデンコンビの頃は、年間１０本以上（ちなみに、１９６１年には年間１５本、１９６２年には年間１０本、１９６３年には年間１１本、１９６４年には年間９本）に出演していたから、その量はすごい。

　私の印象では、９２作目の『動乱』（８０年）や９３作目の『海峡』（８２年）での高倉健との共演を経て吉永小百合は大きく変わったし、近時は１１２作目の『母べえ』（０７年）（『シネマルーム１８』２３６頁参照）や１１４作目の『おとうと』（０９年）（『シネマルーム２４』１０５頁参照）での山田洋次監督とのタッグはいかにも息がピッタリ！しかして、滝田洋二郎監督と初タッグを組んだ本作の出来は？そこではケラリーノ・サンドロヴィッチが演出する舞台シーンもふんだんに盛り込まれているそうだから、劇団四季が「昭和の歴史三部作」の１つとして作ったミュージカル『異国の丘』（０１年初演）のような趣も感じられるのではないか、と大いに期待！

## ■□■『祭りＴＶ！吉永小百合祭り』から約１０年！■□■

　少し自慢話になるが、私は２００８年１０月３１日〜１１月２７日に放映されたスカパー『祭りＴＶ！吉永小百合祭り』に出演した。これは吉永小百合主演の『まぼたい』こと『まぼろしの邪馬台国』（０８年）（『シネマルーム２１』７４頁参照）（１１３本目）が０８年１１月に公開されるのを記念して企画されたものだが、そこに浜田光夫と並んで私がゲスト出演したのは、何を隠そう、私が中学生時代からの熱烈な「サユリスト」だったためだ。

　収録日の１０月１６日、私は東京中野にあるスタジオで所要時間約３時間の収録に臨んだが、事前に私が準備したのは、①『キューポラのある街』『愛と死をみつめて』『細雪』『おはん』など７本のストーリー等についてビデオを観ての再チェック、②その見どころ解説や求められるコメントの準備、そして③過去の出演作品全１１３本（ナレーション出演の２作を除く）の分析などの多種多様なものだった。それから約１０年。吉永小百合もずいぶん年をとったことを実感せざるをえないが、さて本作の出来は・・・？

## ■□■タイトルの意味は？樺太はどこに？■□■

　明治時代を描いた『北の零年』の舞台は静内、平成の時代を描いた『北のカナリアたち』の舞台は礼文島だった。それに対し、昭和の時代を描いた本作の舞台は樺太。そうは言っても、今の日本人にはわからない人も多いだろうが、そこはソ連にサハリンと呼ばれてい

『北の桜守』 2018年3月10日（土）公開
©2018「北の桜守」製作委員会

る島で、戦前は北半分はソ連の、南半分は日本の領土だった。『異国の丘』は吉田正が作曲した名曲『異国の丘』をテーマとしたオリジナルのミュージカルだが、敗戦後ソ連軍によってシベリアに抑留されていた吉田正たち日本軍兵士の実話にもとづく悲しい物語が含まれていた。また、『人間の條件』（５９年～６１年）全６部作の第５部「死の脱出篇」第６部「曠野の彷徨篇」では敗戦後、梶上等兵が愛妻・美千子の待つ日本に何としても帰るんだという脱出記が大いなる迫力の中で描かれていた。

　しかして、本作は太平洋戦争下の１９４５年の樺太。西海岸の恵須取で大きな製材所を営む江蓮家の庭に、江蓮てつ（吉永小百合）が大事に育てていた桜が花開くところから物語はスタートする。これは、夫の徳次郎（阿部寛）が本土から持ち込んだ桜の種を、てつが育て上げたものだが、本当に樺太で桜が咲くの？また、８月にはソ連が南樺太への侵攻を開始したから、てつはまだ幼い長男と次男を連れて北海道への脱出を図り、徳次郎はソ連軍を迎え撃つため出征することに・・・。

## ■□■１９４５年と１９７１年。それを１人の女優が！■□■

　本作は吉永小百合１２０本目の記念大作として大々的に事前宣伝されていたが、３０代後半の年齢で登場する１９４５年から、成長した次男・修二郎（堺雅人）と再会する１９７１年の６０代後半までの時代を吉永小百合が１人で演じるのはもともと無理がある。だって、本作のメインはあの幼かった修二郎が、１８歳で網走を出て単身でアメリカに渡り、米国企業、ホットドッグストア「ミネソタ２４」の日本社長として帰国した後、１９７１年に老いた母親てつに再会するというストーリーだから、１９４５年から１９７１年までの２１年という年月は長く、重い。また、そもそも冒頭には、阿部寛と吉永小百合が夫婦役として登場するのも、２人の年の差を考えるといかにも違和感が強い・・・。

　さらに、若い頃はいかに可愛かったとはいえ、吉永小百合は１９４５年生まれだから、すでに７３歳。日活で吉永小百合の少し先輩だったファニーフェイスの女優・浅丘ルリ子だって、『デンデラ』（１１年）（『シネマルーム２７』１８７頁参照）では「これぞ女優魂！」と私が絶賛したすごい老婆役に徹していたことを考えると、いくら吉永小百合でも３０代後半の役はそもそも無理筋では・・・？とりわけ本作では、妻・江蓮真理（篠原涼子）の

困惑にもかかわらず、今はてつに寄り添って生きていく決意を固めた修二郎と2人で思い出の地を訪れて歩く中盤のストーリーの中で、現在と過去を交差させるシーンがたくさん登場するため、その不自然さが浮き彫りになってしまう。

本作のハイライトは、てつが長男と次男を連れて樺太の大泊

『北の桜守』　2018年3月10日（土）公開
©2018「北の桜守」製作委員会

（現・コルサコフ）から北海道へ向かう疎開船の小笠原丸が、潜水艦の襲撃を受けて沈没する衝撃のシーンだが、その時のてつは30代後半。60代後半になり、修二郎と共に立つ声問（こえとい）の海岸でその遭難シーンを思い出し、突如長男の名前を呼びながら海の中に入っていく認知症気味の老婆てつの勇姿はそれなりにピッタリだが、海の中でもがきながら幼い長男の名前を連呼する30代のてつの姿にはいささか無理感が・・・。

パンフレットには、「てつのよそおい」と題して1945年の当時と、1971年当時のてつ、それぞれの姿を登場させており、そこではそれなりのおさまりがある。しかし、パンフレットにある1枚ずつの写真とスクリーン上の映像はやはり異なるもの。吉永小百合の120本目の記念作でこんなケ

『北の桜守』　2018年3月10日（土）公開
©2018「北の桜守」製作委員会

チをつけてはダメなことはわかりつつ、ついそんな愚痴も・・・。

## ■□■戦後の仮設住宅と1971年の社長宅。その居心地は？■□■

1995年1月17日に発生した阪神・淡路大震災では、被災者のために大量の仮設住宅が建てられたが、復旧・復興が進むにつれて、その撤去・退去が進められた。しかして、

長男を海の中で失った失意の中で修二郎だけを連れて網走に引き揚げてきたてつは、「江蓮食堂」を営みながら仮設住宅で暮らしていた。引き揚げてきたてつに闇米屋の仕事を与え、生活の手助けをするなど何かと面倒を見た、闇米の流通を仕切る男が、菅原信治（佐藤浩市）。また、てつたちの樺太時代からの友人で、徳次郎と国民義勇隊として戦地に赴き、戦後本土に戻ってからもてつをずっと見守った男が山岡和夫（岸辺一徳）だ。菅原とその助手・岩木（毎熊克哉）の２人がてつとの間で築いていく信頼関係は本作の物語に力強さを与えているが、山岡のてつに対する親切ぶりはどこかヘン。しかして、その事情は、ある時点で山岡の口から明らかにされるので、『異国の丘』で見た「シベリア抑留の悲劇」と重ね合わせながら、その秘話（？）をしっかり考えたい。

『北の桜守』　2018年3月10日（土）公開
©2018「北の桜守」製作委員会

『北の桜守』　2018年3月10日（土）公開
©2018「北の桜守」製作委員会

さらに、本作には山田洋次監督の『母べえ』や『おとうと』等で「山田組」の常連になっている笑福亭鶴瓶が、てつと修二郎が旅の途中で立ち寄る居酒屋の主人として、また、高島礼子がかつて網走で暮らしていたてつの友人役としてチョイ役で出演しているので、それにも注目。さらに、かつて青春ドラマの旗頭だった中村雅俊が、真理の父親でミネソタ２４の大株主としてミネソタ２４日本１号店の視察にアメリカから札幌を訪れてくるので、それにも注目！そりゃ吉永小百合も年をとったのだから、中村雅俊も年をとったのは当然だ。札幌でミネソタ２４日本１号店を成功させ、数年後に１００店舗を達成するというサクセスストーリーには少し違和感があるが、まあこれについてもマクドナルドやモスバーガー等の現在までの成長ぶりと対比しながら、１９７０代の高度経済成長期の日本をしっかり思い返したい。１９７１年に修二郎と再会したてつは、彼の要請によって網走の仮設住宅から札幌にある修二郎の社長宅に移ったが、さてその居心地は・・・？

## ■□■桜の美しさにうっとり！タイトルにも納得！■□■

私が邦画の歴代ダントツのベスト１に挙げるのは、野村芳太郎監督の『砂の器』（７４年）。そこではある病気を持った父親と、後に有名な音楽家になる息子との「巡礼の旅」が悲しくも壮大なストーリーを形成していた。また、そこでは、松本清張の原作らしい「殺人犯捜し」の推理モノとしての要素も強かったが、それ以上に人間とは？父子の絆とは？を深

く考えさせられる名作だった。しかして、本作も中盤のメインストーリーは、認知症気味の母親てつと、次男・修二郎との「思い出の地を巡る２人旅」になるので、その「深み」と「重み」に注目！

　当然、札幌の社長宅では何不自由ない生活ができるし、着る物、食べる物、何でも贅沢できる身分だから、てつがそれに満足できればそれでいいのだが、いかんせん今のてつにそんな欲はまったくない。そのため、自分が修二郎と真理との若夫婦に交じって生活すれば迷惑をかけるばかりだと考えたてつは一人網走へ帰ろうとしたが、すでに仮設住宅は撤去されていたから、てつはどこでどんな生活を・・・？本作のラストにはそのタイトルになっている「北の桜守」としてのてつの生活ぶりが登場するが、これはどうみても現実性が薄い。そこで本作ラストではそれを補う強力な手法として、ケラリーノ・サンドロヴィッチの舞台演出が登場するので、それに注目！

『北の桜守』
2018年3月10日（土）公開
©2018「北の桜守」製作委員会

　映画は何でもありの芸術だが、舞台はそれ以上に何でもありの芸術。樺太でも見事に桜の花を咲かせたのだから、１９７３年に「ある山小屋」で「北の桜守」として働いていたてつが、桜の花をいっぱい開かせていたのは当然。そして、そこには、あの時海の中で死んだはずの長男も、出征したままで帰らぬ人になったはずの夫も、満開の桜の下で待つてつのもとに戻ってくることに・・・。そこで合唱団と共にてつの家族が一緒に歌う歌が、本作の主題歌である『花、蘭の時』。「蘭」を「たけなわ」と読むのは難しいが、「宴も蘭ですが・・・」という挨拶の言葉はいつも聞いているから、その意味はわかるはず。また、その歌詞も小椋佳の作詞だけにすばらしいものだ。このように、本作ラストでは満開の桜の花の美しさにうっとり！また、『北の桜守』というタイトルにも納得！

　２０１８（平成３０）年３月２０日記

### 僕の帰る場所

2017年／日本映画
配給：株式会社E．x．N／98分
2018（平成30）年3月13日鑑賞　　シネ・リーブル梅田

**Data**
監督・脚本：藤元明緒
プロデューサー：渡邉一孝／吉田文人
出演：カウンミャットゥ／ケインミャットゥ／アイセ／テッミャッナイン／來河侑希／黒宮ニイナ／津田寛治

## 👀みどころ

　ミャンマー人の家族の物語を日本で作りたい。そんな提案に乗って私が出資したのが２０１４年１１月。それが今、東京国際映画祭での受賞を経て、第１３回大阪アジアン映画祭で上映されることに。さあ、その出来は？

　東京でのミャンマー人４人家族の生活は、在留資格との格闘。なぜそんな状況に？そして、その結末は・・・？

　やむを得ず後半からはヤンゴンでの母親と子供２人の生活が始まるが、家族がこんな風に離れ離れでホントにいいの？さあ、「僕の帰る場所」はどこにあるの？丁寧なカメラワークと、とりわけ後半の長男の演技に注目！

———＊———＊———＊———＊———＊———＊———＊———＊———＊

### ■□■４年前の出資作が大きく日の目を！■□■

　私が本作のプロデューサーの１人である吉田文人氏から本作の企画を聞いたのは２０１４年１１月。それは北京電影学院を卒業し、女性映画監督を目指している劉茜懿さんが企画している「鑑真」をテーマにした映画への５００万円の出資を決めた直後のことだった。私はその前にも塩屋俊監督の「HIKOBAE」プロジェクトに７００万円を出資していたが、その

©E.x.N K.K.

企画は２０１３年６月５日に塩屋監督が５６歳の若さで急死したことによってアウトになってしまった。しかし、劉さんの企画は現在少しずつ進行中だし、本作は難航しながらも何とか映画を完成させることができた。そして、２０１７年秋の東京国際映画祭「アジアの未来」部門で、作品賞及び国際交流基金アジアセンター特別賞を受賞。

本作は今年３月の第１３回大阪アジアン映画祭で、初お披露目になった。今年の１０月以降、東京を手始めに順次公開予定だ。そんな風に、私が４年前に出資した本作が大きく日の目を見ることになったのはうれしい限りだ。さて、その内容は？その出来は？

## ■□■このミャンマー人４人家族の在留資格は？■□■

本作冒頭、東京のアパートで父親（カウンミャットゥ）、母親（ケインミャットゥ）と、長男（アイセ）、次男（テッミャッナイン）のミャンマー人の４人家族が暮らしている風景が映し出される。幼い兄弟はミャンマー語はほとんどダメで、日本語しか喋れないようだ。母親は子供の世話をしながら、クリーニング店に勤務しており、父親はレストランで調理の仕事をしている。しかして、彼らの在留資格は？

©E.x.N K.K.

©E.x.N K.K.

ある日、入国管理局がこの家族のアパートを突然訪れ、在留資格のことを質問すると、父親はしどろもどろに・・・。他方、難民申請をしているにもかかわらず、それが認められず、父親と母親が失望しているシーンも登場する。父親の方は再度申請し、「辛抱強く待つしかない」と話しているが、いつまでも不安な中での生活を余儀なくされる母親のほうはかなりイライラし、ぼちぼち我慢の限界が近いようだ。しかして、法的に見て、現在のこのミャンマー人家族の在留資格は？

映画の中で順序立てて説明はされないが、この４人家族の現在の様子や難民申請をしている状況に照らせば、彼らが合法的な在留資格を有していないことは明らかだ。きっと、彼らは政変等でヤバイ国になっているミャンマーから「観光ビザ」で日本を訪れ、そのまま仕事を見つけて日本に居住しつづけているのだろう。

## ■□■在留資格あれこれ。さて本作では？■□■

入管法（出入国管理及び難民認定法）の入管法施行規則別表第二が定める在留資格は次のとおりだ。

別表第二（第三条関係）

| 在留資格 | 在 留 期 間 |
|---|---|
| 外交 | 法別表第一の一の表の外交の項の下欄に掲げる活動（「外交活動」と称する。）を行う期間 |
| 公用 | 五年、三年、一年、三月、三十日又は十五日 |
| 教授 | 五年、三年、一年又は三月 |
| 芸術 | 五年、三年、一年又は三月 |
| 宗教 | 五年、三年、一年又は三月 |
| 報道 | 五年、三年、一年又は三月 |
| 高度専門職 | 一　法別表第一の二の表の高度専門職の項の下欄第一号イからハまでに掲げる活動を行う者にあつては、五年<br>二　法別表第一の二の表の高度専門職の項の下欄第二号に掲げる活動を行う者にあつては、無期限 |
| 経営・管理 | 五年、三年、一年、四月又は三月 |
| 法律・会計業務 | 五年、三年、一年又は三月 |
| 医療 | 五年、三年、一年又は三月 |
| 研究 | 五年、三年、一年又は三月 |
| 教育 | 五年、三年、一年又は三月 |
| 技術・人文知識・国際業務 | 五年、三年、一年又は三月 |
| 企業内転勤 | 五年、三年、一年又は三月 |
| 介護 | 五年、三年、一年又は三月 |
| 興行 | 三年、一年、六月、三月又は十五日 |
| 技能 | 五年、三年、一年又は三月 |
| 技能実習 | 一　法別表第一の二の表の技能実習の項の下欄第一号イ又はロに掲げる活動を行う者にあつては、一年を超えない範囲内で法務大臣が個々の外国人について指定する期間<br>二　法別表第一の二の表の技能実習の項の下欄第二号イ若しくはロ又は第三号イ若しくはロに掲げる活動を行う者にあつては、二年を超えない範囲内で法務大臣が個々の外国人について指定する期間 |
| 文化活動 | 三年、一年又は三月 |
| 短期滞在 | 九十日若しくは三十日又は十五日以内の日を単位とする期間 |
| 留学 | 四年三月、四年、三年三月、三年、二年三月、二年、一年三月、一年、六月又は三月 |
| 研修 | 一年、六月又は三月 |
| 家族滞在 | 五年、四年三月、四年、三年三月、三年、二年三月、二年、一年三月、一年、六月又は三月 |
| 特定活動 | 一　法第七条第一項第二号の告示で定める活動を指定される者にあつては、五年、三年、一年、六月又は三月<br>二　経済上の連携に関する日本国とインドネシア共和国との間の協定、経済上 |

107

| | |
|---|---|
| | の連携に関する日本国とフィリピン共和国との間の協定若しくは平成二十四年四月十八日にベトナム社会主義共和国政府との間で交換が完了した看護師及び介護福祉士の入国及び一時的な滞在に関する書簡に基づき保健師助産師看護師法（昭和二十三年法律第二百三号）第五条に規定する看護師としての業務に従事する活動又はこれらの協定若しくは交換が完了した書簡に基づき社会福祉士及び介護福祉士法（昭和六十二年法律第三十号）第二条第二項に規定する介護福祉士として同項に規定する介護等の業務に従事する活動を指定される者にあつては、三年又は一年<br>三　一及び二に掲げる活動以外の活動を指定される者にあつては、五年を超えない範囲内で法務大臣が個々の外国人について指定する期間 |
| 永住者 | 無期限 |
| 日本人の配偶者等 | 五年、三年、一年又は六月 |
| 永住者の配偶者等 | 五年、三年、一年又は六月 |
| 定住者 | 一　法第七条第一項第二号の告示で定める地位を認められる者にあつては、五年、三年、一年又は六月<br>二　一に掲げる地位以外の地位を認められる者にあつては、五年を超えない範囲内で法務大臣が個々の外国人について指定する期間 |

　在留資格が切れてなお日本に留まるのがいわゆる「オーバーステイ」だが、これが発覚すれば当然退去強制手続の対象になってしまう。

　他方、一般的な意味での「難民」は、政治難民、経済難民などの用語の中で使用されているが、入管法上の「難民」とは、「難民の地位に関する条約」（難民条約）第１条の規定又は「難民の地位に関する議定書」第１条の規定により、難民条約の適用を受ける難民と定義されている。具体的には、人種、宗教、国籍若しくは特定の社会的集団の構成員であること又は政治的意見を理由に迫害を受けるおそれがあるという十分に理由のある恐怖を有するために、国籍国の外にいる者であって、その国籍国の保護を受けることができないもの又はそのような恐怖を有するためにその国籍国の保護を受けることを望まないもの及び常居所を有していた国の外にいる無国籍者であって、当該常居所を有していた国に帰ることができないもの又はそのような恐怖を有するために当該常居所を有していた国に帰ることを望まないものを指す。

　法務大臣が難民の認定を行った場合には、①申請を行った外国人に対し難民認定証明書が公布され（第６１条の２第２項）、②難民認定を受けた外国人は、難民旅行証明書の交付を受けることができ（第６１条の２の１２第１項）、さらに③当該外国人から永住許可の申請が行われた場合には、法務大臣は、永住許可の要件の１つである「独立の生計を営むに足りる資産又は技能を有すること」に適合していなくても、永住を許可できる、ことになっている（第６１条の２の１１）。

　逆に、不認定処分が行われた場合には、在留資格を失うため、すぐに本国へ強制送還されるのが原則になる。しかし、平成１６年の入管法の改正によって「仮滞在許可制度」が導入されたため、強制退去手続が停止され、難民認定手続が先行して進められることになっている。

弁護士の私の目にはそんな論点が目につくが、さて本作では・・・？

## ■□■ヤンゴンのまちは？東京とどっちがいい？■□■

　ＮＬＤ（国民民主連盟）の党首であったアウンサンスーチー氏は、軍事政権から長い間軟禁状態にされていた。本作の企画が始まった２０１４年当時もそれは変わらなかったが、２０１５年１１月８日に実施された総選挙で、ＮＬＤが圧倒的な勝利を収め、アウンサンスーチー氏自身も連邦議会下院議員に当選した。憲法上アウンサンスーチーの就任が禁じられていたため、彼女は大統領には就けなかったものの、それによってミャンマーの政治情勢は激変した。ところが、２０１７年９月以降、ロヒンギャ（ベンガル系イスラム教徒）への対応を巡ってアウンサンスーチー氏への批判が噴出し始め、また彼女の指導者としての能力にも疑問符がつきつけられ、今では「事実上のアウンサンスーチー政権」の基盤は危うくなっている。

このように、ここ数年でミャンマーの政治情勢は大きく変わったうえ、「民主化」の流れに沿って外国からの投資によるミャンマーの経済発展も大きく進んでいる。

しかして、本作後半では、やむなく父親

©E.x.N K.K.

だけを東京に残し、長男と次男を連れて１人でミャンマーの首都ヤンゴン（但し、２００６年にはネピドーに首都移転）に帰国した母親とその家族たちの生活が描かれていく。スクリーン上に見るヤンゴンのまちはおおむね想像どおりだが、長男の話によると、汚くて東京の方がいいらしい。母親の意見でも、交通安全、遊び場等の環境を含めて、東京の方が住みやすいことは明らかだ。ヤンゴンに戻った母親にとっては、２人の子供の教育が大問題。そこで、ミャンマー語がほとんどしゃべれない子供たちを日本語学校に入れる方針を家族とともに決定したが、ヤンゴンの日本語学校は、ヤンゴンに進出している日本企業の社員たちの子供の枠でいっぱいで、ミャンマー人の枠はほとんど取れないらしい。なるほど、なるほど・・・。

## ■□■出演者はプロ？素人？撮影手法は？ラストの余韻は？■□■

　本作前半は東京での４人家族の生活が、後半はヤンゴンの母親の実家での母親と２人の子供たちの生活が、それぞれドキュメンタリーを思わせる丁寧なカメラワークの中で描か

れていく。冒頭から母親の美人ぶりが目立っている（？）が、彼女はプロの俳優？それとも素人？また、父親は？そして、２人の子供たちは？本作が長編初演出となる１９８８年生まれの藤元明緒監督は、本作で演技経験のない実際に日本で生活するミャンマー人を多数起用したそうだから、彼らの演技力（？）と藤元監督のカメラワークの手法に注目！

　２００４年の第５７回カンヌ国際映画祭で柳楽優弥が主演男優賞を受賞した映画が、是枝裕和監督の『誰も知らない（Nobody knows）』（０４年）だった（『シネマルーム６』１６１頁参照）。そこでは、女優のＹＯＵ演じる母親の演技力のしっかりぶりと対比されるような、特にセリフ回しの工夫をしているとか、いい表情をつくりだしているとか、そういうレベルではなく、私にはただまっすぐひたむきになっていると思われるほど明役になりきっている当時１４歳だった優弥君の演技が目立っていた。それと同じように本作でも、とりわけ後半に一人で家を抜け出して空港に行き東京に戻ろうとする長男の演技力の達者さが目立ってくるので、それに注目！もっとも、そんなことが現実にできるはずがないから、当然彼は家に連れ戻されてしまうわけだが、さてこのミャン

©E.x.N K.K.

©E.x.N K.K.

マー人４人家族のこれからの生活はどうなっていくの・・・？

　『僕の帰る場所』という意味シンなタイトルをじっくり考えながら、本作のラストをじっくり味わいたい。

２０１８（平成３０）年３月２６日記

# 第３章
# 中国映画が豊作！その多様性に注目！

## 中国の二大巨匠の最新大作

空海 KU-KAI 美しき王妃の謎（妖猫伝 Legend of the Demon Cat）
（チェン・カイコー監督）
マンハント（追捕　MANHUNT）（ジョン・ウー監督）

## 小さい作品だがこんな中国も

苦い銭（苦銭／Bitter money）（ワン・ビン監督）
長江　愛の詩（長江図／Crosscurrent）

## 中国とインドの興収トップ作品に注目！

戦狼２　ウルフ・オブ・ウォー２（１０００億円）
バーフバリ 王の凱旋（３００億円）

## 中国とインドではこんな戦争も

ゴッド・オブ・ウォー（蕩寇風雲／God of War）（明の将軍・戚継光）
カンフー・ヨガ（功夫瑜伽／Kung Fu Yoga）（天竺軍が残した秘宝は？）

## 第13回大阪アジアン映画祭で香港・台湾最新の話題作を上映

血観音（香港・第５４回金馬奨）
空手道（台湾・第３７回香港電影金像奨）

## 👀 みどころ

　張藝謀（チャン・イーモウ）監督と並ぶ「中国第五世代」の代表、陳凱歌（チェン・カイコー）監督が、日本人なら誰でも知っている「空海」をタイトルにした制作費１５０億円という「日中合作モノ」に挑戦！それだけで期待大だが、原作が夢枕獏の『沙門空海 唐の国にて鬼と宴す』だというのが、私には少し気がかり・・・？

　長安の都のセットはすごい。嵐に巻き込まれる遣唐船も原寸大でつくられたらしい。ところが、本作では冒頭に登場する黒猫（妖猫）がストーリーを牽引するうえ、「宮廷の宴」ではワイヤーアクションが満載だから、少しマンガ的に・・・。さらに、玄宗皇帝と楊貴妃との愛の物語と、楊貴妃の死の謎を空海と白居易（＝白楽天）が解いていくというミステリー仕立ての本作では、空海と阿倍仲麻呂、李白と白居易との時代上の接点があいまいだから、わかりにくい・・・？

　私の目にはそんな難点（？）が見えるが、「エンタメ追及」の今の時代はこれでいいのかも…。さて、あなたの賛否は？ご意見は？

——＊——＊——＊——＊——＊——＊——＊——＊——＊——

### ■□■陳凱歌監督の新作に期待大！■□■

　１９５２年生まれの陳凱歌（チェン・カイコー）監督は、張藝謀（チャン・イーモウ）監督と並ぶ中国第五世代を代表する大監督。デビュー作の『黄色い大地』（８４年）（『シネマルーム４』１２頁、『シネマルーム５』６３頁参照）が世界に与えた衝撃は大きかったし、その後の『さらば、わが愛／覇王別姫』（９３年）（『シネマルーム２』２１頁、『シネマル

ーム5』107頁参照）、『始皇帝暗殺 (The First Emperor)』（98年）（『シネマルーム5』127頁参照）、さらには『北京ヴァイオリン』（02年）（『シネマルーム3』18頁、『シネマルーム5』299頁参照）等、素晴らしい作品が続いた。また、近時の『花の生涯〜梅蘭芳〜（梅蘭芳／Forever Enthralled）』（08年）（『シネマルーム22』223頁、『シネマルーム34』117頁参照）、『運命の子（趙氏孤児／Sacrifice）』（10年）（『シネマルーム28』155頁、『シネマルーム34』43頁参照）等の出来も素晴らしかった。

　そんな陳凱歌監督が、制作費150億円をかけた日中合作大作として日本人にも有名な「空海」の物語に挑戦！それを聞くだけで期待大だが、その原作は夢枕獏の『沙門空海 唐の国にて鬼と宴す』（全4巻）とのこと。これは「壮大なる中国伝奇小説全4巻」だそうだが、なぜ、そんな「伝奇小説」を原作としたの？日中友好が進み、日中合作映画が作られる方向性は大いに結構だが、陳凱歌監督と夢枕獏との接点はどこにあるの？そして、その相互理解は如何に？

## ■□■陳凱歌監督と夢枕獏の原作の組み合わせは？■□■

　私は陳凱歌監督はよく知っているが、夢枕獏の小説は1冊も読んでいない。したがって、全4巻から成る原作も読んでいないが、私にはそもそも「伝奇小説」というジャンルそのものにひっかかりがある。また、本作はかなり以前から前評判がすごかったが、その物語は密教の教えを求めて、日本から遣唐使として唐の国に渡った若き修行僧・空海（染谷将太）が、若き詩人白楽天（＝白居易）（黄軒（ホアン・シュアン））と共に長安の都を脅かす怪事件の謎を追うものだと聞いただけに、そのマンガ性も少し心配になる。さらに、本作のチラシを読み、予告編を観ると、ワイヤーロープ・アクションが満載らしいので、そのマンガ性もますます心配に。

　他方、近時公開されたアガサ・クリスティ原作の『オリエント急行殺人事件』（17年）のような本格的ミステリーではそれなりの面白さが約束されているが、「空海」はあくまで修行僧であって探偵ではない。白楽天だって、後に玄宗皇帝と楊貴妃との深愛の詩『長恨歌』を詠んだことで有名になったが、探偵としての能力は如何に・・・？そんなこんなを考えると、本作の内容（出来）に少し不安を持ったまま、試写室へ行くことに・・・。

## ■□■長安のセットはもちろん、遣唐船もホンモノ？■□■

　私は2001年に西安・敦煌旅行に行き、西安の町を見学した。しかし、それはあくまで現代の西安であって、8世紀当時の世界的大都市だった「長安」の都の規模とは全然違うもの。また、空海が命をかけて海を渡った長安にある青龍寺にも行ったが、その規模もあの時代と今とでは全然違うらしい。さらに、敦煌では、西田敏行が主演した映画『敦煌』（87年）の舞台となった巨大なセットを見学し、大いに感動したものだ。そんな西安・敦煌旅行を体験した私は、本作のスクリーン上に広がる唐代の長安の姿や青龍寺の姿にビ

ックリ！その巨大なセットの制作費はHow mutch・・・？

　他方、人類の進歩とともに造船の技術も進み、１９１１年には「タイタニック号」が進水するに至ったが、それに比べれば8世紀の遣唐船なんてちょろいもの。いわば、一寸法師が乗ったという「お椀の舟」のようなレベルだが、いざそれを撮影のために原寸大で実際に作るとなると、その費用はHow mutch・・・？

　今や中国映画の話題作の製作費はハリウッドを凌いでいるが、本作では総製作費１５０億円、空前絶後の超大作プロジェクトによる巨大セットに注目！もっとも、夢枕獏の原作らしく本作のストーリー形成のキーになるのは、ＣＧ合成によって作られた黒猫だから、その「目の光らせ方」にも注目！

『空海 KU-KAI 美しき王妃の謎（妖猫伝／Legend of the Demon Cat）』
画・王雅（２０１８．５）

## ■□■楊貴妃の死の謎とは？空海の推理は如何に？■□■

　唐は8世紀前後には世界最大の国になっていたが、その時の皇帝が日本でも楊貴妃（チャン・ロンロン）との愛の物語で有名な玄宗皇帝（チャン・ルーイー）。そして、その２人の愛を「長恨歌」という詩で詠んだのが白楽天（＝白居易）だ。「長恨歌」を読めば、玄宗皇帝は本来、息子の嫁になるべきはずの楊貴妃の美しさに惹かれ、いわば息子から横取りしたわけだから、その愛（色好み？）は突出していたことがよくわかる。私も見学した「華清池」は玄宗皇帝と楊貴妃が２人で過ごした避暑地だが、楊貴妃との愛におぼれた玄宗皇帝はそこにこもって（？）政治をおろそかにしてしまったため、安禄山（ワン・デイ）から「安史の乱」を起こされ、楊貴妃は殺されてしまった。それが歴史上の事実だ。

　しかし、本作は全編を通じてストーリーの核となる妖猫の活躍が大きなウエイトを占めるうえ、玄宗皇帝が夜毎（？）宮廷で繰り広げる華やかな宴の中には、玄宗皇帝に仕える長安一の実力を持つ幻術師、黄鶴（リウ・ペイチー）や、その弟子である白龍（リウ・ハ

オラン）と丹龍（オウ・ハオ）等が登場し、華やかな幻術合戦をワイヤーロープで魅せて
くれる。

　さらに、妖猫の魔術にとりつかれるキーウーマンが都の官吏である陳雲樵（チン・ハオ）
の妻、春琴（キティ・チャン）や、陳雲樵のお気に入りの妓生である麗香（シャー・ナン）。
そこに、陳雲樵が目をかける美しき胡玉楼の新人妓生の玉蓮（チャン・ティエンアイ）も
絡んで、玄宗皇帝の周りは大きな混乱に陥っていく。玄宗皇帝の命令により、唐を代表す
る詩人、李白（シン・バイチン）は「雲には衣装を想い、花には容を想う」と詠んだが、
この李白もかなりの変わりモノ。しかして、陳凱歌監督×夢枕獏原作による本作のストー
リーは、何とも意外な展開になっていくことに・・・。

　張藝謀（チャン・イーモウ）監督の『HIRO（英雄）』（02年）はすばらしい色彩美
の映画だったし、そこでのワイヤーアクションも面白かった（『シネマルーム5』134頁
参照）が、陳凱歌監督『PROMISE（無極）』（05年）で見せたワイヤーロープは
イマイチだった（『シネマルーム17』102頁参照）。しかし、楊貴妃の死の謎をめぐ
って展開する本作のワイヤーロープは如何に？そしてまた、アガサ・クリスティの『オリ
エンタル急行事件』ばりの推理を進めていく修行僧、空海（染谷将太）とその相棒、白居
易の推理は如何に・・・？

## ■□■名前は知ってても人物像の特定は？どこまでがホント？■□■

　日本人なら誰でも空海も阿倍仲麻呂（阿部寛）の名前を知っているし、玄宗皇帝と楊貴
妃の名前も知っている。また、少し学のある人なら、唐の詩人である李白と白楽天（＝白
居易）の名前も知っている。しかし、空海や阿倍仲麻呂の「実績」はほとんど知らないし、
これらの人物の相互関係もほとんど知らない。ましてや、本作に登場する上記以外の人物
の名前は全然知らないだろう。

　しかして、本作冒頭に登場するのは、何と阿倍仲麻呂の側室、白玲（松坂慶子）。この冒
頭のシークエンスに謎の妖猫が登場することによって阿倍仲麻呂が一躍大金持ちになり、
玄宗皇帝に仕える身でありながら何と楊貴妃に思いを寄せていくストーリーの骨格ができ
あがっていくから、アレレ・・・。松坂慶子は『蒲田行進曲』（82年）の熱演を始めとし
て私の大好きな女優だが、1952年生まれという年齢からして、いくら何でも1964
年生まれの阿部寛の「側室」という役柄は如何なもの・・・？もちろん、撮影上のテクニ
ックによってそれなりの若さと美しさはキープしているから、松坂慶子を知らない中国人
はごまかせるだろうが、ほぼ彼女と同世代の私の目には、やはりこのキャスティングは如
何なもの・・・。

　他方、阿部寛も近時みた、『祈りの幕が下りる時』（18年）で面白いキャラを演じてい
たし、基本的にはどんな役でもうまく演じるオールラウンド型の俳優だが、本作では彼の
モノローグが目立っている。白居易と共に楊貴妃の死の謎に挑むことになった空海にとっ

ては、先輩の遺唐留学生だった阿倍仲麻呂（中国名、晁衡）が、その時期にいかなる動きをしたかは大きなヒントになったはず。したがって、本作では阿倍仲麻呂のモノローグが空海の推理の進展上大きな役割を果たすことになるが、観客席からそのストーリーを見ていると、いかにもそれがつくりものっぽく見えてくる。小説も映画もつくり方は自由だが、そうかといって史実を無視していくらでも空想を重ねていくと、読者や観客はワケがわからなくなってくるのでは・・・？

　もっとも、それが「伝奇小説」の特権なのかもしれないから、陳凱歌監督はそれを徹底させているが、そうすると後は、それが好きか嫌いかの問題になってくる。そして私には、名前を知っている数名の有名人について、その歴史上果たした役割と本作で果たしている役割のギャップにいささか違和感が・・・。

## ■□■空海の本来の人物像は？タイトルに偽りあり？■□■

　「白紙（８９４年）に戻す遣唐使」。大学受験で日本史を勉強している時、私たちはそう覚え（させられ）たし、遣唐船に乗って中国に渡った修行僧も空海の他、最澄等がいたことも覚え（させられ）た。そして、空海は高野山に金剛峰寺を、最澄は比叡山に延暦寺をそれぞれ開いたことも覚え（させられ）たものだ。しかし、それらはあくまで暗記のための勉強であって、自分から歴史を学び、その歴史の中に生きた人物像やその歩みに興味をもった勉強ではなかった。そんな興味は受験勉強の中ではなく、小説や映画から学んだわけだ。しかして、夢枕獏の原作を読んだら、ホントに空海の勉強になるの？また、陳凱歌監督の本作を鑑賞したら、ホントに空海の勉強になるの？そう考えると、いささか心もとない気になるのは私だけだろうか。

　ちなみに、本作のプレスシートには「空海の歩み」があり、７７４年の生誕から９２１年の死亡に至るまでの彼が果たした役割の年表がある。また、その下には「空海伝説」として、１２の伝説がのっている。私は空海についてはむしろこちらの方に興味があるのだが、本作は彼が片手間に働いた探偵という役割に焦点をあてたもの。したがって、空海が修行僧として唐の国で何を学び、何を果たしたのか、それを日本に持ち帰って如何に活用したのか、という空海本来の役割については何も描かれていない。それはそれで選択の問題だが、本作をそういう内容にするのなら、本作のタイトルを「空海」ではなく、原作の「沙門空海 唐の国にて鬼と宴す」のようなものにすべきだったのでは・・・？

　陳凱歌監督の初期の作品である『さらば、わが愛／覇王別姫』（９３年）や『始皇帝暗殺』（９８年）はもとより、その後の『北京ヴァイオリン』（０２年）も『花の生涯～梅蘭芳～』（０８年）も『運命の子』（１０年）もすべてタイトルとその内容が一致していたが、本作だけは『空海』というタイトルとその内容が一致していないのでは・・・？

２０１７（平成２９）年２月７日記

## みどころ

『君よ憤怒の河を渉れ』（76年）は、文化大革命が終了した直後の1979年に『追捕』として中国で大公開！8億人以上を動員する大ヒットになり、高倉健と中野良子の名前は全中国に知れ渡った。張藝謀（チャン・イーモウ）監督は中国大陸で100回観たそうだが、さて香港でジョン・ウー監督は何回鑑賞・・・？

今回は福山雅治が主演。そう聞くと誰でも前作で健さんが演じた検事役と思ってしまうが、いやいや、さにあらず。そこには大きな意外性が！

『レッドクリフPartⅠ（赤壁）』（08年）、『レッドクリフPartⅡ（赤壁　決戦天下）』（09年）で魅せた、ジョン・ウー監督特有のエンタメ性とアクションの楽しさは本作も同じ。さらに、多数の美女が登場するうえ、あべのハルカスや中之島での大阪ロケもタップリ！手錠で繋がれた両主役の2丁拳銃に、白い鳩など、ジョン・ウー流の観客サービスもバッチリ。こりゃ必見だ。

本作の公開を機に『君よ憤怒の河を渉れ』もテレビで再放映されているので、両者の対比も楽しいはずだ。

――＊――＊――＊――＊――＊――＊――＊――＊――＊――

### ■□■さすが健さん！任侠ものからハンカチ、軍人も！■□■

私の中学、高校時代、さらに大学に入学した1967年当時の高倉健といえば、鶴田浩二と並ぶ東映の任侠ヤクザ路線の看板俳優だった。藤純子が「緋牡丹お竜」役で女任侠モノに登場してからは、彼らとの共演のカッコ良さも際立っていた。そして、任侠路線の全盛期には、何といっても東大全共闘が大学祭（駒場祭）のポスターにキャッチフレーズと

して使った「泣いてくれるなおっかさん、背中の銀杏が泣いている　男東大どこへ行く」が強く印象に残っている。

　高倉健最大の持ち味は「男くささ」だが、その基盤になっているのが寡黙さ。山田洋次監督が海援隊のボーカル・武田鉄也と当時から少し変わり者だった女優（？）桃井かおりを起用した『幸せの黄色いハンカチ』（77年）の健さんは、刑務所帰りの寡黙な男、島勇作役を演じて、家の周りに黄色いハンカチを山のように高くはためかせて夫の帰りを待っていた倍賞千恵子演じる妻・光枝との夫婦愛を感動的に盛り上げていた。

　他方、去る2月5日には北海道出身の北島三郎らが出席してアカデミー賞をまねたキタデミー賞が開催された。そこには、来たる『北の桜守』（18年）で、『北の零年』（05年）（『シネマルーム7』268頁参照）、『北のカナリアたち』（12年）（『シネマルーム30』222頁参照）に続く「北の三部作」に出演する吉永小百合が出席し、全員で『いつでも夢を』を合唱していた。1960年代後半から浜田光男との青春コンビを卒業した後、吉永は多くの映画に出演していたが、どちらかというと「演技力イマイチのイモ女優」だった。そんな吉永小百合が「演技開眼」したのが、帝国軍人（青年将校）に扮した健さんと共演した『海峡』（82年）。そこではあの過酷な時代にどこまでも堕ちていく女郎役に挑戦し、それまでのお嬢様女優ではなく、汚れ役もOKと宣言したわけだ。このように、さすが健さん！任侠ものからハンカチ、軍人まで何でもバッチリ！

## ■□■健さんは中国でも大人気！■□■

　他方、そんな風に日本の映画界の「一方の雄」としての存在感を示していた健さんが、スーツ・ネクタイ姿をパリッと決めた検事役に挑戦したのが、佐藤純彌監督の『君よ憤怒の河を渉れ』（76年）（『シネマルーム18』100頁参照）だった。そして、1976年に日本で公開された同作は1979年に文化大革命終了後に『追捕』というタイトルで中国大陸初の外国映画として公開され、観客動員数8億人を超えるメガヒットになった。1976年に再開された「北京電影学院」の監督科に第1期生として入学し、卒業後『紅いコーリャン』（87年）（『シネマルーム4』16頁、『シネマルーム5』72頁参照）で第38回ベルリン国際映画祭のグランプリ、金熊賞を受賞した張藝謀（チャン・イーモウ）監督も、同作にご執心だったらしい。その縁で、彼は後日健さん主演で『単騎、千里を走る。』（05年）をつくることになったわけだ（『シネマルーム9』312頁、『シネマルーム17』233頁参照）。

　そんな『追捕』と健さんを、香港からハリウッドに渡り『レッドクリフPartⅠ（赤壁）』（08年）（『シネマルーム34』73頁）、『レッドクリフPartⅡ（赤壁　決戦天下）』（09年）（『シネマルーム34』79頁）等で世界的大成功をおさめたジョン・ウー監督はどう見ていたの・・・？　そして、そのリメイクの話が出るとジョン・ウー監督はどんなスタンスでその演出を・・・？

チャン・イーモウ監督は中国大陸で『追捕』を１００回観たそうだが、香港生まれのジョン・ウー監督は香港で『追捕』と高倉健を鑑賞。香港で１９８０年代から９０年代にかけて『男たちの挽歌』シリーズ、すなわち①『男たちの挽歌』（８６年）②『男たちの挽歌Ⅱ』（８７年）③『狼　男たちの挽歌・最終章』（８９年）④『ハード・ボイルド　新・男たちの挽歌』（９２年）を大ヒットさせたジョン・ウー監督にとって、『追捕』はずっと憧れの存在だったらしい。そんな彼が今回本作を監督するについては、追われる検事役だった杜丘（高倉健）を天神製薬の顧問弁護士ドゥ・チウに変え、これを中国人俳優チャン・ハンユーに演じさせることに。他方、杜丘を追う刑事・矢村を大阪府警の刑事・矢村聡に変え、これを福山雅治に演じさせることに。

## ■□■福山雅治とチャン・ハンユーはいかなる役を？■□■

　本件のパンフレットにある「プロダクション・ノート」によると、彼にとって『追捕』は高倉健の最高傑作ではなく、初めに観たときはあまり印象に残らなかったそうだ。ところが、それに続いて「でも中国本土で大人気だったと知って観直してみると、素晴らしいコンセプトがあり、高倉の屈強でストイックな外見の下に秘められた強烈なカリスマ性に惹かれました。愛と人間性が非常に興味深く描かれているとも思いました。何年も経ってメディアアジアから再映画化の機会を与えられたとき、この物語の興味深い要素を取り出して私のスタイルを注入し、人間性の探求とロマンチシズムとアクションデザインを強化したい、そしてミステリーと陰謀の側面をもっとヒッチコック風に全面に出したいと思いました」と書かれているから、なるほど、なるほど・・・。

©2017 Media Asia Film Production Limited All Rights Reserved.

　ちなみに、主演の高倉健と並んで、さっそうと白馬にまたがる美女ぶりが目立った遠波真由美役を演じた「中野良子」も中国では超有名になったが、杜丘を執拗に追う矢村刑事役を演じた原田芳雄があまり有名になっていないのは残念。『竜馬暗殺』（７４年）（『シネマルーム３９』未掲載）等で魅せた個性的で魅力的な原田芳雄の演技は特質モノだったが、『大鹿村騒動記』（１１年）（『シネマルーム２７』２２４頁参照）を遺作として亡くなったのは実に残念。そんな彼の『追捕』での演技は絶品だった。

今回、大阪府警の刑事部捜査１課課長・伊藤役で出演している竹中直人なら原田芳雄ばりのくせの強い演技をすることは可能だが、あまりにハンサムで正統派の福山雅治に『追捕』で原田が演じた矢村刑事役はちょっと不適任では・・・？さらに、酒井義廣（國村隼）を創始者として急成長した製薬会社である天神製薬の腕利き顧問弁護士であるドゥ・チウがなぜ警察から追われることになるの？『君よ憤怒の河を渉れ』でも私は現職の東京地検特捜部の検事が警察から追われることになるストーリーに少し違和感があったが、それは本作でも同じだ。さあ、本作で福山雅治は原田芳雄に代わって、追う刑事・矢村役としていかなる演技を？また、チャン・ハンユーは高倉健に代わって、追われる弁護士ドゥとしていかなる演技を？

©2017 Media Asia Film Production Limited
All Rights Reserved.

©2017 Media Asia Film Production Limited
All Rights Reserved.

## ■□■ジョン・ウー流の自由な発想の転換が随所に！■□■

　先日リメイクされたアガサ・クリスティ原作の『オリエント急行殺人事件』（１７年）の内容は旧作とほぼ同じだった。また、三船敏郎主演の『日本のいちばん長い日』（６７年）を役所広司主演でリメイクした『日本のいちばん長い日』（１５年）（『シネマルーム３６』１６頁参照）も、その内容は、旧作とほぼ同じだった。さらに、フランキー堺主演の『私は貝になりたい』（５９年）と、それをリメイクした中居正広主演の『私は貝になりたい』（０８年）（『シネマルーム２１』２０８頁参照）もほぼ同じ内容だった。しかして、１９７６年に日本で、１９７９年に中国で公開された『追捕』を、邦題こそ『マンハント』と変えたものの、中国タイトルは旧作と同じタイトル『追捕』とした本作は、前作の単純なリメイク？いやいや決してそうではない。

　中国で旧作を８億人が観たと聞けば、並みの監督なら誰でも、俳優だけを今ドキの人気俳優に変えて、ストーリーはそのままのリメイク版を作ろうと考えるだろう。しかし、香港から出発し、ハリウッドで大躍進し、日本版『君よ憤怒の河を渉れ』や高倉健が大好きだったジョン・ウー監督は、その骨格だけは残しつつ、全く新しいジョン・ウー版『追捕』

を作り上げたから、それに注目！追跡劇である『追捕』を原型としながら、本作をそれとは全く異質の面白さにした最大の要因は、某製薬会社を追求する側の人間であった高倉健演じる杜丘検事を、天神製薬社の有能な顧問弁護士であるドゥ・チウに大転換したことだ。これによって、①なぜドゥが冒頭の美女・田中希子（ＴＡＯ）の殺害事件に巻き込まれたのか？②矢村聡のライバルでもある大阪府警の捜査１課係長・浅野（トクナガクニハル）は、いかに天神製薬に取り込まれているのか？③真由美（チー・ウェイ）の婚約者で天神製薬の研究員であった北川正樹（田中圭）が、会社の企業秘密を盗んだとされる裁判で敗訴した後、なぜ「ある処方コード」を隠したまま自殺することになったのか？そして何よりも、④有力な政治家を巻き込んで隆盛を誇る天神製薬は、巨大な研究開発センターで一体何の新薬開発を目指しているのか、等々の複雑な背景事情の説明が不可欠になってくる。普通はここまでストーリーを膨らませると話がややこしくなり、こんがらがってわからなくなってしまうものだが、それはジョン・ウー監督流のスピーディかつ明快なストーリー展開でバッチリ！

　もっとも、大阪府警の現役係長である矢村は毎日柔道、剣道、空手等で身体を鍛えているから、格闘術はもちろん、拳銃から水上バイクまで何でもござれはわかるのだが、天神製薬の顧問弁護士として「裁判に勝つことが一番」をモットーにしているドゥが、格闘も車も水上バイクも達者なことにびっくり！さすがに、拳銃で人を殺すのはイヤらしいが、それでも矢村からの「足を撃て」とのご指導よろしきを得れば、たちまち大活躍。そのハイライトは、手錠でつながれた２人が、矢村の右手、ドゥの左手で繰り出す「２丁拳銃ぶり」。これらはすべてジョン・ウー監督流のサービス精神の発揚だから、そのつもりでしっかり楽しみたい。普通弁護士は頭でっかちで体力はだめなものだが、ドゥはその例外。また、普通刑事は体力はバッチリだが、知力（推理力）はもとより、英語や中国語等の外国語はだめなものだが、矢村はその例外。そんな映画ならではの例外を認めつつ、ジョン・ウー監督流の大胆な『追捕』のアレンジ＝自由な発想の転換を楽しみたい。

## ■□■見どころ　その１　アクション■□■

　ジョン・ウー版『追捕』たる本作第１の見どころは、アクション。昨年は中国の『戦狼２　ウルフ・オブ・ウォー２』（１７年）が、１０００億円を超える興行収入を記録し、そこでの戦車アクションをはじめ、呉京（ウー・ジン）が演ずる激しいアクションはハリウッドを凌いでいた。また『ジョン・ウイック』（１４年）（『シネマルーム３７』７７頁参照）、『ジョン・ウイック２』（１７年）（『シネマルーム４０』未掲載）に見たキアヌ・リーブスのガンフーアクションも斬新でキレがよかった。さらに、『暗殺』（１５年）等で観た韓国流のアクションも面白かった（『シネマルーム３８』１７６頁参照）。しかして、本作で見せるジョン・ウー流アクションは？

　まず冒頭には、着物は着ているものの、かなりたどたどしい日本語をしゃべる小料理屋

の女将レイン（ハ・ジウォン）とその従業員のドーン（アンジェルス・ウー）が登場し、ふらりと入ってきた弁護士のドゥと『追捕』を巡る楽しげな会話を始めるから、その「無国籍ぶり」にビックリ。店の中には『追捕』のテーマ曲が流れ、ドゥと女将がカウンターを挟んで『追捕』のセリフを語り合う楽しいひと時になるが、その後状況は一変！奥の座敷に案内された大量のヤクザたち（？）は、レインやドーンが放つショットガンで皆殺しに！この冒頭シーンだけで、本作のアクションの魅力にぞっこんだ。

ドゥと矢村の最初のアクションは、大阪の大川での水上バイクでの絡みとなる。そして、中盤最大のアクションは真由美の別荘の牧場へ逃げ込んだ矢村とドゥを襲撃する、バイクに乗り込んだ殺人者集団との大がかりな闘争劇。ジョン・ウー監督は高い費用を使って作った別荘を、例によって（？）最後にはいとも簡単に爆破してしまうので、そんなアクションに注目！そして、最後は天神製薬の研究開発センターに事前に潜り込みながら、実験台にされていたドゥと、その救出に向かった矢村が、酒井社長やその息子・酒井宏（池内博之）らと迎える最終対決シーン。そこでは、酒井社長の忠実な部下であったレインがあっと驚く変化を見せるので、それにも注目！その他、本作は１１０分と比較的コンパクトだが、ジョン・ウー監督の楽しいアクションが随所に炸裂しているので、それをしっかり楽しみたい。

©2017 Media Asia Film Production Limited All Rights Reserved.

## ■□■見どころ　その２　美女たち！■□■

本作第２の見どころは、個性ある美女たちの登場だ。平昌で開催されている冬季オリンピックには北朝鮮から、「三池淵（サムジョン）管弦楽団」や「美女応援団」が韓国入りして大きく話題をさらっているが、本作にもそれに負けじと多くの美女が登場するので、それに注目！『君よ憤怒の河を渉れ』では中野良子しか目立った美女が登場しなかったが、本作では、次々と美女が登場するので、それに注目！

まず、冒頭に登場するのは、美貌の殺し屋レインとその相棒ドーンだ。『キル・ビル～KILL　BILL～Ｖｏｌ．１』（０３年）（『シネマルーム３』１３１頁参照）、『キル・ビル～KILL　BILL～Ｖｏｌ．２　ザ・ラブ・ストーリー』（０４年）（『シネマルーム４』１６４頁参照）は、クエンティン・タランティーノ監督特有の日本的雰囲気がメチャ面白かったが、本作冒頭はジョン・ウー監督特有の日本情緒満載のシークエンスになっている。ちなみに、アンジェルス・ウーはジョン・ウー監督の実の娘で、本作ではレインと

組んで何度もその凶暴さと暴走ぶりを見せつけてくれるが、その美人度ではイマイチだし、頭の中もカチカチのようだ。それに対して、レインの方はすごい美人だし、途中で死んでしまうドーンとは対照的に、本作中盤では極めて重要な役柄を演じるので、それに注目！

続いて、ドゥの自宅のベッドの中で殺されてしまうチョイ役ながら、妖艶なチャイナドレス（旗袍）姿がよく似合う美女が、天神製薬社長秘書の田中希子役を演じるＴＡＯ。また、中国では真由美といえば誰でもわかるほどその名前が知れ渡った真由美役を、本作では中国人の美人女優チー・ウェイが演じているから、当時絶世の美女だった中野良子との対比もしっかりと。

©2017 Media Asia Film Production Limited All Rights Reserved.

さらに、本作ではジョン・ウー監督の馴染みの日本人俳優である前述した國村隼の他、逃亡中のドゥを匿うホームレス役で倉田保昭が、天神製薬の社長の息子役で池内博之等が出演している。さらに、矢村の助手となる新米刑事・百田里香役で初々しい桜庭ななみも登場し、それなりに活躍するので、その味つけにも注目！

## ■□■見どころ　その3　大阪ロケ！■□■

本作の第3の見どころは、ジョン・ウー監督流の徹底した大阪サービスに伴う大阪ロケ。大阪を舞台として撮影した映画は多いが、その中でもっとも国際的に有名なのはマイケル・ダグラスが高倉健と共演した、リドリー・スコット監督の『ブラック・レイン』（89年）。当時は私の事務所のすぐ近くにある堂島川で、水上バイクチェイスを敢行することなど到底不可能だったが、「大阪維新の会」が知事と市長を握る現在の大阪なら、そんなことは朝飯前！

水上バイクのシーンは、私の事務所のすぐ近くの堂島川左岸の新スポット中之島バンクスから私の自宅のすぐ近くの大川の桜ノ宮ビーチまでの間で撮影されている。さらに、本作冒頭に見る天神製薬のド派手な65周年記念パーティーは、あべのハルカスの展望台「ハルカス300」での撮影、ドゥ・チウの地下鉄での逃走シーンは大阪上本町駅での撮影だ。さらに真由美の別荘や馬小屋のある牧場は岡山県でセットをつくったが、本作の大阪ロケには大阪城公園、中央公会堂前等も登場するので、それらにも注目！

本作を契機として、大阪でのロケが人気を呼べば大阪の活性化が進むはずだから、そんな「ジョン・ウー効果」にも期待したい。

## ■□■こんな新薬は不要！新旧両作ともそんな思いに！■□■

韓国映画の『フィッシュマンの涙』（15年）で見たフィッシュマン（魚人間）は、新薬開発の臨床実験の副作用として人為的に作り出されたものだった。多少のバカバカしさもあったが、同作はそれ以上の問題提起性がすごく、もし自分が魚人間になったら・・・、と思わずゾッとしたものだ（『シネマルーム39』201頁参照）。

他方、『君よ憤怒の河を渉れ』も後半以降は、北海道からセスナ機を操縦して決死の脱走を果たした健さん扮する杜丘が自ら問題の病院に患者として潜り込み、某組織が裏事業としてやっている巨大な新薬開発事業の真相に入り込んでいくというストーリーになっていた。自ら新薬の実験台になることを覚悟し、新薬を飲ませられながら直後にそれを吐き出して、精神がふぬけになっていくのを免れるという役を演じるのは非常に難しい。まして、そん

©2017 Media Asia Film Production Limited All Rights Reserved.

な役は天下の健さんには全く不似合い。『君よ憤怒の河を渉れ』の役者では日本人の観客は誰もがそう思ったし、そんなストーリー展開に私も少し違和感を覚えたが、さてジョン・ウー監督が描く本作で天神製薬が開発している新薬とは一体ナニ？

本作ラストの舞台となる天神製薬の研究開発センターの責任者は、酒井義廣の息子で次期社長の酒井宏。裁判で敗訴した天神製薬研究員の北川正樹が隠し持っていた処方コードはその新薬の欠点を補うものだったから、宏はどうしてもそれを入手する必要があった。真由美とドゥ・チウがそれを入手したと知った宏はドゥ・チウに新薬を打ちその効用を試したが、さてその結果は・・・？こんな新薬は不要！その点は新旧両作とも同じだが、多少冗長気味で不自然さもつきまとっていた旧作に比べると、本作ラストはジョン・ウー監督流のアクション重視の活劇に仕上がっているので、それに注目！

ちなみに、旧作は健さん扮する杜丘と中野良子扮する真由美が2人で幸せそうに去っていくシーンでラストになったが、本作のラストは如何に？旧作では真由美の杜丘への積極的な恋心が目立っていたが、さて国際弁護士の中国人ドゥ・チウと母親が中国人だという真由美との恋の成就は・・・？

2018（平成30）年2月19日記

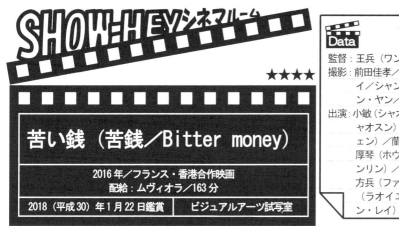

★★★★

# 苦い銭（苦銭／Bitter money）

2016年／フランス・香港合作映画
配給：ムヴィオラ／163分

2018（平成30）年1月22日鑑賞　ビジュアルアーツ試写室

**Data**
監督：王兵（ワン・ビン）
撮影：前田佳孝／リュウ・シャンホイ／シャン・シャオホイ／ソン・ヤン／ワン・ビン
出演：小敏（シャオミン）／小孫（シャオスン）／元珍（ユェンチェン）／蘭蘭（ランラン）／厚琴（ホウチン）／凌凌（リンリン）／二子（アルヅ）／方兵（ファン・ビン）／老葉（ラオイエ）／黄磊（ホアン・レイ）

## 👀みどころ

　ワン・ビン監督が習近平体制下の経済成長著しい中国で、何ともタイムリーなテーマで、ドキュメンタリーの新作を！

　『無言歌（夾辺溝／ＴＨＥ　ＤＩＴＣＨ）』（10年）も『収容病棟（瘋愛／'TIL MADNESS DO US PART）前編』（13年）もテーマが重過ぎてしんどかったが、本作は物語性と問題提起性がほどよくいい加減で『三姉妹〜雲南の子（三姉妹／Three　Sisters）』（12年）と同じくらい・・・？

　銭にまつわる物語は古今東西たくさんあるが、都市住民と農民工との格差が広がる中、出稼ぎ労働者たちの「苦い銭」にまつわる興味深い物語に注目！

————＊————＊————＊————＊————＊————＊————＊————＊————＊————

### ■□■タイトルの意味をしっかりと！■□■

　日本では平成の時代が２０１９年４月で終わるが、３０年間続いた平成の世が始まったのは、バブルが崩壊した１９８９年。それ以降、日本はいわゆる「失われた１０年」「失われた２０年」といわれるデフレの時代に突入し、経済成長はストップした。それに対して、１９８９年６月４日に天安門事件を経験した中国は、その後も「改革開放政策」を進める中で高度経済成長が続き、習近平体制の今、その経済的・軍事的力量は、アメリカに対抗しようかというところまで高まっている。

　私は、２０１５年９月に直腸癌、２０１６年１０月に胃癌の手術をしたため、中国旅行は２０１５年６月の北京電影学院での"実験电影"学院賞の授賞式への出席がラストになっているが、２０００年から２０１５年までの間に１０数回の中国旅行を体験する中でその

経済成長の姿をつぶさに見学してきた。今は1元=約17円だが、２０００年当時は1元
＝約13円だったし、２００４年11月に雲南省に行った時は、その景色の美しさとともに
にマッサージ代の安さにびっくりしたものだ。しかして、ドキュメンタリー映画にして第
７３回ベネチア映画祭で脚本賞＆ヒューマンライツ賞を受賞した王兵（ワン・ビン）監督
の本作のタイトルは『苦い銭』（英題Ｂｉｔｔｅｒ　ｍｏｎｅｙ）。そのチラシには「1元＝
約17円（２０１７．１０現在）」「苦い銭を稼ぎにいくんだ」等の文字が躍っているが・・・。

古今東西を問わず、「金がすべて」という価値観は確立しているし、それをテーマにした
人間ドラマは多い。大阪には『ナニワ金融道』等の独特のドラマがあるが、日本を代表す
るドラマとしては、ジョージ秋山の『銭ゲバ』が有名。「世の中、金だ」とうそぶく主人
公の蒲郡風太郎は財界で力をつけた後、政界へと進出していくが、さて彼の運命は・・・？
そんな波乱万丈の人生を見せる風太郎の生きがいは当然銭だったが、ワン・ビン監督が本
作に登場させた実在の人物たちの人間ドラマのテーマも銭。そして、それは「苦い銭」ばか
かりだ。銭にまつわる格言やことわざは多いが、本作では「アイロン掛けは時給が１６元
か１８元だ」「社長の気前のよさは２元ね！」「１日１５０元稼げる奴もいる　俺みたいに
７０元しか稼げないのはダメだ」等の銭にまつわる印象的なセリフがたくさん登場するの
で、それに注目！

ワン・ビン監督ならではの鋭い視線で描く本作では、そのタイトルとなっている「苦い
銭」の意味をしっかりと！

## ■□■「監督のことば」に注目！■□■

公式ホームページによれば、本作の「監督のことば」は次の通りだ。

『苦い銭』は、雲南の故郷を離れて、出稼ぎ労働者が多く働く中国東海岸の街へと向か
う、３人の若者の姿を追う場面から始まります。　カメラはそれぞれの人物に近づき、彼
らの過酷な労働の日々にあらわれる感情や、賃金を受け取ったときの失望を捉えます。
中国社会では、現代ほど「金」が重要な時代は、これまでにありませんでした。今、誰
もが裕福になりたいと願っています。しかし現実から見れば、それは誰もが空想の中に
生きていると言うしかありません。目にする限り、人生とは不毛です。幻想と失望に満
たされた時代にあって、従順な人生を送るために、私たちはしばしば自分の気持ちさえ
欺いているのです。"流れゆくこと"は、今日の普通の中国人の重要なテーマです。私は、
彼らの物語を語るために、カメラのショットや捉える人物をずらしながら、ある被写体
から別の被写体へ、焦点を揺らすようにひとつに絞らずに撮影しました。

## ■□■「苦い銭」の物語は？その社会問題は？■□■

公式ホームページによれば、本作の「物語」は次の通りだ。

> 雲南省出身の１５歳の少女シャオミンは、バスと列車を次々と乗り継ぎ、遠く離れた浙江省湖州へと向かう。縫製工場で働くためだ。そこは出稼ぎ労働者が住民の80％を占める街。朝から晩まで働いて、ただ働いて。それでもそこには胸に響く一瞬がある。初めて町で働き始める少女たちの瑞瑞しさ、酒に逃げる男、ヤケになる男・・。１４億が生きる巨大中国の片隅で、１元の金に一喜一憂する彼らの人生を想う。そして気づく。"彼ら"は世界のいたるところに存在する"私たち"。

　本作はドキュメンタリー映画だが、後に紹介する多くの登場人物（＝出稼ぎ労働者たち）が織りなす「苦い銭」にまつわる「物語」は興味深い。もちろん、その人物はすべて素人だが、ワン・ビン監督がそれを撮影し繋いでいくと壮大な「物語」になっていくところが面白い。ワン・ビン監督の前作『収容病棟（瘋愛／'TIL MADNESS DO US PART）前編』（１３年）はそのテーマがあまりに重くてしんど過ぎた（『シネマルーム３４』２８５頁参照）が、本作はそれほどのしんどさはなく、ちょうど良い加減。「何でも銭」の世の中は嫌なものだが、それでも現実は現実。習近平独裁体制の強化が進み、経済成長がどんどん進んでいく中国において、「苦い銭」にまつわるこんな物語＝社会問題があることを、本作からしっかり学びたい。

## ■□■出稼ぎ労働者たちの出身地に注目！その１■□■

シアター・イメージフォーラムほか全国順次公開中
©2016 Gladys Glover-House on Fire-Chinese Shadows-WIL Productions

私は浙江省にも雲南省と安徽省にも旅行に行ったことがある。浙江省の湖州市にある織里（ジィリー）の縫製工場や浙江省にある巨大な雑貨卸売り市場である「義烏（イーウー）小商品城」で働く本作の出演者（＝出稼ぎ労働者）たちの出身地は、そのほとんどが雲南省や安徽省だ。

シアター・イメージフォーラムほか全国順次公開中
©2016 Gladys Glover-House on Fire-Chinese Shadows-WIL Productions

冒頭に登場する小敏（シャオミン）（１６歳）、小孫（シャオスン）（１８歳）、元珍（ユェンチェン）（２４歳）の３人は雲南省出身。また、安徽省出身の１９歳の蘭蘭（ランラン）は、同じ１９歳の女の子、厚琴（ホウチン）とともにシャオミンらが働く織里の縫製工場で働いている。しかして、その労働の実態は？賃金は・・・？

他方、中国４大女優の１人である徐静蕾（シュー・ジンレイ）が主演した『我愛你（ウォ・アイ・ニー）』（０３年）は、夫婦げんかをテーマにした面白い映画だった（『シネマルーム１１』２６４頁参照、『シネマルーム１７』３４５頁参照）が、普通夫婦げんかは犬も食わないもの。ところが、本作でワン・ビン監督は、安徽省出身の凌凌（リンリン）（２５歳）、と二子（アルヅ）（３２歳）との夫婦げんかに延々とカメラを向けているので、それに注目！彼らが何のためにけんかしているのかは各自で確認してもらいたいが、その根本原因がおカネにあることは明らかだ。

## ■□■出稼ぎ労働者たちの出身地に注目！その２■□■

現在『在日本』の社長をしているのが、毛丹青教授の教え子の１人・李淵博君だが、彼の出身地は安徽省。彼の父親は安徽省で大きな電力会社を経営している大金持ちだが、安徽省出身の２９歳の方兵（ファン・ビン）は、シャオミ

シアター・イメージフォーラムほか全国順次公開中
©2016 Gladys Glover-House on Fire-Chinese Shadows-WIL Productions

128

ンたちと同じ縫製工場で働いているが、「一日１５０元稼げる奴もいる　俺みたいに７０元しか稼げないのはダメだ」と語り、「どうせ仕事の手が遅いから２日試してダメなら故郷に帰る」と、半ばヤケになっている。他方、前述した安徽省出身の１９歳のホウチンは近くの工場で働いている男性に遊びにくるように誘われているが、遊びに行く勇気がないらしい。他方、夫婦げんかの仲裁をしていた４５歳の老葉（ラオイエ）はまともそうだったが、「マルチ商法」に興味があるようだからちょっとヤバイ。また、彼と同室の４５歳の男・黄磊（ホアン・レイ）は酒とギャンブルの日々だから、同郷の社長は真面目に働くよう諭していたが、さて・・・。

　中国の人口は１３億人だが、都市住民と農民工との格差は大問題で、出稼ぎ労働者問題は大きな社会問題になっている。ワン・ビン監督は本作でそんな出稼ぎ労働者にカメラを向けたわけだ。本作のキーワードは「働けど、働けど」だが、これはどこかで聞いたような文句・・・。そう、これは石川啄木の歌集『一握の砂』の中に収められた有名な短歌で「はたらけど　はたらけど猶わが生活楽にならざり　ぢっと手を見る」というもの。すると、ワン・ビン監督も中国の出稼ぎ労働者たちについて、石川啄木と同じような目線で本作を・・・。

### ■□■彼らの夢と希望は？昭和の「金の卵」たちに比べると？■□■

　産経新聞は、２０１８年１月「第５部　地殻変動」として、「戦後７３年　弁護士会」を５回にわたって特集した。そこでは、金稼ぎに走らざる得なくなった近時の若手弁護士と、

シアター・イメージフォーラムほか全国順次公開中
©2016 Gladys Glover-House on Fire-Chinese Shadows-WIL Productions

相変わらず「人権擁護と社会正義の実現」に熱心な（金持ちの）古い弁護士との「上下の対立」が描かれていた。私は「古いタイプ」の弁護士だから、今どきの若手弁護士が「ゼニ・・・、ゼニ・・・」と仕事あさりをしている姿をみると、嫌になってくるが・・・。

　また、この原稿を書いていた１月２４日には、中国のいくつかの５つ星ホテルでは、便器を洗うブラシで客が飲むコップを洗っている等の驚くべき「実態」が報道された。そんな行為について当の清掃員は、「１日に１２部屋掃除するけど、それ以上できた場合は１２

**シアター・イメージフォーラムほか全国順次公開中**
©2016 Gladys Glover-House on Fire-Chinese Shadows-WIL Productions

元（約２０６円）もらえる」と話していた。つまり、ノルマ以上の仕事を達成し給料を上げるためには、ずさんな清掃も止むを得ないというわけだ。今では、中国の５つ星ホテルのレストランでコーヒーを飲めば、１杯１０００円（５００～６００元）もするから、１部屋１２元が高いのか安いのかはよくわからないが、ここにも今どきの中国における「苦い銭」の物語が・・・。

　他方、私は山崎貴監督の『ＡＬＷＡＹＳ　三丁目の夕日』３部作をテレビで放映されるたびに見ているが、そこでは青森から集団就職で東京にやってきた星野六子（むつこ）の夢と希望が熱く描かれていた。また、２０１７年上半期放送のＮＨＫ朝ドラ『ひよっこ』でも、奥茨城から集団就職で東京にやってきた谷田部みね子たちの夢と希望が面白かった。本作は主に、中国の雲南省や安徽省から浙江省にやってきた出稼ぎ労働者たちの物語だが、彼らの夢と希望は・・・？

　平成の時代に比べれば、昭和の時代が夢と希望に満ちていたことは間違いないが、さて、本作のような「苦い銭」まみれになってる今の中国での出稼ぎ労働者の夢と希望は・・・？
　　　　　　　　　　　　　　　　　　２０１８（平成３０年）年１月２６日記

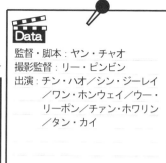

★★★★

## 長江 愛の詩
### (長江図／Crosscurrent)

2016年／中国映画
配給：エスピーオー／115分
2018（平成30）年1月25日鑑賞　ビジュアルアーツ試写室

### 👀みどころ

　中国三千年の歴史の中で黄河と共に長江が果たしてきた役割は大きい。しかし、①電力供給、②洪水防止、③水運改善を目的とした、世界最大規模の多目的ダムである三峡ダムの建設によって、長江はいかに変わったの・・・？

　フォン・イー監督は『長江の夢』（９７年）や『長江にいきる　秉愛の物語』（０８年）で、ジャ・ジャンクー監督は『長江哀歌』（０６年）や『四川のうた二十四城記／24CITY』（０８年）でそれを表現してきたが、１０年の歳月をかけて脚本を練ったヤン・チャオ監督が本作で描く「長江図」とは？その物語は超理念的かつ抽象的だから賛否両論があるだろうが、スクリーン上に映し出される映像の美しさは圧倒的！これぞ中国、これぞ長江だ。

　但し、随所で提示される漢詩は難解。本作の鑑賞には中国語の勉強と中国に関するさまざまな知識が不可欠だから、視覚のお楽しみのみならずしっかりその方面のお勉強も・・・。

——＊——＊——＊——＊——＊——＊——＊——＊——

### ■□■これぞ長江！唯一無二の長江クルーズ（？）を本作で！■□■

　私は２０００年８月の大連・瀋陽旅行をはじめとして、２０回近く中国旅行をしてきたが、「長江クルーズ」には参加したことがない。アジア最大の全長６３００kmを誇る長江は中国三千年の歴史の中でも冠たる地位を占め、過去さまざまな人間ドラマを生み出してきた。そしてまた、その美しさは悠久のもの。私は長い間そう思っていたが、近時は三峡ダムの建設によって、長江にも大きな変化が生じている。そのことはフォン・イー監督の『長江の夢』（９７年）や『長江にいきる　秉愛の物語』（０８年）（『シネマルーム２２』

２７６頁、『シネマルーム３４』３２２頁参照）さらに、ジャ・ジャンクー監督の『長江哀歌』（０６年）（『シネマルーム１５』１８７頁、『シネマルーム１７』２８３頁参照）や『四川のうた（二十四城記／24CITY）』（０８年）（『シネマルーム２２』２１３頁、『シネマルーム３４』２６４頁参照）等によって明らかだ。

「長江クルーズ」による「三峡下り」と「三国志」で有名な「白帝城」の見学は私の当面の夢だが、本作を見ればその夢の一端も・・・。そう思っていると、本作には、劉備玄徳や関羽ではなく、張飛を祀る張飛廟が登場してくるので、それにも注目！

## ■□■イントロダクションは？■□■

公式ホームページによれば、本作の「イントロダクション」は次の通りだ。

> アジア最長の全長 6300 キロを誇る長江は、悠久の歴史、文化、大自然を育み、流域に暮らす庶民に豊かな恵みをもたらしてきた。しかし 2009 年に世界最大の三峡ダムが完成するなど、中国社会の急速な経済発展に伴い、長江も大きな変貌を遂げつつある。
> ヤン・チャオ監督が 10 年の製作期間を費やして完成させた長編第 2 作『長江 愛の詩』は、極寒の長江とその周辺で 60 日間のオールロケを敢行し、息をのむほど壮大にして美しい情景を余すところなくカメラに収めた一大叙事詩である。2016 年第 66 回ベルリン国際映画祭コンペティション部門に出品されるや、世界的に注目を集める撮影監督リー・ピンビンが手がけた映像美が絶賛を博し、見事に銀熊賞（芸術貢献賞）を受賞。まさにスクリーンで観るべき圧倒的な映画体験を創出した話題作が、ついに日本公開となる。
> おんぼろ貨物船、広徳号の若き船長ガオ・チュンが、今は亡き父親が遺した手書きの詩集を発見する。違法の仕事を請け負って上海から長江を遡る旅に出発したガオは、「長江図」と題されたその詩集に導かれるようにして、アン・ルーというミステリアスな女性との恋に落ちていく。彼女とガオの父親の間には、いかなる因果関係があるのか。出会いと別れを繰り返すたびにみずみずしく若返っていくアン・ルーは、はたして何者なのか。やがて三峡ダムを越え、長江の水源への航行を続けるガオが、その神秘的な旅の果てにたどり着いた真実とは……。
> 本作の最大の見どころは、ガオの旅を通して映し出される驚くべき絶景の数々である。下流の商業都市である上海や南京、中流の三峡ダムを経て、雄大な山々がそびえる上流へと移り変わる旅の幻想的な景色は、比類なき映画的スペクタクルを観る者に体感させる。ホウ・シャオシェン、ウォン・カーウァイといった巨匠とのコラボレーションを積み重ね、『春の雪』(05) では行定勲、『空気人形』(09) では是枝裕和、『ノルウェイの森』(10) ではトラン・アン・ユンと組んだ撮影監督リー・ピンビンの独特の感性が、遺憾なく発揮された大作となった。その得も言われぬ詩情に満ちた映像世界に魅了された観客は、あたかも長江の緩やかな流れに身を委ねるような唯一無二の没入感を味わうに違いない。

## ■□■『苦い銭』は超現実的ＶＳ本作は超理念的・抽象的■□■

　前日に観た王兵（ワン・ビン）監督の『苦い銭』（１６年）はドキュメンタリー映画だということもあるが、同監督らしく「苦い銭」にまつわる出稼ぎ労働者たちの超現実的な物語をリアルに描いていた。しかし、本作の物語はそれとは真逆で、超理念的かつ抽象的！

　本作はオンボロ貨物船の船長ガオ・チュン（チン・ハオ）が１冊の詩集を見つけたところから始まるが、その詩集に導かれるように長江を遡っていくという物語は一体どこから生まれてきたの？また、夫がいたはずの女性アン・ルー（シン・ジーレイ）とガオ・チュンがなぜ恋仲になるの？そもそも、アンは生きているの？それとも死んでしまっているの？少し真面目に考えれば、本作のストーリーはわけのわからないことだらけだ。ヤン・チャオ監督はそんな本作の脚本作りになぜ１０年もかけ、７稿も重ねたの・・・？

　主役を演じるチン・ハオは、ロウ・イエ監督の『スプリングフィーバー』（０９年）（『シネマルーム２６』７３頁、『シネマルーム３４』２８８頁参照）、『二重生活』（１２年）（『シネマルーム３５』１５２頁参照）、『ブラインド・マッサージ』（１４年）で強烈な印象を残す演技を見せていたが、ヤン・チャオ監督の脚本、演出による本作での超理念的・抽象的な演技は如何に・・・？他方、テレビドラマの出演が多いらしいアン役を演じたシン・ジーレイも、セックスシーンがあるといってもそれはほんの２、３秒だけで、抽象的な演技だらけだから大変。どちらかというと私はそんな理念的抽象的な物語は苦手だが、さてあなたは・・・？

## ■□■なぜ１９８９年の詩集が？その漢詩の勉強が不可欠！■□■

　本作のストーリーの軸は、「ガオとアンの間で繰り広げられる、現実と虚構、そして現在と過去が交錯する深遠なラブストーリー」だそうだが、前述の通りそれは超理念的、超抽象的でわかりにくい。

　他方、本作ではガオの父親が残したという一冊の詩集『長江図』に基づき、ガオが船長を引き継いだ広徳号が停泊する要所要所で漢詩が歌われる。中国語の素養のない人にはこれはなかなかわからないだろうが、中国語の勉強がかなり進んでいる私には少し理解能力がある。ちなみに、現在日経新聞では、林真理子の連載小説『愉悦にて』が続いているが、１月２６日の連載１４２回目現在、そこでは主人公の田口が交際を始めた中国人女性・花琳（ファリン）からメールで送られてくる漢詩を巡るハラの「探り合い」が微妙な展開を見せている。それはともかく、本作に登場するこれらの「長江図」を巡るさまざまな漢詩は、悠久の流れ・長江をより深く理解するのに役立つこと間違いなしだから、本作の鑑賞についてはそれをしっかり勉強する必要がある。

　それにしても、この詩集は１９８９年つまり天安門事件の時代に書かれたそうだから、そこにも深い意味があるはず。したがって、そのことも併せてしっかり考えたい。

## ■□■三峡ダム建設の目的は？この英題はなぜ？■□■

　本作では広徳号が「三峡ダム」を遡るについて、いわば「船のエレベーター」ともいうべき施設に乗るシークエンスが登場する。これは私が住んでる大阪市都島区を流れる淀川にある「毛馬の閘門」と同じシステムだが、その巨大さは１０倍、１００倍のもの。三峡ダム建設の目的は、①電力供給、②洪水防止、③水運改善の３つ。この巨大なダム湖の誕生によって水位が上昇したため、重慶まで１万トン級の大型船が航行可能となったわけだ。

　本作のそんな興味深いシークエンスにも注目だが、本作全編を通しては、広徳号が長江を下流の上海から上流に遡って進んでいくことに注目したい。本作の中国タイトルは『長江図』だが、英題は『Ｃｒｏｓｓｃｕｒｒｅｎｔ』で、これは「逆流」を意味している。３０年前の１９８９年に父親によって書かれた詩集『長江図』に導かれるようにガオが広徳号に乗って長江を遡っていくのは、父親を含めた過去への回帰であることに間違いない。しかし、超理念的かつ抽象的な本作では、同時にそれは未来に向かっての旅に通じているのだろう。

『長江 愛の詩（長江図／Crosscurrent）』
画・王雅（２０１８．５）

　本作のプレスレシートには、かなり長いヤン・チャオ監督の「Ｄｉｒｅｃｔｏｒ‘ｓ　Ｓｔａｔｅｍｅｎｔ」がある他、川口敦子氏（映画評論家）の「一筋縄ではいかない映画はシンプルな恋物語を捨て、歴史と魂の自由をみつめる」と、杉野元子氏（慶応義塾大学教授）の「どうしようもない哀しみ」という、少し難しいが読み応えのあるコメントがあるので、これもぜひ勉強したい。

## ■□■結末はあっと驚くほど現実的！■□■

本作の「ストーリー」は広徳号が長江の最上流に至った時点で、「あっと驚く展開」を見せる。本作はガオとアンとの超理念的、抽象的なラブストーリーであると同時に、ガオが広徳号を操って長江を遡ったのは、「ある男」（ルオ社長）から「あるもの」（希少種の魚らしき生き物）を長江のはるか上流にある四川省宜賓まで運ぶという「違法な仕事」を請け負ったためだ。それなのに、ガオは物語の中でアンとのラブストーリーにかなりうつつをぬかしていたから、その仕事は達成できたの？そんな心配をしていると、物語のラストには「あっと驚く」ほど現実的な結末が待ち受けているので、それにも注目！

もっとも、この時点ではすでにアンは死亡しているはずだし、ガオもその時点では何のために違法な仕事をしているのか自体もわからなくなってしまっていたはずだから、彼もすんなり自分の死を受け入れることができたのでは・・・？それはともかく、ガオの死亡という結末だけはあっと驚く現実だから、そこから本作の理念性、抽象性な内容をあらためて　しっかり考えたい。

## ■□■ドキュメンタリーの「長江」も観たいものだが・・・■□■

本作は、そんな風に「物語」がラストを迎えると、１００年前２００年前の長江とそこで暮らす人々の姿がドキュメンタリー風に示されるので、それにも注目！中国には、西欧列強の進出に苦しみ、アヘン戦争によってボロボロにされた時代があった。また、中国には『北京の５５日』（６３年）や『砲艦サンパブロ』（６６年）で描かれたような苦しい時代もあった。鄧小平による改革開放政策が始まり、中国が経済的に成長したのは１９８０年代。それ以降長江は大きく変わっていったが、それ以前の変化はそれほど大きくないはずだし、長江に根差した各都市の人々の生活もそれほど大きな変化はないはずだ。したがって、本作ラストにみる長江のドキュメンタリー風映像はどれも興味のあるものばかりだ。改革開放政策以前の中国で、長江を巡る映像がカメラに収められているものは多くないのかもしれないが、本作ラストの映像を観た私は是非それらを見たくなった。

前述したフォン・イー監督やジャ・ジャンクー監督は、三峡ダム建設を巡っての長江やそこで過ごす人々の様々な姿をカメラに収めたが、それ以前はどうだったのだろうか。そして、ワン・ビン監督なら長江を巡るドキュメンタリー映画をどのように作るのだろうか？もちろん、ドラマ映画では素材が命だから、今更１００年前２００年前の長江の姿をカメラで撮ることはできないが、過去の映像や写真をフルに集めればワン・ビン監督特有のドキュメンタリータッチの『長江図』を作ることもできるのでは？本作のような超理念的、抽象的な『長江図』もいいかもしれないが、ぜひワン・ビン監督流のリアルで現実的な『長江図』も観てみたいものだ。

２０１８（平成３０年）年２月５日記

## みどころ

　中国映画の２０１７年の大ヒット作にして、中国・アジアの興行収入歴代トップになったのが本作！それは、アフリカの某国で起きた内戦で、「中国版ランボー」と呼ばれる主人公が、中国人民と祖国のため、大活躍するからだ。
　これには第２期目の支配権を固めた習近平国家主席も大喜び。官民あげての大喝采だが、さて日本人はそれをどう見ればいいの？
　日本の国技・大相撲も揺れているが、それ以上に「朝鮮半島有事」は、日本にとって最大の問題。『シン・ゴジラ』（１６年）ではそれなりの「危機管理体制」がとれていたが、日本版ランボーはいるの？ラストで大写しになる中国のパスポートを考え、さらには、中国の国歌の内容を考えれば、平成３１年５月からは元号が改まるという時代状況の中、現在の国歌である「君が代」の是非も考える必要があるのでは・・・？

―――＊―――＊―――＊―――＊―――＊―――＊―――＊―――＊―――

### ■□■習近平による社会主義現代化強国の実現は？■□■

　去る１０月１８日から２４日まで中国共産党の第１９回大会が開催され、習近平体制の２期目の５年間がスタートした。そこでは、①「チャイナセブン」と呼ばれる７名の常務委員が全員６０歳代となり、習近平の後継者と目される５０歳代の人物が１人もいなかったこと、②新中国を「建国」した毛沢東、中国を「富国」にした鄧小平に並んで、中国を「強国」にしようとする習近平の思想が、毛沢東思想、鄧小平理論に続く「習近平による新時代の中国の特色ある社会主義思想」とされたこと、③「２つの１００年」のうちの１つである、１９２１年の中国共産党建党１００年にあたる２０２１年には、胡錦濤が唱え

た「小康社会」の実現が目標だったが、それは既に実現できたとした上で、もう1つの1
00年になる、1949年の中華人民共和国建国100年にあたる2049年に、中国を
「社会主義現代化強国」にするとの目標を明確に設定したのが大きな特徴だ。

この3つのことから、習近平は2期10年の任期の枠を大きく超えて、3期目はおろか、
毛沢東、鄧小平と同じように、80～90歳まで、つまり2049年の社会主義現代化強
国の実現まで指導者を続けるのではないか、との観測がまことしやかに流れている。

11月8～10日に北京で開催された「米中首脳会談」における、故宮を借り切っての
トランプ大統領の接待は、まるで中華帝国の皇帝のような振る舞いだったことを考えても、
その見立てはかなり正しそうだ。近年ハリウッドに比肩する力をつけている中国の映画界
では、昨年は『人魚姫／美人魚』（16年）が大ヒットしたが、今年はそんな政治状況の中、
本作が大ヒット！それは一体なぜ・・・？

## ■□■「中国版ランボー」はNO.1の大ヒット！それはなぜ？■□■

中国人民解放軍90周年の記念日となる2017年8月1日の「建軍節」に合わせて公
開された本作は大ヒット！2017年11月20日時点で興行収入は56億7800万元
（約963億円）となり、中国映画史上最高ヒット作になった他、アジア映画として歴代
トップとなった。ちなみに、2016年の映画興行収入トップは、『人魚姫／美人魚』で、
その額は33億元（563億円）だった。本作はタイトル通り、2014年に公開された
『ウルフ・オブ・ウォー　ネイビー・シールズ傭兵部隊vsPLA特殊部隊』のパート2。
10月26日付読売新聞は中国総局長竹腰雅彦氏の名前で「異質の『強国』の危うさ」とい
う見出しをつけ、本作が「中国版ランボー」と呼ばれたことを含めて、その特徴を詳し
く解説しているので、これは必読！

ネット情報によれば、今年の中国映画市場における興行収入の総額は、同日午後に50
0億元を突破し、ここ数年にわたり期待されていた「500億超え」をとうとう達成し、
観客動員数については、現時点で14億4800万人、と発表されている。また、中国で
は03年から映画の産業化が推し進められ、02には興行収入総額が10億元（約17
0億円）未満だったが、10年には初めて100億元（約1695億円）を突破。13年
に200億元（約3390億円）、15年に400億元（約6782億円）と、着実に市場
規模を拡大しており、12年には日本を抜き去って世界第2位の映画市場となり、わずか
10数年の間に、市場の規模は50倍に膨れ上がったと発表されている。

ちなみに、私が映画検定3級の資格をとった2007年1月の時点での世界最高の興行
収入をあげた映画は『タイタニック』（97年）で10億ドルを初めて超え、総興行収入は
18億4500万ドルだったが、現在のそれは、『アバター』（09年）で、その総興行収
入は27億8796万ドル。中国で歴代No.1ヒットの本作のそれは67億795万ド
ルで、やっと世界のトップ100に入ったところだから、まだまだ米中の差は大きいと言

137

わざるを得ない。しかし、それはそれとして、本作がこのように大ヒットしたのは、一体なぜ？

## ■□■本作の舞台はアフリカ！そこで内戦が発生すると！■□■

「アメリカ・ファースト」を唱えるトランプ大統領率いる米国との決定的対立を回避しながら、米国に追いつき追い越せ、という長期戦略を確立させた中国が、①世界一流の軍隊、②科学技術の最先端、③トップレベルの総合国力と国際影響力を目指していることは明らかだが、本作を観ていると、そのことが実によくわかる。とりわけ「一帯一路」構想において、中国は「アメリカ何するものぞ」の心意気でアフリカではトップの影響力を保ち続けているが、本作の舞台はそのアフリカだ。アフリカではこれまで各地にさまざまな内戦が起きているが、中国が支配を及ぼしているアフリカの某国で内戦が発生すると・・・？

現役を退いた元人民解放軍の軍人冷鋒（レン・フォン）（呉京（ウー・ジン））は、退任後、アフリカで悠々自適の生活を送ろうとしていたが、そこで「内戦」が発生し、そこに住む中国人民が危機に陥ると・・・？「お前ら劣等民族は、弱々しく生き続ける運命だ」と言い放つ米国軍人に対して、元軍人である本作の主人公冷鋒は、「バカ野郎、それは昔の話だ！」と言い返すところが、本作のハイライトになる。

## ■□■本当にランボーと瓜二つ！■□■

シルベスタ・スタローン主演の『ランボー』シリーズ全4作は「アメリカ・ファースト」の映画だったし、ランボーの活躍ぶりは人間の能力をはるかに超えるすごいものだった。本作の主人公・冷鋒を演ずる呉京（ウー・ジン）は、シルベスタ・スタローンほどの巨大な体格ではないが、引き締まった見事な肉体をしている。そして、特殊部隊の更に上をいく特殊部隊である「戦狼中隊」の一員だったという彼の身体能力と戦闘能力は、ランボーに勝るとも劣らないものだ。

冒頭に見る海中での戦闘シーンを始めに、ストーリー展開の中、何度も登場する戦闘アクションはすごい。その連続に多少飽きてはくるものの、とにかくそのド派手さと冷鋒の活躍ぶりが本作最大の見どころになる。とりわけ、本作後半の「カーアクション」ならぬ「戦車アクション」は、ハリウッドを超えた中国映画のあっと驚く底力を示すものだ。そんな戦闘アクションで冷鋒は、元軍人の何建国（フー・ジエングオ）（呉剛（ガン・ウー））と、軍事オタクで金持ちの二代目である卓亦凡（ジェオ・イーファン）（張翰（ジャン・ハン））との「3人タッグ」で見事な活躍を見せるので、それに注目。ランボーは単独行動が目立っていたが、冷鋒はそんな「3人タッグ」でのチームワークが特徴。本作後半では、ただただそれに酔いしれたい。

## ■□■冷鋒の行動力の心の支えはどこに？■□■

138

他方、そんな戦いの中で冷鋒の行動力の心の支えになり、かつ彼の仇討の執念の底にあるのが、冷鋒の失踪した元恋人の龍小雲（ロン・シャオイン）（余男（ユー・ナン））。冷鋒の胸にいつも掛かっているネックレスは、その龍小雲を撃った銃弾だ。また、冷鋒が内戦の起きたアフリカの某国まで来ているのは、陳医師や彼と一緒に働いていた米国籍の女医レイチェル（セリーナ・ジェイド）や、伝染病に抗体を持つ女の子パーシャを救うため。そしてまた、内戦の混乱下で中国の大使館に逃げ込んだ中国人や、某工場内に逃げ込んだアフリカ人労働者たちを救い出し、海上に待機している中国海軍の艦船まで彼らを送り届けるためだ。この内戦の起きた国が具体的にアフリカのどこの国かは明確にされないが、本作のような設定が現実に起こる可能性が高いことは容易にわかる。

　「朝鮮半島有事」を想定しなければならない昨今、日本でも日本版「ランボー」が必要なはずだが、残念ながらその構想は全く練られていない。しかし、米国での『ランボー』シリーズのヒットを十分学習した中国は、すでに「アフリカ有事」を想定し、「ランボー」と瓜二つの男・冷鋒を誕生させた本作で、その実践訓練まで・・・？

## ■□■敵役には誰を想定？「朝鮮有事」のランボーは・・・？■□■

　第19回党大会終了の直後、習近平は対外政策を担当する宋濤中央対外連絡部長を「特使」として北朝鮮に派遣した。これはアメリカ・日本をはじめとして、「対話」ではなく北朝鮮への「圧力」を強めようとしている世界の方向に沿って、核とミサイル問題について金正恩の「自制」を狙ったものだが、何と金正恩はこの特使と会わなかったそうだから、習近平のメンツは丸つぶれ。そんな事態に、習近平の金正恩独裁体制への影響力の低下を感じ取ったトランプ大統領は、直ちに北朝鮮を「テロ支援国家」に再指定するという強硬なカードを切った。しかして、その当否は？そして、影響力は？

　アメリカは既にCIAやFBIとも協議しながら金正恩の暗殺計画を練っているはずだが、今や中国は秘かにそこへの協力をしているのでは・・・？そんなことまで考えている私は、①全面戦争の可能性、②局地戦争の可能性以上に、③金正恩の暗殺計画実行の可能性のほうが高い、と考えている。しかして、本作の内戦の中核部隊として登場するテロリストの男と女は一体何者？もちろん、それは曖昧にされ、雲の中の存在だが、彼らのテロリストとしての能力の高さにビックリ。一体どこでこの訓練を受けたのだろうか？テロリストが果たす役割の邪悪さとそれを退治する正義の味方・冷鋒のカッコ良さは、本作をたっぷり堪能すればいいが、アフガン有事でランボーが果たした役割や、本作に見るアフリカ有事で冷鋒が果たしている役割からもう一歩進めて考えてみれば、「北朝鮮有事」の時に、ランボーや冷鋒のような役割を果たす男の登場は・・・？

## ■□■中国の国歌は？パスポートは？■□■

　モンゴル人横綱・日馬富士による貴乃花部屋の関取・貴乃岩に対する傷害事件は、書類

139

送検されたから、近いうちに起訴（略式・本式）・不起訴が決まり、起訴された場合の罪も決まるはず。今回の事件が２０１０年に起きた同じモンゴル人横綱・朝青龍による傷害事件よりも興味深いのは、日本の国技・大相撲について、モンゴル勢ＶＳ反モンゴル勢、もっといえば、モンゴル勢＋それによりかかっている現在の八角理事長率いる相撲協会幹部（？）ＶＳ日本独自のあるべき相撲道を目指す貴乃花親方という争いの構図が否応なくあぶりだされてきたことだ。久しぶりの日本人横綱・稀勢の里の誕生は、これらの対立構造を浮かび上がらせることなく大相撲人気に拍車をかけるかと期待されたが、相次ぐけがと休場のため、相撲協会における貴乃花親方とモンゴル勢との対立は今や修復不可能なところまで・・・。

　他方、去る１１月２９日に北朝鮮が発射した新型ミサイル「火星１５号」と、１２月４日から始まった大規模な米韓共同軍事演習は、経済封鎖を中心とした圧力の強化によって、本当に今年の冬を越せるかどうか分からなくなった金正恩体制とアメリカとのチキンレースがぎりぎりまで迫っていることを示している。金正恩の暗殺計画が成功すれば、多少なりとも南北統一に向けたソフトランディングも可能だが、「アメリカ＋韓国」と北朝鮮との間でホントの軍事衝突が起きれば、双方の被害と日本の被害が最大の問題となる。そこに大きく効いてくるのが中国の動きだ。冷鋒はアフリカの某国における内戦で大いにその役割を発揮したから、これに対して中国政府、中国共産党が最大の感謝の意を示したのは当然。しかして、本作ラストに大写しになるのは、何と中華人民共和国のパスポートだからそれに注目。

　中国語の勉強が最近大いに進んでいる私は、現在の中国国歌が「義勇軍行進曲」（作詞：田漢、作曲：聶耳）で、もとは映画『风云儿女』の主題歌であることを学んだが、日本人の皆さんは、その国歌がどんなものか知っているだろうか？日本人が国歌「君が代」を歌うのは大相撲の優勝が決まった千秋楽の時くらいだし、その歌詞は古色蒼然たるものだ。天皇陛下の生前退位によって、いよいよ平成の世は平成３１年４月３０日で終わり、新たな元号が始まるが、この際、元号だけでなく、国歌の是非も考えてもいいのでは？かなりの暴論になることを覚悟で言えば、中国国歌はもとより、フランス国歌の「ラ・マルセイエーズ」（La Marseillaise）、アメリカ国歌の「星条旗」（The Star-Spangled Banner）、等と比較しても、現在の日本国歌はイマイチ甘すぎる、優しすぎる（？）のでは・・・？

２０１７（平成２９）年１２月８日記

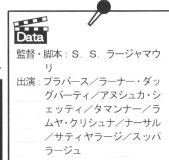

## 👀 みどころ

　中国最大のヒット作『戦狼Ⅱ』(17年)が約１０００億円なら、インドでの本作は約３００億円！日本では邦画洋画を含めて１年間で約２０００億円だから、その興行収入のデカさにビックリ！

　なぜ、本作はそんなに大ヒットを？それは『十戒』(56年)、『ベン・ハー』(59年)、『スパルタクス』(60年)、『クレオパトラ』(63年)等と同じ、けた外れのスケール、アクション、ドラマ力を観れば明らかだ。さらに、マヒシュマティ王国の王位継承をめぐる従兄弟間の確執は分かりやすく、一定のドロドロ感もかえって人間味に溢れ、悪くない。

　頭の中を空っぽにして、親子三代にわたる壮大なドラマを楽しもう。

―――＊―――＊―――＊―――＊―――＊―――＊―――＊―――＊―――

### ■□■２０１７年最大のヒット、中国はあれ！インドはこれ！■□■

　２０１８年の『キネマ旬報３月下旬号』は、「２０１７年映画業界総決算」の号。その第２章「世界のヒットランキング＆映画界事情」の「中国」では、「２０１７年は『ウルフ・オブ・ウォー』のひとり勝ちだった」と紹介し、①同作とランキング３位『差羞的鉄拳』の２本だけで中国映画全体の興行収入の約２６％を稼ぐ爆発的ヒットを記録。②『ウルフ・オブ・ウォー』はアフリカが舞台のミリタリー・アクション。５６億７８７５万元という、２位に倍以上の差をつける圧勝で、中国映画の歴代興収トップの記録も塗り替えた、と解説している。

　他方、インドでは「『バーフバリ　王の凱旋』の独り勝ちで色あせるボリウッド映画界」との見出しで、①「２０１７年のインド映画界は４月に公開された『バーフバリ　王の凱

旋』のメガヒットに沸いた」②「〜王の凱旋」の国内興行記録約２４９億円は、ヒンディー語映画『ダンガル・きっとつよくなる』（16）が記録した興収の訳２・５倍で、当分抜かれることはないだろう、と解説している。新聞記事やパンフレットによると、『ウルフ・オブ・ウォーII』の興行収入は約１０００億円、『バーフバリ』のそれは約３００億円と考えられる。日本で公開される邦画と洋画の興行収入がそれぞれ約１０００億円、合計約２０００億円だから、その数字のすごさにびっくり。そんなインド映画の大阪公開を私は見逃していたが、今回シネ・リーブルの夜の部で一回だけ「２番手上映」されることを知り、さっそく映画館へ。

　スクリーン上では前作『バーフバリ　伝説誕生』のあらすじが紹介された後、その第２部にあたる本作へ。なるほど、なるほど。いくつかの新聞記事で読んでいたが、なるほど、本作はそんな物語・・・。

## ■□■登場人物は？テーマは？原作は？■□■

　インドの王国の名前や人物の名前はそもそも覚えにくいから、大変。しかし、本作は親子、従兄弟、恋人の確執を中心とした王国の権力争いの物語だから、第１〜第３世代の別を縦軸とし、夫婦別、親子別、恋人別を横軸にして、登場人物の顔と名前を一致させる努力をすればわかりやすい。パンフには「王国人物相関図」があるから、その購入は不可欠だ。また、本作は当初から「シリーズもの」として企画されたものではなく、前作は前作として完結しているから、本作を作るについては、その「つなぎ」が大変。しかして、本作のパンフレットには「あらすじ」があるので、これも必読だ。

　本作導入部では、蛮族カーラケーヤの族長にとどめを刺したのは従兄のバラーラデーヴァ（ラーナー・ダッグバーティ）だったにもかかわらず、蛮族との戦いに真に貢献したのは従弟のアマレンドラ・バーフバリ（プラバース）であると判断した、バラーラデーヴァの母親で国母になっているシヴァガミ（ラムヤ・クリシュナ）が、次期国王をバラーラデーヴァではなくアマレンドラ・バーフバリに指名し、バラーラデーヴァを軍の総司令官に任命するところからスタートする。そんな決定を、シヴァガミの夫かつバラーラデーヴァの父親でありながら、左腕の障害のため王位につけなかったビッジャラデーヴァ（ナーサル）が苦々しく思ったのは当然。『十戒』では、弟のモーゼ（チャールトン・ヘストン）は兄のラメセス（ユル・ブリンナー）が次期エジプト王になることを前提としたうえで、父親と兄に忠誠を尽くしていたが、本作はそれとは大違い。

　従兄弟の間での王位継承をめぐる権力闘争はどこにでもよくある話だが、中国の『三国志』に当たるインドの叙事詩『マハーバーラタ』は、「ハースティナプラ」という架空の王国の王位継承問題を縦糸に語られているそうだ。したがってそれを下敷きにして作られた本作も、それは全く同じらしい。

142

# ■□■スケール、アクション、そしてドラマ力はケタ外れ！■□■

前作は約３１億円、本作は約４２.５億円、２作合計の製作費は約７３.５億円だそうだ。私は中・高校時代に観た『十戒』（５６年）、『ベン・ハー』（５９年）、『スパルタクス』（６０年）、『キング・オブ・キングス』（６１年）、『アラビアのロレンス』（６２年）、『クレオパトラ』（６３年）、等の「歴史もの」、「キリストもの」、「スペクタクルもの」が大好きだった。しかし、近時のハリウッド大作の１つである『ロード・オブ・ザ・リング』シリーズは少しずつ飽きてきたし、中国でひと昔前に大ヒットした『ＨＥＲＯ』（０２年）や『ＬＯＶＥＲＳ』（０４年）、また近時の『レッドクリフＰａｒｔⅠ（赤壁）』（０８年）（『シネマルーム２１』３４頁、『シネマルーム３４』７３頁参照）、『レッドクリフＰａｒｔⅡ（赤壁　決戦天下）（『シネマルーム２２』１７８頁、『シネマルーム３４』７９頁参照）や『グレートウォール』（１６年）（『シネマルーム４０』５２頁参照）等も少し飽きてきた。

他方、インドでは、かつては「歌って、踊ってボリウッド」が主流だったが、近時は、一方では『チェイス！』（１３年）（『シネマルーム３５』１２０頁参照）等のド派手なアクションものが、他方では『マダム・イン・ニューヨーク』（１２年）（『シネマルーム３３』３８頁参照）、『めぐり逢わせのお弁当』（１３年）（『シネマルーム３３』４５頁参照）、『女神は二度微笑む』（１２年）（『シネマルーム３５』１２７頁参照）等のストーリー性を重視した良質な作品も登場し、バラエティに富んできた。そんな矢先に、インドで本作のような世界的に驚くべき超ど級の超エンタメ作品が登場！

『十戒』では、モーゼの目の前で真っ２つに割れる海のシーンが最大のスペクタクルだったが、同作では導入部でのモーゼの手による新都市建設の高度の技術など、古代エジプト文明の技術レベルの高さも光っていた。本作に描かれるマヒシュマティ王国がいつの時代かはよくわからないが、王宮の立派さや戴冠式のスペクタクルシーンを観ていると、『クレオパトラ』で見たシーザーの凱旋式のスペクタクルシーンとそっくりだ。また、『レッドクリフ』では、魏の曹操の水軍の威容ぶりが光っていたが、本作ではバラーラデーヴァが乗る戦車や、花嫁のデーヴァセーナ（アヌシュカ・シェッティ）と一緒にマヒシュマティ王国へ戻る旅で乗る白鳥の舟など、独創的かつファンタジー色に溢れ、しかも高度な技術に裏付けされた大道具小道具の数々にビックリ！さらに、チラシには２人が同時に３本の矢を放つシーンの写真や、巨大なインド象の鼻を使った巨大な弓矢の写真が写っている。それらを含めて本作のスケールとアクションにビックリ。さらに、１月２６日に見た『空海　ＫＵ－ＫＡＩ　美しき王妃の謎』（１７年）で陳凱歌監督が見せたドラマはファンタジー色が強く、ストーリー展開はかなりマンガ的だったが、本作はケタ外れのドラマ力にもビックリ！

本作のチラシには「大叙事詩『マハーバーラタ』から生まれた、映画史上空前の吉祥開運ムービー！」「数奇な運命に導かれた伝説の戦士バーフバリ」「三代に渡る壮大なドラマ

が、想像を遥かに越えた興奮と感動のフィナーレを迎える！」と書かれているが、その通りだ。まさに、スケール、アクション、そしてドラマ力はケタ外れ！

『バーフバリ 王の凱旋』
１２月２９日（金）なんばパークスシネマ、神戸国際松竹、MOVIX京都ほか全国ロードショー！
(C) ARKA MEDIAWORKS PROPERTY, ALL RIGHTS RESERVED.
配給：ツイン

## ■□■人間ドラマは往々にして大誤解から。それにしても！■□■

　マヒシュマティ王国の国母シヴァガミの執政ぶりを見ていると、エジプトの女王クレオパトラ、邪馬台国の女王卑弥呼と同じように威厳に満ちあふれているうえ、公平性に十分留意しているから、安定感がある。また、当時は側近の数も多くないから、現在のトランプ大統領のように、それをとっかえひっかえする必要もないようだ。しかし、本作中盤では、王位継承の最大のポイントとなるバーフバリとバラーラデーヴァという２人の従兄弟の「嫁取り」をめぐって大誤解が生じてくるから、それに注目！

　すなわち、クンタラ王国の王女であるデーヴァセーナと恋仲になり、その結婚を国母から許されたとバーフバリが誤解したばかりか、バラーラデーヴァにはデーヴァセーナとの結婚が国母によって決定されていた、というストーリー展開になっていくから、アレレ‥？バーフバリは国母であるシヴァガミには"絶対の忠誠"を誓っていたし、デーヴァセーナには"絶対の愛"を誓っていたから、あちらを立てればこちらが立たず、の窮地に追い込まれることに‥‥。もちろん、これを画策したのはデーヴァセーナの肖像画の美しさに横恋慕したバラーラデーヴァだが、これほどうまくシヴァガミを騙せるとは！やっぱり、母親にしてみれば自分の子供バラーラデーヴァはもちろん、甥のバーフバリもかわいいわけだ。窮地に陥ったのはバーフバリだけではなくシヴァガミも同じだが、そこでシヴァガミが下した決断は、バラーラデーヴァを新たな国王とし、バーフバリを軍の総司令官に"格下げ"するもの。これは３月２９日付の朝日新聞で、貴乃花親方を「委員」から最も低い

144

階級「年寄り」へ2階級降格させる処分と同じでぎりぎり妥当なもの。その後しばらくバーフバリは軍の総司令官として、母王シヴァガミにも国王バラーラデーヴァにも忠誠を尽くしていたが、バラーラデーヴァの策謀はとどまることを知らず、ある日ついにバーフバリとデーヴァセーナは王宮を追われ、平民として暮らさざるを得なくなることに・・・。

　ここらのストーリー展開は『十戒』とよく似ているが、『十戒』と違うのは宗教色が全くなく、従兄弟の確執と権力争いにテーマが絞られていること。そのため、多少のドロドロ感はあるものの、それを含めたストーリーは分かりやすく納得感がある。

## ■□■当面の勝者は？真の決着は２５年後に！■□■

　本作では、国母とバーフバリに忠誠を尽くす奴隷のカッタッパ（サティヤラージ）が大きな役割を果たすので、それに注目！彼の最初の役割は、国母から命じられてバーフバリが"黄門サマ"のように自分が統治する領土に見回りに行く時の護衛役だ。カッタッパはその任務は立派に果たしたが、バーフバリがクンタラ王国の王女デーヴァセーナと恋に落ちたことについての国母への連絡が不十分だったことから、前述の大誤解につながることになった。したがって、それが彼の第1の失敗だ。

　彼の第2の、そして最大の失敗は、バラーラデーヴァから命じられた不当なバーフバリの暗殺命令を正当なものと騙されて実行したこと。それも、平民となったバーフバリがマヒシュマティ王国のために蛮族カーラケーヤと命をかけて戦っている中、バーフバリの信頼を裏切る形でバーフバリを殺してしまったのだから、大失敗だ。前作と本作を繋ぐ最大のポイントはその暗殺シーンとなるが、その説得力は？また、その必然性は？さらに、主人公であるバーフバリが本当に死んでしまうと、本作の結末のつけ方は？まさか、あの時にバーフバリは死んでいなかった、というあっと驚く結末が用意されているの？そう考えていると、"当面の勝者"はバラーラデーヴァとされるものの、本作の決着はそれから２５年後になる。つまり、そこでの主人公はバーフバリの一人息子である前作のシヴドゥ、本作のマヘンドラ・バーフバリになるわけだ。なるほど、なるほど・・・。

　アマレンドラ・バーフバリとマヘンドラ・バーフバリの２役を演じるプラバースは、本作のために筋肉隆々の身体に肉体改造をしたらしい。そして、それは本作最後のクライマックス・シーンでバーフバリと肉弾対決するバラーラデーヴァも同じだ。その対決のシーンで絢爛と輝くバラーラデーヴァの黄金の像は、まるでレーニン像やスターリン像そして金日成像のようだが、それを崩壊させながらたくましい肉体同士がぶつかりあう本作クライマックスに注目！もちろんそこでは勝者も結末もわかっているが、それでもたっぷり楽しめることは間違いない。これにて、私を含めほぼ満席の観客は大満足！

２０１８（平成３０）年３月３０日記

## 👀みどころ

　映画は歴史の勉強に最適！「抗清復明」と「台湾解放」に命を捧げた中国の三大英雄の一人である鄭成功を、私は『国姓爺合戦』（０１年）ではじめて知ったが、本作ではじめて明の将軍、戚継光を知ることに。

　また、倭寇という言葉は知っていても、前期倭寇と後期倭寇の違いをはじめ、その歴史的役割を私たちは正確には知らない。しかし、戚継光は中国本土から後期倭寇を追い払うために如何なる役割を・・・？

　他方、日本人のアクション俳優、倉田保昭は有名だが、彼は本作ではどんな役割を？ウィキペディアで一つ一つ歴史上の事実を確認しながら鑑賞すれば、さらに興味は増すはずだ。「未体験ゾーンの映画たち２０１８」で、こんな隠れたエンタメ大作を鑑賞できたことに感謝！

――＊――＊――＊――＊――＊――＊――＊――＊――＊

■□■「未体験ゾーンの映画たち２０１８」で貴重な本作を発見！■□■

　「未体験ゾーンの映画たち」は「様々な理由から劇場公開が見送られてしまう傑作・怪作映画を、映画ファンの皆様にスクリーンで体験いただくべく、ヒューマントラストシネマ渋谷をメイン会場に２０１２年より開催」しているもの。私は過去にもそこでいくつかのいい作品を発見したが、第７回目となる２０１８年も、貴重な本作を発見！また、今から１６年前の２００２年には、わざわざシネ・リーブル梅田まで『国姓爺合戦』（０１年）を観に行き大感激したことを、私は今でもはっきり覚えている（『シネマルーム５』１５５頁参照）。その鑑賞によって、私は鄭成功の名前とその歴史上の役割をしっかり勉強したが、さて本作は？そして、本作の主人公となる明の将軍、戚継光とは？

　『ゴッド・オブ・ウォー』とは何とも大層なタイトルだが、チラシを見ると、それは「倭

寇2万人ＶＳ明軍わずか3千人」の「命をかけた正義の戦い！」らしい。主役の戚継光を演じるチウ・マンチェクの名前に私は見覚えがなかったが、サモ・ハン・キンポーと倉田保昭の名前は私もハッキリ知っている。製作陣も俳優陣も完全に日・中・香港の合同チームだ。

中国でも有名な日本人のアクション俳優、倉田保昭を、私はたまたま前日の3月17日（土）に大阪アジアン映画祭で上映した『空手道』（17年）で鑑賞したばかり。2日続けて俳優、倉田保昭を見るのも何かの因縁だ。『空手道』では空手の型ばかりの演技だったが、本作で倭寇の大将役を演じた倉田は、クライマックスでは日本刀とカンフーで明の将軍・戚継光（チウ・マンチェク）と息詰まる個人対決を見せてくれるので、それに注目！

## ■□■鄭成功も有名だが戚継光も有名！導入部での活躍は？■□■

「抗清復明」、「台湾解放」に命を捧げた鄭成功（ていせいこう）は、今も中国の三大英雄の一人として有名だが、明の将軍である戚継光（せきけいこう）は、倭寇及びモンゴルと戦ってともに戦果をあげたことから有名。字は元敬で、竜行剣という剣法の開祖とも伝えられている。ウィキペディアによれば、彼の略歴は次のとおりだ。

> 登州衛（山東省蓬莱県）の出身。中国沿岸を中心に密貿易を行っていた倭寇（後期倭寇と呼ばれる）の討伐に従事する。浙江省金華・義烏で兵を集め、"戚家軍"と呼ばれる自身の精兵、水軍を組織する。胡宗憲の指揮下で兪大猷、劉顕らとともに倭寇を討伐する（但し、当時の後期倭寇は多数の中国人の構成員を日本人の幹部や首領が束ねていた今日で言う多国籍犯罪組織に近い性格のものが中心である）。
>
> 1567年に海禁令が解かれて倭寇の活動が沈静化すると北方防備に従事し、アルタン・ハンの侵入に対応する。大規模な万里の長城の補強・増築工事に取り組んだ。
>
> こうした武歴から内閣大学士で当時大きな権力を持っていた張居正に重用されるようになったが、張の死後、戚の功績を妬む者から弾劾され、免職された。その処置は3年後に撤回されるものの、まもなく失意のうちに世を去った。

本作は、倭寇の大将（倉田保昭）が武士と荒くれ浪人の連合軍を率いて守る砦を、明の将軍・兪大猷（サモ・ハン・キンポー）が攻めるシーンから始まるが、そこで兪大猷は連合軍に大敗。その責任を取らされた兪大猷は退き、その代わりとして戚継光が山東から浙江に赴任してくることに。知力に長け人望も厚い戚継光は巧みな策略で砦を撃破するから、本作導入部ではまずそんな合戦シーンを楽しみたい。もっとも、その導入部では倭寇側も余裕綽々での退却だから、その巻き返しは如何に・・・？

## ■□■戚継光は恐妻家？■□■

日本の戦国武将でも、中国の宋、明、清の時代の将軍でも、恐妻家はあまり見たことがないが、戚継光は少しそんな気があったらしい。マッサージのシーンやベッドシーン（？）

に見る戚継光の妻はすごい美人だが、後半からクライマックスにかけてはそれが一変し、木曽義仲の夫人であった巴御前のように武芸で大活躍するので、それに注目！

　ちなみに、ウィキペディアによれば、戚継光の人物については次のように解説されているので、それにも注目！

> 　歴戦の勇将ながら大変な恐妻家であったとされ、軍律に背いた息子を処刑したことに怒った夫人から生涯妾を持たない事を誓わされた。その後誓いを破り２人の妾と密通し、それぞれ隠し子を１人ずつもうけたが夫人に露見してしまう。激怒した夫人から妾と子供を殺すよう迫られた戚継光は、１日だけ猶予をもらい部下であった夫人の弟を呼びだし「妾たちを許し、子供を養子として引き取るよう明日までに姉を説得しろ。さもなくば、お前もお前の姉も、お前の一族も全員殺したうえ自分は官職を辞し世捨て人になる」と脅した。弟は泣きながら夫人を説得したため、夫人は仕方なく隠し子を引き取り、母親である妾２人には杖罰五十を加え追放するに止めた。これを聞いた世間の人々は、戚継光の深謀を称えると共に、彼の恐妻家ぶりを笑った。なお、数年後に夫人が病死すると妾たちを家に呼び寄せ、子供達と一緒に生活させている。

## ■□■新兵の訓練は？新たな戦法は？■□■

　デミ・ムーアが主演した『G．I．ジェーン』（９７年）では、米国海兵隊の荒くれ訓練ぶりが強調されていたが、本作中盤では、倭寇に対抗するため、義烏の民衆を新たに強力な新兵として育て上げようとする戚継光の訓練ぶりに注目。その訓練シーンは、ホントに米国海兵隊の訓練風景にそっくり！？

　他方、織田信長の下で頭角を現した木下藤吉郎は、新たな戦法として長槍部隊を提案し、信長の目の前でその威力を見せつけたから、彼のアイディア力は大したもの。それと同じように、本作では戚継光が新たに工夫したとされる「鴛鴦陣」が登場し、その戦闘シーンが展開されるので、それに注目！ウィキペディアによれば、それは次のとおりだ。

> 　倭寇の持つ鋭い日本刀対策として、狼筅という枝葉の付いた竹製の槍を開発し、それを装備した兵を含む「鴛鴦陣」と呼ばれる１０人の分隊による集団戦法を編み出した。この戦法により倭寇戦では多大な戦果を挙げた。

　また、戚継光は兵法にも長け、かつ個人としての格闘能力にも長けていたそうだから、本作はその面でも見どころがいっぱい。その点についてのウィキペディアの解説は次のとおりだ。

> 　『紀効新書』『練兵実紀』などの兵学書も残している。これらの兵法が清末に注目されるようになり、まず太平天国の乱の鎮圧に当たった曽国藩がこれをもとに自らの軍を整備する。さらにしばらくして中国に対する日本の侵略がなされるようになると、倭寇を討伐した経歴を持つ戚継光の業績を称える風潮が起るようになった。日本でも、兵学にも一家

言あった江戸時代の儒者・荻生徂徠が『紀効新書』を高く評価した。

『紀効新書』本文十八巻の一つである「拳経」は宗太祖三十二勢長拳と呼ばれる武術を図版で解説している。太極拳には同じ技法（単鞭など）が見られる。また、戚継光は倭寇との戦いで得た日本の陰流剣術の目録を研究し『辛酉刀法』を著している。

張藝謀監督の『グレートウォール』（１７年）の戦闘シーンは、あまりに漫画的だった（『シネマルーム４０』５２頁参照）だけに、本作の戦闘シーンと格闘シーンの真面目さと充実ぶりに大満足！

## ■□■倭寇には前期倭寇と後期倭寇が！本作の倭寇は？■□■

豊臣秀吉が韓国でも中国でも嫌われているのは、文禄の役（１５９２年〜９３年）と慶長の役（１５９７年〜９８年）を起こし、朝鮮と明国の征服を狙ったからだ。しかし、それはあくまで結果論。保護主義が持論のトランプ大統領と異なり、自由貿易論者であった豊臣秀吉は明国との自由な貿易を望んでいたのだから、明国はもう少し協調的に豊臣秀吉と接してもよかったのでは・・・？

もっとも、その時代に行きつくまでには、１３〜１４世紀の前期倭寇と、１５世紀後半から１６世紀の後期倭寇についてのお勉強が不可欠だ。前期倭寇のキーワードは“日明勘合貿易”。そして、後期倭寇のキーワードは“明の海禁政策”。そして、倭寇消滅のキーワードは、豊臣秀吉による“海賊停止令”だから、そのお勉強もしっかりと。

なお、ウィキペディアによれば、前期倭寇と後期倭寇の概要は次のとおりだ。

倭寇の歴史は大きく見た時に前期倭寇（１４世紀前後）と、過渡期を経た後期倭寇（１６世紀）の二つに分けられる。

前期倭寇は主に瀬戸内海・北九州を本拠とした日本人で一部が高麗人であり、主として朝鮮沿岸を活動の舞台として中国沿岸にも及んだが、李氏朝鮮の対馬を中心とする統制貿易、日明勘合貿易の発展とともに消滅した。高麗王朝の滅亡を早めた一因ともいわれる。

後期倭寇は明の海禁政策による懲罰を避けるためマラッカ、シャム、パタニなどに移住した中国人（浙江省、福建省出身者）が多数派で一部に日本人（対馬、壱岐、松浦、五島、薩摩など九州沿岸の出身者）をはじめポルトガル人など諸民族を含んでいたと推測されているが、複数の学説がある。主として東シナ海、南洋方面を活動舞台にしていたが、明の海防の強化と、日本国内を統一した豊臣秀吉の海賊停止令で姿を消した。

しかして、本作に見る倭寇の大将の正体は松浦藩の武士で、彼を師匠とした若君やその部下たちと共に浪人たちを率いていた。彼らの目的は松浦藩への武器購入の足掛かりとして明の財と知を奪うことで、そのために倭寇の名を騙っていたらしい。なるほど、なるほど・・・。

## ■□■こんなエンタメ大作がなぜ非公開に？■□■

　シネ・リーブル梅田で客席がいっぱいになるのは珍しいが、私が本作を観た時はほぼ満席。『暗殺』（１５年）（『シネマルーム３８』１７６頁参照）も、３月１５日に観た『朴烈　植民地からのアナキスト』（１７年）も面白い映画だったが、“この手の反日韓国映画”は韓国人俳優が日本人（の政治家・高官）を演じているので、その日本語に違和感が強いのが欠点。しかし、本作は倉田保昭のしっかりした役柄と演技はもちろん、女と酒にうつつをぬかしつつ、戦闘シーンではしっかりしたチャンバラ劇を見せてくれる日本人浪人たちの演技もしっかりしている。そのため、見ていて気持ちがいいし、まさに日・中・香港の合作感がある。

　また、本作ラストにおけるチウ・マンチェクと倉田保昭との「直接対決」は見応え十分であるうえ、倭寇の大将が策略の限りを尽くしながら結局、戚継光に敗れる原因となった若殿（バカ殿？）を責めずに日本に逃がせるストーリーも日本的かつ武士的で趣がいっぱい。ちなみに、この若殿を演じている日本人のイケメン俳優は誰・・・？

　それを含めて、なぜこんなエンタメ大作が日本で公開されなかったのか、私には不思議だ。しかし、くり返せば「未体験ゾーンの映画たち２０１８」でこんな貴重な本作を鑑賞できたことに感謝！

２０１８（平成３０）年３月２６日記

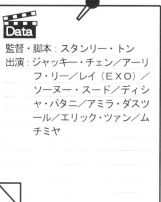

## 👀みどころ

　タイトルだけ見ても何の映画かサッパリわからないが、冒頭のド派手なCG映像でテーマが明示。そして、『インディ・ジョーンズ』シリーズばりの「秘宝探し」の旅の中、見事にカンフーとヨガを融合しつつ、楽しいジャッキー映画が大展開！なるほど、こりゃお正月映画にピッタリだ。

　カンフーは男女共だが、ヨガはやはり美女の方が！しかして、本作ではジャッキーのカンフーと共に、3人の中国・インド人美女のヨガに注目！

　ストーリーは？結末は？ある意味、本作ではそんなものは無視！最後は楽しく歌って踊って大団円に。たまには、とりわけお正月には、そんな本作がピッタリ！

――＊――＊――＊――＊――＊――＊――＊――＊――＊――

### ■□■この男は、演技もカンフーも映画製作能力もなお健在！■□■

　毎年年末年始に必ずテレビで放映されるのが、『ドラゴン危機一髪』（７１年）、『ドラゴン怒りの鉄拳』（７２年）、『ドラゴンへの道』（７２年）、『燃えよドラゴン』（７３年）等のブルース・リー（李小龍）が主演する映画。『ドラゴン危機一髪』で一躍世界の寵児となった、香港生まれの中国武術家・武道家・俳優・脚本家・映画プロデューサーであるブルース・リーは、１９７３年に３２歳の若さで亡くなった。

　「求道者」のような生き方をした、そのブルース・リーとカンフー能力は同レベルながら（？）、映画の中でのキャラクターと生き方はまるで正反対で、ギャグ的要素満載の俳優、ジャッキー・チェンは、２０１４年に還暦を越えたが、その演技能力もカンフー能力もなお健在。今年１０月に開催された第１９回中国共産党大会によって習近平の権力集中と独

裁体制を強めた中国は現在「一帯一路」構想を推し進めているが、その中で近時強まっているのがインドとの摩擦。そのため政治・外交・軍事的に中印関係にはさまざまな問題が起きているが、映画は娯楽！そんな時こそ中国のカンフーとインドのヨガを融合させた、楽しくぶっ飛んだ映画をつくらなくちゃ。それが今回のジャッキー・チェンの思惑らしい。そう考えると、この男は映画製作能力もなお健在！

そのジャッキー・チェンが「列車モノ」で「列車アクション」に挑戦した最新作『レイルロード・タイガー』（16年）は、「韓荘大橋の爆破」という大変な任務の達成物語と、仲間・家族たちの友情・愛情物語だったが、そこではまた、反日・抗日色をバランスよく配置したうえ、ラストの感動は『誰がために鐘は鳴る』（43年）に迫る面白い映画になっていた（『シネマルーム40』172頁参照）。

## ■□■かつての天竺と唐との争乱が「お宝」の源泉！■□■

私は歴史ものが大好きで、ローマ帝国の物語やハンニバルの物語、そしてギリシャのアレキサンダー大王の物語等が大好き。地図上も古代ローマのあったイタリアから東の方へ進み、ペルシャ、インド方面に向かってくると、どうしてもその時代の中国と対峙することになる。インドは昔天竺と呼ばれていたが、中国の唐の時代、その二国の間にどんな争乱があったの？寡聞にして私はそれを知らなかったが、本作冒頭には華麗なＣＧ技術の中、象の大軍を含めた天竺軍ＶＳ唐軍の「死闘」が描かれる。インドは暑い国。中国も西の方は砂漠で暑い国。そういうイメージが強いが、崑崙山脈等の高地は寒く、冬は雪と氷におおわれてしまうのは当然だ。

©2017 SR MEDIA KHORGOS TAIHE SHINEWORK PICTURES SR CULTURE & ENTERTAINMENT. ALL RIGHTS RESERVED

©2017 SR MEDIA KHORGOS TAIHE SHINEWORK PICTURES SR CULTURE & ENTERTAINMENT. ALL RIGHTS RESERVED

そして、時代は転じて現代。考古学者のジャック（ジャッキー・チェン）は学生たちに考古学の講義をしていたが、どちらかというと教室の中より現地での秘宝探しの方が向いているようで、これまでも多くの実績をあげているらしい。そんなジャックを訪ねてきたのは、同じ考古学者でヨガの達人でもあるインド人美女のアスミタ（ディシャ・パタニ）。冒頭に登場した天竺軍ＶＳ唐軍の激突の中、雪と氷の中で凍死した将軍たちの大量のお宝が埋まっているらしい。その調査、発見、発掘は、国家の重要任務。そう考えた真面目な

©2017 SR MEDIA KHORGOS TAIHE SHINEWORK PICTURES SR CULTURE & ENTERTAINMENT. ALL RIGHTS RESERVED

考古学者のジャックは協力を承諾したが、そのお宝探しを狙うのは真面目な人種だけ・・・？

　ここまでのストーリー展開を見ていると、まるでハリソン・フォードが主演した『インディ・ジョーンズ』シリーズそのもの。たしかにその通りだが、ジャッキー・チェン映画になると、雰囲気がメチャ明るいものになる。ちなみに、本作導入部ではジャッキー・チェンのカンフー能力とアスミタのヨガ能力を小手調べ的にみせてくれるので、それにも注目！

## ■□■西安からドバイへ！車、ライオン、美女たちに注目！■□■

　私は２００１年８月に西安旅行に行ったが、今世界的に注目されているドバイには行ったことがない。天竺ＶＳ唐の戦い伝説に絡まる本作で、何故ドバイが舞台になるの？それは秘宝へと導く"シヴァの目"を探す、たった１枚の古い地図を巡る謎のためだ。とは言っても、本作では基本的にストーリー展開やその根拠はどうでもよく、ただただ巨大都市ドバイで登場するカーアクションとライオン、そして、美女たちに注目したい。去る１１月２３日に観た、２０１７年の中国の最大ヒット作、『戦狼２　ウルフ・オブ・ウォー２』（１６年）では、アフリカの某国で展開される「戦車アクション」に驚かされたが、本作ではドバイの街を疾走する計７０台の高級車のカーアクションとジャックの車に同乗する（？）ホンモノのライオンにビックリ！

©2017 SR MEDIA KHORGOS TAIHE SHINEWORK PICTURES SR CULTURE & ENTERTAINMENT. ALL RIGHTS RESERVED

©2017 SR MEDIA KHORGOS TAIHE SHINEWORK PICTURES SR CULTURE & ENTERTAINMENT. ALL RIGHTS RESERVED

他方、私がインド映画が好きなのは、そこにたくさんのインド人美女が登場してくるため。本作冒頭に登場するインド人の美人考古学者アスミタを見るとついそう考えてしまうが、中国とインドの合作である本作には、さらに、ジャックの助手である中国人美女・ヌゥオミン（ムチミヤ）や、アスミタの助手であるインド人美女・カイラ（アミラ・ダスツール）らが次々と登場してくるので、それにも注目！本作の予告編を見た時は『カンフー・ヨガ』というタイトルを含めて単なる「おバカ映画」と考えていたが、実際に観てみると、さにあらず。ジャッキーが見せるカンフーが魅力的なら、これらの若い美女たちが見せるヨガも魅力的だ。チラシに躍る「全編見せ場で全世界２８０億円突破！」「中国人とインド人２３億人がブッたまげた、」「正月Ｎｏ．１の超ハチャメチャで超ハイテンションなスーパー・アクション・アドベンチャー、ここに爆誕！！」等の見出しがまさにピッタリの娯楽作品になっている。そのお楽しみを、まずはドバイで！

## ■□■氷の下にはどんなお宝が？悪人たちは？■□■

　石油採掘の苦労に比べれば、氷に大きな穴を開けてその中へ入っていくのは朝飯前。本作を見ていると、そのことがよくわかる。しかし、そこから始まる『インディ・ジョーンズ』シリーズと同じような雰囲気の冒険物語が、本作中盤以降のお楽しみとなる。そこに「介入」してくるのが、「ここで発見されるお宝はすべてインドのもの」、また、「それは発見した俺のもの」と主張するインドの大富豪、ランドル（ソーヌー・スード）だ。ランドルは悪人役だが、ジャッキー映画では悪人もトコトン悪人にならないのが特徴。しかも、ランドルを演じるソーヌー・スードはハンサム男だから、それが余計際立っている。本作ではそんなランドルに対して「もし、お宝を発見すればそれは個人のものではなく、政府のものだ」と諫めるジャックの優等生的発言が目立つが、ひょっとしてこれは、１０月の第１９回共産党大会での習近平演説を考慮したセリフ？そう思わせるほど、本作のジャッキー・チェンは政府に対して優等生だ。

　それはともかく、氷の中はメチャ広く、ご一行が到達するお宝も宮殿もチョー立派だから、中盤から後半にかけてはそこでのお宝探しの旅と、ジャックご一行様ＶＳランドルご一行様の対決をしっかり楽しみたい。

©2017 SR MEDIA KHORGOS TAIHE SHINEWORK PICTURES SR CULTURE & ENTERTAINMENT. ALL RIGHTS RESERVED

©2017 SR MEDIA KHORGOS TAIHE SHINEWORK PICTURES SR CULTURE & ENTERTAINMENT. ALL RIGHTS RESERVED

## ■□■歌って踊って大団円！そこでのジャッキーの存在感は？■□■

　近時はフィリピン映画の第3黄金期で、去る11月9日に観た『立ち去った女』（16年）は凄かった。インド映画も9月5日に観た『裁き』（14年）（『シネマルーム40』246頁参照）は本格的法廷モノだったし、『マダム・イン・ニューヨーク』（12年）（『シネマルーム33』38頁参照）や、『めぐり逢わせのお弁当』（13年）（『シネマルーム33』45頁参照）等は、「歌なし、踊りなし」のシリアスで面白いインド映画だった。しかして、中国・インド合作となる本作では、お宝探しが完了した後はいきなり歌と踊りの大団円になるので、それに注目！

©2017 SR MEDIA KHORGOS TAIHE SHINEWORK PICTURES SR CULTURE & ENTERTAINMENT. ALL RIGHTS RESERVED

©2017 SR MEDIA KHORGOS TAIHE SHINEWORK PICTURES SR CULTURE & ENTERTAINMENT. ALL RIGHTS RESERVED

　このラストシーンでは、それまで敵同士だったジャックとランドルが並んで踊るので、舞台やミュージカルのラストと同じような雰囲気だが、さすがにそこでは60歳を越えたジャッキーの存在感が弱い。ダンスのキレは申し分ないのだが、何といっても年齢を感じさせるわけだ。そう考えると、本作にはせっかくアスミタ、カイラ、ヌゥオミン等の美女が3人も登場しているのだから、ラストの大団円のシーンでは、ジャッキーとソーヌー・スードは一歩引いて、インドと中国の美女たちを前面に出した方が良かったのでは・・・？

　ちなみに、2017年の日本のシングルCD売上1位はAKBの『願いごとの持ち腐れ』だが、アルバムの第1位は安室奈美恵の『Ｆｉｎａｌｌｙ』。さらに、今年の紅白歌合戦には9月に2018年のツアーをもって引退すると宣言した安室奈美恵が登場し、20分間にわたってその魅力をみせつけてくれるらしい。近時、紅白歌合戦をまともに見ることがなくなり、部分的にしかチャンネルを回していなかったが、今年はこの安室奈美恵の出番だけは必見！そう考えると、やはり本作ラストの大団円は、3人の美女を前面に押し出した方がよかったのでは・・・？

2017（平成29）年12月28日記

## 👀みどころ

　「血にまみれた観音サマ」とは何とも不気味なタイトルだが、本作はれっきとした社会派クライム・サスペンス！政官財の癒着と汚職構造と言えば松本清張の小説の独壇場だが、日本統治の色が今なお残る台湾では、何と本作"おばさん"がそのフィクサー役を！

　三姉妹と言えば『宋家の三姉妹』（97年）が、「三世代の女たち」と言えば『ジャスミンの花開く（茉莉花開／Jasmine Women）』（04年）が有名だが、本作は政界を揺るがすスキャンダルに、同じお屋敷に住む母、娘、孫娘の三世代の女たちが立ち向かうもの。そこに描かれた三世代の女たちの力関係とドロドロ感にしっかり注目したい。

　第13回大阪アジアン映画祭に関係者として参加できたことを改めて感謝！

——＊——＊——＊——＊——＊——＊——＊——＊——＊——

### ■□■大阪アジアン映画祭で台湾最新の話題作を鑑賞！■□■

　台湾の2017年の第54回金馬奨で最優秀作品賞、カラ・ワイが最優秀主演女優賞、ヴィッキー・チェンが最優秀助演女優賞を受賞したのが本作品。さらに、本作は2017年の第37回香港電影金像奨では『戦狼2 ウルフ・オブ・ウォー2』『芳華』という中国映画の大ヒット作と並んで、最佳亜州電影（アジア映画賞）の5本の一つとしてノミネートされているからすごい。

　今年3月に開催された第13回大阪アジアン映画祭では、私が制作協力をした藤元明緒監督の『僕の帰る場所 Passage of Life』（17年）が上映されたため、

私もゲストの一員としてそこに招待された。そんな事情もあって、同映画祭の「コンペ部門」に出品されていた本作を鑑賞することに。今年のアジアン映画祭でそんな名作を鑑賞できたことに感謝！

## ■□■台湾にも政官財を巡る黒い霧が！■□■

本作は、冷静沈着な当主・棠夫人（カラ・ワイ）、自自由奔放で反抗的な娘・棠寧（ウー・クーシー）、控え目で従順な孫娘・棠真（ヴィッキー・チェン）という三世代の女性が主人公。都市開発やゴルフ場開発等の許認可を巡る政官財の黒い霧と、それを取りもつフィクサー。そんな社会派クライム・サスペンスは日本では松本清張の独壇場だが、日本統治時代の名残をとどめる棠家の豪邸で、女性一家3人で古物商を営む"棠家"には「台湾政財界のフィクサー」というもう一つの顔があったらしい。棠夫人はかわいい顔（？）に似合わず、そのフィクサーだったわけだ。

本作の主人公は、あくまで棠夫人・棠寧・棠真の3人だが、政の婦人部隊（？）として"立法"院長婦人（陳莎莉）、林議員婦人（大久保麻梨子）、県長婦人（王月）らが登場し、棠夫人と親しく談笑するシーンが再三登場する。しかし、それぞれの女たちのハラの中は・・・？また、本作中盤以降は林県長一家惨殺事件の発生をきっかけに、リャオ班長（警察官）が登場すると共に、事態は政界を揺るがす大スキャンダルへと発展していくので、その展開に注目！

## ■□■政官財の工作を、棠夫人は女の細腕一本で！■□■

政官財の利権と癒着そして、その中でうごめく人間模様。それを描いては松本清張の右に出る作家はいないが、その主役は男ばかりだったはずだ。初期の『点と線』（58年）や『ゼロの焦点』（61年）のように女が主人公になる小説はもちろんあったが、そこでは女は虐げられた立場の中でもがく存在として描かれていたし、『霧の旗』（65年）では少しエキセントリックで復讐鬼のようなヒロインが主役にされていた。しかし、政官財の黒い霧を巡るフィクサーは日本では男に限られていたはずだ。そんな役柄を台湾のヤン・ヤーチェ監督は女性の棠夫人としたことに本作の大きな特徴がある。

完璧なファッションを身にまとい、女性としての魅力を周りに見せつけながらも、決して男に媚びず、眠る間も惜しんで仕事に精を出す凄腕の女ロビイスト"ミス・スローン"役をジェシカ・チャスティンが演じた『女神の見えざる手』（16年）は、ミス・スローンのものすごい知力と腕力に圧倒され、「女ながら、あっぱれ！」と感心させられた。それと同じように、本作で政官財の工作を一手に引き受けている棠夫人の女の細腕の腕力もすごい。裏でそんなデッカイ稼ぎをしているため、娘の棠寧が自慢するように、自宅兼店舗になっている巨大なお屋敷におかれている商売用を兼ねた骨董品はすべてホンモノで、高価なものばかりらしい。本作では棠夫人のそんな腕力をしっかり見定めたい。

## ■□■不気味なタイトルに注目！その語り部は？■□■

本作ではまず『血観音』という何となく不気味なタイトルに注目！本作の宣伝ポスターには印象的な棠夫人・棠寧・棠真という三世代の女性の顔が描かれているが、それを見ているだけで、これは観音サマの物語ではなく、まさに「血にまみれた観音」たちの物語だということがよくわかる。

観音（サマ）という言葉は元々女性になじみが深いものだが、それに血がつくとどうなるの？血は一方では戦争を連想させるが、他方では女性特有の血のイメージもあるから、血と観音（サマ）が結びつき、しかも同時代に生きる女三代が同じ問題に対処していく物語となれば、『血観音』というタイトルがいかにもピッタリ・・・？

さらに、そんな血なまぐさいストーリー（？）の進行役として、ヤン・ヤーチェ監督が台湾の人間国宝である楊秀卿を選んだのも興味深い。導入部で、2人の男女が静かに入ってくると、このじいさんとばあさんは一体ナニ？と思ったが、2人の姿は、日本ならさしずめ『平家物語』の悲しいストーリーを語る琵琶法師のようなもの。本作では、この2人の語り部（ナレーター）としての役割がストーリーの転機の度にその中でハッキリ見えるので、それにも注目！

## ■□■三姉妹ｖｓ三世代の女たち■□■

三姉妹とか四姉妹を描いた作品は多い。ロシア文学におけるチェーホフの『三人姉妹』やアメリカの『若草物語』、そして日本では『細雪』がそうだ。また、井上靖の『淀どの日記』も浅井長政と結婚した織田信長の妹・お市との間に生まれた茶々、おはつ、小督の三人姉妹の物語だった。そして、「三人姉妹モノ」では何と言っても長女・靄齢、次女・慶齢、三女・美齢を主人公にした『宋家の三姉妹』（97年）（『シネマルーム5』170頁参照）のスケールは群を抜いていた。

それに対して、「三世代の女たち」を主人公にした映画の代表は、アジアンビューティーの代表、チャン・ツィイーが茉（1930年）、莉（1950年）、花（1980年）を演じた『ジャスミンの花開く（茉莉花開／Ｊａｓｍｉｎｅ　Ｗｏｍｅｎ）』（04年）だった。同作の評論で私は、「1人3役による『百変化』の演技をじっくりと鑑賞するとともに、雨の中での出産シーンをはじめとする熱演と彼女の女優魂に拍手！」と書いた（『シネマルーム17』192頁参照）。

本作も「三世代の女たち」の生き方をテーマにした映画だが、『ジャスミンの花開く』とは違い、本作は母の棠夫人、娘の棠寧、孫娘の棠真の三世代の女たちが一つのお屋敷に同居しながら、棠家を襲う巨大なスキャンダルを前に如何に生きていくのかが問われる社会派クライム・サスペンスだ。しかも、『ジャスミンの花開く』は中国の上海を舞台に激動する1930年、1950年、1980年という異なる3つの時代をたくましく生きる女の

物語だったが、本作の舞台は台湾だから、日本の統治時代のおもかげを色濃く残している。しかも、中国本土は１９４９年以降中国共産党が支配する共産主義国家になったが、台湾は共産党との戦いに敗れた国民党の蒋介石が逃げ込んできてからは、本省人と内省人との対立を含む複雑な支配と被支配の政治構造を余儀なくされてきた。そんな台湾で起きた政官財の癒着＝一大スキャンダルは、日本のそれともどこか共通点がありそうだから面白い。

　そんな台湾での同時代を生きた三世代の女たちの社会派クライム・サスペンスをじっくり味わいたい。

## ■□■会場からは鋭い質問が次々と！監督の回答にも関心！■□■

　私は『空手道』（１７年）と本作の２本を、大阪アジアン映画祭の会場であるＡＢＣホールで続けて鑑賞したが、その２本とも監督が挨拶のために来日していたから、鑑賞後は監督インタビューと会場からの質疑応答がされた。大きな会場だから遠慮がちな日本人の質問はなかなか出ないのでは？と思っていたが、何の何の、会場からは鋭い質問が次々と！

　本作については、三世代の女たちを描いたポスターに関する質問が多かったが、すごかったのが中国語（広東語）のなまりまで理解している観客からの質問。台湾では日本語をしゃべる人は高い地位の人が多いし、内省人に比べて外省人の方が地位が高いのが当然だが、それは言葉遣いでわかるらしい。なるほど、そこまで理解して本作を観ればより面白さが増すはずだ。

　なお、私は第１３回大阪アジアン映画祭の関係者として３月１５日の夕方７時から中之島公会堂で開催されたウエルカム・パーティーに出席し、『僕の帰る場所』の製作スタッフの一人として舞台にも登壇した。その舞台には合計約５０本の映画の製作スタッフが次々と登壇したので、私は本作のヤン・ヤーチェ監督の顔はしっかりインプットしていたが、残念ながらウエルカム・パーティーの場で話すきっかけはつかめなかった。しかし、会場からのいくつかの質問に対するヤン・ヤーチェ監督の回答はすべて当意即妙。その答えを聞いていると、さすがにこれだけの作品を演出する監督の頭脳の冴えに感心。たまにはこんな形式での映画鑑賞もいいものだ。改めて大阪アジアン映画祭の関係者として本作を鑑賞できたことに感謝。

２０１８（平成３０）年３月２６日記

## ☆☆ みどころ

　柔道や空手は日本発祥の武道だが、そのルーツは中国？そう考えると、日本の巨匠・黒澤明を敬愛している多くの中国、香港の監督たちが、彼の『姿三四郎』（６５年）にオマージュを捧げたい気持ちがよくわかる。その結果生まれた、『柔道竜虎房』（０４年）は面白かったし、本作も第３７回香港電影金像奨で６部門にノミネート！

　そんな最新の話題作を、私は第１３回大阪アジアン映画祭で関係者の一人として鑑賞。一人娘のヒロインがくり広げる猛特訓と死闘は、私が２０１７年の邦画ベスト１に挙げた『あゝ、荒野　前篇・後篇』（１７年）には及ばないが、この試合が彼女の人生の転機になったことはまちがいなし！

　２０１７年大晦日の『ＲＩＺＩＮ』での女子選手の活躍を思い出しながら、ヒロインの今後の人生を温かく見守ってやりたい。

——＊——＊——＊——＊——＊——＊——＊——＊——＊——＊——

### ■□■大阪アジアン映画祭で香港最新の話題作を鑑賞！■□■

　２０１７年の第３７回香港電影金像奨で、主演女優賞（ステフィー・タン）、助演男優賞（倉田保昭）等６部門にノミネートされたのが本作。ステフィー・タンは、香港で空手道場を開いている空手家の父・平川彰（倉田保昭）の一人娘・平川真里役で、なんともみずみずしい演技を見せてくれる。今年３月に開催された第１３回大阪アジアン映画祭では、私が制作協力をした藤元明緒監督の『僕の帰る場所　Ｐａｓｓａｇｅ　ｏｆ　Ｌｉｆｅ』が上映されたため、私もゲストの一員としてそこに招待された。そんな事情もあって、同映画祭の「コンペ部門」に出品されていた本作を鑑賞することに。

香港のジョニー・トー監督の『柔道竜虎房（柔道龍虎榜／Ｔｈｒｏｗ　Ｄｏｗｎ）』（０４年）は、黒澤明監督の『姿三四郎』（６５年）にオマージュを捧げるべく作った、香港の「柔道映画」だった。そしてそこでは、姿三四郎ｖｓ檜垣源之助ばりの、林立する香港の高層ビルをバックにした野外での柔道対決が見物だった（『シネマルーム１７』９０頁参照）。しかして本作でも、冒頭にみる、風吹く荒野で空手着に身を包み、見事な空手の型を披露する平川の凛々しい姿に注目！

アジアン映画祭での上映のために来阪したチャップマン・トー監督は、上映後会場からのさまざまな質問に答えていたが、そこで彼はハッキリ本作で黒澤明監督の『姿三四郎』へのオマージュを捧げたことを告白。なるほど、なるほど・・・。

## ■□■勝手に『チョコレート・ファイター』を想像したが■□■

タイのムエタイ選手であるトニー・ジャーを主演させた『マッハ！（ＭＡＣＨ）』（０３年）（『シネマルーム６』１９４頁参照）と、『マッハ！弐』（０８年）（『シネマルーム２４』１９４頁参照）は面白かった。しかし、それ以上に面白かったのが、"映画史上最強の美少女"ジージャー・ヤーニン・ウィサミタナンを起用した『チョコレート・ファイター』（０８年）（『シネマルーム２２』１７３頁参照）だった。そこで、本作の簡単な紹介記事を読んだ私は、勝手に本作は美少女ステフィー・タン扮するヒロイン・真里が空手で大暴れする映画だと想像していたが、本作中盤までそれは大ハズレ。少女時代に父親から厳しく空手を仕込まれた真里はそれなりの型を見せてくれるが、父親が勝手に申し込んだ昇段試験に落ちてからは空手がイヤになったらしい。そのため、真里と父親との仲も日々険悪に・・・。

そんな状況下のある日、真里が道場兼自宅に戻ってみると、道場内で１人倒れ死亡している父親を発見。もう少し父親に親孝行をしておけば良かったと後悔したが、もはや後の祭りだ。こうなれば、たった一人の相続人である真里は、唯一の相続財産である道場兼自宅をアパートに改装して賃貸し、その収入で生計を立てようと計画。真里はその旨をマッサージで生きていこうとする親友ペギー（ダダ・チェン）に打ち明け、そのとおり計画したが・・・。

## ■□■父親の遺言は？真里の猛特訓は？■□■

本作のヒロイン・真里は最初から登場するが、もう一人の主人公であるチャン・キョン（チャップマン・トー）が登場するのは本作中盤から。父親の一番弟子だった彼は、使い方によっては凶器にもなる空手を、あることに「悪用」したことによって破門されていたらしい。そのため、本作で一番弟子として平川に仕えているのは口の利けない弟子だが、本作では父娘もその弟子も含めてヤケにラーメンを食べるシーンが多いので、それにも注目！

それはともかく、父親の死後弁護士に呼び出された真里は、そこで父親の遺言書によっ

て自分の相続分が４９％しかなく、チャンに５１％が相続されると聞いてビックリ。なぜ父親はそんな遺言を・・・？それはきっと、空手の道場を閉めずに続けてほしいと願う平川の気持ちの表れだが、それによって賃貸収入でこの先気楽に生きていこうとした自分の計画がオジャンになった真里は不満タラタラだ。

　他方、道場を盛り返そうとするチャンは、近所の子供を呼んで道場を再開したが、朝っぱらから子供たちの掛け声に起こされる真里はそれによってますます不機嫌に。そんなふうにチャンと真里の対立が深まる中、チャンは真里に対して「K－１の試合に挑戦し、最後まで立っていられたら、自分は相続権を破棄して潔く道場から出ていく」と宣言したため、真里はその試合への出場を決意することに。そこで、以降、『ロッキー』シリーズ後半の定番となっている、決戦本番に向けての猛特訓が真里にも始まることに。最初は腕立て伏せもろくにできなかった真里だが、さあ、チャンたちの指導よろしきを得て、真里の猛特訓は如何なる進展を・・・？

## ■□■いざ勝負！真里のファイトぶりはイマイチだが・・・■□■

　２０１７年の第４１回日本アカデミー賞は、『三度目の殺人』（１７年）（『シネマルーム４０』２１８頁参照）が作品賞、監督賞等最多６部門を受賞した。しかし、私が２０１７年のトップワンに推した邦画は、断然『あゝ、荒野　前篇・後篇』（１７年）だ。同作に見るボクシングのファイトぶりは、『ロッキー』シリーズのそれに勝るとも劣らないすばらしいものだった。

　それに比べると、本作に見るK－１の試合での真里のファイトぶりは、「女同士の対決」ということを割り引いても見劣りすることは否めない。ちなみに、私は近時大晦日の夜は紅白歌合戦をほとんど観ず、フジテレビの『RIZIN』やTBSの『KYOKUGEN』ばかり観ている。２０１７年大晦日の『RIZIN』で見た女子スーパーアトム級トーナメントにおける、RENAvsアイリーン・リベラの試合、浅倉カンナvsマリア・オリベイラの試合は大いに見どころがあった。それに比べると、本作のそれは映像上のテクニックをいかに駆使してもイマイチ・・・。そのうえ、勝負の結末は最初からわかっているから、残念ながら本来本作のクライマックスとなるべき、真里のファイトぶりはイマイチと言わざるをえない。

　もっとも、本作では顔にいっぱいあざを残しながら道場兼自宅に戻ってきた真里の、新たな自分との向き合い方が真のテーマなので、それに注目！

２０１８（平成３０）年３月２６日記

# 第4章
# ハリウッドはやっぱり面白い！

## シリーズ最新作と男女二大巨匠の最新作

猿の惑星　聖戦記（グレート・ウォー）
１５時１７分、パリ行き（クリント・イーストウッド監督）
デトロイト（キャスリン・ビグロー監督）

## ニコール・キッドマン2作

The Beguiled／ビガイルド　欲望のめざめ
聖なる鹿殺し　キリング・オブ・ア・セイクリッド・ディア

## 女スパイ2作

レッド・スパロー（ジェニファー・ローレンス）
アトミック・ブロンド（シャーリーズ・セロン）

## 女の仕事にもこんなプロが

ドリーム（女数学者）
女神の見えざる手（女ロビイスト）

## 👀 みどころ

『猿の惑星』シリーズも既に9作目。近時の主役はもっぱらシーザーだ。この名前とキャラクターはまさに当たり役となり、以降の人類と猿との抗争ストーリーを形成してきたが、シーザーが真に願うのは平和。そして、人間との共存だ。しかるに、なぜ猿と人間は戦いを続けてきたの・・・？

21世紀の今も同じような現実があるが、それを猿と人間の世界でいろいろとシミュレーションできる本シリーズは貴重。新シリーズ3部作の最終章となる本作のクライマックスでの戦いとその結末をしっかり検証したい。

――＊――＊――＊――＊――＊――＊――＊――＊――＊――

### ■□■シリーズも9作目！そのテーマは？主役は？■□■

大ヒットした「猿の惑星」シリーズの最新作たる『猿の惑星：聖戦記（グレート・ウォー）』が公開！第1作『猿の惑星』（68年）から約半世紀を経ているが、本作はそのシリーズ第9作にあたるもの。そしてまた、『猿の惑星：創世記（ジェネシス）』（11年）（『シネマルーム27』95頁参照）、『猿の惑星　新世紀（ライジング）』（14年）（『シネマルーム33』246頁参照）に続く、新シリーズの第3作にあたるものだ。

1976年に始まった「ロッキー」シリーズは残念ながら『ロッキー・ザ・ファイナル』（06年）（『シネマルーム14』36頁）で終了したが、『猿の惑星』シリーズは今なお健在。ちなみに、1977年に始まった『スター・ウォーズ』シリーズも、去る8月に『スターウォーズ　エピソード3　シスの復讐』（05年）（『シネマルーム8』121頁）、『STAR WARS　エピソード1／ファントムメナス　3D』（12年）（『シネマルーム28』未掲載分）、『スター・ウォーズ／フォースの覚醒』（15年）（『シネマルーム37』未

掲載）が公開された
が、来たる１２月１
５日には最新作『ス
ター・ウォーズ／最
後のジェダイ』が公
開予定だから、それ
にも注目！
　初期の「猿の惑星」
シリーズでは、何と
言っても主役を演じ
たチャールトン・ヘ

『猿の惑星：聖戦記（グレート・ウォー）』
20世紀 フォックス ホーム エンターテイメント
(C)2018 Twentieth Century Fox Home Entertainment LLC.
All Rights Reserved.

ストンの存在感が目立っていたが、シリーズが版を重ねるにつれて、そのテーマもストーリーも大きく変化し、近時は猿のリーダーであるシーザー（アンディ・サーキス）が主役となっている。しかして、シリーズ最新作では、ついに地球の歴史が塗り替えられ、新たな支配者が決する激動のドラマになるそうだが、さて、そのテーマは？主役は・・・？

## ■□■本作の見どころは？ストーリーは？■□■

　チラシによれば、本作の見どころは、次のとおりだ。

　壮大なスケールのディザスター・アクションと心揺さぶるドラマで全世界を震撼させた『猿の惑星』。最終章となる『聖戦記（グレート・ウォー）』は、高度な知性と人間的な心を併せ持ち、人類との共存を望み続けていた主人公シーザーが、最愛の家族を失う衝撃的なシーンで幕を開ける。復讐の旅に出たシーザーと、彼の宿敵で軍隊を率いる大佐との種の存亡をかけた壮絶にしてエモーショナルな物語が展開。さらに口のきけない謎めいた少女ノバの出現、そして予期せぬ人類の退化により、この惑星の運命が大きく変わろうとしていく…。猿にとっても人類にとっても負けることのできない〈聖なる戦い〉、その歴史的瞬間が遂に明かされる！

『猿の惑星：聖戦記（グレート・ウォー）』
20世紀 フォックス ホーム エンターテイメント
(C)2018 Twentieth Century Fox Home Entertainment LLC. All Rights Reserved.

『猿の惑星：聖戦記（グレート・ウォー）』
20世紀 フォックス ホーム エンターテイメント
(C)2018 Twentieth Century Fox Home Entertainment LLC.
All Rights Reserved.

また、チラシによれば、本作ストーリーは、次のとおりだ。

**人類に家族を殺され、復讐に燃えるシーザーが、愛する仲間のために下した最後の決断とは？そして少女ノバがもたらすものとは？**

猿と人類が全面戦争になだれ込んでから2年後の世界。森の奥深くに秘密の砦を築いたシーザー（アンディ・サーキス）は、冷酷非情な大佐（ウディ・ハレルソン）の奇襲によって妻子を殺され、悲しみのどん底に突き落とされる。大勢の仲間を新天地へ向かわせ、復讐の旅に出たシーザーは、その道中に口のきけない謎めいた人間の少女ノバと出会う。やがて大佐のアジトである巨大要塞にたどり着くシーザーだったが、復讐の念に囚われて我を見失した彼は絶体絶命の危機を招いてしまう。一方で、人類には予期せぬ退化の兆候が現れる…。

## ■□■新たな２人のキャラをどう評価？■□■

『猿の惑星：聖戦記（グレート・ウォー）』
20世紀 フォックス ホーム エンターテイメント
(C) 2018 Twentieth Century Fox Home Entertainment LLC.
All Rights Reserved.

『猿の惑星：聖戦記（グレート・ウォー）』
20世紀 フォックス ホーム エンターテイメント
(C) 2018 Twentieth Century Fox Home Entertainment LLC.
All Rights Reserved.

チラシに書かれているとおり、本作では「猿と人間との究極の対決」がテーマだが、ストーリーはいつの間にか、シーザーと大佐（ウディ・ハレルソン）との個人的対決の様相を呈してくる。それは大佐のキャラの濃さが大きく影響しているためだから、『地獄の黙示録』（７９年）におけるカーツ大佐によく似た（？）、この大佐のキャラに注目！他方、少女ノバ（アミア・ミラー）の突然の登場は少し違和感があるが、その病気（の原因）は本作のストーリーを牽引する糸口になるので、それに注目！

また、本作後半ではシーザーの盟友としていつも彼の側にいたオラウータンのロケット（テリー・ノタリー）のほか、新たにチンパンジーのバッド・エイプ（スティーブ・ザーン）が登場し、ちょっと間の抜けたキャラとして存在感を発揮するので、それにも注目！この新たな少女ノバとバット・エイプの登場には賛否両論があるだろうが、良くも悪くもそれが本作後半のストーリーになっていく。さて、それに対するあなたの評価は？

## ■□■クライマックスの攻防は迫力いっぱい！■□■

猿の惑星：聖戦記（グレート・ウォー）２枚組ブルーレイ＆DVD
20世紀 フォックス ホーム エンターテイメント
2018年2月14日発売（発売中）　２枚組￥3,990＋税
(C)2018 Twentieth Century Fox Home Entertainment LLC.
All Rights Reserved.

　近時のハリウッド映画はストーリー構成に感心させられることは少ないが、アクションのド派手さについては感心させられることが多い。それは、本作でも同じだ。大佐が根拠地としている基地では今、捕虜となっている大量の猿を使って広大な「壁」を建設しようとしていたが、これは一体なぜ？壁の建設については、昨年12月のトランプ大統領の当選後、アメリカとメキシコの国境に巨大な壁が建設されるのではないかと心配されたが、今のところは、国民の反発と北朝鮮情勢の緊迫化もあってその政策は進んでいない。しかし、大佐は北朝鮮の金正恩と同じ「独裁者」だから、すべての決定は彼の一存で進んでいるらしい。

　その大佐からの「急襲」によって、本作前半に妻と子供を殺されてしまったシーザーは今「大佐憎し！」の感情も露わに、大佐の基地に乗り込んでいたが、そこでどうやって大佐と対決し、大佐への復讐を遂げるの・・・？誰がどう考えてもそれは困難もしくは不可能に思えたが、本作のクライマックスにおいては捕虜とされていた猿たちの集団脱走と火薬庫の大爆破シーンの中でそれが実現していくので、そのド派手な演出に注目！

　さあ、これによって究極の猿と人類との対決の結末は・・・？そして今、あの最終的な攻防戦の中で生き残ったシーザーたちを含む猿たちは安住の地にたどりつけたのだろうか・・・？それは、あなた自身の目でしっかりと。

２０１７（平成２９）年１０月２０日記

167

**15時17分、パリ行き**

2018年／アメリカ映画
配給：ワーナー・ブラザース映画／94分
2018（平成30）年3月9日鑑賞　TOHOシネマズ西宮OS

★★★★

**Data**
監督・製作：クリント・イーストウッド
出演：アンソニー・サドラー／アレク・スカラトス／スペンサー・ストーン／マーク・ムーガリアン／クリストファー・ノーマン／イザベル・リサカー・ムーガリアン／ジェナ・フィッシャー／ジュディ・グリア／レイ・コラサニ／P・J・バーン／トニー・ヘイル／トーマス・レノン

## 👀 みどころ

　87歳、監督歴47年のクリント・イーストウッドが『アメリカン・スナイパー』（14年）、『ハドソン川の奇跡』（16年）に続いて「実話もの（リアルヒーローもの）」に挑戦！

　そこでの新機軸は、主役となる3人の若者をはじめ、「15時17分、パリ行き」の列車に乗り合わせた人たちをそのまま出演させたことだが、その功罪は？

　列車テロの顛末そのものは単純だから、監督はそれを物語としていかに構成するの？また、『Hero』を歌った安室奈美恵は9月に引退するが、勲章までもらった3人の若者たちは本当にヒーローなの？

　そこらあたりを、じっくりと・・・。

——＊——＊——＊——＊——＊——＊——＊——＊——＊——

### ■□■次々と「実話もの（リアルヒーローもの）」に挑戦！■□■

　BSジャパンは2016年10月から「特別企画～イーストウッド無双！」と題してクリント・イーストウッドの主演、監督作を1年半にわたって放映している。87歳になった彼は、監督歴もすでに47年になっている。私は、彼の主演映画では初期の『荒野の用心棒』（64年）をはじめとするマカロニ・ウエスタンが大好きだし、監督作としては『許されざる者』（92年）、『ミリオンダラー・ベイビー』（04年）（『シネマルーム8』212頁参照）、『チェンジリング』（08年）（『シネマルーム22』51頁参照）等が大好きだ。そんな彼は近時、『アメリカン・スナイパー』（14年）（『シネマルーム35』24頁参照）や、『ハドソン川の奇跡』（16年）（『シネマルーム39』218頁参照）などの「実話も

の（リアルヒーローもの）」に取り組んでいるが、本作もその一つだ。

　私は知らなかったが、２０１５年８月２１日には「タリス銃乱射事件」が発生したらしい。そこでは、第一発見者としてテロリストの犯人からＡＫ－４７を奪い取ろうとした１人の乗客が逆にピストルで撃たれたため、列車内は大混乱に。しかし、ＡＫ－４７を持って列車内を進もうとしたテロリストを、たまたま列車内に座っていた３人のアメリカ人の若者と、民間人の男性がそれを取り抑えたため、この４人はフランスのオランド大統領からレジオン・ドヌール勲章を受けたらしい。クリント・イーストウッド監督は『アメリカン・スナイパー』『ハドソン川の奇跡』に続いて、そんな「実話もの（リアルヒーローもの）」に挑戦！

## ■□■８７歳、監督歴４７年でこの次元に！■□■

　『アメリカン・スナイパー』の主人公である「伝説の狙撃手」は１６０人も射殺した「レジェンド」だが、そんな人物をリアルヒーローと称していいの？イラク戦争を題材とした映画では、爆発物処理班の男を主人公にしたキャスリン・ビグロー監督の『ハート・ロッカー』（０８年）（『シネマルーム２４』１５頁参照）がすごかったが、そこでは爆発物処理班の男はヒーローとしては描かれていなかったはずだ。それと同じように『アメリカン・スナイパー』でも、後半にアメリカに帰還し、ＰＴＳＤの症状を起こしたレジェンドの姿を描いた問題提起性がすごかった。また、『ハドソン川の奇跡』は２００９年１月１５日にＵＳエアウェイズ１５４９便に起きた、あわや墜落という危機の中、ハドソン川への不時着という決断を下し、結果的に乗員乗客１５５名の全員生還を果たしたサリー機長の英断と勇気を題材とした映画だが、そこではサリー機長の決断の妥当性について、国家運輸安全委員会（ＮＴＳＢ）が徹底的な事後検証に乗り出すストーリーが興味深かった。日本なら、「あんたは偉い！あんたはヒーロー！」で終わりそうだが、民主主義の国アメリカでは結果オーライが許されないのはさすが！と感心したものだった。

　本作で「列車テロ」という実話の映画化に挑戦したクリント・イーストウッド監督は、本作では、スペンサー・ストーン、アンソニー・サドラー、アレク・スカラトスという３人の若者を俳優ではなくホンモノの当事者として起用するという超異例の手法をとった。これはもちろん、どんどん高額になっていく有名俳優の出演料をケチり、製作費をケチるためではなく、物語のリアル性を追求するためだが、その賛否は？また、その成否は？８７歳、監督歴４７年にして「この次元」に挑戦したクリント・イーストウッド監督に注目！

## ■□■列車モノ、密室モノとしての面白さは？■□■

　列車モノ、密室モノが面白いのは、中国のフォン・シャオガン監督の『イノセントワールド－天下無賊－』（０４年）（『シネマルーム１７』２９４頁参照）、や韓国のポン・ジュノ監督の『スノーピアサー』（１３年）（『シネマルーム３２』２３４頁参照）等で明らかだ。

また、近時リメイクされた『オリエント急行殺人事件』（１７年）でも、列車の密室性が強調されていた。しかして、１５時１７分にアムステルダムを出発してパリに向かった列車内でのテロ事件を描いた本作も「列車モノ」だが、残念ながら密室モノとしての面白さはイマイチ弱い。

だって、犯人のアイユーブ（レイ・コラサニ）は用意周到なテロ計画の下で列車に乗り込み、いざその実行を図ったわけだが、スペンサー、アンソニー、アレクの３人はたまたま計画していた友人同士のヨーロッパ旅行でこの１５時１７分パリ行の列車に乗り込み、たまたまテロ事件に遭遇しただけのこと。また、映画なら例えばドゴール大統領の暗殺を狙った『ジャッカルの日』（７３年）のようにいかようにも面白い脚本を書くことができるが、史実にもとづくリアルヒーローものになると、史実を動かすことはできない。したがって本来、本作のハイライトとなるべきテロ犯と３人の若者たちとの「攻防戦」は、史実によれば意外に単純で、一瞬に起きたあっけない出来事。そして、その結果は最初からわかっているし、そこに至る道筋も史実のとおり描かなければならないとすると、あまり面白みがなくなってしまうのは仕方ない。

アンソニー・サドラー、スペンサー・ストーン、アレク・スカラトスの３人にとって、クリント・イーストウッド映画に出演できることは大いなる名誉。そして、あの時の恐怖心は残っていても、この３人は若者だからそれを克服することは十分可能だろう。しかし、応急処置よろしきを得て奇跡的に命拾いをした乗客マーク・ムーガリアンは民間人だから、本作に出演することによって、思い出さざるを得ないあの時の恐怖は大きかったはずだ。それを克服しての本人の出演は立派だし、９４分にまとめたクリント・イーストウッド映画としての完成度は十分だが、列車モノ、密室モノとしての面白さはイマイチ・・・？

## ■□■ヒーローもいろいろ！本作で監督が求めたヒーローは？■□■

日本が冬季五輪史上最多、合計１３個のメダルを獲得した平昌冬季五輪は終了したが、そのテーマは安室奈美恵が歌った『Ｈｅｒｏ』。その歌声は大晦日の紅白歌合戦でも彼女の「引退ソング」として歌われ、高い視聴率をあげた。これを見れば、世の中にはヒーローを目指す若者があふれることがわかる。ヒーローを描いた映画もたくさんある。「HERO」を直接タイトルにした張藝謀（チャン・イーモー）監督の『HERO』（０２年）は、秦の始皇帝暗殺を目指した刺客「無名」（本当の名は荊軻）の物語（『シネマルーム５』１３４頁参照）。ハリウッド並みの娯楽映画として作られた同作に対して、同じ「荊軻」を主人公にしながらあくまでリアルな暗殺劇を目指したのが陳凱歌（チェン・カイコー）監督の『始皇帝暗殺』（９８年）（『シネマルーム５』１２７頁参照）だ。

他方、キムタクこと木村拓哉主演の映画『HERO』（０７年）は、「中卒」の「スーツを着ない」「型破り」の検事が、出世と保身ばかりを気にしていた東京地検城西支部では異質で、そのキャラと魅力が光っていた（『シネマルーム１６』１５１頁参照）。また、近時

のハリウッド映画は、アメコミの中のヒーローたちを登場させる映画が次々と。さらに、現在私がＢＳ１２で毎日録画したものを観ている中国ドラマ『趙雲伝』は、槍の達人で、関羽、張飛に次ぐ劉備玄徳の将軍であった趙雲子龍をヒーローとして描いたものだ。

　他方、時々スポット的に現れる、名もなきヒーローもいる。その一例は、２００１年１月２６日にＪＲ山手線新大久保駅で発生した、鉄道人身事故における韓国人留学生たち。これは、山手線新大久保駅で、プラットホームから線路に転落した泥酔状態の男性を救助しようとして、線路に飛び降りた日本人カメラマンと韓国人留学生が、折から進入してきた電車にはねられて３人とも死亡した事件。人命救助のために自らの命を投げ出したこの件は美談として日韓両国で大きく報道されたが、さて彼らはヒーローなの・・・？また、２０１１年３月１１日の東日本大震災では、自分の命を犠牲にして他人を守ったいくつかの事例が美談として報道されたが、彼らもヒーローなの・・？そんな視点で考えると、フランスの大統領からレジオン・ドヌール勲章を受けた４人の男たちも、たしかにヒーロー・・・？しかして、クリント・イーストウッド監督が本作で目指したヒーローとは・・・？

　『アメリカン・スナイパー』でクリント・イーストウッド監督は１６０人を殺したレジェンドをヒーローとしては描いていなかったし、『ハート・ロッカー』でもキャスリン・ビグロー監督は爆発物処理班の男をヒーローとしては描いていなかったはずだが、さて本作では？

## ■□■たくさんのレビュー、コラムのお勉強をしっかりと！■□■

　本作のパンフレットは８２０円だが、そこには読み応えのあるレビュー、コラムがたくさんある。それが、①川口敦子氏「現実そのものから出発し、もっと完全なものへ」、②大場正明氏「偶然を必然に変えたヒーローたち」、③菅原出氏「ヨーロッパとテロリズム」、④青山真治氏「ものすごくシンプルで、おそろしく複雑な・・・」、⑤樋口泰人氏「わたしたちはもはやそれを『映画』とは呼ばない」だ。さらに、３人のアメリカ人の若者たち自身のインタビューやクリント・イーストウッド監督のインタビューもある。そこでは、本作が描くヒーロー像についてさまざまな角度からの突っ込み、検討がされているので、それに注目！大場氏のレビューはタイトル自体が「偶然を必然に変えたヒーローたち」だし、クリント・イーストウッド監督はそのインタビューで「どこにでもいる普通の若者で、正しい時に正しいことをした男たち。彼らこそ時代が求めるヒーローなんだ」と語っている。

　他方、私が本作を観ていてアレレと思ったのは、テロリスト犯に突進したスペンサーがＡＫ－４７で撃たれたと思ったのに、なぜか弾が出ていなかったこと。逆に、私が本作のパンフレットにある菅原氏の「タリス銃撃テロとその背景」を読んで、なるほどと納得したのは、そこに「２０００発に一つあるかないかの不良弾薬がたまたま装填されたため発射しなかったのだ。」と書かれていたこと。つまり、スペンサーたちがテロリストの制圧に成功したのは、２０００分の１の確率でＡＫ－４７の銃弾が発射されなかったという偶然

171

によるものだったわけだ。それでもスペンサーの突進は英雄的な行為？仮にそこで一発で殺されていてもスペンサーはヒーローになれたの？そこらあたりの判断は難しいので、パンフレットにある上記のレビューやコラムを読み込んで、一人一人しっかり考えたい。

## ■□■「史実」をテーマとして、物語をいかに構築？■□■

　２０１５年８月２１日に起きた「タリス銃乱射事件」という「史実」をテーマにした本作のストーリーは単純そのもの。青山氏のコラムを引用すれば「ストーリーはものすごくシンプル」で、「落ちこぼれで戦争ごっこが趣味の中学生３人組が長じて軍関係に就職。休暇で欧州旅行中にテロに遭遇、力を合わせて解決、フランスから勲章を受章、故郷に錦を飾る──。」というものだ。しかして、クリント・イーストウッド監督はそんな史実をテーマにした本作の物語をいかに構築するの？

　そう思っていると、本作には少年時代のスペンサー（ウィリアム・ジェニングス）、アレク（ブライス・ガイザー）、アンソニー（ポール＝マイケル・ウィリアムズ）が登場するが、彼らはみんな落ちこぼれ。ヘンリー先生（Ｐ・Ｊ・バーン）、マーレイ先生（トニー・ヘイル）らは、これら３人のガキ大将をもてあまし、「校長室送り」をくり返すが、それに反発したのが、隣人同士で幼い頃から親友だったスペンサーの母親ジョイス（ジュディ・グリア）とアレクの母親ハイディ（ジェナ・フィッシャー）だ。ところが、黒人差別のみならず、あらゆる分野で差別主義が充満しているアメリカ（？）では、教師から「父親のいないシングルマザーの子供は問題を起こすことが多い。」と、あからさまに言われた２人の母親はおかんむり。しかし、少年時代にこんな問題を抱え、いじめられた少年ほど、大人になると立派な青年になるものらしい。

　スペンサー、アレク、アンソニーの３人は少年時代あれほど落ちこぼれていたものの、三人三様にサバイバルゲームが大好きだった。そのため、スペンサーは高校卒業後、アルバイトを経てＥＭＴ（救急救命士）として空軍に入隊、アレクはカレッジ入学後に州兵に、アンソニーは軍人にはならなかったが、大学生として２人との交流を続け、夏休みを利用して２人とのヨーロッパ旅行に参加していた。そんな３人が、「１５時１７分、パリ行き」の列車に乗ったことによってテロ事件に遭遇したのは偶然だが、さてそこにみる彼らの行動は？

　『シェイプ・オブ・ウォーター』（１７年）や、『スリー・ビルボード』（１７年）と同じように、２０１８年２月８日付及び、２月２３日付朝日新聞は本作の全面広告を載せたが、そこでは「苦悩を共にした３人の幼なじみ。彼らは無差別テロになぜ立ち向かえたのか？」の文字が躍ると共に、少年時代のサバイバルゲームで敬礼をしている２人の少年の写真が載っている。そして、小説家の江國香織は「少年たちの友情の物語であり、シングルマザーたちの物語でもある。」とコメントしているが、さてあなたは、本作にみる３人の主人公たちの少年時代の物語をどう解釈？　　　　　２０１８（平成３０）年３月１５日記

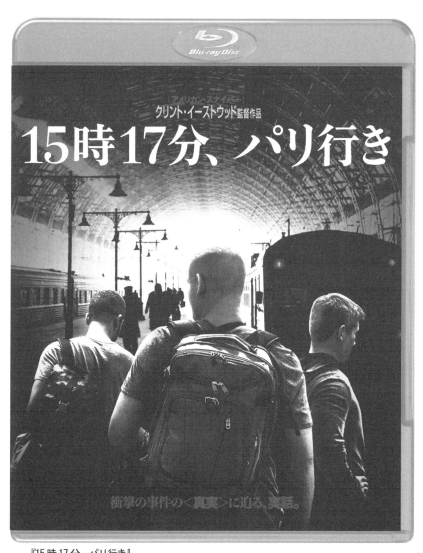

『15時17分、パリ行き』
ブルーレイ&DVDセット（2枚組）¥3,990＋税
デジタル配信中
ワーナー・ブラザース ホームエンターテイメント
The 15:17 to Paris ©2018 Warner Bros. Entertainment Inc., Village Roadshow Films (BVI) Limited and RatPac-Dune Entertainment LLC. All rights reserved

## みどころ

「南北戦争」で北軍に属したミシガン州の都市デトロイトは、ラストベルト（さびついた工業地帯）の白人票として、トランプ大統領の誕生に大きな役割を果たしたが、１９６７年のデトロイト暴動はなぜ起きたの・・・？

差別主義者の警官による黒人の射殺はなぜ？また、アルジェ・モーテル事件での違法・不当な取り調べはいかに・・・？

アカデミー賞監督キャスリン・ビグローの視点と演出は相変わらず鋭いが、本作に見る民間の黒人ガードマンの視点は、まさに女性ならではの彼女の目そのもの・・・？

裁判を含めた結末にスッキリしないのは仕方ないが、アメリカではこれが現実。そして、その不満感は今でも何も解消されていないばかりか、ますます拡大するばかり・・・？さて、あなたの見解は？

———＊—＊—＊—＊—＊—＊—＊—＊—＊—＊—＊—

### ■□■本年度アカデミー賞最有力！テーマは？監督は？■□■

トランプ政権が丸１年を迎える中で開かれた、１月２８日の第７５回ゴールデングローブ賞の発表式は、昨年１０月に大物プロデューサー、ハーベイ・ワインスタイン氏が長年若い女優にセクハラ行為などを繰り返してきたと報じられたのがきっかけで、出席した女優全員が黒いドレス姿で臨んだことが大ニュースになった。作品としては、『シェイプ・オブ・ウォーター』（１７年）が最多７部門にノミネート、『ペンタゴン・ペーパーズ　最高機密文書』（１７年）が主要６部門にノミネート、また、『ウィンストン・チャーチル　ヒ

トラーから世界を救った男』（１７年）が主演男優賞にノミネートされていたが、『デトロイト』はどの部門にもノミネートされていなかった。しかし、『デトロイト』のチラシや新聞の宣伝では、「アカデミー賞最有力者」の文字が躍っていた。それは、一体なぜ？

きっとそれは、女性初のアカデミー賞を受賞したキャスリン・ビグローが本作の監督を務めているからだ。ビグロー監督は第８２回アカデミー賞で作品賞、監督賞等６部門を受賞した『ハート・ロッカー』（０８年）ではイラク問題を取り上げ（『シネマルーム２４』１５頁参照）、『ゼロ・ダーク・サーティ』（１２年）では、ビン・ラディンを追い詰めるという何ともスリリングなテーマを取り上げていた（『シネマルーム３０』３５頁参照）。そのことからわかるように、ビグロー監督は女性監督には珍しい社会派かつ硬派の監督だ。

本作がテーマとして取り上げた「デトロイト騒動」や「アルジェ・モーテル事件」は日本人にはなじみが薄いが、アメリカでは有名な事件らしい。したがって、社会派かつ硬派のビグロー監督が、１９６７年の事件発生から５０年後の今、改めてそんな事件に光を当てて検証した本作に、アメリカの映画人が皆興味を持ったのは当然。しかし、それだけで直ちにアカデミー賞最有力になるの？それほど甘くはない、と私は思うのだが・・・。

## ■□■南北戦争でデトロイト（ミシガン州）はどっちに？■□■

アメリカの南北戦争（１８６１年～１８６５年）は、黒人奴隷の解放をめぐって、北部の２３の「自由州」と南部の１１の「奴隷州」が戦い、北部の勝利で終わったもの。その途中の１８６２年９月にリンカーンによる「奴隷解放宣言」に至ったが、そのリンカーンも１８６５年４月に暗殺されてしまった。

『風と共に去りぬ』（３９年）の舞台となったアトランタのあるジョージア州や、『アラバマ物語』（６２年）で有名なアラバマ州は南部奴隷州の有力な州だったのに対し、デトロイト市があるミシガン州は北部の自由州の１つだった。ちなみに、『ニュートンナイト　自由の旗をかかげた男』（１６年）によって私がはじめて知ったジョーンズ自由州は、明治政府の「五箇条の御誓文」と同じように（？）①貧富の差を認めない、②何人も他の者に命令してはならない、③自分が作ったものを他者に搾取されることがあってはならない、④誰しも同じ人間である、なぜなら皆２本足で歩いているから、という「ジョーンズ自由州４原則」を掲げるユニークな州だった（『シネマルーム３９』６３頁参照）。

ミシガン州東部にあるデトロイト市は、自動車王ヘンリー・フォードが１９０３年に量産型の自動車工場を建設したことによって、以降全米Ｎｏ．１の自動車工業都市として発展した。その後は自動車産業が衰退していく中で映画産業の振興等を行ったが、十分な成果を残せなかった。そして、２０１６年１１月のアメリカ大統領選挙では、デトロイトは「ラストベルト」（さびついた工業地帯）の代表都市として（？）、白人の雇用拡大を訴えるトランプ大統領の大票田となった。そう考えると、ジョージア州やアラバマ州は南北戦争後も黒人差別がひどいとしても、北部自由州に属していたミシガン州のデトロイトでは黒人

差別はあまりなかったのでは・・・？

## ■□■南北戦争１００年後の黒人差別は？６０年代の米国は？■□■

　そう考えるのは日本人だけで、南北戦争終了後もアメリカの黒人差別は撤廃されることはなく、１９６０年代に「ベトナム戦争反対運動」と共に巻き起こった「公民権運動」は南部のみならず、アメリカ全土に広がっていった。その様子は、『マルコムX』（９２年）や『グローリー ─明日への行進─』（１５年）（《シネマルーム３６》１６２頁参照）等を見ればよくわかる。

　１９６１年１月に大統領に就任したＪ・Ｆ・ケネディは、１９６２年１０月～１１月のキューバ危機での活躍が『１３デイズ』（００年）の映画等でよく知られているが、「公民権運動」で彼の果たした役割も大きい。キング牧師が主導した「ワシントン大行進」は１９６３年８月２８日、「セルマの行進」は１９６５年３月７日、そして「公民法」の制定は１９６４年だ。しかし、マルコムXは１９６５年２月に、キング牧師は１９６８年４月に暗殺されたのと同じように、ケネディ大統領も１９６３年１１月に暗殺されてしまった。

　しかして、公民権運動の広がる６０年代の１９６７年７月１２日にミシガン州デトロイトで起きたのが米史上最大級のデトロイト暴動だ。

© 2017 SHEPARD DOG, LLC. ALL RIGHTS RESERVED.

## ■□■デトロイト暴動とは？■□■

　２０１２年９月に当時の野田首相が尖閣諸島を国有化したことに端を発して盛り上がった反日運動の中、中国大陸に進出していた日本企業が「焼き討ち」を含む様々な暴動被害に遭う姿が報道されたが、本作のスクリーン上で見るデトロイト暴動はその比ではない。その発端はデトロイト市警が「ある酒場」を「摘発」したことだが、その摘発行為が目立つにつれて無法な摘発に抗議する黒人たちが次々と集まり、経営者や客を強制的に護送車の中に押し込む姿を見て激怒。投石から始まった警察への抗議は次第に商店の破壊、略奪、放火そして銃撃戦にまで広がっていった。尖閣諸島をめぐる日中対立問題についても、海

上保安庁の対応で済ませるか、それとも自衛隊の出動を仰ぐかによって対応レベルは質的に変わるが、それと同じように、デトロイト暴動をめぐってはデトロイト市警だけでは対応できなかったため、ミシガン州知事は州の軍隊の派遣を決めたから、暴動はさらにエスカレート。スクリーン上で見るその暴動ぶりはすごいから、まずはその惨状をしっかり目に焼き付けたい。

　そんな混乱が続く中、デトロイト市警の警官フィリップ・クラウス（ウィル・ポールター）は同僚とともに1人の略奪犯を追う中、途中で背後から拳銃を発射。犯人は逮捕こそ免れたものの、その後死亡したことが確認されたから、これは警察官の職務執行としていかがなもの？いくら犯人が逃げるからといって、背後から射殺していいの？デトロイト市警上層部はクラウスに対してその職務違反を厳しく追及すると警告したが、さて・・・。

## ■□■アルジェ・モーテル事件とは？その問題点は？■□■

　1967年7月に起きたデトロイト暴動（12番街暴動）は前述のとおりの歴史的にも有名な事件だが、アルジェ・モーテル事件とは？それは暴動2日目の夜、アルジェ・モーテルに宿泊していた客の誰かが町を警備していた警察官を狙撃したとして、その犯人を探すため警官がモーテル内になだれ込み、犯人と狙撃銃を探す中で起きた事件。そして本作はビグロー監督がその真相に迫るものだ。

　その問題点の第1は、実際に狙撃があったのか、それとも本作が描いたように面白半分にスターター銃（空砲）をぶっ放しただけなのかということ。第2の問題点はクラウスを中心とした犯人探しと銃探しの中で容疑者が死亡したのは、クラウスたちの殺人行為によるものか否かということ。ビグロー監督はその争点について、明確に自分の視点を示して本作のストーリーを展開していくので、観客は分かりやすい。もっとも、本作を観れば強烈な差別主義者であることが明らかなクラウスが一方的な悪者に見えるが、それはいかがなもの？

　当時の現場が混乱の極みにあったことは明らかだから、モーテルの部屋の中で容疑者たちを発見したクラウスたちが現場で懸命の取調べをしたのは当然。そして、そこでは暴言はもとより、行き過ぎた暴行もあったかもしれないが、本作でクラウスが見せる、自白させるための「あるテクニック」は興味深い。本作は2時間22分の長尺だが、ビグロー監督はそのシークエンスだけで延々40分を割いているので、本作ではその（違法な）取調べ（のテクニック）に注目！

## ■□■黒人ガードマンの視点は？スタンスは？■□■

　本作はビグロー監督の視点と演出で、1960年代の事件であるデトロイト暴動とアルジェ・モーテル事件を描くもの。しかして、そこでは「差別主義者の権化」のようなデトロイト市警の警官クラウスと対置される形で、民間のガードマンである黒人男メルヴィ

177

ン・ディスミュークス（ジョン・ボイエガ）がビグロー監督の良心を代弁するような役割を演じているので、それに注目！

　日本人の私には、制服だけではデトロイト市警の警官と民間のガードマンとの区別がつかないが、当然そこには明確な地位と権力上の差異がある。したがって、デトロイト暴動が起きた時にメルヴィンができることは、現場に駆けつけてきた警官たちにコーヒーを配って気分を安らげることぐらいで、とりたてて暴動鎮圧に役立つことができるわけではない。また、本作全編を通じてメルヴィンのセリフは決して多くはないが、デトロイト暴動の様子はもとより、アルジュ・モーテル事件についてもいち早く現場を見ているから、少なくともクラウスの暴走ぶりはよく見えている。しかし、問題はメルヴィンにはクラウスの暴走を是正する権限も方法もないということだ。その結果、クラウスによる４０分間の不当な尋問や犯人探し、拳銃探しに向けての「あるゲーム」を止めることができなかったばかりか、クラウスが逮捕、取り調べを受けることになる段階では、メルヴィン自身も逮捕され尋問を受ける羽目に・・・。

　結果的にそれ以上の「冤罪」にならなかったのは幸いだったが、こんな不当なことがあっていいの？多分デトロイト暴動やアルジュ・モーテル事件における、このメルヴィンの登場はキャスリン監督の作り物だと思うのだが、さて真相は・・・？

## ■□■この黒人のグループを知ってる？彼らの明暗は？■□■

　中国の王兵（ワン・ビン）監督は、ドキュメンタリー映画の名手。しかし、いくら彼でもデトロイト暴動に直面しなければ、ドキュメンタリー映像は撮れない。その点、２０１６年１２月に観た『チリの闘い』（第１部１９７５年・第２部１９７６—７７年・第３部１９７８—７９年）３部作は、隠し撮りしたフィルムを使った壮大なドキュメンタリー映画だったから、その迫力はすごかった（『シネマルーム３９』５４頁参照）。しかし、デトロイト暴動をテーマにした本作は、あくまでビグロー監督の視点と演出によるフィクションだ。

　その意味で興味深いのは、本作がデトロイト暴動事件とアルジェ・モーテル事件そして、クラウスたちの裁判の行方を描くだけでなく、歌で大ヒットし金儲けを夢見る５人の黒人の若者が結成したグループ「ザ・ドラマティックス」の姿をデトロイト暴動の中で描くことだ。デトロイト暴動が発生したのは、彼らが大劇場でまさにデビューしようとしたその時。「いざ出番！」の直前に至って、「公演中止！全員退場！」の決定が下ったから、「ザ・ドラマティックス」の面々は大失望。５人のメンバーは仕方なくバスに乗って帰路についたが、ヴォーカル担当のラリー・リード（アルジー・スミス）とフレド・テンプル（ジェイコブ・ラティモア）の２人はアルジュ・モーテルに泊まることに。そこで少し羽目を外したことで偶然知り合った白人の女の子ジュリー・アン（ハンナ・マリー）とカレン（ケイトリン・デバー）といい雰囲気になったのはラッキーだったが、そのアルジェ・モーテ

178

ルで狙撃事件が発生したため、ジュリーとカレンも、そしてラリーとフレドもそれに巻き込まれ、容疑者の1人としてクラウスの厳しい取調べを受ける羽目に。この「ザ・ドラマティックス」がその後認められ、人気グループに成長したのは喜ばしいが、ラリーだけはグループを離れ、教会の聖歌隊に入ったことが明らかにされる。しかして、それは一体なぜ？

　本作のストーリー展開をみていると、クラウスの違法な捜査によって殺されてしまった容疑者たちが犠牲者なら、ラリーも犠牲者であることは明らかだが、そのことをどう整理すればいいのだろうか・・・？

## ■□■射殺のもみ消しは？その法廷シーンにも注目！■□■

　ビグロー監督作品としての本作最大の見所は、中盤の約４０分間にわたるクラウスによる「あるテクニック」を駆使しての拳銃と犯人探しの尋問風景にある。容疑者全員を壁に向けて立たせた上での暴言や暴行による取り調べは「想定内」だが、その中の一人が別室に入れられて取調べを受けている際中に、銃声を聞かされ、戻ってきた警官から「あいつは自白しないので射殺した」「次はお前だ」と言われると、残った容疑者たちはさて・・・？クラウスはそんな取調べ（のテクニック）を楽しみつつ、犯人あぶり出しのための「尋問」を続けたが、その中で部下の警官の一人が、クラウスの意図を誤解し、別室での「芝居」だったはずの「射殺」をホントにやってしまったから大変。クラウスは慌てて尋問を終了させ、容疑者たちを釈放するのと引き替えに「秘密保持の約束」をさせたが、多分そんな約束の履行は無理だろう。そう思っていると、案の定・・・。

　クラウスが強要した秘密保持の約束は、壁に立たされた容疑者たちがすぐに破ったばかりでなく、部下の警官もクラウスを裏切って自白してしまったから、本作はラストに向けて意外にもクラウスたちの法廷風景になっていく。そしてそこでは、ジョン・グリシャムばりの（？）カッコいい弁護士が登場し、法廷技術を駆使して証人尋問を中心とする裁判闘争を展開！その結果、白人の陪審員ばかりで構成していたデトロイトの裁判所は、クラウスに対して無罪の判決を下すことに。ああ、やっぱり！良くも悪くも、これが『アラバマ物語』（６２年）から今日まで、黒人差別については何も変わらないアメリカの刑事裁判の現実なのだ。

　そう思っていると、前述したように、何とそれらの一部始終を見ていた民間のガードマンであるメルヴィンまで逮捕されそうに・・・。これは一体ナニ・・・？ビグロー監督が描く本作ラストの法廷シーンは「専門外」なだけに多少甘いところもあるが、ロースクールでの「法廷モノ」映画の活用を訴えている私の目には、本作も「法廷モノ」として必見！

２０１８（平成３０）年２月７日記

© 2017 SHEPARD DOG, LLC. ALL RIGHTS RESERVED.
「デトロイト」 Blu-ray & DVD 7月4日発売　販売元：バップ
[Blu-ray]初回限定版
　品番：VPXU-71594　¥5,800＋税　ディスク：本編1枚＋特典DVD1枚　仕様：本編142分＋特典映像
　【初回限定版仕様】アウタースリーブ付【初回限定版封入特典】特製ブックレット、特典DVD
[Blu-ray]通常版
　品番：VPXU-71595　¥4,800＋税　ディスク：本編1枚　仕様：本編142分＋特典映像
[DVD]
　品番：VPBU-14711　¥3,800＋税　ディスク：本編1枚　仕様：本編142分　※本編のみ

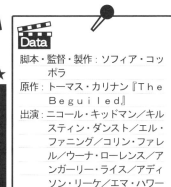

## ◉◉ みどころ

　１９７１年の前作『白い肌の異常な夜』も、本作『The Beguiled／ビガイルド　欲望のめざめ』も意味シンなタイトルで、日活ロマンポルノ風・・・？女の園に一人傷ついた北軍兵士が闖入してくるところから始まる物語と聞けば、なおさらだ。

　いやいや、そんな期待をしてはダメ。第７０回カンヌ国際映画祭で監督賞をゲットした本作には、ソフィア・コッポラという女流監督ならではの魅力がいっぱいだから、それをしっかりと！

　もっとも、男と女のラブゲームの描き方はちょっと薄っぺら？さらに、和歌山カレー事件の難解さに比べれば毒キノコのストーリー（？）もあまりに単純すぎ・・・？私には、そんな気がしないでもないが・・・。

——＊——＊——＊——＊——＊——＊——＊——＊——

### ■□■あの女流監督が、あの名作のリメイクに挑戦！■□■

　ソフィア・コッポラ監督が、１９７１年に映画化された『白い肌の異常な夜』のリメイクに挑戦！時代は南北戦争末期の１８６４年。舞台はバージニア州にある女子寄宿学園だ。そこには園長のミス・マーサ（ニコール・キッドマン）、教師のエドウィナ（キルスティン・ダンスト）の他、年の差のある５人の女生徒たちが生活していたが、そこに負傷した北軍の兵士マクバニー伍長（コリン・ファレル）が匿われることになると・・・？女だって年頃になれば性の目覚めは当然。日常的にそれが抑圧されていた女の園に、いきなりそんな闖入者がやってくると・・・？

旧作はクリント・イーストウッドの主演ぶりが目立っていたし、ドン・シーゲル監督の「男の視点」で女の園に起きる「異変」が描かれていたが、本作は女性監督の視線で女の生態（性態？）が赤裸々に・・・。

## ■□■女の園の秩序は？そこに闖入者が入ってくると？ ■□■

本作は１９７０年代の日活ロマンポルノのテーマにだってなりそうなテーマだが、ソフィア・コッポラ監督、ニコール・キッドマン主演の映画に、そんな方面の期待はムリ！たしかに、全員きれいなドレスを着こなした女の園の秩序は完璧で、厳格な規律は十分機能していると思われたが、マクバニー伍長のキズが癒え、庭師としてのお手伝いをしたり夕食に招待されたりし始めると、彼の女たちを見る目にも少しずつ余裕が・・・。

他方、傷ついたマクバニー伍長を最初に森の中で発見し、肩を貸して助けてくれた少女エイミー（ウーナ・ローレンス）は、まだ幼いから彼の恋愛の対象にはならず、良きフレンドとして落ち着いたが、年長組の生徒であるアリシア（エル・ファニング）、ジェーン（アンガーリー・ライス）、エミリー（エマ・ハワード）、マリー（アディソン・リーケ）の４人は、はじめて見る大人の男に興味津々。冒頭はヤバそうな北軍の負傷兵と思えたマクバニー伍長も、ひげを剃ればかなりハンサム。そんな彼が、女性に優しく振るまってくると、この男の気を引こう、この男に気に入られようと、次第に女たちの競争が始まることに・・・。

中でもいちばん熱心だったのは、教師のエドウィナ。密かにブローチを付けておしゃれをしてみたり、夕食会の席で両肩を露わに見せたりと、えらく積極的だ。さらに、そんな大人の世界の競争にマリーも負けじとエドウィナの真珠のイヤリングをつけて着飾る始末だ。マーサ園長はそんな生徒たちをたしなめたが、自身も生身の男の身体に接してその治療を施していると、胸の高鳴りを抑えきれない状態に・・・。このように、一人の「闖入者」がやってくると、それまではきっちり秩序が保たれていた女の園はちょっとヤバい雰囲気に・・・。

## ■□■ラブゲームの描き方は、ちょっとおざなり？■□■

本作は第７０回カンヌ国際映画祭でソフィア・コッポラ監督が女性として２人目の監督賞を受賞した作品であるうえ、『キネマ旬報』３月上旬号では特集もされている人気作だが、９３分と近時の映画にしては短い。それはそれでありがたいのだが、いきなり何の前触れもなくマクバニー伍長がエドウィナに対して「君は美しい」から始まり、「君を愛してる」と告白する展開にはアレレ・・・。また、夕食会が終わった後「君の部屋に忍んでいくよ」と告白されたエドウィナが一人期待してベッドの中で待っているのに、マクバニー伍長は他の部屋で他の女性とじゃれ合っていたから、アレレ、アレレ・・・？ここらあたりの男と女のラブゲームの描き方は、ちょっとおざなりすぎるのでは・・・？

本作導入部でマクバニー伍長の傷の手当をし、身体を拭く作業をただ一人でやっている

182

マーサ園長の何ともいえない情感（？）を見ていると、本作ではマーサ園長が許されざる恋に陥る？と一瞬錯覚したが、さにあらず。「男と女のラブゲーム」はマクバニー伍長とエドウィナの間で進んでいく。ところが、あの夕食会の後、ベッドの行き違い（？）から狂乱したエドウィナによって、マクバニー伍長は階段から突き落とされてしまったから大変。もっとも、ここまで大変な事態になるのはそれなりの恋のもつれが不可欠だが、本作ではそこらの描き方もちょっとおざなり・・・？

また、外科の専門医でもないマーサ園長が壊死を防ぐべくマクバニー伍長の左足を切断するという外科手術をやりとげたのは立派だが、これもちょっと現実離れしているのでは・・・？

## ■□■男の感情のブレをどう理解？■□■

本作では、マクバニー伍長の「感情のブレ」が極端から極端に走っている点が目立っている。優しい面をみせるマクバニー伍長は兵士とは思えないジェントルマンだが、いったん暴れ始めるとその凶暴さはハチャメチャだから、それに女たちがおびえたのは仕方ない。そのため、マーサ園長は何とか外部から応援を呼ぼうとしたが、その途が断たれる中で女たちが考えたマクバニー伍長廃除の手段は・・・？

寄宿学園は深い森の中にポツンと建てられていたから、森の中に入ってキノコ類を採取するのは若いエイミーの仕事だったらしい。本作冒頭エイミーがマクバニー伍長を発見するのはそんな仕事の途中だったが、本作ラストに向けてはそんなエイミーのキノコを採る能力が大いに威力を発揮するので、それに注目！

１９９８月７年２５日に起きた和歌山毒物カレー事件では、被告人とされた林眞須美に対して、１審、２審とも死刑判決が下され、２００９（平成２１）年５月１８日には最高裁判所で死刑が確定したが、本人は一貫して全面否認したままだった。しかして、本作における、それと似たような（？）ラストに向けてのシークエンスはいかなる展開に・・・？

## ■□■この英語の意味は？タイトルの納得感は？■□■

本作はかつての名作のリメイクであるうえ、カンヌ国際映画祭の監督賞受賞作だから、それなりに面白い。しかし、私の目には恋愛劇の展開で少し「手抜き」が目立ったのが残念。恋の手練手管については、隅から隅まで熟知しているはずのソフィア・コッポラ監督が、その点をなぜこんなに粗略に描いた（？）のか私には少し不思議だ。

また『ビガイルド　欲望のめざめ』というタイトルもイマイチ。「beguiled」とは動詞beguileの過去形、または過去分詞で、「（…で）だます、欺く」という意味。しかし、これは英検１級以上の単語だから、私を含めて多くの日本人はこれを理解できないのでは・・・？

２０１８（平成３０）年３月５日記

## ◉◉みどころ

　カンヌ国際映画祭の受賞作はアカデミー賞のそれとは異質だが、その常連のギリシャ人監督ヨルゴス・ランティモスの作品は超異質。そんな監督の「奇妙キテレツな映画」が第70回カンヌ国際映画祭で脚本賞を受賞！しかし、このタイトルは一体ナニ？そして「イピゲネイアの悲劇」って一体ナニ？
　サッパリ意味がわからない中、リッチで幸せな4人家族には、マーティンの登場以降、冷淡な不条理劇が次々と・・・。
　代表作の『アイズ・ワイド・シャット』（99年）を髣髴とさせるニコール・キッドマンの「大理石のようにひんやりとした美しさ」に注目だが、他方で先に子供を「貢ぎもの」に提供しようとする身勝手さ、理不尽さにもビックリ。
　決して後味が良いとは言えないこんな名作も、たまにはしっかり鑑賞したい。

——＊——＊——＊——＊——＊——＊——＊——＊——＊——

### ■□■カンヌ常連のヨルゴス・ランティモス監督に注目！■□■

　1973年にギリシャのアテネで生まれたヨルゴス・ランティモス監督の名を、私は『ロブスター』（15年）を観てはじめて知った。そもそも、『ロブスター』というタイトル自体、日本人にはふざけた感じ（？）がするが、これは高級（？）料理店で時々食べるザリガニのような甲殻類とは何の関係もなし。同作のテーマは、独身者は45日以内にパートナーを見つけなければ動物の姿に変身させられるという、何とも奇妙なものだった（『シネマルーム37』未掲載）。しかし、同作は第68回カンヌ国際映画祭で審査員賞を受賞するとともに、第89回アカデミー賞脚本賞にノミネートされている。また、私は観ていない

が、長編2作目である『籠の中の乙女』（０９年）でも、彼は第62回カンヌ国際映画祭の「ある視点」部門グランプリを受賞しているからすごい。そのヨルゴス・ランティモスの長編第5作目である本作は２０１７年の第70回カンヌ国際映画祭脚本賞を受賞したため、本作はヨルゴス・ランティモス監督のカンヌ3度目の受賞作だ。

カンヌ・ベネチア・ベルリンの各映画祭で数々の賞を何度も獲得している韓国の「奇才」キム・ギドク監督には及ばないものの、脚本にこだわり、奇妙なテーマ（？）の映画ばかり作り続けているギリシャ生まれのヨルゴス・ランティモス監督も奇才の名に値すること間違いなしだ。本作のタイトル『聖なる鹿殺し』も何となく意味シンだが、さてそのテーマは？

本作には私の大好きなハリウッド・ビューティーであるニコール・キッドマンがコリン・ファレルと共演するとあって、その面からもこれ必見！ちなみに、ニコール・キッドマンとコリン・ファレルはソフィア・コッポラ監督の『ビガイルド　欲望のめざめ』（１７年）でも共演している上、この2作が同時に２０１７年第70回カンヌ国際映画祭のコンペ部門選出作に出品されたため、ニコール・キッドマンにはカンヌ国際映画祭"70周年賞"が贈られたそうだ。新聞紙評でも「最近のキッドマンの作品選びは素晴らしい。特に本作における、ニコールの大理石のようにひんやりした美しさは、代表作の『アイズ・ワイド・シャット』を彷彿とさせる」と絶賛されている。カンヌ受賞3度目となる、そんなヨルゴス・ランティモス監督に注目！

## ■□■「奇妙キテレツな映画」が褒め言葉！このタイトルは？■□■

『ロブスター』は奇抜な発想とアイデア、そしてヨルゴス・ランティモス監督独特の世界観を際立たせた映画で、私はその寓話性を芥川龍之介の『杜子春』になぞらえて評論した。それと同じように、本作も寓話性が顕著だが、それ以上に本作は新聞批評にも書いてあるとおり、「冷淡な不条理劇」という表現がぴったり。したがって、何事にも論理性を重要視する弁護士にはあまり気に入らないタイプの映画かも・・・。
本作のパンフレットには、高橋諭治氏（映画ライター）の「何もかもが恐ろしい"幸せな悲劇"」と題するコラムがある。そして、そこでは何とヨルゴス・ランティモス監督を「世界中を見渡して今最も奇妙キテレツな映画を撮るフィルムメイカーのひとりである。」と書いているので、それに注目！この表現は最大の褒め言葉だが、同氏は『ロブスター』についても「このようにランティモスの映画は奇想天外な内容のみならず、題名からして人を食ったセンスに満ちている。」と解説した上、本作についても「"ロブスター"がそうであったように、ご覧の通り本編には"鹿"など一度も出てこない。どうしてこんな題名がつけられたのか。」と疑問を呈した上、ギリシャ悲劇の「イピゲネイアの悲劇」について詳しく解説している。そしてそこでは、「ランティモス自身は『ギリシャ悲劇にインスピレーションを得たわけではない』と語っているが、その謎を解くヒントはやはりギリシャ悲劇に

ありそうだ。」と結論づけている。

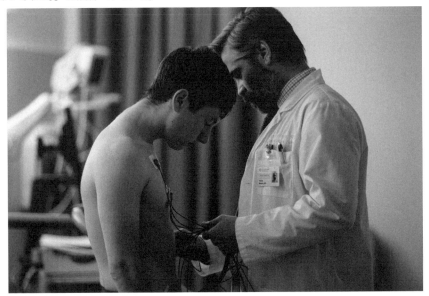

『聖なる鹿殺し　キリング・オブ・ア・セイクリッド・ディア』
新宿シネマカリテ、ヒューマントラストシネマ渋谷ほか公開中
映画公式HP：http://www.finefilms.co.jp/deer
©2017 EP Sacred Deer Limited, Channel Four Television Corporation, New Sparta Films Limited

　「イピゲネイアの悲劇」はトロイア戦争に関するギリシャ悲劇らしいが、多くの日本人は「トロイの木馬」の物語は知っていても「イピゲネイアの悲劇」は知らないはず。したがって、高橋氏が解説するほど深く本作が「イピゲネイアの悲劇」に由来している（？）ことは到底理解できないが、とにかく本作も題名からして人を食ったセンスに満ちていることはよくわかる。そんな思いで本作を観ていると、心臓外科医を目指しているという謎の少年マーティン（バリー・コーガン）の登場以降、本作は何とも冷淡な不条理劇へと進んでいくことに・・・。

## ■□■心臓外科医の夫と眼科医の妻。その暮らしは？■□■

　私の長男は私と同じ事務所の弁護士だが、その妻も弁護士。そして、長女も金沢で弁護士をしているが、その夫も弁護士。このような弁護士一家も珍しいが、本作の主人公スティーブン（コリン・ファレル）は有名かつ有能な心臓外科医で、その妻アナ（ニコール・キッドマン）も有能な眼科医。そんな夫婦も珍しい。もっとも、わが家の経済力では住む家も知れているが、スティーブン夫妻の自宅はチョー立派。応接間の広さと立派さもさることながら、2人の子供部屋も立派だし、もちろん広い庭も立派。

他方、勤務している大きな病院でスティーブンは絶大な権力を持っているようだが、家の中では決して暴君ではなく、美しい妻には優しいし、子供たちにも規律をはずさない限度で優しく接している。とりわけ、夜のベッドでの妻への優しさ（奉仕？）のシーンはあきれるほどすごいし、子供に対してもしつけや教育のアドバイスの他、犬の散歩は長女キム（ラフィー・キャシディ）の役目、庭の水やりは弟のボブ（サニー・スリッチ）の役目ときっちり決められているらしい。ボブが1人で犬の散歩に出るにはまだ早いとされているようだが、さてそこらの判断の正当性は・・・？

また、キムは音楽を聞くプレイヤーを何度か失くしているとか、長髪が気に入っているボブが、父親に切るように注意されていながらまだ切っていないとか、ちょっとした問題はあるものの、この4人家族はまさに誰もが羨む理想的な家族だ。しかし、ある日キムがお気に入りの少年マーティンを食事に招待し、家族と共に食事と会話を楽しんだのはいいが、なぜかその日以降この家族にあれこれと奇妙な現象が起きていくことに・・・。

## ■□■医療過誤がテーマ？いや、あくまで不条理がテーマ！■□■

本作冒頭、鮮やかな血の色を際立たせながら、スクリーン上いっぱいに心臓手術のシーンが登場する。規則正しくピクピク動いているからいいものの、どちらかというと血が苦手な私はこんなシーンは苦手。そして、一瞬これは『聖なる鹿殺し』というタイトルからして鹿の心臓かと思ったが、実はそうではないようだ。本作にはスティーブンの長年の仕事上のパートナーである麻酔科医のマシュー（ビル・キャンプ）が登場するが、ストーリーの進行につれて、どうもこのペアは一度心臓外科の手術ミス（医療過誤）をしたらしいことが見えてくる。

そんな医療過誤をテーマにした映画はたくさんあるが、もちろん本作はそうではない。また、本作は前述のように「イピゲネイアの悲劇」にインスピレーションを得たわけではない上、「イピゲネイアの悲劇」に結び付けて鑑賞することを要求しているわけではない。しかし、マーティンの登場以降スクリーン上に次々と不条理な現象が現れてくると、どうしても「イピゲネイアの悲劇」が気になってくる。スティーブンの家に招待された「お返し」に、母親（アリシア・シルヴァーストーン）と2人暮らしをしているマーティンの家にスティーブンが招待されるシーンを観ていると、その不条理さがさらにくっきりと・・・。また、マーティンの父親がスティーブンとマシューによる医療過誤の被害者であることが明示（？）され、本作にみる不条理はマーティンによるその復讐劇であることが鮮明になってくると、その不条理さはさらにくっきりと・・・。

ちなみに、本作でマーティンを演じたバリー・コーガンは、クリストファー・ノーラン監督の大作『ダンケルク』（17年）（『シネマルーム40』166頁参照）で英国兵を救い出すため民間船に乗り込む青年ジョージ役で一躍注目を浴びた俳優。そのジョージは好青年だったが、本作にみるマーティンは顔つきや態度はもちろん、喋り方そのものがラスト

に近づくにつれてどんどん不気味になっていくので、それに注目！

スティーブンがマーティンを気に入ったのは、心臓外科医を目指すと言う彼の心意気にひかれたためだが、ひょっとしてそれ自体マーティンがスティーブンに取り入るための策略？マーティンがスティーブン一家にかけた呪いが最初に現れたのはボブ。いきなりへナへナと倒れ込み、以降何の医学的所見もないのにまったく歩けなくなってしまったのは現代医学では説明のしようがないからスティーブンはイライラ。そんなスティーブンに対してマーティンは、家族の中から犠牲者を一人選ぶことを要求したから、すごい。さらにマーティンの呪いの順序は、①手足の麻痺、②食事の拒否、③目からの出血、④死、となることまで逐一冷静に説明したから、スティーブンの怒りは頂点に・・・。しかし、マーティンが見せるさまざまな不条理な世界に対してスティーブンはいかなる抵抗が可能なの？万策尽き果てたスティーブンがライフルに実弾を装填し、ロシアンルーレットのように家族の誰かに当たるようにぐるぐる身体を回すシークエンスを観ていると、その不条理さと怖さに思わずゾッ・・・。

## ■□■カンヌでの脚本賞受賞をどう評価？■□■

私はキリスト教の信者ではないが、キリスト教の理解はかなりしているつもり。したがって、キリスト教における「供えもの」や「貢ぎもの」制度（？）の残酷性もわかっているつもりだ。しかし、本作でマーティンが見せる復讐劇（？）の残酷性を見ていると、こりゃいかにも不条理・・・！また、新聞論評で「大理石のようにひんやりとした美しさ」と称されたニコール・キッドマンも、前半ではベッド上で美しいヌード姿（？）を見せてくれるものの、後半のベッド上で、子供たちを先に「貢ぎもの」にする理由として、「自分たち夫婦はまだこれから子供を作ることができるから」と述べるシーンを観ていると、その身勝手さにビックリするとともにその不条理さにゾッ・・・。

さらに、スクリーン上で現実にボブが目から血を流しながら死んでいくシーンを観ていると、これにもゾッ・・・。スティーブンが地下室にマーティンを閉じ込め、何とかその呪いを解こうとあがいたのは当然だが、さてその効用は・・・？しかして、「不可解で衝撃的」と書かれている本作のラストはあなた自身の目でしっかりと。

今年のアカデミー賞脚本賞には『ゲット・アウト』（１７年）が、日本アカデミー賞には『三度目の殺人』（１７年）（『シネマルーム４０』２１８頁参照）が選ばれたが、この両者にはあまり意外性がなかった。しかし、本作が第７０回カンヌ国際映画祭で脚本賞を受賞したのは多くの人にはきっと意外だったはずだ。それほどカンヌでの賞選びには特徴があるということだが、さて、それについてのあなたの評価は？賛否は？

２０１８（平成３０）年３月８日記

## 👀 みどころ

　『くノ一忍法帖』と同じような（？）、ロシアのレッド・スパローがはじめてスクリーン上に登場！スパイには知恵と格闘術が必要だが、女スパイにはさらに男を性的に喜ばせるためのハニートラップの技術も・・・。ジェニファー・ローレンスがそんな役に挑んだことに驚きだが、『ハンガー・ゲーム』よりずっと面白い。

　東側と西側のスパイが入り乱れての騙し合いは面白いし、『裏切りのサーカス』（１１年）ばりの"モグラ"（二重スパイ）炙り出し作戦の展開は本格的だ。陸軍中野学校とは異質の、女スパイ養成学校での訓練に耐え、ヌードも厭わず、拷問にも屈せず、女スパイの道をひたすら歩むヒロインの姿に感動しながら、緻密な原作に基づく本格的スパイものの醍醐味を楽しみたい。

―――＊―――＊―――＊―――＊―――＊―――＊―――＊―――

### ■□■レッド・スパローとは？『くノ一忍法帖』を彷彿！■□■

　山田風太郎原作の『くノ一忍法帖』が登場したのは、日本が安保闘争に明け暮れていた１９６０年９月で、私が中学生の時代。男ばかりの私たちの学校の一部では、そのお色気に圧倒され、小説を回し読みしたが、さすがに映画館まで足を運ぶことはできなかった。同作ではじめて発表された忍法には、「忍法筒涸らし」「忍法天女貝」等があるが、そのネーミングだけでいかにも生唾が出そう・・・？しかして、本作のタイトルとされている『レッド・スパロー』とは？

　チラシでは、それを「女スパイ」と称しているが、「スパロー」はスズメの意味で、スパイの意味ではないはずだ。かつて日本には「陸軍中野学校」というスパイを養成すること

『レッド・スパロー』
20世紀 フォックス ホーム エンターテイメント
(C)2018 Twentieth Century Fox Home Entertainment LLC. All Rights Reserved.

を専門とする学校があり、その物語は市川雷蔵主演で何本も映画化されたが、東西冷戦時代のソ連には「レッド・スパロー」という女スパイ養成の学校があったらしい。そして、陸軍中野学校は「諜報謀略の科学化」を目指す本格的なスパイ養成学校だったのに対し、レッド・スパローは「女の魅力」、いわゆる「ハニートラップ」を最大限に使って情報を得ることを目指す、お色気作戦中心（？）のスパイ養成学校らしい。しかし、チラシには、スパローの心得として①ターゲットの欲望を見抜け②自らの全てを使いターゲットを堕とせ③心を捨て国家のために道具となれ、が躍っている。なるほど、なるほど・・・。

　3月22日に観た『セリーナ　炎の女』（14年）は、ジェニファー・ローレンス主演にもかかわらず日本では公開されず、「未体験ゾーンの映画たち2018」のみでの上映となっていたが、本作は事前宣伝もバッチリ。この手の映画が大好きな私は、直ちに映画館へ。

## ■□■原作に注目！何よりシリアスさが面白い！■□■

　イギリスのスパイ映画として近時大ヒットしたのが、『キングスマン』（14年）（『シネマルーム37』213頁参照）、『キングスマン2』（17年）だが、はっきりいってこれは駄作だった。それに対して、ジョン・ル・カレの原作を映画化した『裏切りのサーカス』（11年）（『シネマルーム28』114頁参照）は素晴らしいスパイ映画だった。また、『007』シリーズや『ボーン』シリーズは、各作とも立派な水準を保っている。東西冷戦の「スパイもの」として面白かったのは、『寒い国から帰ってきたスパイ』（65年）や『引き裂かれたカーテン』（66年）等だ。南北に分断された北朝鮮と韓国の「スパイもの」も面白いが、東西冷戦を背景とした西側と東側の心理戦と情報戦が展開される「スパイもの」は、

原作がしっかりしているものが多いだけに面白い。その醍醐味の中心は、何といってもシリアスさ。しかして、本作の原作は、３３年間もＣＩＡに勤務していたジェイソン・マシューズの『レッド・スパロー（上・下）』（ハヤカワ文庫NV）だ。

本作導入部では、ステージでの大ケガによって、ボリショイ・バレエ団での地位を失ったドミニカ・エゴロワ（ジェニファー・ローレンス）が、ロシア情報庁幹部である叔父のワーニャ・エゴロフ（マティアス・スーナールツ）の救いの手（？）によってレッド・スパローに入るストーリーが描かれていく。そして他方では、ＣＩＡ捜査官として長年モスクワで働き、今回のソ連の「二重スパイ」＝「モグラ」との接触で、"ある事故"を起こした男ネイト・ナッシュ（ジョエル・エドガートン）が命からがら（？）逃げ帰るストーリーが描かれる。本来、このドミニカとネイトの２人が出会うことはなかったはずだが、ジェイソン・マシューズの原作を映画化した本作では・・・？

『レッド・スパロー』
20世紀 フォックス ホーム エンターテイメント
(C)2018 Twentieth Century Fox Home Entertainment LLC. All Rights Reserved.

『レッド・スパロー』
20世紀 フォックス ホーム エンターテイメント
(C)2018 Twentieth Century Fox Home Entertainment LLC. All Rights Reserved.

## ■□■ジェニファーの"不思議な女の魅力"が本作のポイント■□■

１４歳の美少女としてデビューしたジェニファー・ローレンスは、『あの日、欲望の大地で』（０８年）（『シネマルーム２３』３８頁参照）で、シャーリーズ・セロンやキム・ベイシンガーという大女優と堂々と渡り合っていた時から大注目の女優だった。彼女は『ハンガー・ゲーム』（１２年）（『シネマルーム２９』２３４頁参照）シリーズで世界的大女優になったが、本当はアカデミー賞主演女優賞を受賞した『世界にひとつのプレイブック』（１２年）（『シネマルーム３０』３０頁参照）や、アカデミー賞主演女優賞にノミネートされた『ウインターズ・ボーン』（１０年）（『シネマルーム２７』５９頁参照）、そして、アカデミー賞助演女優賞にノミネートされた『アメリカン・ハッスル』（１３年）（『シネマルーム３２』

『レッド・スパロー』
20世紀 フォックス ホーム エンターテイメント
(C)2018 Twentieth Century Fox Home Entertainment LLC. All Rights Reserved.

３３頁参照）等の方が味わい深くいい作品だった。なぜなら、ド派手なアクションで魅せてくれるのも悪くないが、ジェニファーには各作品ごとに異なる"不思議な女の魅力"が

あるからだ。

　それは本作でも同じ。そもそも、イギリス生まれのハリウッド女優がロシア語を喋ること自体が異例。そして、冒頭の舞台で本当にバレリーナとしての踊りを見せてくれるのが異例なら、厳しい監督官（シャーロット・ランプリング）が指導するスパイ養成学校で、全身ヌードはもちろん、男への性的奉仕も辞さない過酷な訓練の数々へのチャレンジも異例。そこには、『G．I．ジェーン』（９７年）で女性初の海兵隊員役に挑んだハリウッド女優デミ・ムーアの肉体的苦労とはまた違う苦労があったはずだ。『セリーナ　炎の女』では、製材所の実務がわかるうえ経営手腕も抜群という、まさに"炎の女"を演じていたが、本作ではセリフの量を極端に抑え、知恵と工夫で苦しい局面をくぐり抜けていく女スパイ役を見事に演じている。

『レッド・スパロー』
20世紀 フォックス ホーム エンターテイメント
(C) 2018 Twentieth Century Fox Home Entertainment LLC. All Rights Reserved.

　本作は、東西冷戦下での"モグラを探し出せ"というスパイ同士の騙し合いがメインテーマ。しかし、同時にＣＩＡのベテラン捜査員ナッシュとロシアの女スパイ・ドミニカとの"真実の愛"（？）という要素も絡めているので、ジェニファーの演技力と彼女の"不思議な女としての魅力"がますます注目されることに。この手の映画では、「二重スパイ」の疑いがかかるのは当たり前。そして、そうなった場合の拷問の厳しさもあたり前。したがって、ナッシュはもちろんドミニカ・エゴロワにもそんなシーンが登場するが、その迫力は相当なものだ。ヌードシーンにニヤニヤするだけなく、そんなシリアスなシーンもしっかり確認しながら、"不思議な女の魅力"を発揮するジェニファーのレッド・スパロー役をしっかり楽しみたい。

## ■□■モグラは誰だ！女スパイは寝返るの？■□■

　司馬遼太郎原作の『坂の上の雲』では、秋山真之と同期で海軍兵学校を卒業した親友の広瀬武夫が、海軍の駐在武官としてロシアに赴任する物語が登場する。広瀬はロシアで美

『レッド・スパロー』
20世紀 フォックス ホーム エンターテイメント
(C) 2018 Twentieth Century Fox Home Entertainment LLC. All Rights Reserved.

『レッド・スパロー』
20世紀 フォックス ホーム エンターテイメント
(C) 2018 Twentieth Century Fox Home Entertainment LLC. All Rights Reserved.

しきロシア人令嬢アリアズナと恋に落ちるが、対ロシア戦での重大な任務に就くため、泣く泣く２人は別れることに・・・。本作では、ドミニカとナッシュとの間でそんな悲恋物語とは全く異質の、スパイ同士のどこまでがホントでどこからがウソか全くわからない恋物語が、"モグラ発見作戦"と並行して展開されるので、それにも注目したい。

　ドミニカの類いまれなるスパイとしての才能を感じ取り、それを伸ばそうとしたのは、同じ任務に就いていた叔父のワーニャ。導入部で命からがら逃げ戻ったナッシュは、ロシアで接触していた"モグラ"の命が危うくなることを危惧し、新たな任務に復帰することを希望していたが、さてこの"モグラ"は一体誰？本作はこれが全く明らかにされないままストーリーが進行していくので、若干のイライラ感も出てくるが、その分ラスト近くでそれが明らかにされると一気に緊張感が高まってくる。『裏切りのサーカス』でも"モグラ"を巡るストーリーが最高の面白さを見せていたが、それは本作も同じだ。本作後半からは、ナッシュと恋仲になっていたドミニカが西側のスパイに寝返ったのではないかと疑われたのは当然。そして、いったんそんな疑いで拷問を受ければ、二度と復活はありえないはずだが、そこで見せるドミニカの才覚とは？ワーニャもそんな姪っ子の暴走ぶり（？）を見限り、自分自身の保身に走ったようだが、さてその結末は？他方、ドミニカは"モグラ"の名前を白状することを最後まで拒否したが、そんな状況下でロシア側が炙り出したモグラの正体とは・・・？

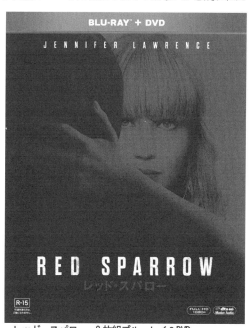

レッド・スパロー　２枚組ブルーレイ&DVD
20世紀 フォックス ホーム エンターテイメント
2018年6月27日発売　２枚組￥3,990＋税
(C)2018 Twentieth Century Fox Home Entertainment LLC. All Rights Reserved.

　本作は『くノ一忍法帖』ばりのハニートラップの面白さと、ジェニファーの不思議な女の魅力の映画。私はその程度の期待で本作を鑑賞していたが、なんのなんの。これはモグラ探しの本格スパイ映画としてもなかなかのものだ。もちろん、そのネタバレは厳禁なので、本作後半からクライマックスにかけての面白さは、あなた自身の目でしっかりと。

　　　　　　　２０１８（平成３０）年５月９日記

| Data |
|---|
| 監督：デヴィッド・リーチ |
| 原作：アントニー・ジョンストン『ザ・コールデスト・シティ』（オニ・プレスグラフィックノベル） |
| 出演：シャーリーズ・セロン／ジェームス・マカヴォイ／ソフィア・ブテラ／ジョン・グッドマン／トビー・ジョーンズ／ジェームズ・フォークナー／サム・ハーグレイブ／エディ・マーサン |

**アトミック・ブロンド**
2017年・アメリカ映画
配給／KADOKAWA・115分
2017（平成29）年10月21日鑑賞　TOHOシネマズ西宮OS

★★★★

## 👀 みどころ

　シャーリーズ・セロンがＭＩ６の女スパイに扮して、『マッドマックス　怒りのデス・ロード』（15年）とは異質のものすごいアクションに挑戦！
　ド派手な『００７シリーズ』も『ボーンシリーズ』も良いが、やっぱりスパイ映画は東西冷戦の時代がシリアス。しかも、そこに"ベルリンの壁崩壊"という歴史的事実が絡めば、より重厚に。
　その場合の難点は、スパイたちの相関図とストーリーが難しくなることだが、さて本作の工夫は・・・？

———＊———＊———＊———＊———＊———＊———＊———＊———＊———

### ■□■シャーリーズ・セロンがまたまたすごい役に挑戦！■□■

　シャーリーズ・セロンはハリウッドビューティを代表する美人女優だが、『モンスター』（03年）では、大幅に改造した肉体で連続殺人犯を怪演してアカデミー賞主演女優賞をゲットした（『シネマルーム6』238頁参照）。私はその大胆な挑戦にビックリしたが、近時の『マッドマックス　怒りのデス・ロード』（15年）では、女戦士インペラトル・フュリオサに扮して、苛酷な肉弾アクションに挑戦！同作はいつの時代？どこの舞台？誰と誰が何のために戦っているの？等を曖昧にした、近未来、世紀末をテーマにした映画だったが、砂漠の上を疾走する様々な改造車の上で繰り広げたシャーリーズ・セロンのアクロバット的アクションはものすごいものだった（『シネマルーム36』232頁参照）。
　そんなシャーリーズ・セロンが、本作ではまたまた、イギリスのＭＩ６が誇る女スパイ、ロレーン・ブロートン役に挑戦！もっとも、その原作は2012年にオニ・プレスグラフィックノベル・シリーズから発売されたアントニー・ジョンストンの『ザ・コールデスト・

シティ』だと聞いた時、本作は近時ハリウッドで大量生産されている荒唐無稽で漫画的なアクション？一瞬そう思ったが、本作の時代は東西冷戦時代、そして、舞台は１９８９年に本当に物理的に崩壊してしまった東西ベルリンの壁があったベルリンだ。その時代のスパイ映画の最高傑作は、リチャード・バートン主演の『寒い国から帰ったスパイ』（６５年）だが、本作はそんなシリアスなス

©2017 COLDEST CITY, LLC. ALL RIGHTS RESERVED.

パイものではなく、窮地からの脱出、情報収集、戦闘の能力に長けたＭＩ６の女スパイ、ロレーン・ブロートンに扮したシャーリーズ・セロンのアクションものだ。

## ■□■女の格闘技なんて知れたもの？イヤイヤさにあらず！■□■

　近時、『ジョン・ウィック』（１４年）（『シネマルーム３７』７７頁参照）に続いて、『ジョン・ウィック：チャプター２』（１７年）が公開された。このシリーズは、キアヌ・リーブス扮するジョン・ウィックの「ガン・フー」と呼ばれる、カンフーと空手などの武術と銃撃を融合させた本格的な格闘技（殺人技）が焦点だった。他方、『英国王のスピーチ』（１０年）（『シネマルーム２６』１０頁参照）でジョージ６世役を演じた英国紳士の代表ともいうべきコリン・ファースが、ＭＩ６のスパイに扮して華麗なアクションに挑戦したのが、『キングスマン』（１４年）だった（『シネマルーム３７』２１３頁参照）。しかして、シャーリーズ・セロンは本作でいかなるアクションを？

©2017 COLDEST CITY, LLC. ALL RIGHTS RESERVED.

　もっとも、いくらシャーリーズ・セロンがアクション映画に挑戦しても、彼女は所詮女。女優主体のアクション映画には、日本では志穂美悦子が主演した映画や、中国では楊紫瓊（ミシェル・ヨー）が主演した映画、タイでは美少女"ジージャー"ヤーニン・ウィサミタナンが主演した『チョコレート・ファイター』（０８年）（『シネマルーム２２』１７３頁参照）等々があり、それなりの迫力と魅力があるが、所詮女。私は毎年大晦日に放映される「ＫＹＯＫＵＧＥＮ」や「ボクシング」、そして、女性版格闘技「ＲＩＺＩＮ」を楽しみながら見ているが、それらを見ていると、男と女の格闘能力の差異は明らか。それは、将棋の世界における男女のレベル差と同じよ

うに大きいものだ。したがって、本作でいくらシャーリーズ・セロンがすごいアクションに挑戦してもたかが知れたもの。私はそう思っていたが、いやいやさにあらず、冒頭のバスタブのシーンで彼女が見せる美しい背中の筋肉は・・・？

ちなみに、『キネマ旬報』１１月上旬特別号の「リターンズカラダが目当て」で秋本鉄次氏はそれを絶賛し、「たった今、『アトミック・ブロンド』を本年度洋画ベストに決定」とまで書いているので、本作では何よりも、血まみれ傷だらけになって奮闘するハリウッドビューティ女優シャーリーズ・セロンのアクションに注目！

## ■□■東西ドイツの分割とは？ベルリンの壁とは？■□■

本作をきちんと理解するためには、①第２次世界大戦後、敗戦国であるドイツが東ドイツと西ドイツに分割されたこと、②それにもかかわらず、ドイツの首都であったベルリンは東ベルリンと西ベルリンに分割統治されたうえ、境界線上には東ドイツが「ベルリンの壁」を築いたことを理解する必要がある。

パンフレットには、「ベルリンの壁」の解説があるので、参照してもらいたい。また、東ドイツと西ドイツの位置関係、及びベルリンが東ベルリンと西ベルリンに分割統治された位置関係も、パンフレットに解説があるので、こちらも参照してもらいたい。

## ■□■暗躍するスパイたちは？複雑な人物相関図は？■□■

スパイ映画の代表作は今日まで２４作も続いている「００７シリーズ」だが、そこでも「シリアスなスパイもの」にするのか、それとも「ド派手なアクションもの」にするのかの選択がいつも迫られている。その選択の必要性はあらゆるスパイ映画で不可欠だが、本作はシャーリーズ・セロンを前面に押し出したアクション性とシリアスな社会性の二兎を追っているから、その演出は難しい。

©2017 COLDEST CITY, LLC. ALL RIGHTS RESERVED.

さらに、本作の時代はもっともシリアスな東西冷戦時代、そして、舞台はベルリンの壁がある東ベルリンだから、そこで暗躍する多数のスパイたちの所属やキャラは当然複雑になってくる。その代表はイギリスのＭＩ６と東ドイツの国家保安省シュタージだが、そこにアメリカの中央情報局ＣＩＡ、ソ連の国家保安委員会ＫＧＢ、さらにはフランスの対外治安総局ＤＧＳＥまで絡んでくるから、その人物相関図はややこしい。その内容はパンフレット等によって、あなた自身の目でしっかりと！

## ■□■ストーリーも複雑！その前編だけ紹介すると・・・■□■

　アクション性とストーリー性の二兎を追った本作は、人物相関図とともにストーリーも複雑。公式ホームページ、パンフレットにストーリーがあるので、参照してもらいたい。
　ただし、これは「前編」だけ。なお、パンフレットでも「ネタバレ注意！ご鑑賞後にお読みください」と注意書きされた「後編」は、パンフレットのラストに載せられているが、それはここに転載できないので、本作ではパンフレットの購入が不可欠だ。

## ■□■スパイ・リストは誰が？壁の崩壊は誰が？■□■

　本作はMI6のチーフであるC（ジェームズ・フォークナー）と諜報局主任であるグレイ（トビー・ジョーンズ）からの「ベルリンで何があった？」との質問に対して、ロレーンが答えていく形で進んでいく。しかし、前述した通り人物相関図とストーリーが共にややこしいので、その理解は難しい。しかし、ストーリーのポイントがベルリンで流出したスパイ・リストであることがすぐにわかるから、その危険性の大きさから生まれる緊張感はすごいものがある。なお、本作では西側と東側のスパイになる男たちの区別はわかりにくいが、フランス対外治安総局（DGSE）の美人スパイ、デルフィーヌ（ソフィア・ブテラ）は目立つので、目の保養は彼女を中心にしっかりと・・・。このように、本作ではスパイ・リストは誰が？というテーマをめぐって展開していくが、同時にベルリンの壁の崩壊という歴史的事実が東ドイツの民衆のデモ隊によって実現していく姿が登場するので、それにも注目したい。

©2017 COLDEST CITY, LLC. ALL RIGHTS RESERVED.

　スパイ・リストが外部に漏れたら多くの協力者が死ぬことになる。それ自体はわかりきったことだが、それほど価値のあるスパイ・リストであれば、それを入手したスパイはそれをそのまま上司に渡すの？それとも・・・？そこらの騙し合いをポイントとして、本作後半のストーリーはあなた自身の目でしっかりと。

　さらに、本作ラストには何度も死地をさまいながらしぶとく生き残ったロレーンが、何とも意外な形で、意外なところに登場し、目にも止まらぬ早撃ちアクションを魅せるので、それに注目！しかして、本作ラストの決めゼリフは「早く家に帰ろう」だが、そのセリフはいかなるシチュエーションで語られるの・・・？

２０１７（平成２９）年１０月３０日記

## SHOW-HEY シネマルーム

★★★★

### ドリーム

2016年・アメリカ映画
配給／20世紀フォックス映画・127分

2017（平成29）年10月9日鑑賞　TOHOシネマズ西宮OS

**Data**
監督：セオドア・メルフィ
原作：マーゴット・リー・シェタリー『Hidden Figures』
出演：タラジ・P・ヘンソン／ジャネール・モネイ／オクタヴィア・スペンサー／ケビン・コスナー／キルスティン・ダンスト／ジム・パーソンズ／グレン・パウエル／マハーシャラ・アリ／ドナ・ビスコー／ローダ・グリフィス／マリ

### 👁👁みどころ

　近時のハリウッド映画では、大量の人間が地球から他の星へ「移住」しているが、有人宇宙飛行を世界ではじめて成功させたのはアメリカではなくソ連。つまり、ガガーリンが乗ったボストーク1号だった。しかして、3人の黒人女性キャサリン、メアリー、ドロシーが計算係として参加するアメリカはNASAのマーキュリー計画の進展は・・・？

　黒人差別を描く映画は多いが、本作のように前向きで明るく、カラッとしたものは珍しい。1960年代のアメリカにおける黒人差別の実態のみならず、我が国で現在大きなテーマになっている「女性活用」や「働き方改革」の在り方にも注目！しかし、本作はマーキュリー計画？それともアポロ計画？いやいや、今更それはどうでもいい・・・？

―――＊―――＊―――＊―――＊―――＊―――＊―――＊―――＊―――＊

#### ■□■原題は？邦題は？3人の主人公は？■□■

　本作の原題は『Ｈｉｄｄｅｎ　Ｆｉｇｕｒｅｓ』。つまり、「隠された人たち」または「知られざる人たち」だ。他方、本作の邦題は『ドリーム』。どちらかと言えば暗いイメージの原題に対して、邦題はまるで正反対のイメージだが、それは本作導入部に登場する3人の黒人女性のイキイキとした姿を見ればよくわかる。

　アメリカ南部のヴァージニア州ハンプトンにある米航空宇宙局（NASA）のラングレー研究所で計算手として働き、1台の車に同乗して通勤しているのは、キャサリン・G・ジョンソン（タラジ・P・ヘンソン）、メアリー・ジャクソン（ジャネール・モネイ）、ドロシー・ヴォーン（オクタヴィア・スペンサー）の3人の黒人女性。1960年代のアメ

『ドリーム』
20世紀 フォックス ホーム エンターテイメント
(C)2018 Twentieth Century Fox Home Entertainment LLC.All Rights Reserved.

リカ南東部では、依然として白人と有色人種の分離政策が行われていた。そのため、本作冒頭ではキャサリンの少女時代の天才ぶりが紹介されるが、有人宇宙飛行の一番手を目指して米ソが宇宙開発競争を繰り広げていた１９６０年代前半では、キャサリンの天才的な数学能力も宝の持ち腐れ・・・？他方、ドロシーは上司に対して働きに見合う肩書を要求しても、あえなく却下。さらに、３人の中で一番年下のメアリーも、エンジニアトレーニングプログラムに参加するためには白人専用の大学に行かないとダメだと断られる始末だった。

　なるほど、本作はそんな３人の黒人女性が主人公だから、『Ｈｉｄｄｅｎ　Ｆｉｇｕｒｅｓ』という原題に。そう納得したが、それではなぜ邦題は『ドリーム』に・・・？

## ■□■アポロ計画？マーキュリー計画？それはどうでもいい？■□■

　デンマークの少年養護施設での実話をもとに作られた『きっと、いい日が待っている』（１６年）では、宇宙飛行士を目指す１０歳のエルマー少年の目から、１９６０年代当初の、史上初の有人宇宙飛行を目指す様子が描かれていた（『シネマルーム４０』参照）が、それを実現したのは１９６１年４月、アメリカの先を越したソ連の宇宙飛行士ガガーリンが乗ったボストーク１号だった。アメリカは同時期に「マーキュリー計画」を立て、地球周回軌道上に人間を送り込み、安全に帰還させる計画に取り組んでいたが、宇宙開発競争でははっきりソ連に後れをとったわけだ。しかして、「マーキュリー計画」の実現は・・・？また、月面への着陸を目標とした、その後の「アポロ計画」の実現は？それらをリアルタイムで見ていたであろうエルマー少年ならそこらの事情も詳しかったはずだが、２１世紀の今の時代では「マーキュリー計画」でも「アポロ計画」でも、もはやどうでもよくなっているらしい。

　本作の邦題はもともと『ドリーム　私たちのアポロ計画』とされていたが、それは明らかに歴史上の事実誤認。そのため、「マーキュリー計画を扱った作品なのに、なぜアポロ計画なのか」という趣旨の批判がＳＮＳ上に相次いだらしい。こうした批判に対して、日本での配給を担当する２０世紀フォックスは「日本の観客に広く知ってもらうため、宇宙開発をイメージしやすい『アポロ計画』という言葉を選んだ」「本作はドキュメンタリー映画ではないので、日本人に伝わりやすい言葉を思案した結果」とコメントしたが、結果的には批判を重く見て、２０１７年６月９日、『ドリーム』と変更したそうだ。

　本作はアメリカでは大ヒットしているし、そんな話題性もあってか日本でもかなりの人

気。しかも本年度のアカデミー賞の作品賞、助演女優賞、脚色賞にノミネートされているから、ひょっとして・・・？いやいや、本作の出来と私の予想では、それはちょっとムリ・・・。

## ■□■数学の実用性は？なるほど、このように活用！■□■

　キャサリンが、NASAの研究本部の計算係に採用されたのは、冒頭に描かれた彼女の天才少女ぶりのおかげ。しかし、そんな「かつての天才少女」でも、NASAではメアリーをリーダーとする計算室で上から指示された計算をしているだけだから、はっきり言って機械と同じ。そして、本作後半ではIBMが電子計算機（今でいうコンピューター）を開発すると、メアリーの計算室はごっそり廃止され、IBMを使う計算センターに組織替えされてしまうことになる。

『ドリーム』
20世紀 フォックス ホーム エンタテイメント
(C)2018 Twentieth Century Fox Home Entertainment LLC. All Rights Reserved.

『ドリーム』
20世紀 フォックス ホーム エンタテイメント
(C)2018 Twentieth Century Fox Home Entertainment LLC. All Rights Reserved.

　ちなみに、私は中学時代から数学が苦手だったから法学部に入り弁護士になったが、『博士の愛した数式』（０６年）は面白かった（『シネマルーム１０』１７７頁参照）。もしあの時、博士のような授業を聞いていれば、俺もひょっとして・・・。黒板上に数式を書き並べていくキャサリンの姿を見ていると、そんな感慨も・・・。法学部に進んだ私と違い、１学年違いの兄は京大の数理工学に進んだが、彼は一体どんな研究をしていたの？それを聞いた私に対して兄は「わかりやすくいえば、ロケットやミサイルをどうやって追跡するのかの計算をしている」と答えていた。私は当時その意味が、さっぱり分からなかったが、本作でキャサリンがやっている作業（計算）を見ていると、なるほど、なるほど・・・。

　去る１０月１０日に朝鮮労働党の結党第７２回記念日を迎えた北朝鮮では、アメリカ本土の東部まで到着するＩＣＢＭがすでに完成しているそうだが、金正恩（キム・ジョンウン）が近時大いに優遇している北朝鮮の数学者たちも、きっとキャサリンと同じような計算をしているのだろう。そう考えると、私たちが中高校時代に勉強していた数学がいかに実用的で大切なものかがよくわかる。なるほど、数学はこのように活用！

## ■□■黒人差別の実態は？キャサリンの場合は？■□■

『ドリーム』
20世紀 フォックス ホーム エンターテイメント
(C) 2018 Twentieth Century Fox Home Entertainment LLC. All Rights Reserved.

『ドリーム』
20世紀 フォックス ホーム エンターテイメント
(C) 2018 Twentieth Century Fox Home Entertainment LLC. All Rights Reserved.

アメリカでは黒人差別の悲惨さを描く小説や映画は多い。その代表的小説が『アンクルトムの小屋』だし、代表的映画が『アミスタッド』（９７年）（『シネマルーム１』４３頁参照）だ。「白すぎるアカデミー賞」と批判された第８８回アカデミー賞の反動として（？）第８９回アカデミー賞では『ムーンライト』（１６年）（『シネマルーム４０』１０頁参照）が作品賞を受賞する等、黒人をテーマとした映画の健闘が目立ったのは記憶に新しい。

しかして、原題名を『Hidden Figures』、邦題を『ドリーム』とする本作も、１９６０年代初頭にＮＡＳＡで働く３人の黒人女性を主人公として、黒人差別と女性差別を描く映画。しかし、描き方は『ムーンライト』のようなネチネチしたもの（？）ではなく、カラッとしているのが特徴だ。本作前半で描かれる黒人差別の１つは、その象徴ともいえる有色人種用のトイレ。キャサリンが所属していた計算室が入る建物には有色人種用のトイレがあったが、キャサリンが新たに配属された本部の建物には有色人種用のトイレがなかったから、キャサリンは大変。仕事の合い間にキャサリンが備え付けコーヒーを飲もうとすると・・・？さらに、研究本部に入ったキャサリンをモロに差別的な目で見る先輩ポール（ジム・パーソンズ）だが、彼のそんな差別意識の源泉は・・・？少し誇張気味だが、本作のキャサリンに見る、これらの黒人差別の実態をしっかりと！

## ■□■黒人差別の実態は？ドロシーとメアリーの場合は？■□■

自分の役割に見合った役職を与えてくれと再三願い出ていたドロシーに対して、直属上司のミッチェル（キルスティン・ダンスト）は「前例踏襲が当たり前だ」とばかりに、「それは無理だ」と答えていた。しかし、その彼女は、自分は黒人差別をしていないと「自覚」していたから、それをドロシーから指摘されると・・・？

他方、３人の中で、もっとも若いメアリーは白人の大学に入ろうとしたところ、「前例がない」と断られることに。しかし、そこに見るメアリーの行動力は凄い。自ら裁判所に乗り込み、裁判官に対して「一番最初の人間になるということがどれだけ大切かはご存知だと思います。私はＮＡＳＡでエンジニアになろうと思っていますが、自分の肌の色は変え

ることはできません。なので自分が最初の人間になる以外に選択肢はありませんし、それにはあなたのお力なしには実現できません」と訴えると、裁判官は・・・?

これも少し誇張気味だが、これらのシークエンスを見ていくとたしかに観客はスカッとする。しかし、それはきっと映画の上だけの話。もっとも、黒人差別の悲惨さを執拗に描くのも映画づくりの１つの方法だが、本作のようにカラッと描き、その賛否、判断を観客に委ねるのも１つの方法だ。さて、あなたはどちらがお好み・・・?

『ドリーム』
20世紀 フォックス ホーム エンターテイメント
(C) 2018 Twentieth Century Fox Home Entertainment LLC. All Rights Reserved.

『ドリーム』
20世紀 フォックス ホーム エンターテイメント
(C) 2018 Twentieth Century Fox Home Entertainment LLC. All Rights Reserved.

## ■□■組織のリーダーのあり方は?小池百合子氏のそれは?■□■

本作の主人公は３人の黒人女性だが、それを統括する立場で本作全編を通じて、カッコイイ存在感を見せるのが、ケビン・コスナー扮する宇宙特別研究本部の責任者アル・ハリソン。宇宙開発競争の行方を一手に引き受けるハリソンの責任は重大だし、重圧は相当なもの。そんな彼が、夜遅くまで全体を統括する仕事をやりつつ、黒人ばかりが集まる計算室の女性の能力、人柄まで配慮する姿は素晴らしい。

アメリカ大統領府における大統領とその側近たちのあり方は、トランプ大統領の就任後、色々なトラブルが続いてきたこともあって世界に知られてきたが、NASAの研究本部でも、そんな組織論は同じ。日本よりアメリカの方が会議は少ないだろうが、それでも、役職に応じて与えられる情報が異なり、決定できる権限に差異があるのも当然。そして、そのことは何を意味するかというと、メアリーやキャサリンたちは上から与えられた条件下で計算しろという任務が与えられるだけというだけだ。そこで問題は、与えられる条件が会議ごとにコロコロ変わること。それなら、キャサリンたちも、その会議に出席していれば、リアルタイムで計算し直せるのだから、いっそのことキャサリンも会議に出席させれば・・・?それがキャサリンの考えだったが、それは基本的には無理。なぜなら、その会議では別の事項も議論されるから、情報管理上、権限のない者を参加させると秘密が漏洩する危険があるうえ、何よりも前例がないからだ。なるほど、なるほど。

しかし、考えてみれば、そんな問題は私たち弁護士の世界でも同じ。そのため私は独立

して、弁護士事務所を構えた１９７０年以降は、優秀な事務員を依頼者の相談に同席させて話を聞くシステムをとってきた。メモを取らせ、記録を作らせるという形で事務員に一定の責任を持たせたうえ以後の作業も共同作業方式とし、執務室も弁護士室と事務局室を分離せず大部屋にしたが、これはその当時としては画期的なシステムだった。本作に見るハリソンの改革のあり方はそれと同じだったから私は大いに納得したが、これは一体どこまでホントなの？

　日本では去る９月２８日の衆議院の解散に合わせて、小池百合子東京都知事が「希望の党」を立ち上げたが、選挙戦の開始後、結党時の勢いを完全に失ってしまった。それはきっと小池百合子代表が本作におけるハリソンのような、あるべきリーダーの姿を示していなかったためだ。私はそう思っているが、さて、あなたは・・・？

## ■□■最後の最後は人間の計算力に依拠！■□■

　遅ればせながらアメリカでも、マーキュリー計画の成功によって宇宙飛行士ジョン・グレン（グレン・パウエル）が、地球を３周する周回軌道飛行をアメリカ人としてはじめて成功させたのは歴史的事実。この時、ＮＡＳＡの研究本部ではすでにキャサリン達の手計算ではなく、ＩＢＭのコンピューターがすべての計算をやっていたが、最後の最後にジョン・グレンが地球に帰還する地点の計算については、どうしても人間の計算力による確認が必要になったらしい。そのため、本作ラストのハイライトは、そんな状況下で宇宙飛行士のジョン・グレンもハリソンもキャサリンの計算能力にすべてを託すことになる。これも私にはどこまで本当の話かわからないし、少し誇張気味だと思うが、そんな中で発揮されるキャサリンの計算能力はすごい。まさに、少女時代に天才少女と呼ばれていただけのことがあると納得！

　ちなみに、キャサリンは『アポロ１１号』のほか、『スペースシャトル計画』でも手腕を発揮したため、２０１６年ＮＡＳＡは計算施設に彼女の名を冠しその功績をたたえたそうだから、本作に見るキャサリンの逸話も含めて本作に登場する３人の黒人女性の活躍ぶりは、ほぼＴＲＵＥ　ＳＴＯＲＹ・・・。

　　　　　２０１７（平成29）年10月20日記

『ドリーム』
20世紀 フォックス ホーム エンターテイメント
(C)2018 Twentieth Century Fox Home Entertainment LLC. All Rights Reserved.

ドリーム

ドリーム　２枚組ブルーレイ＆DVD
20世紀 フォックス ホーム エンターテイメント
2018年２月２日発売（発売中）
２枚組￥3,990＋税
(C)2018 Twentieth Century Fox Home Entertainment LLC. All Rights Reserved.

## Data
- 監督：ジョン・マッデン
- 脚本：ジョナサン・ペレラ
- 出演：ジェシカ・チャステイン／マーク・ストロング／ググ・バサ=ロー／アリソン・ピル、マイケル・スタールバーグ／ジョン・リスゴー／チャック・シャマタ／デヴィット・ウィルソン・バーンズ／ラウール・バネジャ／ノア・ロビンズ／アル・ムカダム／グレース・リン・カン

### 女神の見えざる手

2016年・フランス・アメリカ映画
配給／キノフィルムズ、木下グループ・132分

2017（平成29）年10月21日鑑賞　　TOHOシネマズ西宮OS

## 👀みどころ

　去る１０月２２日に投開票された衆議院議員選挙はメチャ面白い政治ドラマになったが、これを演出し主演女優を演じたのは小池百合子。助演男優が前原誠司と枝野幸男で、３分の２獲得賞が安倍晋三。そこにロビイストはいなかったが、アメリカ議会で新たな銃規制法案を成立させるには、凄腕のロビイストが不可欠。

　「キューティ・ブロンド」もブルーザー法の成立に頑張ったが、完璧なファッションに身を包み、眠る時間も惜しんで仕事に励む「ミス・スローン」の戦略戦術は・・・？

　都知事を投げ打って国政へ！総理の座へ！なぜ「緑のタヌキ」はそんな「肉を切らせて骨を断つ」戦略を立てられなかったの？それと対比すれば、本作はすごい。その、あっと驚く結末に私は唖然。本作もロースクールの学生は必見！

―＊―＊―＊―＊―＊―＊―＊―＊―＊―＊―

### ■□■キューティ・ブロンド VS ミス・スローン■□■

　本作は、近年のアメリカ社会、とりわけ議会や議員への「ロビー活動」を通じて、さまざまな重要法案の成否に大きな影響力を持つ「ロビイスト」という職業にはじめて焦点を当てた映画。そんな企画の映画を作る場合、れっきとした社会問題提起作として作るやり方と、娯楽作として作るやり方の２つがあるが、本作は後者だ。そのため、本作の主人公となるミス・スローンと呼ばれる凄腕のロビイストであるエリザベス・スローン（ジェシカ・チャステイン）は完璧なファッションを身にまとい、女性としての魅力を周りに見せつけながらも、決して男に媚びず、眠る間も惜しんで仕事に精を出すキャラクターに設定

された。本作で彼女がロビイストとして勝負をかけるのは、新たな銃規制法案の成立だ。

そんな本作の設定を見て思い出したのは、『キューティ・ブロンド ハッピーMAX』（03年）（『シネマルーム3』287頁参照）。それについて、私が平成15年10月18日付産経新聞に掲載した評論は次のとおりだ。

## ブロンド娘が法案成立へ奮闘

『メラニーは行く！』で大ヒットをとばしたリーズ・ウィザースプーンが『キューティ・ブロンド』のパートⅡで再登場する。女性客はブロンドの髪と何ともド派手なピンクファッションがお目当てだが、弁護士の私は「ブルーザー法案」の成立に奮闘するドラマに注目したい。

日本では10月10日に衆議院が解散され、政権交代可能な二大政党制を前提とした自民党VS民主党の対決が見モノ。ところで国会とは一体何をするところ？その答えは「法律をつくるところ」。だから国会議員の仕事は「法律をつくること」だ。しかし日本では官僚の力が強いため法律案は官僚作成で、議員は専ら陳情処理というのが実情だ。例外は、若き日の田中角栄氏が用いた「議員立法」で

ある。近時その重要性が認識されているのは喜ばしいが、更なる活用が必要だ。

ハーバード・ロースクールを卒業した有能な弁護士であるブロンド娘は愛犬ブルーザーの母犬が化粧品会社の動物実験に使われていることを知り、「動物実験禁止法（ブルーザー法）」の成立を目指し一路ワシントンへ。アメリカ連邦議会の下院議員のスタッフとなって法案成立に向けて大奮闘だ。法案提出権は議員の専権だから、その議員の獲

得が第1の課題。次の関門は常任委員会の通過だ。その確率は5％前後しかない。それがダメな場合は回避申請という奥の手が。つまり過半数の下院議員の署名を集めれば直接本会議へ法案を持ち込むことができるのだ。

さあ、キューティ・ブロンドの知恵と馬力の見せどころ。感動的なのは心に訴えかける公聴会での意見陳述と本会議でのスピーチだ。民主主義国家アメリカ、弁論の国アメリカを実感させられる。日本の弁護士や政治家はこのスピーチ術を見習わなければ‥‥。マンガみたいな映画だが、しっかりと立法システムのお勉強も。ところで日本の国会で法案が法律になるまでは？

（弁護士　坂和章平）

映画

産経新聞　2003（平成15）年10月18日

同作の主人公となったブロンド娘は、愛犬チワワの母犬が大手化粧品会社の動物実験に使われていることを知って、その救出のため新しい法律、すなわち動物実験禁止法案成立のためアメリカ連邦議会で奮闘する。彼女の役割は女性下院議員のスタッフの一員として働くことだったが、ハーバード・ロー・スクールを卒業した有能な弁護士でもある彼女の能力は凄かった。このブロンド娘はブロンドの髪とピンクのファッションがトレードマークだったが、ミス・スローンは彼女より少し年上であることもあって、濃い化粧と完璧なファッションがトレードマーク。このように両者は化粧やファッションが異なるうえ、時代と働き場所、そしてその役割と目指す法案こそ違うが、ブロンド娘は動物実験禁止法の成立に、ミス・スローンは銃規制法の成立に奮闘するストーリーは同じだ。もっとも、ブロンド娘はまっすぐでひたむきな姿が目立っていたが、凄腕ロビイストとしてのミス・スローンの働きぶりとその性格は・・・？

### ■□■陪審コンサルタント VS ロビイスト■□■

他方、ジョン・グリシャム原作の『ニューオーリンズ・トライアル』（03年）（『シネマルーム4』226頁参照）では、12人の陪審員に働きかける「陪審コンサルタント」という職業が焦点だった。それについて①朝日新聞・平成16年2月13日、②産経新聞・平成16年2月13日に掲載した評論は次のとおりだ。

「陪審コンサルタント」という職業をご存じだろうか？公開中の映画「ニューオーリンズ・トライアル」は、アメリカに実在するこの「陪審コンサルタント」を一方の主人公にしている。「12人の怒れる勇士たち」等、陪審制をテーマとする名作は多いが、銃の乱射事件で夫を殺された女性が、銃メーカーに対し損害賠償を求める民事訴訟を提起した、これまでに「勝訴判例」のない訴えは「勇敢なる決断判例」だった。原作はジョン・グリシャムの『陪審評決』。原作でも映画でも「コンサルタント」の登場は初めて。

訴訟は12人の陪審員の手に委ねられ、陪審員とは、法廷近くの喫茶店に立ち寄り、提出された証拠に検討し自分の結論を導き出すような1審理主義でなければならない。憲法にも規定されたアメリカの独立戦争以来、OJ・シンプソン事件の無罪評決といった、陪審制はアメリカの民主主義の像徴であり、かつ、すべて行われてきた。しかし、この陪審員の無理が現実との乖離を避けられない。

さらに、原告・被告いずれも勝たねばならないとなれば、次々と同様の訴訟に見舞われることが必至の被告側陪審コンサル「チームニ」の仕事ぶりはすごい。全米中央情報局（FBI）、米連邦捜査局（CIA）や米連邦技術（FBI）をふっとばさせる最先端のハイテク機器を駆使しプロファイラーさながらの情報集めは当然、そのほかに陪審員へ…

### 「評決獲得ゲーム」のあやうさ

#### 映画「ニューオーリンズ・トライアル」から裁判員制度を考える

坂和 章平
弁護士

さかわ・しょうへい 49年、松山市生まれ。大阪大学法学部卒。大阪弁護士会所属。00年から新聞、法曹誌に映画評を連載。著書に『SHOW-HEY シネマルーム1 二足のわらじをはきたくて』、『社会派熱血弁護士映画を語る』。「朝日21関西スクエア」会員。

の監視、尾行、盗聴、買収工作も抜かりはない。こんなの許しちゃっていいのか？

これだけでも相当すごい話だが、この映画が面白いのは、他の陪審員の陪審コンサルタントに「評決売ります」というメモを手渡し、情報戦で対峙する、謎の美女の登場による。陪審員の中に…

…

…

…

…

朝日新聞（夕刊）　2004（平成16）年2月13日

## あなたが裁判員になったら？

1月末、「裁判官と裁判員の数を原則3対6（一部1対4）」とする裁判員制度の法案が自公連立与党内で「政治的決着」し、骨格が発表された。これと軌を一にするかのように、『ニューオーリンズ・トライアル』が公開された。

原作はジョン・グリシャムの「陪審評決」。原作ではたばこ訴訟がテーマで、目をむくような巨額の損害賠償が認容されるが、映画では、銃の乱射事件によって夫を殺害された未亡人が、銃器メーカーを被告とした損害賠償訴訟だ。

産経・朝日・毎日・読売の各紙は、大きく紙面をさいてこの映画を紹介し、日本で新たに導入されようとしている裁判員制度との対比を試みた。特に毎日新聞は、「この事件を裁くのはあなたです。急募、あなたの判決は？」と読者に直接呼びかけた。この画期的な試みの結果は、「有罪」が58.9％、「無罪」が40.9％と出たが…。

この映画の主役は、日本の最新の広辞苑にも掲載されていない「陪審コンサルタント」。被告の銃器メーカーが、自社の存亡を賭けて雇った陪審コンサルは、CIAやFBIばりのハイテク機器を駆使して陪審員の情報を集める。評決獲得のためには、なりふりかまわない、「ゆすりたかり」（？）めいた工作まで…。

面白いのは「陪審員9号」の存在だ。彼はどうも「ウラの手」を使って陪審員にもぐり込んだらしい。さらにグリシャム小説の真骨頂は、「評決売ります」というメモを手渡す「謎の美女」が登場し、陪審コンサルや弁護士と丁々発止のやりとりを展開することだ。この銃器メーカーを被告とする訴訟が、12票の陪審員票の獲得ゲームと化していくさまが実によくわかる。

日本で一定の準備期間を経て裁判員制度が導入されれば、毎年数千人に1人の確率であなたも裁判員だ。もし、裁判員に選ばれたら、果してあなたの票は大丈夫だろうか？

（弁護士　坂和章平）

映画

産経新聞　2004（平成16）年2月13日

　ジョン・グリシャムの原作ではたばこ訴訟がテーマだったが、映画では銃の乱射事件によって夫を殺された未亡人が銃器メーカーを被告とする損害賠償訴訟がテーマにされていた。しかして、本作では、当初は銃擁護派団体から新たな銃規制法案を廃案にするためのロビー活動を依頼されたエリザベスがそれを断り、逆の立場からの依頼を引き受けて銃規制法の成立に奮闘するのがストーリーの骨格になる。

　折りしも、ラスベガスでは10月1日に史上最悪の銃乱射事件が起きたから、本作のテーマはまさにタイムリーだ。『ニューオーリンズ・トライアル』では陪審コンサルタントの汚い手口が目立っていたが、さて本作に見る凄腕ロビイストのやり口は・・・？

### ■□■言論の国では、しゃべり（プレゼンテーション）が命！■□■

　アメリカでは昨今「フェイクニュース」が飛び交っているそうだから、今でもアメリカが「言論の国」かどうかは微妙なところ。しかし、少なくとも政治や立法の世界における言論の重要性は、日本よりも高いはず。日本における言論の重要性の低下ぶりは、去る10月22日に投開票された衆議院議員総選挙における野党の離合集散ぶりをみても明らかだ。日本の漫才では機関銃のようにしゃべり続ける「しゃべくり漫才」の面白さが目立っ

ているが、近時は日本のビジネス界でも「プレゼンテーション」という言葉に代表される、しゃべりとその説得力の大切さが強調されている。近時、中国人との接点が増えている私は、日本人の内向き志向＝しゃべりの少なさと、中国人の外向き志向＝しゃべりの多さ、を痛感しているが、言論の国アメリカでは、トランプ大統領に代表される、政治家のしゃべり＝プレゼンテーションだけではなく、若者のしゃべり＝プレゼンテーションの重要性は高い。

その典型が、ハーバード大学内でｆａｃｅｂｏｏｋを立ち上げた若者、マーク・ザッカーバーグを主人公にした映画『ソーシャル・ネットワーク』（１０年）（『シネマルーム２６』１８頁参照）だった。同作ではジェシー・アイゼンバーグ演じるマーク・ザッカーバーグが機関銃のようにしゃべりまくるシーンが目立っており、そのセリフ量は膨大だった。現在の日本の若者言葉は曖昧語に満ち溢れているが、同作に見たマークたち若者のしゃべりは真剣そのもの。頭の回転の速い若者が論点を整理して自分の主張を述べ、相手もそれに対してすぐに反論を述べるから、その会話を聞いていると「さすがアメリカは言論の国！」と感心させられたものだ。それと同じように、有能なロビイストも対外的にはしゃべり＝プレゼンテーションが生命線だ。

本作のヒロインとなるエリザベス・スローンは小池百合子氏と同じような「独裁者」タイプで、自分の考え方を全てチームのメンバーに説明することはないが、それでも本作に見るエリザベスのセリフは『ソーシャル・ネットワーク』のマークと同じように早口だし、その量も膨大だ。そのため、その会話についていくのはかなりしんどい。しかし、エリザベスが考えている戦略、戦術を理解するためにはその大量のセリフを理解する必要があるので、本作ではとにかく、エリザベスの機関銃のような早口のしゃべり（プレゼンテーション）に注目！

## ■□■ロビイストもサラリーマン！ところがこのヒロインは？■□■

本作のパンフレットには①コラムニスト、山崎まどか氏のコラム「ジェシカ・チャスティンが体現するモダンなヒーロー像」、②映画評論家、町山智浩氏のコラム「アメリカの銃規制を実現するには、ミス・スローンが何人いても足りない」、③映画ジャーナリスト、斉藤博昭氏のコラム「上質なサスペンスが突きつけてくる、武装した主人公の誰にも見せない素顔」があり、これらを読めば、現在アメリカのロビイストが果たしている役割がよくわかる。

エリザベスは一匹狼のロビイストではなく、コール＝クラヴィッツ＆ウォーターマンという大手のロビー会社の一社員。しかし、凄腕ロビイストとして、クライアントの要望を実現するべく最適な戦略を立て、しかも一切の妥協を許さず完璧を求めるエリザベスの仕事ぶりは政府やメディアからも一目置かれており、社内でも「ミス・スローン」と呼ばれ畏れられる存在だった。ところが、そのエリザベスが銃擁護派団体の代表であるビル・サ

ンフォード（チャック・シャマタ）から受けた新たな銃規制法案廃止のためのロビー活動の依頼を自分の独断と偏見で断ってしまったから、エリザベスの上司であるジョージ・デュポン（サム・ウォーターストーン）は怒り心頭。その結果、「サンフォードの要求に応じる気がないなら、君にいてもらう必要はない」とまで宣言して、サンフォードからの儲け仕事をエリザベスのチームが受任するよう圧力をかけたが、さてエリザベスは・・・？「寄らば大樹の陰」のサラリーマンなら、会社をクビにされることは大変な危機だが、エリザベスほどの凄腕ロビイストになると、一匹狼でもやっていけるはず。しかして、エリザベスの決断は・・・？

## ■□■どちらの依頼を受けるのも自由？競業避止義務は？■□■

　そんな状況下のある日、新たな銃規制法案に賛成する小さなロビー会社ピーターソン＝ワイアットのＣＥＯであるロドルフォ・シュミット（マーク・ストロング）から銃規制強化のためのロビー活動への協力を要請されたエリザベスは、あっさりコール＝クラヴィッツ＆ウォーターマンを辞め、ピーターソン＝ワイアットに移籍する決心を固めたが、さあ、そこに見るエリザベスの価値観は・・・？

　弁護士の私も時には全く違う立場の双方から依頼を受けることがあるが、双方代理を禁じられている弁護士はどちらの依頼者にするかを選ばなければならない。そんな時にいつも私が従うのは自分の信念や思想信条で、決して金のために動くことはない。本作導入部の展開を見ているとそれはエリザベスも同じだが、エリザベスが本当に銃規制強化に賛成という信念を持っているのかどうかはまったくわからない。特に新たな銃規制法案への賛成・反対の信念がないのなら、どちらの依頼を受けてもいいはずだが、なぜエリザベスはあえて成功の見込みが薄く、かつ報酬も少なそうなロドルフォの依頼を受けたの？それが本作最初の論点だから、その後のストーリー展開の中でそれをしっかり見極めたい。

　また、ビジネスの世界には「競業避止義務」があり、これに違反するとそれなりの処罰があるが、本作にみるエリザベスの行動はそれに違反していないの？さらに、後述のようにエリザベスは自分のスタッフたちにも移籍するか否かの選択を迫ったから、その違法性はさらに強いのでは・・・？本作では、その点もしっかり見極めたい。

　他方、弁護士だって、自分の信念のための活動もあるが、それとは無関係なビジネスのためだけの仕事も多い。そんな時でも、「意地でも負けたくない」、「必ず勝たなければ」と思う案件があるものだが、どうもエリザベスの場合は、どんな案件でもそんな気持ちになるらしい。しかし、それは一体なぜ？単に負けず嫌いの性格のため？それとも・・・？「希望の党」を立ち上げ、当初は政権選択選挙の一方の旗頭、ひょっとして次期総理総裁とまで考えられながら、１０月２２日の投開票では大敗してしまった小池百合子氏の性格と対比しながら、本作にみる凄腕ロビイスト、エリザベスのそんな性格のあり方を考えてみるのも一興だ。

## ■□■スタッフ１人１人の選択は？■□■

　１０月２２日に投開票された衆議院議員選挙では、当初は民進党の国会議員全員がそのまま新たに小池百合子氏が立ち上げた新党である「希望の党」に合流すると報道された。ところが、その後それは小池百合子氏と前原誠司民進党代表との意思疎通不足によるものだったことが明らかになった。そして、小池氏が述べた「排除」の２文字が大問題となり、結局民進党の衆議院議員は①希望の党、②新たに枝野幸男氏が立ち上げた立憲民主党、③無所属、という３つのグループに分かれることになった。

　それと同じように、本作でも、コール＝クラヴィッツ＆ウォーターマンからピーターソン＝ワイアットへの移籍を決めたエリザベスは、自らのチームのスタッフに対して自分と一緒に移籍するか否かの選択を迫ったが、さてスタッフ１人１人の決断は？結果的に、エリザベスの同僚であるパット・コナーズ（マイケル・スタールバーグ）やダットン（ラウール・バネジャ）は残り、若手のフランクリン（ノア・ロビンズ）、ロス（アル・ムカダム）、ローレン（グレース・リン・カン）、アレックス（ダグラス・スミス）の４人は移籍を決断したが、これはきっとエリザベスの読み通り。ところが、エリザベスを理想の女性上司と慕っていた若い女性、ジェーン・モロイ（アリソン・ピル）はエリザベスに反旗を翻し、残留することになったから、正直これはエリザベスにとって誤算であり、大ショック！ちなみに、日本では毎年、理想の上司像が発表されている。そこでは、男性では野球のイチローや、女性では女優の天海祐希や篠原涼子らが常連だ。すると、本作のミス・スローンも理想の女性上司像・・・？いやいや、彼女の仕事上の能力は抜群だが、その点では実は正反対。エリザベスはジェーンにとって必ずしも理想の女性上司ではなかったわけだ。以降、エリザベスはピーターソン＝ワイアットのロビイストとして、議員の数でも、資金の面でも、圧倒的に不利な状況下で銃規制法案を成立させるためのロビー活動をしていくことになる。

　もっとも、本作冒頭では、なぜかエリザベスはスパーリング上院議員（ジョン・リスゴー）による聴聞会への出頭を余儀なくされていた。エリザベスは聴聞会で証言をするためピーターソン＝ワイアットの社内弁護士であるダニエル・ポズナー（デヴィット・ウィルソン・バーンズ）の指導下で証言の仕方を伝授されていたから、これを見ると、やっぱりエリザベスは『ニューオーリンズ・トライアル』の陪審コンサルタントと同じように汚い手口を使っていたの・・・？

## ■□■高級エスコートサービスの活用は如何なもの？■□■

　本作導入部では、エリザベスがしきりにある錠剤を服用しているのが目につくが、これは強力な眠気止めの薬。仕事がすべてのエリザベスにとっては、眠る時間ももったいないわけだ。パーティーに顔を出すのも、料理や酒はどうでもよく、ただ戦略の根回しや裏情

報を掴むのが目的だ。そんなエリザベスだから、私生活での交友はゼロに等しく、もちろん恋人もいない。そのため、「その方面の欲望」は高級エスコートサービスを活用していたらしい。とはいっても、男の私には日本的な風俗店や援助交際のシステムは知っていても、米国における女性用の高級エスコートサービスの実態は全く知らなかったから、本作のそれを見ていると、まさに目から鱗！

　ある日、そんな気分になったエリザベスは、お馴染みのエスコートサービスを呼んでいたが、当日ホテルのベッドの上で待っていたのは別の男。こりゃヤバイと思っていったんは「取り替え」を要求しようとしたエリザベスだったが、アレレ、その後の展開は・・・？この自信満々のエスコートサービスの男ロバート・フォード（ジェイク・レイシー）が本作後半からクライマックスにかけて大変なキーマンになってくるので、この男に注目！

　もっとも、アメリカがいくら個人情報の保護に熱心だといっても、政敵が相手のボロ探しをすれば、この手の情報はすぐに漏れてしまうもの。日本でもこの手のスキャンダルで政治生命を失った政治家や有名人は多いから、ロバートの存在が聴聞会でここまでスキャンダル風に追及されれば、エリザベスのロビイスト生命もアウトに！聴聞会の証言台に立ったロバートが核心に迫る質問をされた時、私はそう観念したし、エリザベスもいったんは観念したと思われたが・・・。

## ■□■「肉を切らせて骨を断つ」の神髄がここに！■□■

　「法廷モノ」の名作では証人尋問が華だが、本作は「ある疑惑」のためにスパーリング上院議員の聴聞会で証言することを余儀なくされたエリザベスが、上院議員の質問にいかに答えるかが大きなポイントになってくる。それは、本作のメインストーリーが聴聞会での証言に向けた回想的な作りとして構成されているためだ。政治をめぐるパワーゲームはいかに展開されるの？そこにおける人間同士の駆け引きはいかに？「希望の党」への民進党議員の合流が小池＝前原間の話し合いでいかに合意されていたのかは闇の中だが、今やその失敗ぶりは大きく露呈してしまった。その結果、民進党の多くの議員は、安保法制や憲法改正に賛成するのか否かの踏み絵を強要されることになったが、さて、その真相は・・・？

　それと同じように（？）、新たな銃規制法案に対してアメリカの議員たちは、それぞれいかなる距離感を持って賛否の姿勢を示していたの？それを見ていると、2年前には激しく安保法制に反対しながら、今回はあっさりそれを認めて「希望の党」への合流を認めた1部の民進党議員たちと同じように、いかにいい加減な議員が多いかがわかる。しかして、実は聴聞会の議長を務めているスパーリング上院議員の立場は・・・？

　日本には「肉を切らせて骨を断つ」ということわざがあるが、聴聞会の席で様々な「証拠」を突きつけられ、トコトン苦境に追い込まれていくエリザベスの姿を見ていると、彼女の肉はボロボロになるまで切り取られており、これには弁護士もお手上げだ。しかし、

211

エリザベスにとっては、この「追い込まれた方」もすべて想定内で計算ずく・・・？本作中盤に登場する、実は銃乱射事件の被害者だったという部下の女性エズメ・マヌチャリアン（ググ・バサ＝ロー）の「残酷な活用ぶり」を含めて、エリザベスが本作で見せる「肉を切らせて骨を断つ」戦法に注目！もちろん、その展開はネタバレ厳禁だから、あなた自身の目でしっかりと。

２０１７（平成２９）年１０月２７日記

『女神の見えざる手』　Blu-ray/DVD　発売中
価格：Blu-ray　4,800円（税抜）　DVD　3,900円（税抜）
発売元：キノフィルムズ/木下グループ　販売元：ハピネット
©2016 EUROPACORP – FRANCE 2 CINEMA

# 第5章
# 各国からの素晴らしい問題提起作その1

## アウシュビッツの悲劇をどう考える？

否定と肯定
ブルーム・オブ・イエスタディ

## 「ヒトラーもの」にはこんな物語も

永遠のジャンゴ
ユダヤ人を救った動物園　アントニーナが愛した命

## 日帝支配下の韓国にはこんな物語も

密偵
朴烈（パクヨル）　植民地からのアナキスト

## イギリスにはこんな物語も

ベロニカとの記憶
ウイスキーと2人の花嫁

## みどころ

　ホロコーストの悲惨さを描く名作は多いが、何と「ホロコーストはなかった」と主張する学者も。それを批判したユダヤ人の女性研究者が名誉毀損で訴えられ、アーヴィングＶＳリップシュタット事件が１９９６年に勃発！

　イギリスの王立裁判所での審理は、「立証責任」がアメリカや日本とは大違い！そこでの裁判手続の特徴は？弁護団の方針は？その合理性は？そして、審理の展開は？判決は？

　ハリウッドや日本には「法廷モノ」の名作が多いが、本作はイギリスの「法廷モノ」として必見！さらに「ホロコーストはなかった」との主張をそもそもどう捉えればいいの？「南京大虐殺」や「従軍慰安婦」問題等の歴史的認識はどうあるべきかを含め、腰を据えてしっかりお勉強を！

――＊――＊――＊――＊――＊――＊――＊――＊――＊

### ■□■エルサレムをイスラエルの首都に！そんな時に本作を！■□■

　本作でレイチェル・ワイズが演じた、アトランタのエモリー大学教授で現代ユダヤとホロコーストについて教鞭をとるデボラ・Ｅ・リップシュタットは、ユダヤ人。彼女が『ホロコーストの真実　大量虐殺否定者たちの嘘ともくろみ』（原題：「Denying The Holocaust: The Growing Assault on Truth and Memory」）を出版したのは１９９３年。彼女は同書でホロコーストを否定しようとする人々について初めて詳細に調査し、イギリス人の歴史学者であるデイヴィッド・アーヴィングをホロコースト否定論者であり、偽りの歴史を作り上げた人種差別主義者で反ユダヤ主義者であると断じたらしい。

　本作の導入部では、聴衆の一人として彼女の講演会に出席していたそのアーヴィング本

人（ティモシー・スポール）が、「質問」という形でリップシュタットに対して「攻撃」を仕掛けるシーンが登場する。これは今年11月に観た『笑う故郷』（16年）で、ノーベル文学賞作家ダニエルがアルゼンチンの故郷サラスの町に戻り、「名誉市民」として講演している時、故郷のことを批判ばかりしていると主張する反ダニエル派の男がそこに闖入して「攻撃」を仕掛ける風景とまったく同じだ。ダニエルと同じように、「ここで議論はしない」「出て行ってくれ」との態度を貫くリップシュタットに対してアーヴィングはこの場は退いたが、その後リップシュタットを名誉棄損でイギリスの王立裁判所に提訴したから、リップシュタットはビックリ！さあ、彼女はどうするの？

折しも、アメリカのトランプ大統領は去る12月6日に、エルサレムをイスラエルの首都と認め、アメリカ大使館をテルアビブからエルサレムに移転するという大統領選挙時の「公約」を実行に移すことを発表。それによって世界は今、北朝鮮問題と並ぶ重大な問題に直面している。さあ、たまたまそんなタイムリーな時期に、私はデイヴィット・アーヴィング対ペンギン出版・リップシュタット裁判という、それまで全く知らなかったすごい裁判を知ることに。

## ■□■アーヴィング vs リップシュタット事件とは？■□■

年配の日本人なら誰でも「東京裁判」を知っているが、「アイヒマン裁判」を知っている日本人は少ない。私も『ハンナ・アーレント』（12年）（『シネマルーム32』215頁参照）を観てはじめてそれを知り、以降『アイヒマンを追え！ナチスがもっとも畏れた男』（15年）（『シネマルーム39』94頁参照）、『アイヒマン・ショー　歴史を映した男たち』（15年）（『シネマルーム38』150頁参照）等でさらに詳しくそれを勉強した。しかして、本作ではじめて知った「デイヴィッド・アーヴィング対ペンギン出版・リップシュタット事件」とは？それは、1996年9月5日にアーヴィングがリップシュタットとペンギン出版を名誉棄損でイギリスの王立裁判所に訴えた裁判のこと。2000年1月11日に開始された同裁判は、32日間の審理を経て、判決は2000年4月11日に下されたそうだが、その展開と結末は…？

本作の原作になったのは、リップシュタットの『History on Trial：My Day in Court with a Holocaust Denier』（Ecco / HarperCollins, 2006）。なお、本作は2016年に『History on Trial』に改題。また、翻訳書はハーパーコリンズ・ジャパンより2017年に発売されているそうだ。ちなみに、本作のプロダクションノートによれば、本作の脚本を書いたデヴィッド・ヘアは「事実、ドラマチックな場面を作る必要はなかった。法廷でのやりとりは一言一句、公式記録にあったものだ。」と述べているが、さて、本作の大部分を占める法廷シーンの出来は？本作では何よりも、法廷での迫真のやり取りに注目！

アメリカでも日本でも、かつての裁判所には「かつら」がよく似合っていたようだが、今ではそんな風景は皆無。しかし、イギリスの王立裁判所では裁判官はもちろん、弁論に

立つ弁護士も立派なかつらをつけているからビックリ。その姿を含めて、本作ではイギリスの裁判制度の実態をしっかり勉強したい。

## ■□■私にもわからない論点がいっぱい！しっかり勉強を！■□■

また、本作にみるアーヴィング vs リップシュタット事件については、日本で４０年以上弁護士をやってきている私でもわからない「論点」が次のとおりたくさんある。

①本件はアーヴィングがリップシュタットとペンギン出版を訴えた民事事件で、刑事事件ではない。しかし、その請求の趣旨は損害賠償なの？それとも謝罪請求なの？また、損害賠償ならいくらの請求なの？

②イギリスに住むイギリス人のアーヴィングが、アメリカに住むリップシュタットを訴えるについて、アメリカではなくイギリスの裁判所にしたのは「地の利」からして当然だが、なぜ、王立裁判所に？王立裁判所は一般の裁判所とは何がどう違うの？

③アーヴィングは弁護士に依頼せず自分自身で訴訟をやっているが、それはなぜ？単に弁護士費用をケチっただけ？それとも、なんらかの別の思惑が・・・？

④イギリスの名誉棄損の訴訟では、アメリカと違って、訴えられた被告側に名誉棄損がなかったことの立証責任があると解説されているが、それは一体なぜ？そもそもその解説は正しいの？

⑤イギリスでは法廷弁護士（バリスター）と事務弁護士（ソリシター）の２種類があることは知っていたが、具体的にその役割はどこがどう違うの？

⑥原告と被告が同意すれば陪審制ではなく裁判官による審理を選べるそうだが、そのシステムは一体どうなっているの？

⑦リップシュタットの弁護団は膨大な体制だが、一体その弁護士費用はいくらくらい？等々だ。

本作は法科大学院の教材にぴったりだが、テーマはあくまでタイトルどおり、ホロコーストを否定するのかそれとも肯定するのかについて法廷で白黒をつけること。そのため残念ながら、私が知りたいこれらの多くの論点についての説明はない。したがって、日本人が本作をしっかり理解するについては、これらの点を自分でしっかり勉強することが不可欠だ。ちなみに、本作のパンフレットには「裁判トリビア」として、アーヴィング vs リップシュタット裁判の経過が一覧表にされているので、これは必読。とりわけ「法廷の華」である証人尋問の面白さを理解するためには、これは必読だ。

## ■□■被告の対応は？弁護士費用は？ユダヤ人社会の協力は？■□■

アトランタに住んでいるリップシュタットに対して、イギリスの王立裁判所から提訴されたとの連絡が入ったから、さてリップシュタットはどうしたらいいの？依頼すべき弁護士は？弁護士費用は？ちなみに、２０１７年１１月２８日付朝日新聞「フェイクとどう闘

うか」と題するリップシュタット氏のインタビュー記事によれば、それは２００万ドル（約２億３千万円）だが、多くの人がそれを支援したらしい。そして、最大のテーマは何よりもこの裁判は勝てるの・・・？

　また、これはリップシュタット個人に対する裁判だが、アーヴィングの狙いはあくまでホロコーストそのものの否定だから、ある意味この裁判はユダヤ社会全体に対するもの。そう考えたリップシュタットが、ユダヤ社会の各界の有力者に裁判への協力と、それに勝訴することの意義を訴えたのは当然だが、それに対する彼らの反応は？イギリスにも日本の民事訴訟法と同じように、擬制自白＝欠席判決（つまり、第１回期日に被告が答弁書を提出しないまま欠席すれば、原告の主張を認めたもの（＝擬制自白）とみなされて、請求の趣旨どおりの判決が下される）の制度があるのかどうかは知らないが、当然リップシュタットはアーヴィングの名誉毀損の請求に屈するつもりはなく、争うつもり。ところが、ロンドンで開いたユダヤ人団体の指導者たちの会合で、ユダヤ社会の有力者たちはリップシュタットに対して示談を勧めたから、アレレ・・・。一体これはどういうことなの・・・？これからの裁判闘争の大変さはわかっていても、何故そんな屈辱的なことをしなければならないの？そんなことをすれば自分の学者生命が終わってしまううえ、ユダヤ人としての使命感まで放棄してしまうことになるのでは・・・？そう考えたリップシュタットはさらに闘志をかき立てたが、いざ裁判ではどう闘えばいいの・・・？

　そんな中、アトランタに住むリップシュタットの家を、イギリスから事務弁護士のアンソニー・ジュリアス（アンドリュー・スコット）が訪れ、基本的な枠組みを打ち合わせたが、そこでリップシュタットが聞かされた、イギリスの裁判制度や各種のルールは意外なものばかり。また、弁護士費用が膨大になるため、広く社会からその応援を求める必要があったが、その総額はHow much・・・？

## ■□■弁護士には依頼者迎合型と依頼者説得型が！■□■

　弁護士は依頼者からの委任を受けて訴訟代理人になるし、弁護士費用（普通は、実費・着手金・報酬の３本立て）も依頼者からもらう。私の分類では弁護士は「依頼者迎合型」と「依頼者説得型」の２つに大別でき、私は典型的な後者だ。したがって、依頼者が私の「説得」に従わない場合には、いくら金を積まれても依頼を断ることもある。

　イギリスには法廷弁護士（バリスター）と事務弁護士（ソリスター）の２種類があり、その役割が決定的に違うことは日本にはない重要なポイントだが、本作に登場する前述した事務弁護士のジュリアスも、法廷弁護士のリチャード・ランプトン（トム・ウィルキンソン）も典型的な「依頼者説得型」弁護士で、その仕事ぶりは素晴らしい。「依頼者迎合型」か「依頼者説得型」かは、とりわけ依頼者と弁護士の考え方や、訴訟事件の処理方針が食い違う場合に顕著になるが、アーヴィングからの裁判を闘うについて明確に確認を求められたのは、第１に陪審員によるものではなく一人の判事に委ねること。第２にリップシュ

タットには法廷で証言させない方針にすることだ。さて、この2人の弁護士が立てたそんな作戦の狙いはどこに？また、実戦でのその作戦の効果は・・・？

　リップシュタットが『ホロコーストの真実』を出版したのは、アーヴィング流のホロコースト否定論を強く弾劾するため。したがって、その本人から名誉毀損の裁判が提起されたリップシュタットが、堂々と法廷に立ち自説を展開したいと考えたのは当然だ。アトランタでのジュリアス弁護士との打ち合わせではリップシュタットはその意欲満々だったが、イギリスでのランプトン弁護士を交えた打合せでは、それを完全に封印する方針にされたから、リップシュタットはかなり不満気味。本作を観ているとそんなリップシュタットの気持ちがよくわかるので、そこにも注目したい。そんなしゃべりたがり（？）のリップシュタットが法廷で一言もしゃべらせてもらえず、すべての弁論をランプトン弁護士に一任するというのはかなりの苦痛であることは明らかだが、さて法廷の中でさまざまな形で見せるリップシュタットのイライラを、あなたはどう考える・・・？

(C)DENIAL FILM, LLC AND BRITISH BROADCASTING CORPORATION 2016

## ■□■依頼者と弁護士との信頼関係は？その緊張感に注目■□■

　イギリスに渡ったリップシュタットは、両弁護士との打ち合わせの中でその狙いを聞きしぶしぶ同意したが、いざ裁判が始まりホロコーストの生存者から、自分たちもこの裁判で証言させてほしいと懇願されると、勝手にそれを承諾してしまうことに。自分と同じユダヤ人の同胞から寄せられたこの裁判への期待がリップシュタット自身にわかるだけに、このシーンを観ているとリップシュタットの返事もわからないではない。しかし、やはり

弁護士の目から見るとこれは如何なもの・・・？弁護士の了解なく勝手にそんなことをしてもいいの？私なら激怒するところだが、さて両弁護士は？私とは言い方とやり方は大きく違ったものの、結局リップシュタットはジュリアス弁護士の説得に従わざるを得なかったが、同時にこれはユダヤ人の裁判支援者たちの期待を大きく裏切ることになったのはまちがいない。しかし、裁判において大切なのは、何よりも「勝つ」こと。本作の鑑賞については、そんな視点をしっかり確立させる必要がある。

他方、法廷弁護士が法廷で論争したり、証人尋問をするについては、可能な限り資料を読み込むと共にガス室等の現場を自分の目で見ておくことが不可欠。そのため、法廷弁護士ランプトンはホロコーストの現場を訪れ、あれこれズケズケとリップシュタットの気に障る質問をしていたが、そんなランプトンの努力はしっかり法廷で実を結ぶの？さらに、リップシュタットの弁護団の最若手はアーヴィングの膨大な日記帳を全て調べ上げるという気の遠くなるような作業に挑んでいたから、これにはビックリ。もちろん、これはアーヴィング本人の同意にもとづくものだが、イギリスのこんな制度は一体どういう考えのもとに生まれているの？

ハリウッドの本格的法廷モノはたくさんあるが、イギリスの王立裁判所におけるアーヴィングvsリップシュタット事件の丁々発止のやり取りは、まさに法科大学院の教材に最適。もちろん、証人尋問の下手クソな日本の多くの弁護士も、こりゃ必見！本作の中盤から後半にかけて展開される法廷風景をしっかり鑑賞しながら、依頼者であるリップシュタットとランプトン弁護士とジュリアス弁護士との間に信頼関係が醸成されていくサマと、その間に生まれている緊張感に注目！

## ■□■公判３２日目。裁判官のこの発言をどう理解すれば？■□■

日本でも裁判員裁判がかなり定着してきたが、連続審理、長期審理が続く大事件になると、裁判員の負担は大変。しかし、裁判官はそれが仕事だから、王立裁判所の裁判長は一人で連日にわたって見事な訴訟指揮を続けていた。本作導入部で、リップシュタットの講演会に聴講者の一人として参加していたアーヴィングが講演終了後リップシュタットを質問攻めにする姿にはビックリしたが、そこでみる彼の演説（私たちが大学時代によく使った言葉ではアジ演説）の能力は抜群。彼の講演会では、そんな彼のしゃべり方が結構聴衆に受けていたし、アーヴィングvsリップシュタット裁判の前半では、弁護士を使わず自分自身の弁論術で進める訴訟戦術もそれなりの見事なものだった。そのため、ランプトン弁護士もタジタジとなり、リップシュタットが心配するシーンもあったが、公判が１０日も２０日も続き、長期戦になってくると、さすがに少しずつアーヴィングの訴訟能力とリップシュタット弁護団の訴訟能力の違いが見えてくるように。

リップシュタットとリップシュタットの弁護団は審理の進展状況を日々チェックしながら、審理は有利に進んでいると判断していたが、３２日目の公判で、裁判長が突然「アー

219

ヴィングの意図的な資料の改ざん・解釈は反ユダヤ主義とは関係ないのではないか」と述べ、さらに「反ユダヤ主義が信念を持つ発言ならウソと非難できないのではないか」と述べたから、被告側はビックリ。ランプトン弁護士は直ちにその反論を述べたが、さてこの裁判長の発言をどう理解すればいいの・・・？

日本でもアメリカでも、裁判長の訴訟指揮のやり方やちょっとした発言は、裁判所の心証形成がどのようになっているかを判断する重要なサインとなるが、それはイギリスの王立裁判所でも同じ。「反ユダヤ主義が信念を持つ発言ならウソと非難できないのではないか」という裁判長の発言を額面どおり受け取れば、ひょっとしてこの裁判はリップシュタットの敗訴・・・？一気にそんな心配が広がったが、さて言い渡された判決の結論とその理由は・・・？

## ■□■「ホロコーストはなかった」との主張をどう考える？■□■

西欧流の憲法や刑事訴訟法の大原則の１つに「無罪の推定」がある。つまり、刑事事件の被疑者や被告人には、有罪の判決が確定するまでは無罪の推定が働くから、新聞やテレビ等のマスコミから「犯人はあいつだ！」と決めつけられている人間でも、法律上そう決めつけるのはダメ、ということだ。それと同じように（？）、今ドキ「地球は平らだ」と主張すれば、「お前はバカか」と言われるが、あなたは本当に地球は丸いことを知ってるの？また、ナチスドイツによるホロコーストの悲惨さは誰でも知っていると思っているが、あなたはホントにそれを知ってるの？

本作における、アーヴィングの「ホロコーストはなかった」との主張や、「ガス室はなかった」等の主張をあなたはどう考える？また、それを裏付けるためのアーヴィングのさまざまな具体的な主張、たとえば、「強制収容所のガス室は遺体の消毒のための部屋だった」等の主張を聞いていると、私でも「なるほど」と思わざるを得ない説得力（？）がある。すると、「南京大虐殺」や「従軍慰安婦」問題など、今なお「論争」が続いている、さまざまな歴史的事実の認識問題についても、どう考えればいいの・・・？

ちなみに、本作のパンフレットには木村草太氏（憲法学者）の「ディナイアル」というＲＥＶＩＥＷがあり、そこでは「ホロコーストはなかった」との主張を、「地球は平らだ」との主張の他、集団的自衛権行使容認の合憲違憲を巡る論争と比較対照して論じている。しかし、私はこの解説には全然納得できない。何が真実かの判断は、アーヴィング vs リップシュタット事件の判決文が３３３ページにも及んだことからも明らかなとおり、きわめて難しいわけだ。この裁判の結末は多分あなたの想定の範囲内だろうが、その思考過程やその論拠付けについては、本作の鑑賞を契機として改めてしっかり考えてみたい。

２０１７（平成29）年12月14日記

## ◉◉みどころ

　負の過去、負の歴史と真摯に向き合うため、ドイツでは今なおホロコースト研究が盛ん。そこが同じ敗戦国でも、日独の大きな違いだ。

　しかし、アウシュビッツ会議を成功させるためとはいえ、祖父をナチの親衛隊（ＳＳ）の大佐に持つドイツ人男と、祖母がホロコーストで殺されたユダヤ人女の組み合わせは最悪。そのうえ、キャラ的にもこの２人の男女は最悪。２人とも協調性がなく、エキセントリックで、しかも性的には・・・？

　そんな映画が、なぜ東京国際映画祭で最高賞を受賞したの？安易な純愛ドラマにうつつを抜かすのもいいが、たまにはこんな皮肉たっぷりの映画で、脳天に刺激を受けるのもいいのでは・・・。

――＊――＊――＊――＊――＊――＊――＊――＊――＊――

### ■□■テーマはホロコースト！それが恋愛劇に！ユーモアも！■□■

　近時、ナチスドイツのホロコーストをテーマにした映画が途切れることなく続いている。それは大きく分けて、①『ミーシャ　ホロコーストと白い狼』（０７年）（『シネマルーム２３』９６頁参照）、『縞模様のパジャマの少年』（０８年）（『シネマルーム２３』１０１頁参照）、『カティンの森』（０７年）（『シネマルーム２４』４４頁参照）、『黄色い星の子供たち』（１０年）（『シネマルーム２７』１１８頁参照）、『アンネの追憶』（０９年）（『シネマルーム２９』１４５頁参照）、『サウルの息子』（１５年）（『シネマルーム３７』１５２頁参照）のように、ホロコーストを真正面から描いたもの、②『ハンナ・アーレント』（１２年）（『シネマルーム３２』２１５頁参照）、『アイヒマンを追え！ナチスがもっとも畏れた男』（１５年）（『シネマルーム３９』９４頁参照）のように、歴史上の事実を真正面から分析

したもの。そして、③『ヒトラー暗殺、１３分の誤算』（１５年）（『シネマルーム３６』３６頁参照）、『顔のないヒトラーたち』（１４年）（『シネマルーム３６』４３頁参照）、『帰ってきたヒトラー』（１５年）（『シネマルーム３８』１５５頁参照）、『ヒトラーの忘れもの』（１５年）（『シネマルーム３９』８８頁参照）、『手紙は憶えている』（１５年）（『シネマルーム３９』８３頁参照）のように、様々な角度からひねったものの３つに分けられる。

しかして、本作はその第３のグループで、何とナチスのホロコーストを題材としながら、その内容は一種の恋愛劇。しかも、さすがに「男はつらいよシリーズ」のような娯楽作ではないものの、ユーモアたっぷりの映画だから、まずはそんな企画にびっくり！ええっ、そんなことって可能なの？

(C) 2016 Dor Film-West Produktionsgesellschaft mbH / FOUR MINUTES Filmproduktion GmbH / Dor Filmproduktion GmbH

## ■□■東京国際映画祭で東京グランプリを受賞！■□■

本作は２０１６年の第２９回東京国際映画祭のコンペティション部門で最高賞たる東京グランプリとＷＯＷＯＷ賞を受賞したもの。９８の国と地域の応募の中から選ばれた全１６作の中から選出されたそうだから、すごい。さらに、上記全１６作品の中には、私も興味深く鑑賞した、日本からの蒼井優主演の『アズミ・ハルコは行方不明』（１６年）（『シネマルーム３９』未掲載）と、杉野希妃監督・主演の『雪女』（１６年）（『シネマルーム４０』未掲載）も含まれていたから、いわばそれらを押しのけて最高賞に選出されたわけだ。

ちなみに、東京グランプリの審査委員長を務めたジャン・ジャック・ベネックス監督は、「映画はそのときの悲劇の瞬間を描写しますが、年々にそのイメージが薄れ、思い出も消えてしまいます。卓越した映画作りとは、それを越えて過去の罪を正しい視点でまた伝えるというもの」と評価したらしい。就任間もない小池百合子東京都知事から表彰状と麒麟像を受け取った本作のクリス・クラウス監督は、それを高々と掲げて喜びを爆発させたうえ、「非現実的でシュールな気分です。特に１９歳、２０歳の頃にベネックス監督の映画を見ていたので、同じ舞台に立てて夢がかなったような気持ちです」と興奮気味に話したそうだ。まさか、この２人の監督の出来レースではないと思うので、率直にこの受賞に拍手！

## ■□■２人の組み合わせの「最悪さ」に注目！■□■

本作の主人公は、ナチの親衛隊（ＳＳ）の大佐だった祖父を持つ４０歳のドイツ人男性トト・ブルーメン（ラース・アイディンガー）と、ユダヤ人の祖母がホロコーストで虐殺されたユダヤ人女性ザジ・ランドー（アデル・エネル）の２人。第２次世界大戦の終了から７０年を過ぎた今、日本では広島、長崎の原爆被害の語り部たちが次々と亡くなっているが、それはドイツにおけるホロコーストの犠牲者たちも同じ。本作中盤にはアウシュビッツ会議への出席を要請されているホロコースト生還者である老女優ルビンシュタインが登場する。また、冒頭には、バーデン＝ヴュルテンベルク州司法行政・中央研究所の重鎮ノルクス教授が登場する。このルビンシュタインやノルクス教授が戦争第１世代なら、トトやザジたちは第３世代、つまり孫の世代だ。ドイツではそんな孫の世代が今なおホロコースト研究を続けているわ

(C) 2016 Dor Film-West Produktionsgesellschaft mbH / FOUR MINUTES Filmproduktion GmbH / Dor Filmproduktion GmbH

(C) 2016 Dor Film-West Produktionsgesellschaft mbH / FOUR MINUTES Filmproduktion GmbH / Dor Filmproduktion GmbH

けだが、この２人の主人公の組み合わせは最悪！

本作のストーリーは、ノルクス教授が自分の感情すら制御できないトトの代わりに、アウシュビッツ会議の責任者として選んだバルタザール・トーマス（ヤン・ヨーゼフ・リーファース）から、トトがフランスにやってくる研修生ザジの世話係を命じられたところから始まっていく。トトとザジの組み合わせが最悪なら、スクリーン上に見る２人の出会いも最初から最悪。そのため、映画の主要部分を占める２人の会話の多くは議論を越えたケンカ的色彩が強くなる。また、トトは導入部のノルクス教授やバルタザールとのアウシュビッツ会議の打ち合せぶりをみればわかる通り、かなりの変わり者（性格破綻者？）だが、２人の会話を聞いていると、ザジもトトに勝るとも劣らない変わり者（性格破綻者？）であることがわかる。

ストーリー紹介から明らかなように、トトは妻のハンナ（ハンナー・ヘルツシュプルンク）との家庭生活はすでに破綻しているが、ザジとの会話の中でその原因がトトの性的不能（インポテンツ）にあることまで明らかにされていくから、その生々しさにビックリ！さらに、ストーリー紹介にあるように、フランスから研修生としてやってきたザジが、なぜバルタザールと恋愛関係（もっとハッキリ言えば、肉体関係）にあるの？そこらあたりをみていると、ザジはエキセントリックを超えて、性格異常とギリギリの境界線上にあるようだ。しかし、トトもザジもこんな性格破綻者（？）になっているのは、すべてホロコースト研究と、その加害者・被害者だった祖父と祖母のせい・・・？

## ■□■２人の恋模様の展開は？日本の純愛ものとは大違い！■□■

近時の邦画は、東宝を中心とする若者の恋愛ドラマで花盛り。さすがに今の私はとんとそういう映画への興味を失ったが、中学、高校時代は吉永小百合、浜田光男の純愛路線や、加山雄三、星由里子の「若大将シリーズ」が大人気だったし、それに夢中になっていたものだ。しかして、本作のメインはトトとザジのアウシュビッツ会議の開催に向けた懸命の奮闘ぶりだが、その活動の中で２人の間で顕著になっていく対立点や対決点とは・・・？また、そんな中でも意外に深まっていく２人の恋模様とは？

(C) 2016 Dor Film-West Produktionsgesellschaft mbH / FOUR MINUTES Filmproduktion GmbH / Dor Filmproduktion GmbH

ストーリーの進行につれて、ザジの方はトトのことを事前に周到に調べ上げたうえドイツにやってきたことが明らかになっていく。それに対して、トトの方はザジについて何の情報を持っていなかったから、プライベートを含む２人の会話において大きな「情

(C) 2016 Dor Film-West Produktionsgesellschaft mbH / FOUR MINUTES Filmproduktion GmbH / Dor Filmproduktion GmbH

報格差」があったことは明らか。したがって、２人の会話のすべての局面においてザジの方が圧倒的に優位に立っていたのは仕方ない。その結果、本作中盤ではトトはザジの言動に振り回されっ放しにされてしまうから、かわいそう。そんな中、妻のハンナに慰めを求めて電話すると、タイミング悪くそこでハンナの裏切りに気づくから、これもまさに泣きっ面にハチだ。もっとも、妻との性生活が不能なんだとザジに告白する局面になると、さすがにザジはトトに優しく接してくれたから、さあ、そこでのトトの男性機能の復活は・・・？

ザジから「排卵の音が聞こえたから、どうやら妊娠したらしい」との言葉を鵜呑みにしたトトの馬鹿さ加減はさておき、本作には近時の日本の純愛ドラマとは全く別次元の到底思いつかないような恋模様の展開が見られるので、それに注目！

## ■□■負の過去、負の歴史と向き合う必要性を再確認！■□■

自分の祖父がナチの親衛隊（ＳＳ）の大佐だったというトトは、ホロコースト研究家として祖父の告発本を出版して世の評価を得たほどだから、家族から勘当され兄とは絶縁状態に。その私生活も研究生活もハチャメチャになっていたが、これらはすべてドイツの負の過去、負の歴史と向かい合い過ぎているため・・・？ザジの方も外見はかわいいが、しゃべることはいちいち癪に障るし、行動は極めてエキセントリック。そのうえセックス関係は自由奔放もいいところだから、少し付き合ってその本性を知れば、それ以上関わり合いになるのは嫌になるタイプ。トトは何度もそういう気分になったはずだが、ザジがその腹いせに（？）自分で自分の頭にペンキをかけてまで謝罪してくる姿を見ると、ついつい・・・。多分これも計算ずくなのだろうが、こうなると男は弱いものだ。本作の２人の

主人公を見ていると、このように負の過去と負の歴史に向き合うことに精一杯で、未来志向性などは、とても、とても・・・。

そこで翻って考えてみると、日本でも日清・日露戦争以降の朝鮮への侵攻、そして、１９３０年代の中国大陸への侵攻、さらには、太平洋戦争への突入という負の過去、負の歴史に日本人がいかに向き合うかという議論が延々と続いている。他方で、世界で唯一の原爆の被爆国としてその悲惨さを語り継がなければならないという論調もあるが、圧倒的に向き合う必要性が強調されるのは加害者としての負の側面だ。たしかに、その必要性はあり、それはナチスやホロコーストを生んだドイツも同じだが、日本におけるそ

(C) 2016 Dor Film-West Produktionsgesellschaft mbH / FOUR MINUTES Filmproduktion GmbH / Dor Filmproduktion GmbH

(C) 2016 Dor Film-West Produktionsgesellschaft mbH / FOUR MINUTES Filmproduktion GmbH / Dor Filmproduktion GmbH

の向き合い方はドイツに比べると圧倒的に小さいことが指摘（批判）されている。たしかに、同じ戦争第３世代（孫の世代）の日本には、トトやザジのようなホロコースト研究家は存在せず、逆に、戦後７０年続いた平和の中で、「あの戦争」の負の側面に何の興味も示さない若者が繁殖している。

中学、高校時代から歴史が大好きだった私は、大人になってからも小説や映画の中で歴史を勉強してきたし、映画評論を書き始めた２００１年以降は自分なりに「あの戦争」と向かい合ってきた。とりわけ２０００年８月の中国への初旅行以降は、私と中国との関係はどんどん広がってきている。そんな中、私としては本作の鑑賞を契機として再度（負の）過去、（負の）歴史と向き合うことの大切さを再確認し、特に中国に対してはその姿勢をさらに強化していきたい。

２０１７（平成２９）年１１月１日記

## Data
監督・脚本：エチエンヌ・コマール
出演：レダ・カテブ／セシル・ドゥ・フランス／ベアタ・パーリャ／ビンバム・メルシュタイン

### 永遠のジャンゴ

2017年／フランス映画
配給：ブロードメディア・スタジオ／117分

2017（平成29）年11月29日鑑賞　　テアトル梅田

## 👀 みどころ

　ジプシー音楽といえばフラメンコ。そう思っていたが、ナチスドイツに占領されたフランスのパリでは、ギタリストのジャンゴが楽団を率いて、ロマ音楽とスイングジャズを融合させた、何とも魅力的な演奏を！そこでは、思わず立ち上がってステップを踏み始める観客が次々と・・・。

　平和な時代なら、小室哲哉の音楽を凌ぐ世界的大ヒットになったのだろうが、何せ時代は最悪！ナチス高官のファンがいても、それだけではとても、とても・・・。

　彼の政治性やスイスへの逃亡劇には不満点も多いが、ラストではじめて聞く「レクイエム」の荘厳でもの哀しい響きには思わず涙が。『アマデウス』（84年）で聞いたモーツァルトの「レクイエム」と対比したが、さてあなたは・・・？

―――＊―――＊―――＊―――＊―――＊―――＊―――＊―――＊―――＊―――＊―――＊―――

### ■□■ジャンゴの軽快なジプシースウィングに注目！■□■

　ロマ（ジプシー）の音楽がなぜ美しいのか？それは私にはわからないが、本作冒頭に見るように、キャンプで火を囲みながらロマたちが弾くギターやバイオリンの音色は美しい。その直後に理不尽にも彼らはみんな殺されてしまうから、なおさらその音楽は哀愁を誘う。

　それに対して、ナチス占領下のフランスのパリにある、もっとも華やかなミュージックホールでジプシー出身のギタリスト、ジャンゴ（レダ・カテブ）が数人の仲間と共に弾くジプシースウィングは、同じロマの音楽ながら軽快で楽しくリズミカル。そのため、誰でも自然にリズムをとり、踊り出しそうになってしまう。なるほど、これがロマ音楽とスウィングジャズを融合させて「ヨーロッパ初の偉大なジャズミュージシャン」と称され、後々

227

の世界中のミュージシャンたちに大きな影響を与えた天才ギタリスト、ジャンゴの音楽なのだ。

## ■□■天才ギタリストの政治カンは？■□■

　本作の導入部を見ているとそのことはよくわかるが、「俺たちジプシーは戦争などしない。俺はミュージシャンで演奏するだけだ。」といくらタンカを切っても、ジャンゴのスタンスとは別に、ナチス占領下のパリではユダヤ人とロマ人への迫害は強化されていくことに。もっとも、ジャンゴの音楽はドイツの高官にも気に入られていたから、ジャンゴの愛人ルイーズ（セシル・ドゥ・フランス）を通じてベルリンのコンサートで演奏すれば、ジャンゴの楽団員や家族たちの生命、安全は保証されるし、多額のギャラさえもらえるらしい。政治情勢に能天気なジャンゴと違って、時の情勢に敏感なルイーズはジャンゴのために強引にベルリンでの演奏をすすめ、ルイーズを嫌うジャンゴの妻ナギーヌ（ベアタ・パーリャ）も同じ姿勢を示したが、さて当の本人は・・・？

　「そんな演奏は真っ平ご免だ」と考えているジャンゴは、ある日、右手に包帯を巻き「ケガをしたから演奏はムリだ」と、とってつけたような説明をしたが、そんなことでナチスドイツの高官をごまかせるの？そして、危機を無事に乗り切れるの…？

## ■□■ナチス高官の前での演奏など真っ平！しかし・・・■□■

　ナチスドイツによるユダヤ人やロマ人への弾圧も当初は緩やかだったから、早くから国外へ逃亡した人はホロコーストを逃れたらしい。しかして今、ジャンゴたちはルイーズの協力を得て、スイスへ逃亡するためスイスと国境を接するトノン・レ・バンの町に移動していたが、なかなか手はず通りにコトが進まないらしい。

　そのためジャンゴは妻ナギーヌや母親ネグロス（ビンバム・メルシュタイン）、楽団員らとともにあるジプシーのキャンプで世話になっていたが、そこでの食い扶持を稼ぐため即席バンドを結成し、素性を隠して演奏することに。おいおい、そんなことをして大丈夫なの？そんな状況がパリやベルリンにバレたら、ジャンゴたちの所在が明らかになり、厳罰が下されるのでは・・・？

## ■□■晩餐会でのイヤイヤながらの演奏は？■□■

　そんなジャンゴの元にやってきたのはルイーズ。スイスへの逃亡の手引きが遅々として進まないことにイライラしていたジャンゴはルイーズに対して不満をぶつけたが、それに対するルイーズの返事は「あなたは、いつだって自分中心ネ！」というキツイもの。そりゃそうだ。ルイーズは命を張ってナチス高官の間を渡り歩き、さまざまな策を弄して、ジャンゴたちの生き延びる道を探り続けていたのに、この言い方は・・・？

　しかして、ここでもルイーズの命を張った計画は、近々催されるナチス高官が集う晩餐

会で、ジャンゴたちが演奏している間に負傷したイギリス兵を含めたジプシーたちを脱出させるというもの。ナチス式の制約がいっぱいつけられた演奏に不満があるものの、ジャンゴはこの際、それに従うしかなし。しかして、その演奏は当初は単なるバックミュージックにすぎなかったが、少しずつテンポが速まり、出席者が自然にリズムをとってくると、あちこちで立ち上がりダンスの輪が・・・。これをリードし、ナチス兵の警戒の目を緩めるべく、積極的にダンスのステップを踏んだのはルイーズだったが、会場が大盛り上がりになる中、遂に「音楽中止！」の命令が。その時は既に多くのジプシーたちの湖を渡る脱出行は成功していたが、さて、晩餐会に残ったジャンゴやルイーズたちの運命は・・・？

## ■□■アルプス越えのスイスへの脱出は？■□■

『サウンドオブミュージック』（65年）に見たトラップ大佐一家のアルプス越えは成功したが、1943年という時代に、ジプシーたちが国境の山を越えて、スイスに脱出することがそう簡単にできるはずはない。私はそう思っていたが、本作ラストのシーンではあっけなく（？）ジャンゴの国境越えが成功してしまうのでアレレ・・・。

まあ本作は音楽映画で、ユダヤ人三兄弟のナチスへの抵抗を描いた『ディファイアンス』（08年）（『シネマルーム22』109頁参照）のような難しい「戦争モノ」ではないから、ここをサラリとすませたのは仕方なし・・・？しかし、その次に、いきなり1945年のナチスドイツ敗北後のシーンが登場したことにはビックリ！思わず、これはちょっと手を抜きすぎでは・・・？

## ■□■ジャンゴ作曲の「レクイエム」に涙■□■

そこで生き残ったジャンゴの指揮で演奏されるのが、ジャンゴ作曲の「レクイエム」だ。「レクイエム」といえば、何といってもモーツァルト作曲の「レクイエム」が有名で、『アマデウス』（84年）ではその壮大な音楽がラストに登場し大いに感動を呼んだが、それは本作も同じだ。この曲は、スイスへの逃亡を計画している際に、偶然釣り場で知り合ったひとりの神父の勧めに従って、パイプオルガンを使ってジャンゴが作曲したものだが、現在その譜面はごく一部しか残っていないらしい。本作でそれが上演できたのは、音楽家・ウォーレン・エリスがその一部の楽譜にインスピレーションを得て、新たに作曲したためだが、さてその出来は・・・？

逃亡に向けたストーリーには荒さ（雑さ）が目立ったが、本作におけるジャンゴのギター演奏のすばらしさと、ジプシー音楽のエッセンスの表現は抜群。そして、ラストの「レクイエム」の演奏には思わず涙が・・・。

2017（平成29）年12月4日記

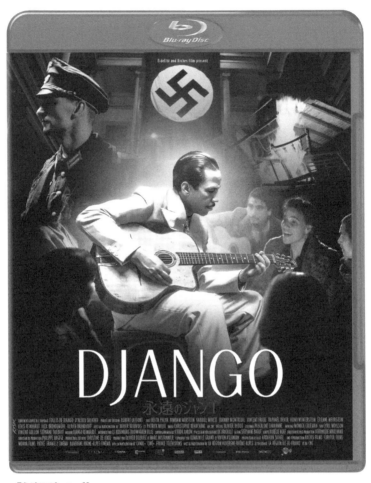

『永遠のジャンゴ』
Blu-ray／DVD　2018年7月3日発売
価格：Blu-ray　¥4,800＋税、DVD　¥3,900＋税
発売元：ブロードメディア・スタジオ
販売元：ハピネット
©2017 ARCHES FILMS – CURIOSA FILMS – MOANA FILMS – PATHE PRODUCTION – FRANCE 2 CINEMA – AUVERGNE-RHONE-ALPES CINEMA

## ★★★★ ユダヤ人を救った動物園 アントニーナが愛した命

2017年／アメリカ映画
配給：ファントム・フィルム／127分
2017（平成29）年12月23日鑑賞　TOHOシネマズ西宮OS

**Data**
監督：ニキ・カーロ
原作：ダイアン・アッカーマン『ユダヤ人を救った動物園　ヤンとアントニーナの物語』（亜紀書房）
出演：ジェシカ・チャスティン／ダニエル・ブリュール／ヨハン・ヘルデンブルグ／マイケル・マケルハットン

### 👀みどころ

　『シンドラーのリスト』（９３年）のオスカー・シンドラーはユダヤ人を自社で働かせることによって、『杉原千畝　スギハラチウネ』（１５年）の杉原千畝は「命のビザ」を発給することによって、それぞれ多数のユダヤ人の命を救ったが、ポーランドのワルシャワには邦題通り「ユダヤ人を救った動物園」が！

　そこで命を救われたユダヤ人は約３００人だが、そこでの緊張感を強いられた「日々の業務」を見ていると、この夫妻の決断と行動力に大きな拍手を送りたい。そして同時に、もし自分がその立場に置かれていたら・・・？それも、きちんと考えたい。

　さらに考えるべきは、ひょっとして今も同じような「開戦前夜」かも？ということ。ワルシャワの動物園はナチスドイツの侵攻に蹂躙されたが、もし朝鮮半島有事となれば、日本は・・・？

———＊———＊———＊———＊———＊———＊———＊———

### ■□■イントロダクションは？■□■

　公式ホームページによれば、本作の「イントロダクション」は次の通りだ。

> ユダヤ人300名を動物園の地下に匿い
> その命を救った、勇気ある女性の感動の実話。
> 本当に大切なものを見つめる心、
> 命の輝きを描いた映画史に刻まれる、珠玉の名作が誕生。

## ■□■これが開戦前夜？この動物園の風景は？■□■

　本作は、『ユダヤ人を救った動物園　アントニーナが愛した命』という邦題の通り、「ユダヤ人３００名を動物園に匿い、その命を救った勇気ある女性の感動の実話」。そして、ダイアン・アッカーマン原作による、＜ＢＡＳＥＤ　ＯＮ　Ａ　ＴＲＵＥ　ＳＴＯＲＹ＞を映画化したもの。近時「ナチスもの」「ホロコーストもの」の名作は多く、先日は『否定と肯定』（１６年）を観て大いに感動したばかり。今日はそれに続く「感動予想作」だが、『否定と肯定』のような知らないことばかりの映画でなく、最初からそのストーリーは想像できる映画。

　ちなみに、ナチスドイツがいきなりポーランドへの侵攻を開始したのは１９３９年９月１日だが、その直前のポーランドの首都ワルシャワの状況は・・・？当時ワルシャワに、ヨーロッパ最大の規模を誇る動物園があったことは知らなかったが、冒頭毎朝の日課の通り、園内を自転車で巡り、動物たちに声をかけて回るアントニーナ（ジェシカ・チャスティン）の姿は幸せそう。夫のヤン（ヨハン・ヘルデンブルグ）も政治、外交、軍事面の不安は感じつつ日々の仕事に精を出していたが、「開戦前夜」って、こんなもの・・・？

　ちなみに、米中戦争は先の話だろうが、北朝鮮の暴発はすぐ近くに迫っているはず。すると、今はある意味での「開戦前夜」だが、それが分析されるのは今から何年も何十年も先のこと・・・？

## ■□■「ゲットー」の中は？あの名作とは異なる視点から■□■

　『聖なる嘘つき　その名はジェイコブ』（９９年）は、ナチスドイツの占領下にあったポーランドのある町の、ユダヤ人居住区、「ゲットー」での物語。そのテーマは、ソ連軍（解放軍）がわずか４００ｋｍ先の町まで侵攻しているというゲットーの住人たちにとって「生きる希望」に直結する貴重な情報だった。しかし、ゲットー内にそんな情報が流れていることを聞きつけた「ゲシュタポ」（秘密警察）たちは・・・？（『シネマルーム１』５０頁参照）

　また、『戦場のピアニスト』（０２年）では、ワルシャワのラジオ局でショパンを演奏していたユダヤ人のピアニストが、ゲットーでの生活を余儀なくされながら、脱出後、隠れ家の中に身を潜めて隠れ続け、数々の危機を乗り越え、戦後またピアニストとして生涯を全うしたという奇跡的な物語が感動的に描かれていた（『シネマルーム２』６４頁参照）。これらの名作では、それぞれゲットー内部の様子がリアルに描かれていたが、さて本作に見るワルシャワに作られたゲットーの中は？

　ゲットー内では、理不尽な少女のレイプ事件もあったはずだ。そんなニキ・カーロ監督の女性らしい視点から、ゲットー内に入ったヤンが、ドイツ兵に拉致される１人の少女を目撃するシーンも登場する。その少女がその後に受ける運命も含めて、さて、ゲットーの

中のユダヤ人たちの実態は？本作ではそれは直接描かれず、あくまでポーランド人で動物園の経営者であるヤンやアントニーナの視点からゲットー内の実態と、その中でのユダヤ人の生活が描かれる。したがって、本作では、『聖なる嘘つき　その名はジェイコブ』や『戦場のピアニスト』とは異なる視点と私たちの想像力を駆使することによって、しっかりゲットーの中を観察したい。

## ■□■動物たちの命は？動物園の存続は？ヤンたちの狙いは？■□■

ナチスドイツ軍の侵攻によってヤンが経営する動物園が閉鎖されたのは当然だが、そこで第1に問題になるのは動物たちの命、第2にヤンたちの生活をどうするかだが、さて、＜ＢＡＳＥＤ ＯＮ Ａ ＴＲＵＥ ＳＴＯＲＹ＞である本作に見るその展開は？

動物好きやその研究者はポーランドに限らず、ドイツにもいるもの。ヒトラー直属の将校で動物学者であるヘック（ダニエル・ブリュール）は、希少価値のある動物の繁殖実験のため動物園を存続させたいとの狙いを持っていたから、ヤンが動物園で豚を飼いたいと申し出ると、両者の利害が一致し、たちまちＯＫに。たしかに、広い動物園を閉鎖してしまうのはもったいない。そこがドイツ軍の食料になる豚の飼育場になるのなら、そりゃグッドアイデア。てなワケで、多数の動物たちの命は奪われてしまったものの、動物園自体は豚の飼育場として存続することが決まったから、ヤンとアントニーナはひと安心。他方、豚の餌はどうするの？それは、ゲットー内で生活するユダヤ人たちの残飯を使えば一石二鳥。なるほど、なるほど・・・。その結果、ヤンはヘックからゲットー内に入る通行証をもらい、「日々の業務」に従事したが、さて、そこに秘めたヤンとアントニーナの狙いは・・・？

## ■□■ヤンの仕事は？匿われたユダヤ人たちは？■□■

『シンドラーのリスト』（９３年）のオスカー・シンドラーはユダヤ人を自社で働かせることによって、『杉原千畝　スギハラチウネ』（１５年）の杉原千畝は「命のビザ」を発給することによって、それぞれ多数のユダヤ人の命を救った。杉原千畝が「命のビザ」を発給したのは、合法か違法かギリギリの判断の中だったが、いざその「発給業務」を開始すれば、その後は加速度的にそれが早まったのは当然（『シネマルーム３６』１０頁参照）。それと同じように、今やヤンの日常業務は、車でゲットー内に入るたびに持ち帰る残飯の中に２、３人のユダヤ人を潜り込ませて動物園内に運び入れ、動物たちが殺されて空になった地下の檻の中に彼らを匿うことになっていたが、その量は？スピードは？なるほど、これはうまく考えたものだ。しかし、地下に匿ったユダヤ人たちの脱出ルートはどうするの？それはあなた自身の目で確認してもらいたいが、この日常作業は観客席から見ているだけでも大変。だって、昼間にはヤンの動物園や家の中に人の出入りがあるから、地下のユダヤ人たちは声を出すこともできず、夜になるとやっと家の中に入って休息する有様だったのだから。もちろん、そんな息の詰まる、危険いっぱいの生活でも、ゲットー内にい

るよりはマシ。そう考えていたヤンとアントニーナが日々の作業を続けているうちにその数はどんどん増え、最終的に救出したユダヤ人が約３００人になったわけだからすごい。しかし、こんなシステムが全くバレずにずっと続くの？そこが心配だが・・・？

## ■□■外でのヤンの日常業務も大変だが、内を守るのも大変！■□■

　動物園の施設をうまく活用しながらユダヤ人の救出を考えたヤンのアイデアは秀逸。しかし、そのアイデアに沿って動物園の地下に潜り込みながら、脱出を目指すユダヤ人たちも大変なら、ゲットーと動物園を車で往復し、その日常業務に従事するヤンも大変。さらに、動物園と家の中を守り続けるアントニーナも大変だ。地下のユダヤ人たちに危険を知らせたり、逆に安全になったことを告知するためアントニーナが考えたアイデアは、ピアノを弾くこと。映画の中では具体的に説明されないが、きっとどんな場合にはどんな曲と決めたのだろう。それによって一糸乱れぬ行動が取れれば問題ないが、天井板一枚、壁一枚を隔てただけの空間内だから、ユダヤ人たちの話し声はもちろん、怪しげな音が聞こえただけで、全員が危険にさらされるのは必至。しかし、子供が急に泣き出したり、大人だってくしゃみをすることもあるのでは・・・？そんな心配をしていると、案の定・・・。

　他方、冒頭のシーンで見る限り、動物園内を自転車で走り回っているアントニーナは、一人息子がいるもののかなり魅力的な女性。同じように動物好きなヘックにとって、彼女は当然好みのタイプだろう。すると、事実上ヘックの支配下にある動物園内で、アントニーナが毎日のように動物園の管理と希少動物の繁殖のためという名目で顔をつき合わせていると・・・？しかも、亭主のヤンは外での仕事が忙しいから、アントニーナを構うことができないとなると・・・？

　本作は女性監督の演出だけに、露骨にヘックの（性的）欲望を表に出さないが、アントニーナにはそんな危険がいっぱい。さあ、アントニーナはそれをいかに振り払うの？しかし、時には地下のユダヤ人たちが立てた音をごまかすため、アントニーナの方から抱擁を求めたり、場合によればキスを求めるような態度を示すことも・・・。しかし、そりゃちょっとヤバイ。アントニーナのそんな態度を、もしヤンが目撃すれば、ヤンの気持ちは・・・？

## ■□■戦況の展開は？ソ連軍は？強制収容所は？■□■

　今になれば、ポーランドに侵攻し、電撃作戦を開始したナチスドイツが、その後次第に劣勢になったことは誰でも知っている歴史的事実。しかし、侵攻されたワルシャワの住人たちやゲットーに収容されたユダヤ人たちにそれがわかるはずはない。つまり、彼らは情報から完全に遮断され、何の希望を持てない中で、日々の生活を送らざるを得なかったわけだ。しかし、その後の情勢の変化は？ナチスに抵抗するポーランド人民の内部蜂起は？ソ連軍の東からの反抗は？そして、ナチスドイツの撤退は？他方、次第に強まっていくゲットーから強制収容所へのユダヤ人の輸送状況は・・・？

234

本作は、時系列に沿ってそのことを少しずつ（程よく？）説明してくれるが、そこで私が納得できないのは、後半に至って、銃を持ったヤンがナチスに立ち向かっていること。これも本当に＜ＢＡＳＥＤ　ＯＮ　Ａ　ＴＲＵＥ　ＳＴＯＲＹ＞なの？また、スクリーン上では銃に撃たれて倒れてしまうヤンの姿が登場し、その後戦争終結に至るまで行方不明になっているから、ヤンの生存は絶望的・・・？

　本作後半はそんな展開になるが、そこで私がさらに納得できないのはアントニーナがヘックに見せる態度。ヤンが行方不明になったのは仕方ないし、アントニーナが何とかヤンの情報を得たいと願うのは当然。そして場合によれば、たとえそれが死亡確認情報でも無いよりはマシ。それが正直なアントニーナの気持ちだったことも理解できる。しかし、その情報を得るため、アントニーナが積極的にヘックの元を訪れるのは如何なもの・・・？ナチスの敗北が近づく中、ヘックもベルリンへの撤退の準備をしていたが、ただならぬアントニーナの訪問に対応する中、長い間隠されていたアントニーナたちの隠れた狙いを知ることになると・・・。

## ■□■ラストもホント？映画としては少し甘いのでは？■□■

　本作は中盤のスリリングな展開が最大の見せ場で、手に汗を握る緊張シーンが続いていく。しかし、ナチスドイツの敗色が濃くなる後半では、ヤンは既に死亡してしまったようだし、ヘックは撤退していくだけだから、動物園での業務もほぼ店じまい・・・。そんな展開になっていく。しかし、そこに登場する前述した私には少し納得できないアントニーナのヘックに対する行動のため、ある意味で無用な混乱が生じ、ヤンやアントニーナの一人息子の命も「あわや！」という危険にさらされることになる。私はその展開は「映画としては少し甘いのでは？」と思わざるを得ないので、その展開はあなた自身の目で確認してもらいたい。

　さらに、それに輪をかけたのが、終戦後動物園を再開したアントニーナのもとに、死んでいたはずのヤンが無事に戻ってくること。このハッピーエンドも本当に＜ＢＡＳＥＤ　ＯＮ　Ａ　ＴＲＵＥ　ＳＴＯＲＹ＞・・・？そして、これも映画としては少し甘いのでは・・・？

２０１７（平成２９）年１２月２８日記

## みどころ

　『暗殺』(15年)は日本統治下の１９３０年代だったが、本作は１９２０年代。そして『暗殺』でも主要人物の一人だった「二重スパイ」が本作では主役に。舞台も京城（現在のソウル）と上海だし、独立運動団体、義烈団による朝鮮総督府の要人暗殺がメインだから、両者を比較対照すれば一層面白い。

　ドイツで「ナチスもの」「ヒトラーもの」、そして「ホロコーストもの」「アイヒマンもの」が続出しているのと同じように、韓国でもこの手の反日・抗日ものが次々と。その頂点が近々公開予定の『軍艦島』(17年)だが、日中関係、日韓関係が微妙な中、そんな映画状況をどう考えればいいの？

　それはそれとして、中盤の「列車モノ」の「密室モノ」としての面白さを含めて、本作全体の面白さと演出の冴えに拍手！他愛もない「純愛モノ」が続出している邦画よりこっちの方が断然面白いから、日本人の映画関係者は１９２０年代、３０年代以上に今、頑張らなくっちゃ・・・。

――＊――＊――＊――＊――＊――＊――＊――＊――

### ■□■ドイツでも韓国でも次々とこんな映画が！■□■

　ドイツでは『ハンナ・アーレント』(12年)（『シネマルーム32』215頁参照）の公開前後から、「ナチスもの」と「ヒトラーもの」、そして、「ホロコーストもの」と「アイヒマンもの」が次々と公開されている。その中でも、近時の『帰ってきたヒトラー』(15年)（『シネマルーム38』155頁参照）や『手紙は憶えている』(15年)（『シネマルーム39』83頁参照)、そして、10月29日に観た『ブルーム・オブ・イエスタディ』(16年)は、設定をかなりひねった面白い着想の映画だった。

236

それと同じように、韓国では今、日本統治時代（日本によって韓国が植民地にされていた１９１０年～１９４５年）における反日活動家たちの活躍を描いた映画が、チェ・ドンフン監督の『暗殺』（１５年）（『シネマルーム３８』１７６頁参照）の大ヒット以降次々と公開されている。その最大の話題作は、これから日本でも公開される予定のリュ・スンワン監督の『軍艦島』（１７年）だが、その反日の描き方は過大過ぎると共に、史実に基づいていないとの批判も強いから、自分自身の目でしっかり確認しなくちゃ。また、私は観ていないが、ホ・ジノ監督の『ラスト・プリンセス　大韓帝国の最後の皇女』（１６年）やイ・ジュニク監督の『朴烈』（１７年）もそうらしい。さらに、パク・チャヌク監督の『お嬢さん』（１６年）は、激しいドンパチ戦はないものの、１９３９年の日本統治下、朝鮮人でありながら身も心も日本人になりたいと願う中年男の官能的で耽美的、ＳＭ的で倒錯的なテイストを特徴とする面白い映画だった（『シネマルーム３９』１８９頁参照）。

　歴代第７位となる１２７０万人もの観客動員を果たした『暗殺』は、１９３３年１１月７日に強行された、爆弾による朝鮮総督府司令官の暗殺をハイライトとする暗殺団たちの血沸き肉躍るドラマで、カッコいい女スパイがウエディングドレス姿で血に染まりながら拳銃をぶっ放すシーンがメチャカッコよかったが、さて、本作は？

## ■□■本作の時代は１９２０年代。テーマ、舞台、主人公は？■□■

　本作は『暗殺』とほぼ同じ系譜の映画で、１９２０年代の日本統治下における独立運動団体、義烈団と日本警察との対決（日本統治への抵抗、反抗＝爆破、暗殺）を描くもの。『二重スパイ』（０３年）ではタイトル通り、ハン・ソッキュ演ずる二重スパイの悲哀が描かれていた（『シネマルーム３』７４頁参照）し、『インファナル・アフェア』３部作でも潜入捜査官とマフィアの二重スパイが主人公にされていた（『シネマルーム３』７９頁、『シネマルーム５』３３６頁、『シネマルーム７』２２３頁参照）。それは『暗殺』も同じで、二重スパイが重要な意味を持つことになる。

　それに対して、本作の主人公は、朝鮮人でありながら朝鮮人の情報を売ることによって朝鮮総督府の警部にまで出世しているイ・ジョンチュル（ソン・ガンホ）。ジョンチュルが何故そんな立場を選択しているのかは、導入部で警察の大部隊を率いる彼が義烈団のリーダーであるキム・ジャンオク（パク・ヒスン）を追い詰める攻防戦の中で明らかとなる。つまり、ジョンチュルは旧友であるジャンオクに武力による抵抗が無駄なことを何とかわからせようと最後まで説得を試みるわけだが、結果は「売国奴！」と罵られ、ジャンオクは「大韓民国万歳！と」叫びながら自決することに・・・。

　ジョンチュルの上司であるヒガシ部長（鶴見辰吾）はジャンオクの生け捕りに失敗したことに不満だが、仕方なし。しかし、ジョンチュルを信頼する一方、ジョンチュルへの疑いも捨て切れないヒガシは、以降ハシモト（オム・テグ）と情報を共有しながら共同作業をするように命じたから、そのココロは・・・？そもそも、スパイ活動、諜報活動なんて

237

ものは秘密主義が当然なのに、互いの信頼関係もないまま、そして人間的には本質的に敵
対しあう、日本人のハシモトと朝鮮人のジョンチュルをペアにしたのは如何なもの・・・？

## ■□■義烈団の闘士たちの人物像は？その任務は？■□■

　ヒガシ部長の命令でジョンチュルが接触を開始したのは、義烈団の生き残りのリーダー
であるキム・ウジン（コン・ユ）。彼は京城（現在のソウル）で写真館を営んでいたが、そ
の裏の顔は？そして、そこに出入りしている美女ヨン・ゲスン（ハン・ジミン）の裏の顔
は？日本の警察としては、京城には入らず上海で義烈団の指揮を執っている団長のチョ
ン・チェサン（イ・ビョンホン）を逮捕したいわけだが、チェサンに関する情報をどうや
って集めればいいの？

　本作中盤ではジョンチュルが警部という立場を明らかにして堂々とウジンに近づき、互
いに飲み明かしながら「友人」になっていくストーリーが描かれる。飲み会終了時にはウ
ジンがジョンチュルのことを、阪神タイガースの金本知憲監督の呼び名と同じ「アニキ」
と呼ぶほどまでに深まったが、もちろんこれは互いに嘘八百の駆け引き。去る１１月９日
に行われたトランプ大統領と習近平国家主席の「米中首脳会談」みたいなもの（？）だ。

　ウジンについて日本の警察が握ってる情報はほんのわずか。それを深めるには、秘書の
ような、恋人のようなヨン・ゲスンの身柄を確保すれば一番いいのだが、そのためにはど
の作戦がベター？内部でのライバルになってしまったジョンチュルとハシモトの連携がう
まくいかないこともあって、中盤の展開はウジン側が有利、ジョンチュルとハシモト側に
不利な展開だが、さて、ヒガシの次なる指示は？そして、ジョンチュルの次なる作戦は・・・？

## ■□■舞台は京城から「世界の摩天楼」上海へ！■□■

　『暗殺』ではハワイピストルと呼ばれるマカロニ・ウエスタン風の雰囲気を持った奇妙
な殺し屋が登場したが、その舞台は「世界の摩天楼」と呼ばれた中国の上海だった。日本
統治下の京城では危険すぎるため、韓国の反日活動家たちの拠点は西欧列強の租界地があ
る上海に置かれたわけだ。それと同じように、本作中盤、ヒガシ部長やジョンチュルたち
の攻勢が強まる中、ウジンたちもやむなく京城の拠点を引き払って上海に逃れていたが、
そこには義烈団の団長チェサンも潜んでいた。ところが、今やヒガシやジョンチュルたち
の追及の手は上海にまで及んできたから、ウジンもゲスンもチェサンに対して拠点をさら
に北の満州に移すよう進言したのは当然だ。

　ところが、あくまで京城に爆弾を持ち込んで要人の暗殺を狙っているチェサンは断固そ
れを拒否。そればかりか、逆に彼はジョンチュルを「二重スパイ」として義烈団側に取り
込むことを提案。そのため、某日、某所で、何とジョンチュルとウジン、そしてチェサン
の３人が飲み明かすことになったから、すごい。３人で飲んだ酒の量も半端ではないが、
それ以上に注目すべきはそこでの３人の息詰まるような会話と神経戦。これを見事に演出

したキム・ジウン監督の冴えとソン・ガンホ、コン・ユ、イ・ビョンホンという３人の俳優の演技力に拍手すると共に、その緊張感は各自の感覚でしっかりと味わってもらいたい。

近時の法科大学院から司法試験に合格した、人間の洞察力に欠如した弁護士なら、３人はそこで「ちゃんとした契約書を作っておくべきだ」などと馬鹿げたアドバイスをするかもしれないが、コトはそんな単純なレベルではない。チェサンは「人を見る目を持っている」と自信を見せていたが、さて、ジョンチュルはホントに二重スパイになることを承諾したの？ジョンチュルはチェサンに対して「警部になっても、公務員の給料なんて知れたものだ」と言っていたが、多分経済的な問題はこの際無関係。それは２５歳以下の若手のために設けられた新たなポスティング・システムの中で、大リーグに「二刀流」をひっ提げて挑戦する大谷翔平選手も同じだろう。ウジン最大の任務は、爆弾作りの外国人を含めた多数の人員と大量の爆弾を上海から京城に運び込むこと。もちろん、その後の爆弾による要人暗殺計画の実行も重要だが、そのためにはまず爆弾の運び込みを成功させることが大前提。さあ、その作戦の手順は？展開は・・・？

## ■□■爆弾の運搬は船？列車？密室内の攻防戦に注目！■□■

ジャッキー・チェンが「列車モノ・アクション」に挑戦した『レイルロード・タイガー』（１６年）は反日、抗日映画ながら、コメディ色満載の楽しいエンタメ巨編だった（『シネマルーム４０』１７２頁参照）。「列車モノ」の「密室モノ」としての面白さは、馮小剛（フォン・シャオガン）監督の『イノセントワールド－天下無賊－』（０４年）（『シネマルーム１７』２９４頁参照）やポン・ジュノ監督の『スノーピアサー』（１３年）（『シネマルーム３２』２３４頁参照）等で実証されている。

しかして、本作後半からは、大量の爆弾を船で輸送するとの偽装を見事に成功させたウジンやゲスン達が列車内の三等席や一等席に分乗する姿が描かれる。列車は、このまま「義烈団御一行様」と共に上海から京城へ一路滑り込むだけ。そうなれば理想だが、ジョンチュルとハシモトのコンビも馬鹿ではないから、列車内を歩き回ってウジン達が乗り込んでいるのではないかと捜索の手を強めることに。さあ、この時点ではジョンチュルは日本警察の味方？それとも義烈団の二重スパイ・・・？ジョンチュル役を演じるソン・ガンホは韓国の主演俳優として初の累計観客動員数１億人を記録した名優。したがって、本作ではハングル語と日本語の両方を操りながら、二重スパイなのか否か自体を微妙に隠したまま、列車の中で複雑な動きを見せるので、それに注目！

来たる１２月に公開されるアガサ・クリスティ原作の『オリエント急行殺人事件』（１７年）は「列車モノ」の名作だが、そこでは密室内における殺人犯の追及がポイントになる。それと違って本作では、ジョンチュルとヒガシが連携して義烈団のメンバーが乗り込んでいないかを調べるだけだから、その仕事は簡単。一見そう考えられるが、ギリギリのところまでハシモトの側に立つジョンチュルの行動や、随所で見せるウジンの機転等々により、

列車内での緊張感が続いていくので、それに注目。そして、最後には食堂車で拳銃をぶっ放すドンパチの死闘につながるわけだが、さて、その勝者は？

## ■□■京城駅での一斉検挙は？爆弾のありかは？■□■

　列車内という密室での駆け引きが本作後半最初の見どころなら、京城駅に到着した後の一斉検挙の網が次の見どころになる。ハシモトからの連絡を受けた日本警察は、総力を挙げて京城駅での一斉検挙態勢を敷いたから、これにて義烈団は一網打尽に！そして、爆弾もすべて押収されることに！そうなってしまえば映画はおしまいだから、結果は逆であることはわかっているが、それでも本作における京城駅での一斉検挙を巡る攻防戦は見どころいっぱいだ。

　もっとも、銃を使った攻防戦には一定の犠牲がつきもの。日本警察が義烈団のメンバーであるか否かを判定するのはその顔写真だが、ゲスンは身元が割れておらず、氏素性はもちろん顔も分からなかったのでは・・・？本作導入部では、写真館の中でのウジンとゲスンとの淡い恋模様の中でシャッターが切られ、美しいゲスンの顔が印画紙の中に浮かび上がっていたが、ここに至ってはそれがアダになるので、ここではそんな布石にも注目したい。いずれにしてもウジンは何とか一斉検挙の網を逃げ延びたものの、ゲスンは顔写真がアダとなって逮捕。そして今、ヒガシの命令の下、そのゲスンからウジンの所在を聞き出す尋問（拷問）役はジョンチュルだ。既に顔には殴打の跡が、そして足の爪にはペンチの跡が顕著だが、そこでヒガシが命じたのは、美しいゲスンの頬へ焼きゴテを当てること。頑強に抵抗していたゲスンもこれには悲鳴を上げたが、知らないものを白状するのは所詮無理。しかし、ここでそんな弁解が通用するはずはないから、さあスクリーン上では・・・？

　義烈団にそんな苦難が続く中、ある日とうとうウジンも逮捕され、ヒガシの手に落ちてしまったから、もはや万事休す。義烈団の計画は水の泡に・・・？スクリーン上ではこのようにゲスンもウジンも逮捕される姿が描かれるが、肝心の爆弾のありかは？そして今やヒガシの下で飼い犬のように働いているジョンチュルのハラの中は・・・？

## ■□■爆弾のセットは？その標的は？■□■

　トム・クルーズがヒトラー暗殺の実行犯となるナチス将校役を演じた『ワルキューレ』（08年）（『シネマルーム22』115頁参照）も、『ヒトラー暗殺、13分の誤算』（15年）（『シネマルーム36』36頁参照）も、ヒトラーのすぐ近くにセットした爆弾の爆発には成功したものの、ちょっとした手違いのため、ヒトラーの暗殺はならなかった。それに対して、『暗殺』では見事に成功させた爆弾の爆発から標的の暗殺に向かう作戦が開始されたが、さて本作のハイライトとなる朝鮮総督府での爆弾のセットとその爆発の成否は？

　本作は『暗殺』と違って、総督府内部の指揮命令系統がきちんと描かれておらず、日本警察の警務局部長に過ぎないヒガシ部長の存在感がやけに大きいのが少し不自然だが、こ

240

の際そんな些末なことは無視。『ワルキューレ』や『ヒトラー暗殺、１３分の誤算』と同じように、標的の予定に合わせて爆弾をセットする手順や、それを手筈通り爆発させた後の攻撃と退却作戦の展開に注目したい。そして、本作ではそれを実行し指揮するジョンチュルの「勇姿」に最大限注目したい。

　『暗殺』でもラストは法廷シーンとなり、１９４９年当時既に６０歳を越えた主人公の一人が「裏切り者」として裁かれる姿が印象的だったが、そこまでに至る様々な権謀術策の様が出色だった。しかして本作でも、ゲスンは逮捕、拷問のあげく死体になってしまったし、ウジンも独房に入ったままだが、なぜか朝鮮総督府内の爆破事件を伝え聞いたウジンの顔には微笑みが。それは一体なぜ？

## ■□■二重スパイは味方にも？それを前提とした次の作戦は？■□■

　ジョンチュルの二重スパイらしき活動は既にバレており、列車による爆弾運搬情報が日本警察に流されたのは、義烈団の内部に日本警察の二重スパイがいたため？そう考えたウジンは列車の中で「ある策」を思いつき、見事に義烈団内の二重スパイを炙り出したが、この手の騙し合いはエンドレスに続くものだ。ウジンの逮捕は、「ある情報」を得たジョンチュルがそれをウジンに伝えたところ、「ある情報」の伝達自体が罠だったためだ。ウジンの逮捕に向けたそんな騙し合いの展開はスリル満点の面白さだが、もしそれ自体が想定の範囲内だったとしたら・・・？つまり、ゲスンに続くウジンの逮捕によって、日本警察＝ヒガシ達に爆弾による要人暗殺計画はとん挫したと思わせる罠だったとしたら・・・？

　『ワルキューレ』ではヒトラーの暗殺に最も縁がないと思われたナチス将校が実行犯になったが、本作で朝鮮総督府内に爆弾を運び込み、ヒガシ暗殺の実行犯になるのは一体誰？それはもちろん本作で二重スパイとなるジョンチュルだが、ジョンチュルとハシモトの連携が悪かったのに対し、ジョンチュルとウジンとの連携の素晴らしさはがラストに向けての大きなポイントだ。その根本に朝鮮人ＶＳ日本人の対立と対比される、朝鮮人同士の同胞としての思いや誇りがあったことは明らかだが、さて本作ではそれをどのように演出？

　この手の映画は邦画での演出は絶対無理で、韓国映画特有のものだが、本作ではキム・ジウン監督の演出の見事さに拍手を送りたい。ちなみに、本作を『暗殺』とセットで見れば、より「あの時代」の「そんな問題」が一層よくわかるので、是非それをおすすめしたい。

２０１７（平成２９）年１１月２４日記

「密偵」
レンタル DVD　セル BD＆DVD 発売中
発売元：彩プロ
*The Age of Shadows* © 2016, Package Design & Supplementary Material Compilation
© 2018 Warner Bros. Entertainment Inc. Distributed by Aya Pro. All rights reserved.

## 朴烈（パクヨル）植民地からのアナキスト

2017年／韓国映画
第13回大阪アジアン映画祭オープニング上映／128分
2018（平成30）年3月15日鑑賞　シネ・リーブル梅田

### 👀みどころ

「日帝」支配下の朝鮮半島では「三・一独立運動」等の抵抗運動や暗殺（未遂）事件が起きたが、関東大震災が発生した１９２３年には甘粕事件（大杉事件）とは別に、朴烈事件が発生！しかして、「植民地からのアナキスト」朴烈とは？その同志のアナキスト、金子文子とは？

大逆罪とは？その構成要件は？法定刑は？治安維持法とは？それらは戦前の日本の天皇制と軍国主義を理解するうえで不可欠な知識だが、その他、予審とは？予審判事とは？

さらに当時の「人権派弁護士」の代表ともいえる布施辰治弁護士をあなたは知ってる？本作は韓国の本格的「法廷モノ」の新たな教材として必見！

―＊―＊―＊―＊―＊―＊―＊―＊―＊―＊―

### ■□■朴烈事件とは？「この手」の韓国映画は必見！■□■

明治維新１５０年記念として、２０１８年のNHK大河ドラマは『西郷どん（せごどん）』を放映しているが、「征韓論」で西郷隆盛と大久保利通が対立するのは物語後半になってからだから、ハイライトは秋以降になるだろう。２０１７年５月に就任した韓国の文在寅大統領は、朴槿恵前大統領が２０１５年１２月に、日本と「最終的」かつ「不可逆的」な解決として締結した「慰安婦問題日韓合意」の「破棄」をほのめかしている。これは彼の支持者へのパフォーマンスもあるが、その根底にあるのは１９１０年の日韓併合条約によって朝鮮半島と朝鮮人に対する「日帝」の支配が続いたことへの反発だ。

韓国では日帝支配下の韓国で起きた抵抗運動や１９１９年の「三・一独立運動」を描いた映画は多く、かつおおむね人気が高い。これは、中国では今でも日常的にテレビで「反

日・抗日ドラマ」が放映されているのと同じようなものだ。２０１５年に歴代７位の１２
７０万人の観客を動員した『暗殺』（１５年）は、その典型だ（『シネマルーム３８』１７
６頁参照）。本作はその邦題を見ただけで「この手の映画」だとわかるから、本作は必見だ
が、朴烈事件とは一体ナニ？

　ウィキペディアは、朴烈事件について次のとおり解説している。すなわち

> 朴烈事件（ぼくれつじけん）とは、１９２３年に逮捕された朝鮮人無政府主義者朴烈とそ
> の愛人（内縁の妻）である日本人の思想家の金子文子が皇室暗殺を計画したという大逆事
> 件と、その予審中の風景を「怪写真」として世間に配布させて野党の立憲政友会が政府批
> 判を展開したという付随する出来事である。朴烈・文子事件とも言う。

　この手の映画は歴史の勉強の素材としても必見！

## ■□■韓国の本格的「法廷モノ」の新たな教材として必見！■□■

　アメリカも日本も法廷モノの名作は多いが、近時は中国でも『再生の朝に―ある裁判官
の選択―（透析）』（０９年）（『シネマルーム３４』３４５頁参照）や『我らが愛にゆれる
時（左右）』（０８年）（『シネマルーム３４』３５０頁参照）、『ビースト・ストーカー／証
人』（０８年）（『シネマルーム３４』４５３頁参照）、インドでも『裁き』（１４年）（『シネ
マルーム４０』２４６頁参照）等の法廷モノの名作が目立っている。しかして、韓国では
『依頼人』（１１年）（『シネマルーム２９』１８４頁参照）と『弁護人』（１３年）（『シネ
マルーム３９』７５頁参照）が法廷モノの名作として大ヒット。

　２００９年５月２３日に釜山の自宅近くの岩山から飛び降り自殺した盧武鉉元大統領が、
若き日の「人権派弁護士」として「釜林（プリム）事件」（国家保安法違反事件）にのめり
込んでいく姿を描いた『弁護人』は、歴史の勉強はもとより弁護士として各種選択と生き
方を考えるうえで法律を学ぶ人たちに必見の本格的法廷モノだった。それに続いて２０１
７年に韓国で大ヒットした、ちょっと異色な「法廷モノ」が本作だ。

　日本では『日本共産党闘争小史』（４８年）に描かれた日本共産党の指導者・市川正一の
治安維持法違反事件が歴史的に有名だが、「大逆罪」で裁かれたアナキストとは一体ダレ？
本作前半はアナキストたちの活躍ぶりが見どころだが、後半からは戦前の「大逆罪」の成
否をめぐる本格的（？）法廷モノとなるので、その展開に注目！そして、韓国の本格的「法
廷モノ」の新たな教材としても必見！

## ■□■大杉栄を知ってる？朴烈は？金子文子は？■□■

　本作はその邦題だけで時代背景がわかる。アナキストと聞くだけで、私たち日本人は１
９２３年９月１日に発生した関東大震災の大混乱の中で、甘粕正彦憲兵大尉によって虐殺
された大杉栄のことを思い出すが、朴烈とは一体ダレ？金子文子とは一体ダレ？大杉栄と
その内縁の妻で作家であった伊藤野枝の生涯や、「甘粕事件（大杉事件）」のことは、吉田

喜重監督の『エロス＋虐殺』（７０年）でも有名。しかし、韓国人の青年・朴烈と、彼の同志で生活を共にしながらアナキスト活動に命を捧げた日本人女性・金子文子のことはほとんどの日本人は知らないのでは？

ネット情報によれば、２人の人物像は、次のとおりだ。

---

朴烈・・・・・朝鮮人の無政府主義運動家。１９０２年、慶尚北道に生まれる。三・一独立運動後、１９１９年に日本へ渡り日本で社会主義運動に参加。そこで金子文子と出会い、公私にわたるパートナーとなる。関東大震災後の１９２３年９月３日、金子文子とともに検挙。大逆罪に問われ、死刑判決を下されるが、恩赦により無期懲役へ減刑。第二次世界大戦終結後に出獄し、大韓民国へ帰国。１９７４年、北朝鮮で死亡したとされている。

金子文子・・・大正期に活動した無政府主義思想家。１９０４年、横浜市に生まれる（戸籍上は１９０２年生まれであるが、本当の生年は確定できない）。複雑で恵まれない家庭環境で育ち、親類の元を転々とする生活を送る。９歳から１６歳までの間を朝鮮半島で過ごし、１９１９年には独立運動の光景を目の当たりにする。直後に帰国し１７歳で単独上京。社会主義者との交流の中で朴烈と出会う。関東大震災直後に検挙され、大逆罪で死刑判決を下されるが恩赦で無期懲役へ減刑。しかし１９２６年７月２３日に獄死した。著書『何が私をこうさせたか――獄中手記』（岩波文庫）など。

---

## ■□■大逆罪とは？その構成要件は？法定刑は？■□■

戦後の日本の民法は、親族法・相続法は根本的に変わったものの、民法総則と債権法・物権法の基本的枠組みは変わらなかった。刑法も刑法総論と殺人罪等の刑法各論の基本的枠組みは大きく変わらなかった。しかし、１９２５年に制定され１９４１年に全面改正された治安維持法は、戦後どうなったの？

他方、本作後半の法廷劇のテーマとなる、天皇、皇后、皇太子などに危害を加えることをその内容とした犯罪類型である「大逆罪」については、明治１５年（１８８２年）に施行された旧刑法１１６条は「天皇三后皇太子ニ対シ危害ヲ加ヘ又ハ加ヘントシタル者ハ死刑ニ処ス」と定め、また、明治４１年（１９０８年）に施行された１９４７年改正前の刑法７３条は「天皇、太皇太后、皇太后、皇后、皇太子又ハ皇太孫ニ対シ危害ヲ加ヘ又ハ加ヘントシタル者ハ死刑ニ処ス」と定めていた。大逆罪の特徴は、①天皇、三后（太皇太后・皇太后・皇后）・皇太子（新刑法では皇太孫を追加）に対する既遂のほか、未遂や予備（準備）や陰謀などの計画段階にあっても既遂犯と同じ処罰対象とみなす、②科せられる刑罰は死刑のみ、つまり、尊属殺人罪（親殺し）や内乱罪のような重罪でも無期懲役、無期禁錮が適用される可能性があったが、大逆罪にはそれがなかった、③三審制が適用されず、

245

大審院での一審のみの裁判で刑罰が確定、の3点だ。この大逆罪は戦後どうなったの？

　その答えは、治安維持法については、１９４５年１０月に廃止され、大逆罪については、日本国憲法施行後の昭和２２年（１９４７年）に、刑法７３条が削除されたことにより失効した。

## ■□■予審判事とは？予審判事・立松懐清の役割は？■□■

　他方、刑事訴訟法は戦後、英米法的なものに一新された。そのため、戦前の予審と予審判事の制度はなくなったが、さて予審とは？また予審判事とは？そして、朴烈と金子文子の大逆罪をめぐる裁判で、予審判事・立松懐清はいかなる役割を？

　予審とは、有罪、無罪を判断する公判手続の前に公判に付するかどうかを決めるために行われる広義の捜査手続の一環としての制度で、予審判事とは、この予審を主宰する裁判官のことだ。現行の刑事訴訟法以前の、大正時代に成立した刑事訴訟法には、そのような予審制度が置かれていた。

　その趣旨は、捜査は第一次的に検事と警察官が行うものの強制処分は裁判官に行わせ、公判に付するかどうかを決める局面に至った場合は予審に付して捜査を「司法化」し、裁判官に公平な立場で検討、判断させるというものだ。予審判事が捜査を行い、必要があれば捜索、差し押さえや関係者の身柄の拘束も判断するため、予審判事に極めて強力な捜査権限を付与することになる。

　戦後の日本の刑事訴訟法は予審制度を採用しなかった。そして、予審判事が持っていた強制処分に関する権限は令状裁判官へ、捜査権限は捜査機関へ分配されたが、令状裁判官による司法的抑制は不十分だという批判もある。ヨーロッパでは今も予審制度があり、イタリアでは予審判事が強力な捜査を推進する力をもっているそうだが、私にはその詳細はよくわからない。

## ■□■弁護士・布施辰治を知ってる？本作でその再確認を！■□■

　バブルが崩壊し、日本中が不良債権の処理に翻弄されていた１９９６年以降は住宅金融債権管理機構の初代社長として、また１９９９年以降は整理回収機構の初代社長として辣腕を奮ったのが、日弁連会長だった故・中坊公平弁護士。当時は「総理大臣に最も近い男」とまで言われたが、「ある事件」で失墜してしまうと、その後は鳴かず飛ばず。今では、その名前も忘れ去られてしまっている。

　それと対比すれば、宮城県出身の弁護士で今風に言えば、「人権派弁護士」の代表とも言える布施辰治弁護士の名前は今でもよく国民に知られている。韓国の人権派弁護士であった盧武鉉元大統領は「釜林（プリム）事件」で有名だが、布施弁護士は戦前の朝鮮独立運動に関する事件の弁護で有名。ウィキペディアによれば彼は「戦前は二重橋爆弾事件、朴烈事件、朝鮮共産党事件などの弁護や朝鮮半島や列島での朝鮮人政策についての批判を行

い、また戦後も評定河原事件、阪神教育事件、平事件、台東会館事件など朝鮮人が関連した事件の弁護を担当した。」と解説されている。このため彼は韓国で高い評価を受けており、２００４年には韓国政府から建国勲章愛族章が授与され、日本人として唯一の大韓民国建国勲章受章者になっている。そんな「人権派弁護士」の彼は、当時非合法だった日本共産党の弁護人としても法廷に立ったが、１９２９年には弁護活動の「逸脱」を理由に、自身が東京控訴院の懲戒裁判所に起訴され、１９３２年には大審院（現在の最高裁判所）の判決によって弁護士資格が剥奪された。

　本作では、そんな布施辰治弁護士（山野内扶）に朴烈たちが弁護を依頼するシーンが登場し、それを当然のように受任するので、本作では彼の弁護活動に注目！朴烈と金子文子はもっぱら強硬路線の主張だったが、百戦錬磨の弁護士・布施辰治は硬軟両刀を使い分けながら予審判事と交渉し、また大審院では堂々たる弁論を展開していくので、それに注目！布施辰治弁護士の生きザマや朴烈事件にみる彼の弁護ぶりは、まさに司法研修所の生きた教材だ。

## ■□■映画祭ではレセプションにも出席！■□■

　私は第１３回アジアン映画祭のオープニング作品である本作を、映画祭関係者スタッフの名札で無料で鑑賞した。それは私が『僕の帰る場所　Passage of Life』の出資者として映画祭に関与していたためだ。そのため、本作の鑑賞日と同じ３月１５日の午後７時から中之島公会堂で開催されたウェルカムパーティに、私は同作の監督やプロデューサーたちと共に出席した。右は、その時の記念写真の１枚だ。

## ■□■パーティでは制作陣が１作品ずつ紹介！■□■

　第１３回アジアン国際映画祭は、３月９日から１８日までの１０日間、大阪市内の４つの会場で開催された。オープニングは『朴烈（パクヨル）　植民地からのアナキスト』、ク

ロージングは『名前』、最優秀賞のグランプリなどを競うコンペティション部門にはヤン・エーチェ監督の『血観音』、香港のチャップマン・トー監督の『空手道』、インドネシアのエドウィン監督の『ひとりじめ』など計１５本が出品。その他、特別招待作品部門、インディ・フォーラム部門、協賛企画、４つの特集企画で、アジア１８カ国・地域から計５３作品が上映された。

　上映期間中に開催されたウェルカムパーティでは、制作陣が１作品ずつ写真のようにタイトル板を持って壇上に上がったが、そこでそれ以上の解説やスピーチがなかったのは残念。結果は「最優秀賞」に『中央街一号』、「来るべき才能賞」にミカイル・レッド、「最優秀女優賞」に飯島珠奈、「ABC賞」に『私を月に連れてって』、「薬師真珠賞」にライザ・セノン、「JAPAN CUTS Award」に『クシナ』、「芳泉短編賞」に『CYCLE-CYCLE』、「観客賞」に『恋の紫煙3』だったが、同映画祭ではアジアは広い！と再認識。来年のさらなる飛躍を期待したい。

２０１８（平成３０）年３月２３日記

## Data
監督：リテーシュ・バトラ
原作：ジュリアン・バーンズ『終わりの感覚』（新潮社刊）
脚本：ニック・ペイン
出演：ジム・ブロードベント／シャーロット・ランプリング／ハリエット・ウォルター／ミシェル・ドッカリー／エミリー・モーティマー／ビリー・ハウル／ジョー・アルウィン／フレイア・メーバー／マシュー・グード

## 👀 みどころ

　男でも女でも、高校・大学時代は青春真っ盛り。『花筐／HANAGATAMI』（17年）や『わが青春に悔なし』（46年）に見た、戦争直前の日本の若者の青春は痛ましい限りだが、バーンズの原作『終わりの感覚』にみるそれは・・・？

　60歳を過ぎ、今はロンドンで引退生活を送るトニーは、1960年代に高校大学の青春時代を過ごした私と同じように（？）40年前にはベロニカとの波乱に満ちた恋と別れがあったらしい。しかして、ある日ベロニカの母親の死亡に伴い、弁護士から遺品を渡すとの手紙が届いたが、一体なぜ俺に？

　男がミステリアスな女性に振り回されるのは仕方がないが、それにしてもあれから40年後の今もこんな行動に？なるほど、なるほど、こりゃ何としても解明しなければ・・・。

———＊———＊———＊———＊———＊———＊———＊———

### ■□■ムンバイ出身の監督第2作に注目！原作は？■□■

　1979年にインドのムンバイで生まれ、アメリカの大学に入り、卒業後映画の仕事を始めたリテーシュ・バトラ監督の長編デビュー作が『めぐり逢わせのお弁当』（13年）で、これは素晴らしかった（『シネマルーム33』45頁参照）。本作はそんな彼の第2作だが、その舞台はインドではないうえ、原作が英国を代表する作家の一人であるジュリアン・バーンズが2011年に発表した小説『終わりの感覚（The Sense of an Ending）』とのこと。同作は英国で最も権威のあるブッカー賞に輝き、バーンズの最高傑作と言われているそうだが、さてその内容は？

本作の邦題は『ベロニカとの記憶』だが、原題は『Ｔｈｅ　Ｓｅｎｓｅ　ｏｆ　ａｎ　Ｅｎｄｉｎｇ』で、原作と同じ。しかし、原題や原作のタイトルである『終わりの感覚』では、一体何のことかはさっぱりわからない。他方、本作のチラシには、『さざなみ』（１５年）（『シネマルーム３８』２０１頁参照）でアカデミー賞主演女優賞にノミネートされた１９４６年生まれの老女優シャーロット・ランプリングと、本作で名演技を見せる老俳優ジム・ブロードベントの顔が写っているから、この写真と邦題を考え合わせれば、それなりに本作の内容をイメージすることができる。さらに、チラシには「奇妙な遺品が呼び覚まます、４０年前の青春の秘密──。人生の謎を自ら解き明かす感動のミステリー。」と書かれているから、なるほど、なるほど・・・。

## ■□■本作のイントロダクションは？■□■

　ちなみに、公式ホームページによると本作の「イントロダクション」は以下の通りだ。

『めぐり逢わせのお弁当』監督と
豪華英国俳優が贈る、記憶をめぐる感動のミステリー

　ヨーロッパでインド映画の歴史を書き換える大ヒットを記録し、そして日本でもロングラン大ヒットとなった『めぐり逢わせのお弁当』。リテーシュ・バトラ監督の待望の第二作目は、イギリスでもっとも権威ある文学賞、ブッカー賞に輝いたジュリアン・バーンズの小説「終わりの感覚」（新潮社）を映画化。監督自身も大ファンだったという小説のエッセンスとトーンを損なうことなく、非凡な演出手腕を発揮し、ロンドンを舞台に人生の謎を自ら解き明かす感動のミステリーを完成させた。

　忘れていた過去の記憶を辿ることになる主人公トニーには、『アイリス』でアカデミー賞を受賞した名優ジム・ブロードベント。トニーの初恋の人ベロニカには、半世紀以上にわたって映画界で活躍するシャーロット・ランプリング。さらに『つぐない』のハリエット・ウォルター、「ダウントン・アビー」のミシェル・ドッカリーら、イギリスを代表する豪華な顔ぶれが揃った。

## ■□■ちょうど私の年齢と感覚にぴったり！しかし観客は？■□■

　本作の主人公トニー・ウェブスター（ジム・ブロードベント）は今、ロンドンで一人穏やかに年金暮らしをしているらしい。今にもシングルマザーになろうとしている一人娘のスージー（ミシェル・ドッカリー）の出産準備に、別れた元妻のマーガレット（ハリエット・ウォルター）と共に振り回されているようだが、食事も一人でちゃんとしているし、規則正しい生活を営んでいるようだから、一人暮らしのじいさんとしてはほぼ完璧。もっとも、本作冒頭には彼が経営している小さなライカのカメラ店の様子が映し出されるが、

250

こんな趣味的な経営では、１台もカメラは売れないのでは・・・？

　バトラ監督は『めぐり逢わせのお弁当』でもスピーディーなカメラ展開が目立っていたが、本作でも冒頭に映る高校・大学時代のトニー（ビリー・ハウル）の姿をはじめとして、あの時代とこの時代、あの現実とこの回想が交錯しあうスピーディーなカメラ展開が際立っている。男には誰にでも（男に限らず？）初恋の思い出があるもの。本作は若き日のトニーの若き日のベロニカ（フレイア・メーバー）に対する「それ」をテーマとした映画らしいが、そんな話なら負けず劣らず俺だって・・・。ベロニカの家にはじめて招かれたトニーは、ベロニカの兄のジャック（エドワード・ホルクロフト）や母親のセーラ・フォード（エミリー・モーティマー）等から歓待されたが、さてトニーとベロニカとの初恋の展開は・・・？

　それにしても、おおむね６０歳過ぎのトニーが、今なぜ４０年前の初恋を？そして、４０年前の青春の秘密に至る「奇妙な遺品」とは、一体ナニ？

## ■□■何故こんな遺品が俺に？その遺言の執行は？■□■

　本作は、ある日法律事務所からトニー宛てに１通の手紙が届くところからスタートする。その手紙は、４０年前の初恋の女性ベロニカの自宅に招かれた時に一度だけ会ったことのある、ベロニカの母親セーラの遺言執行に関するもの。そこには、セーラからの手紙とトニーへの「添付品」があると書いてあったから、トニーはそれを受領するための書類を送ったが、弁護士からは「添付品をエイドリアンの親友であるあなたに遺します」というセーラの手紙と現金５００ポンドのみが届き、肝心の添付品が届かなかった。不審に思ったトニーが弁護士のもとを訪れると、添付品はトニーの友人で、その後トニーに代わってベロニカと結婚したはずのエイドリアンの日記らしいが、セーラの遺言執行人であるベロニカがその引き渡しを拒んでいるらしい。しかし、それって違法では・・・？

　４０年前の恋人だったベロニカとはたしかに別れたし、その後ベロニカはエイドリアンにのりかえて（？）結婚し、子供までできたそうだが、ベロニカの母親セーラはなぜ遺言でエイドリアンの日記をトニーに引き渡すと書いていたの？そしてまた、ベロニカはその遺言執行人なのに、なぜその執行を不当に拒否しているの・・・？

## ■□■英国の若者たちの高校・大学時代（＝青春）は？■□■

　本作は、近時の邦画のように丁寧に説明してくれないが、スピーディーに展開していくストーリーの中から、少しずつ本作の「論点」が浮かび上がってくる。高校時代のトニーと高校時代のエイドリアン（ジョー・アルウィン）との友情や、それに絡む共通の友人であるコリン（ピーター・ワイト）やアレックス（ヒルトン・マクレー）との青春時代の会話は知的でユーモアに富んでいる。

　これは大林宣彦監督の遺作になるかもしれない『花筐／ＨＡＮＡＧＡＴＡＭＩ』（１７年）

で見た、太平洋戦争直前の、戦地に赴き死ぬことを当然のことのように教えられた日本の若者たちとは全く異質のもので、自分たちの青春を楽しくかつ前向きに考えるもの。そして、考えてみれば、それは１９６０年代に中学、高校そして大学時代を過ごした私も同じようなものだ。青春時代の男たちの会話の中に、学問や将来の仕事の他、女性との恋愛や結婚に関する話題が入ってくるのは当然。教師とも対等に渡り合う独自の歴史観を持つと共に、ディラン・トーマスの詩を愛していたエイドリアンは一見恋愛には無縁で、トニーのベロニカに対する恋愛話の一方的な聞き役だったはずだが、トニーとベロニカとの仲が怪しくなり、別れてしまうと・・・。また、トニーは一度だけご招待されたベロニカの実家で出会った美しい母親セーラから「ベロニカに振り回されないで」と忠告されたが、それって一体、どんな意味だったの・・・？

　男にとって高校、大学時代の初恋の思い出は単に甘酸っぱいだけではなく、時にミステリアスな要素をはらむ事があるが、本作では、ベロニカの最大の魅力がミステリアス性だっただけに、トニーとベロニカとの出会いから別れに至る経過も４０年後の今、思い返してみてもミステリアスなことだらけ。ひょっとして、ベロニカがトニーの親友だったエイドリアンの日記をトニーに引き渡すのを拒否しているのは、そこら辺りに理由があるのかも・・・？

## ■□■恋人との別れ、妊娠、親友との結婚。それをどう総括？■□■

　母親のセーラがなぜベロニカのことを「ベロニカに振り回されないで」と、トニーに忠告していたのかは永遠の謎だが、本作前半に見るトニーとベロニカとの交際状況を見ている限り、とにかくベロニカのミステリアス性が顕著。一般的に、男女の恋愛の初期においては、女の方が優越性を保つことが多いから、セックスをはじめとして女から「これもダメ」「あれもダメ」と言われると、その女のミステリアス性がますます増していくものだ。実は、私もそんな経験を・・・。他方、青春の真っ只中にある男は女性に対して一途だから、好きになったら一方的に突き進むだけになる。そのことは、『ロミオトとジュリエット』におけるロミオを見ても明らかだ。ところが、トニーの懸命の努力にもかかわらず、ベロニカとの仲が次第に怪しくなったうえ、ベロニカの妊娠、ベロニカとエイドリアンとの結婚、そんな噂を聞くと・・・？

　そんな中、トニーは心にもなく親友のエイドリアン宛てに、２人の結婚を祝福する手紙を書き（タイプを打って）、投函するシークエンスが登場するが、さてこれはホントにホント・・・？映画は何とも便利な芸術だから、必ずしも本当のことをスクリーン上に映し出さなくても、観客に怒られることはない。たとえば、上記のシーンも、あれは彼の心のほんの一面を切り取った映像にすぎない、と説明すれば、現実にはそんな事実はなく、逆に本当に書いて（タイプを打って）出した手紙はひどくおぞましい内容のものだったという弁明だって通用するわけだ。本作には、バトラ監督によるそんなテクニックが至るところで使われているので、要注意！私を含めて多くの観客は、多分バトラ監督の思いどおりの

252

テクニックに翻弄されることだろう。

　ベロニカの行動もミステリアスなら、それに対するトニーの行動もミステリアス。もっとも、ベロニカの妊娠やエイドリアンとの結婚、さらにエイドリアンの自殺は事実のようだから、あの時から４０年を経た今トニーは一人の時間を過ごしていたが、あんな手紙が来ると、何としてもエイドリアンの日記を遺品として受け取りたいと願うように。しかして、トニーは「俺には遺品を受け取る権利がある」と主張し、別れた妻で弁護士のマーガレットから反対されたにもかかわらず、旧友のコリンやアレックスなどと連絡を取って、ベロニカとの再会を果たすことに・・・。

## ■□■この男は一体ダレ？　驚愕の事実に唖然！■□■

　本作のチラシには、青春時代から４０年後のトニーを演ずるジム・ブロードベントと同じく、４０年後のベロニカを演じるシャーロット・ラプリングの「二枚看板」が写っており、ジム・ブロードベントは冒頭からラストまで、時々笑いを呼ぶシーンを含めて静かな熱演を見せ続けてくれる。それに対して、４０年後のベロニカは後半に至って少しだけ登場し、トニーとの「ご対面」を果たすが、そこでもミステリアス性は昔のままだ。この女は今どこでどんな生活をしているの？そしてまた、母親セーラの遺言執行人としての義務をまっとうに履行しようとしないことをいかにトニーに弁明するの？そこらあたりのトニーの質問にもベロニカはまともに答えないまま、ある書類を渡したが、そこには一体何が書かれていたの？

　ベロニカのそんな対応の結果、本作ラストはトニーのベロニカへのストーカーまがいの行動になっていくので、それに注目！さらに注目すべきは、そこでベロニカが親しげに手を繋いで歩いていた若い男の存在だ。アレレ、ここに至って新たに登場してくるこの若い男は一体ダレ・・・？そんなまったくワケがわからなくなる展開をバトラ監督は実に巧妙に見せていくため、私たち観客はグイグイそのミステリアス性に引き込まれていくことになる。そこで明らかにされるのは、この若い男はベロニカの子供ではなく、何とベロニカの弟だとのこと。ええっ、それって一体ナニ？　ホントに、この若い男はエイドリアンとベロニカの母親である故セーラとの間に生まれた子なの・・・？すると、トニーが、ずっと心に秘めていた「ベロニカとの記憶」って一体何だったの？そこで、あらためて本作の原作のタイトルである「終わりの感覚」を考えてみると・・・

２０１８（平成３０）年２月２３日記

## ★★★★
### ウイスキーと2人の花嫁

2016年／イギリス映画
配給：シンカ／98分

2018（平成30）年2月22日鑑賞　　テアトル梅田

**Data**
監督：ギリーズ・マッキノン
原作：コンプトン・マッケンジー
出演：グレゴール・フィッシャー／ナオミ・バトリック／エリー・ケンドリック／エディ・イザード／ショーン・ビガースタッフ／ブライアン・ペティファー／ケヴィン・ガスリー／ジェームズ・コスモ

## 👀みどころ

　本作の原題は『WHISKY GALORE！』で、1949年のオリジナル版のリメイク。原題の意味は、「たっぷりのウイスキー」という意味だが、私には原題より邦題の方が本作にピッタリ！

　座礁した貨物船の「実話にもとづく物語」は、沈没したトルコのエルトゥールル号を描いた『海難1890』（15年）も同じだが、シリアス性はまったく異質。本作は「人命救助」ではなく、「ウイスキー救出作戦」と2人の花嫁をテーマにした映画で、あくまでユーモラスだ。そして、それに対応して、「手入れ」に入る役人たちも、少し間抜け風でユーモラスに・・・。

　国家財政のあり方を真剣に考えれば、これで本当にいいのと思わなくもないが、そこはまあ中国流に（？）「上有政策、下有対策」とまとめておこう・・・。

———＊———＊———＊———＊———＊———＊———＊———＊———＊———

### ■□■こんな「悲劇」がユーモラスな映画に！■□■

　本作は、実話にもとづく物語。その実話とは、第二次世界大戦中にスコットランドのエリスケイ島沖で起きた貨物船ＳＳポリティシャン号座礁事件のことだ。ＳＳポリティシャン号がドイツのＵボートを避けるべく、リバプールからアウター・ヘブリディーズ諸島へ北上していき、ミンチ海峡から大西洋へと抜けようとしていた時に、入ってはいけないエリスケイ海峡に入ってしまったために、座礁してしまったらしい。なるほど、なるほど。しかし、そんな「悲劇」がなぜこんなユーモラスな映画に・・・？

### ■□■人命救助の後の積荷は？こんな原作あり！■□■

私は子供時代に『ロビンソン・クルーソー』(『ロビンソン漂流記』)を心躍らせながら何度も読んだが、そこでは乗っていた船が沈没したことによって命からがら無人島に流れ着いたロビンソン・クルーソーが、船が沈んでしまわないうちに船内からどんな積荷をどれくらい島に持ち運ぶか、が生き残るための重要なテーマになっていた。

　それと同じように (?)、座礁したＳＳポリティシャン号を見た島の住民たちは、最優先とされた乗組員の救助に全力を尽くした後、船内の積荷を調べると、そこにはピアノやバイクの部品の他、２０００万ポンドにものぼるジャマイカポンド、さらに５万ケースを超えるアメリカへの輸出用ウイスキー等が積まれていたからビックリ。この金額は当時のジャマイカにおける流通高を超えていたが、これは万が一、ヒトラーが英国に侵攻してきた場合に備えて王室をジャマイカへ避難させる計画のためだったと言われている。

　そして、イギリス人作家コンプトン・マッケンジーは、そんなネタをテーマに、１９４７年に小説『Ｗｈｉｓｋｅｙ　Ｇａｌｏｒｅ』を発表したそうだ。なるほど、なるほど・・・。

## ■□■１９４９年のオリジナル版をリメイク！■□■

　そんな実話とそんな原作を１９４９年に映画化したのが、アレクサンダー・マッケンドリック監督の白黒映画『ＷＨＩＳＫＹ　ＧＡＬＯＲＥ！』(その意味は「たっぷりのウイスキー」)。スコットランド西岸の島のアウター・ヘブリディーズ諸島のルイス島で生まれ育った本作のプロデューサーであるイアン・マクリーンにとっては、そのリメイクは長年の夢だったらしい。

２月17日（土）ヒューマントラストシネマ有楽町、新宿武蔵野館ほか全国ロードショー
(C)WhiskyGaloreMovieLimited2016

255

他方、本作の監督であるギリーズ・マッキノンは初作品『Ｐａｓｓｉｎｇ　Ｇｌｏｒｙ（原題）』でファースト・スコティッシュ賞を受賞した時、オリジナル版の監督であるアレクサンダー・マッケンドリックから賞を受賞されたこともあって、1949年のオリジナル版に興味と敬意を持っていたため、本作のリメイクに意欲満々。なるほど、なるほど・・・。

私は近時試写室でよく会っている映画評論家の友人である武部好伸氏から、自著『ウイスキーアンドシネマ２　心も酔わせる名優たち』（17年・淡交社）の贈呈を受けた。そこでは48本の映画の中に出てくるさまざまなウイスキーをテーマとして、彼の「映画愛」と「ウイスキー愛」にあふれた解説がなされている。そんな彼なら本作の鑑賞は絶対だし、次の本には必ず本作を取り上げるはずだ。私自身はウイスキー党ではないが、そんな縁もあって、「本作は必見」と映画館へ。

## ■□■邦題に注目！島民に注目！習慣に注目！■□■

本作の原題は『ＷＨＩＳＫＹ　ＧＡＬＯＲＥ！』だが、邦題は『ウイスキーと２人の花嫁』。その邦題どおり、本作には長女ペギー・マクルーン（ナオミ・バトリック）と次女カトリーナ・マクルーン（エリー・ケンドリック）を持つ、島の郵便局長をしている父親ジョセフ・マクルーン（グレゴール・フィッシャー）が最初に登場する。ジョセフは長女のペギーが恋人のオッド軍曹（ショーン・ビガースタッフ）と、次女のカトリーナが

2月17日（土）ヒューマントラストシネマ有楽町、
新宿武蔵野館ほか全国ロードショー
(C)WhiskyGaloreMovieLimited2016

恋人の教師アンガス（ブライアン・ペティファー）と結婚式を挙げるのを楽しみにしていたが、ナチス・ドイツが引き起こした第二次世界大戦が激しさを増す中、島では島民たちがこよなく愛するウイスキーの配給が完全に止まってしまったから大変。この島ではウイスキーなしでの結婚式はできなさそうだから、このままでは二人の娘の結婚式も無理・・・？映画の冒頭にそんなテーマが提示されるが、さてあなたなら、娘の結婚式への希望を優先？それとも、ウイスキーがなければ挙式はできないという島の習慣を優先？

現在日本では、安倍内閣のもとで「働き方改革」が議論されているが、座礁した船から人命救助するには、時間外勤務もへったくれもないのが当然。縁もゆかりもないトルコのエルトゥールル号が遭難した時に、その乗組員たちを救助した実話は『海難1890』（15年）（『シネマルーム37』200頁参照）に描かれていたが、それはまさに島民たちの不眠不休かつ命懸けの作業だった。しかし、本作ではあえてその人命救助のリアルなシー

クエンスは描かず、船内に大量のウイスキーが残っていると知りながら、安息日の習慣を守るため、午前0時まではウイスキー救出作戦を延期する島民たちの律儀な姿（？）が描かれる。なるほど、なるほど・・・。

　しかし、これってちょっと馬鹿げているのでは・・・？そう思わなくもないが、島民のみんながクソ真面目に安息日やその他の島の習慣を守っている姿は、ユーモア感でいっぱい・・・。

2月17日（土）ヒューマントラストシネマ有楽町、新宿武蔵野館ほか全国ロードショー
(C)WhiskyGaloreMovieLimited2016

2月17日（土）ヒューマントラストシネマ有楽町、新宿武蔵野館ほか全国ロードショー
(C)WhiskyGaloreMovieLimited2016

## ■□■役人の任務は？島民と役人との対決は？■□■

　本作に登場するのは善人ばかりで、唯一の例外（？）は、ウイスキーを押収しようとする関税消費庁の役人と、それを指揮するワゲット大尉（エディ・イザード）だけ。島民たちにSSポリティシャン号の積荷である大量のウイスキーを島内に運び込まれて飲まれてしまったのでは、国家の財政に大きな損失が！そんな義務感を持ってウイスキーの回収任務に当たる役人にとっては、ウイスキーを隠したり、関税消費庁の作業に抵抗・妨害する島民は敵。役人を指導するワゲット大尉はそう思っているはずだが、スクリーン上に登場する大尉はどことなく大らかかつユーモラス・・・？本作中盤のストーリーは、島

2月17日（土）ヒューマントラストシネマ有楽町、新宿武蔵野館ほか全国ロードショー
(C)WhiskyGaloreMovieLimited2016

民たちの一致団結したウイスキーの「隠匿ぶり」とそれに振り回されるワゲット大尉たちとのドタバタ劇になるので、それに注目！

　山田洋次監督の『男はつらいよ』シリーズが４９作も続いたのは、何事も本人なりには真面目に一生懸命やっているフーテンの寅さんの行動が、周りの人々や観客にとってはユーモラスで良質な（？）笑いを誘ったため。それと同じように、本作では少子高齢化が進む中（？）、島の伝統と習慣を守りつつ、他方でウイスキーを愛飲するのを決してやめることができない島民たちの必死の行動に、どことなくユーモアと笑いが・・・。役人との対立はとことん現実を見つめていけば、先日観たキャスリン・ビグロー監督の『デトロイト』（１７年）のような血なまぐさい事件に発展してしまうが、本作のようなユーモラスな解決ならOK・・・？これぞまさに中国のことわざにいう「上有政策、下有対策」・・・？

## ■□■法の規制は？１９４９年ｖｓ２０１８年■□■

　私はオリジナル版が制作された１９４９年に生まれ、本作が公開された２０１８年に本作を観たが、その６９年の間に映画製作にもさまざまな法的規制がかけられるようになってきた。その代表は著作権で、それを核とするあれこれの法的規制がかかる中、今やスクリーン上にウイスキーのラベルやブランド名をハッキリ見せることはダメとされている。

２月17日（土）ヒューマントラストシネマ有楽町、
新宿武蔵野館ほか全国ロードショー
(C)WhiskyGaloreMovieLimited2016

２月17日（土）ヒューマントラストシネマ有楽町、
新宿武蔵野館ほか全国ロードショー
(C)WhiskyGaloreMovieLimited2016

これはオリジナル版製作の当時には考えられなかったことだから、本作の製作にはいろいろと苦労があったらしい。前述した武部氏は自著の中で、実に細やかに各作品に登場するウイスキーのラベルを観察していたが、彼なら本作に登場する大量のウイスキーのラベルやブランドをどう分析するのだろうか・・・？

　　　　　　　　　　　　　　　　　　２０１８（平成30年）年２月28日記

# 第6章
# 各国からの素晴らしい問題提起作その2

## セルビア発

オン・ザ・ミルキーロード（面白く示唆に富む寓話）

## アルゼンチン発

笑う故郷（ノーベル賞作家のお里帰り）

## フィンランド発

希望のかなた（難民もの）

## ドイツ発

はじめてのおもてなし（難民もの）

## フィリピン発

立ち去った女（近時大注目！２２８分）

## フランス・ドイツ発

婚約者の友人（フランソワ・オゾン監督）

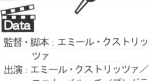

### 👀みどころ

　世界は広い。こんな楽しい寓話をつくり出す、旧ユーゴスラビア生まれの大監督がいたとは。『ウェディング・ベルを鳴らせ！』（０９年）の評論で書いた、そんな絶賛の言葉を、本作ではもう一度掲げたい。監督・脚本・制作の他、韓国のキム・ギドク監督ばり（？）に、エミール監督自身が主演した本作では、傘を差し、両側にミルク缶を積んだロバにまたがる奇妙な姿に注目！彼は一体何をしているの？本作のテーマは一体何？

　「３つの寓話とたくさんのファンタジーに基づく物語」たる本作は、日本では絶対に作れない奇想天外なものだが、かつての「イタリアの名花」モニカ・ベルッチの快演と、ミルク運びの男にホレた村娘の深情けぶりに注目。今ドキの東宝の若者向けラブストーリーとはまったく異質の愛の物語を堪能したい。

　また、忘れてはならないのが、エミール監督特有の動物たちの登場。ハヤブサと蛇は主役並みだし、大量のガチョウと羊の群れもストーリー形成に大きく寄与。一瞬見る熊のシーンにもビックリだ。エミール監督、こんな素晴らしい映画をありがとう。

――＊――＊――＊――＊――＊――＊――＊――＊――＊――

### ■□■思い出したこの監督！こりゃ必見！■□■

　世界は広い。こんな楽しい寓話をつくり出す、旧ユーゴスラビア生まれの大監督がいたとは！そんな書き出しで紹介し、星５つをつけて私が絶賛したのは、エミール・クストリッツァが監督・共同脚本・制作した『ウェディング・ベルを鳴らせ！』（０７年）（『シネマルーム２２』１６２頁参照）だ。

260

その紹介では続けて「花嫁を探せ！そんな約束を果たすため、少年はどんな冒険旅行を？個性豊かな登場人物たち、何とも面白い発明品の数々、そして波乱万丈、奇想天外、ハチャメチャなストーリー展開。そのすべてに、きっとあなたも大満足！さあ、どんな結末の中、ウェディング・ベルが鳴るのだろうか」と書いたが、その後、私は同監督の名前自体を忘れてしまっていた。そのため、本作の監督名を聞いても何も反応しなかったが、かつて「イタリアの名花」と呼ばれた美人女優モニカ・ベルッチが出演すると知って俄然注目！そして、資料を調べてみると、こりゃかなり面白そうだ。さらに、公開日直前の新聞紙評を読むと、絶賛するものばかりだった。その中で、本作の監督・脚本があの『ウェディング・ベルを鳴らせ！』のエミール監督だったことを知って、「なるほど」と納得！

本作はカンヌ国際映画祭の最高賞・パルムドールを2回、ベルリン国際映画祭・銀熊賞、ベネチア国際映画祭・銀獅子賞を受賞と、世界三大映画祭を制覇した同監督の『マラドーナ』（０８年）以来9年ぶりの監督作になるらしい。しかも、本作では何とエミールが監督・脚本だけでなく主演も務めると知ってビックリ！『オン・ザ・ミルキー・ロード』という邦題を見ても何の映画かさっぱりわからないが、本作導入部では、傘をさしてロバにまたがり、その両側にミルク缶をぶら下げて、ある村からある戦場（前線）にミルクを運んでいくコスタ（エミール・クストリッツァ）の姿が登場する。これを見れば、そのタイトルにも「なるほど」と納得だが、コスタはなぜそんな危険な商売をしているの？

安保法制の制定にすら拒否反応を示した旧民主党の国会議員たちは今、突然の衆議院解散に伴う総選挙を前に希望の党と立憲民主党に分離したが、事ほど左様にわが日本国は戦争とは程遠く、平和を享受している国だ。しかし、エミール監督が生まれた旧ユーゴスラビアは？そして、コスタが住んでいる某国は・・・？

## ■□■実話に基づく物語？いやいや、さにあらず！■□■

冒頭に「実話に基づく物語」と表示される映画は多いが、エミールが監督・脚本した本作は、さにあらず。3つの寓話と多くのファンタジーに基づく物語らしい。また、エミール監督の映画には、たくさんの動物が重要なキャラとして登場するのが特徴で、『ウェディング・ベルを鳴らせ！』では、それは牛・豚・七面鳥等々だった。

しかして本作では、冒頭からスクリーンいっぱいにハヤブサ・リュビツァの姿が登場し、空中高く飛ぶ「生態」を見せつけてくれる。これを見ただけで観客は「一体どうやって撮影したのだろうか」と唖然とするはずだが、このリュビツァはその後コスタの相棒としていつも彼の肩に乗って一緒に戦線を渡っていくので、それに注目。驚くべきことは、かつてミュージシャンとして活動していたというコスタが巧みに弾くツィンバロムに合わせてこのリュビツァがリズムを取り、肩を揺らしてダンスを踊る（？）こと。さらに、コスタは体重３００ｋｇの熊・メドとも心を通わせ合っているそうで、中盤にはコスタが口移しでこの熊にオレンジを食べさせるシーンまで登場する。合成写真やＣＧならそんなシーン

261

も簡単だが、これらはすべてホンモノのカメラで撮影しているそうだからすごい。

　他方、本作の舞台は特定されず、日本の昔話のように「隣国と戦争中のとある国」とされている。そのためか、冒頭から銃弾が飛び交っているものの、現在の北朝鮮のような現実的な危機感は薄く、どこか牧歌的だ。それを助長させるのは、村の中を走り回るガチョウの群れや飼い犬、そして人間の餌となるべく屠殺場に引かれていく豚たちの姿だ。豚を屠殺するシーンは登場しないが、豚の血の海の中にガチョウたちが飛び込み、白い羽が真っ赤に染まっていくシーンは少し不気味だ。しかし、そんなシーンを見ていても、また隣国と戦争中とはいえ、この「とある国」の「とある村」はまだまだのどかだ。

　そんな導入部から始まる本作は、「３つの寓話とたくさんのファンタジーに基づく物語」だが、その３つの寓話とは・・・？そしてまた、たくさんのファンタジーとは・・・？

## ■□■コスタの恋人は？新たに村にやってきた美女は？■□■

　『ウェディング・ベルを鳴らせ！』では寓話的な物語が展開していく中で、多くの動物たちと共に主人公となる美女が登場したが、本作もそれと同じように、美しく活発な村娘・ミレナ（スロボダ・ミチャロヴィッチ）が登場する。導入部のストーリー展開を見ていると、ミレナが秘かに想いを寄せているのが、ミレナの母親がミルクの配達員として雇っているコスタであることがわかる。ところがコスタは、ミレナの気持ちが分かっているにも関わらず、率直にそれを受け入れず、かなり邪険にしている。しかし、それは一体ナゼ？ストーリーの中では解説されないが、それはどうも、コスタが戦争にまつわる壮絶な過去を持っているためらしい。私ならこんな美女からこんなに言い寄られたらイチコロだが、コスタはいつもミレナの気持ちをそらしていたから、ミレナはイライラ・・・。

　他方、ミレナの兄・ジャガ（プレドラグ・"ミキ"・マノイロヴィッチ）はアフガニスタンで武功を上げた村の英雄で、近々村に帰り、ローマから花嫁を迎えるらしい。ここらあたりのストーリー展開の現実性はかなりいい加減（？）だが、３つの寓話とたくさんのファンタジーからなる本作では、それはどうでもいいこと。そして、本作のヒロインとなるこの花嫁の「セルビア人の父とイタリア人の母を持ち、ローマから父を探しに来た時に戦争に巻き込まれ難民キャンプにいたところをジャガの結婚相手として見出される」という設定と、その絶世の美女振りに注目！ジャガが戦場から戻ってくる前に、一足早く村に入った花嫁は、ミレナの母親指導の下、早速花嫁修業（？）を開始。その働きぶりにミレナも母親も大満足だったが、コスタとこの花嫁は互いに戦争にまつわる壮絶な過去を持つこともあって一目会った瞬間から惹かれあったらしい。そして、そこから本作の本格的ストーリーが展開していくことに・・・。

## ■□■休戦協定、どんちゃん騒ぎ、２組の結婚。しかし・・・■□■

　第一次世界大戦の塹壕戦の悲惨さは『西部戦線異状なし』（２９年）を始めとする多くの

映画で描かれている。本作の隣国と戦争中の「とある国」でも、規模は小さいながら、その悲惨さは同じだ。そんな状況下でコスタは何の不平不満も言わずに毎日前線にミルクを運んでいたが、もちろん内心では強く和平を望んでいたはずだ。そんなコスタの願いや、村人たち、さらにはガチョウたちの願い（？）が通じたのか、ある日突然敵国と休戦協定が結ばれたという、奇跡のような報せがもたらされたから、村人たちは大喜び。本作中盤は、そんな喜びを爆発させた村人たちが狂喜して酒を飲み、楽器を弾き、歌を歌い、踊る、どんちゃん騒ぎの様子が描かれる。そこで注目されるのが、コスタの巧妙なツインバロムの演奏と、ミレナのお色気たっぷりのド派手なダンスのパフォーマンスだ。もちろん、そこでは花嫁も一緒に踊るのだが、私の目にはミレナの踊りと歌の方が一枚上手に見えてくるが、さてあなたは？

　休戦協定が結ばれ、兄のジャガが村に戻ってくるとわかった時点でのミレナの目論見は、兄と花嫁との結婚式の日に、自分とコスタも合わせて結婚式を挙げること。ミレナの母親もそれを承知したから、村はダブル結婚式に向けての準備を着々と整えていた。そしてコスタもあえてそれに異を唱えなかったから、このままいけば、コスタと花嫁との互いを思い合う淡い気持ちはおじゃんになるかも？しかし、そんなことは村の平和という「大事」に比べれば小さな問題だし、2組の夫婦の同時誕生となれば、喜ばしい限りだ。

　本作は戦争映画ではないから休戦協定の様子は全く描かれないが、ある日突然その休戦協定が一方的に破棄されたから、さあ大変。さらに、過去に花嫁を狂おしく愛した多国籍軍の英国将校が、彼女を自分のもとに連れ去ろうと特殊部隊を村に送り込んできたから、さらに大変。この多国籍軍の英国将校はスクリーン上には全く登場しないが、とにかく残忍非道で執念深い男らしく、彼が差し向けた兵士たちは村を全て焼き払い、ジャガもミレナも、そして母親も、村人たちを全員殺してしまったから大事件だ。コスタと花嫁も、村人たちと一緒に殺されてしまったの？いやいや、それでは本作は成立しない。本作はそこから後半の本格的なラブストーリーに突入していくことに・・・。

## ■□■蛇は邪悪な動物？聖書ではそうだが本作では？■□■

　旧約聖書の「失楽園の物語」では、蛇は人間を誘惑し、騙す、邪悪な存在として描かれている。チャールトン・ヘストンが主演した『十戒』（56年）では、神様から直接使命を授けられたモーゼがエジプト王のもとに乗り込み、杖を蛇に変えるシーンが印象的だったが、本作では道中でコスタが道にこぼしたミルクを飲みに来る蛇の姿が印象的。ホントに蛇がミルクを飲むのかどうかは知らないが、その後の熊がコスタから口移しでオレンジを食べるシーンは本物らしいから、きっとこの蛇もホントにミルクを飲んだのだろう。また、2度あることは3度あるもの。さらに、毎日繰り返しているとそれが習慣になり、人間と蛇の間にも友情が芽生えるらしい。そんなバカなことは本来ありえないはずだが、3つの寓話の中の1つはそんな話らしい。

263

パンフレットの中にあるインタビューでエミール監督は、アフガニスタン紛争中に現実にあった「ミルクの好きな蛇の話」を解説している。それによると、ロシアの基地に戻る途中で、ミルク配達の男が蛇に襲われている間に、基地が攻撃されて全滅し、生き残った兵士は誰ひとりいなかったのに、このミルク配達の男だけは助かった、という話が含まれているらしい。誰でも蛇に巻きつかれ、今にも噛みつかれそうになるのはイヤだが、本作ではそんなリアルなシーンも、どことなく寓話的な色彩で登場するのでそれに注目！

ちなみに、この話も3つの寓話の中の1つであるうえ、ここでも花嫁の身体に巻きつく蛇が登場するので、それに注目！それにしても、「寛永三馬術」の講談における曲垣平九郎、向井蔵人、筑紫市兵衛らの「人馬一体」となった姿や、一ノ谷の裏手の断崖絶壁を70騎の精兵を率いて一気に駆け降りた源義経の「人馬一体」の姿は有名だが、蛇に巻きつかれることによって命を助けられる「人蛇一体」の寓話の何とも珍しく、本作だけのもの・・・?

## ■□■2人の逃避行はどこまで・・・?■□■

村を襲った兵士たちは残忍そのもので、無表情なまま焼き尽くし、殺し尽くす行動に徹していたから、その中で花嫁だけが生き残れたのはまさに奇跡。他方、蛇に巻きつかれて時間をロスしたことによって村に帰るのが遅れたため、一命を取り留めたのがコスタ。そして、井戸の中に身を隠していた花嫁を発見したコスタが、井戸の中に忍び込み、共に息を潜めあって兵士たちの追及を免れたのは超ラッキーだったが、村から逃走する際に発見されてしまったため、本作後半からクライマックスにかけては2人の逃避行が本作の見所となる。武器を持った優秀かつ残忍な3人の兵士の追跡に対して、花嫁の腕を引いてのコスタの逃避行は大変。2人の逮捕と銃殺は時間の問題かと思われたが、ウェディングドレスを脱ぎ捨てた花嫁は意外に勇敢。水中で兵士の1人を襲うコスタの格闘能力もなかなかのものだ。『サウンド・オブ・ミュージック』(65年)のラストに見る、トラップ大佐一家のアルプス超えによるナチスからの逃避行は、そこはかとないのどかさが漂っていた(?)が、本作に見る2人の逃避行は「3つの寓話とたくさんのファンタジー」にしてはかなりリアルだからそれに注目。

某地にたどり着いた二人は、羊飼いが見守る羊（ローガン）たちを前にくつろいでいたが、そこに当てられてきた反射鏡の光の先を見ると・・・。

## ■□■羊の群れはいかにも寓話的。羊と地雷との相性は?■□■

日本では羊はあまり馴染みのない動物だが、ヨーロッパでは昔から羊は人間と相性のよい動物。それは、エジプト王から難を逃れてきたモーゼが、一時羊飼いの生活をしていたことからもわかる。しかして、本作のクライマックスには、追跡する兵士に発見されたコスタと花嫁が、羊飼いの老人に率いられた大量の羊（ローガン）の群れの中に隠れることによって難を逃れようとするシーンが登場する。もっとも、いくら羊の群れの中に隠れて

264

も、それは一時的なもので、2人の発見と射殺は時間の問題だが、そこで突然登場するのが地雷原。『ヒトラーの忘れもの』（15年）では、デンマークで地雷除去作業に従事させられるドイツの少年兵の姿が描かれ、地雷で吹っ飛ばされるシーンが続出していた（『シネマルーム39』88頁参照）が、さて本作では・・・？2人の兵士の追跡から逃れるために羊の群れを地雷原に誘導し、地雷を爆発させる作戦はいかがなもの？そう思う面もあるが、コスタと花嫁が最終的に生き残るには、それもやむなし？

前述したエミール監督のインタビューによれば、本作を構成する「3つの寓話」の3つ目が、地雷原で羊の群れを飼うことで自由を得たボスニアの男の話。ラストに至ってそんな寓話がいきなり登場することに多少違和感があるが、そこでは羊の群れの中に隠れている中で地雷原を発見したコスタの機転と行動力に注目したい。さらに、この3つ目の寓話が展開する中、走り出す花嫁の身体に巻きついて彼女の行動を止める蛇の姿も登場するので、それにも注目。花嫁は突然の蛇の「攻撃」から逃れようと必死だが、それに対しコスタは「その蛇は守ってくれているんだ」と声をかけたが、さてその結末は・・・？

## ■□■舞台は15年後に。この結末の是非は？■□■

『オン・ザ・ミルキーロード』という奇妙な邦題の意味に気づき、停戦協定の成立を喜んだのも束の間、本作後半からは一転してコスタと花嫁のスリリングな逃避行となる。「3つの寓話とたくさんのファンタジー」を楽しみつつ鑑賞する中、この地雷原での結末は少し意外なことになるので、それはあなた自身の目でしっかりと。

しかして、本作の結末はそれから15年後となり、今はすっかりロシア正教風の神父様となっているコスタの姿が登場する。すると、彼はあの後ミルク配達の仕事を辞めて神父様になる勉強を・・・？いやいや、そんなことはどうでもいいこと。ここで観客が見るべきことは、彼が袋に入れた瓦礫を運び、何らかの作業をしていることだ。重機がある今の日本なら簡単だが、「とある国」にはそんな気の利いた重機はないらしい。すると1人の人間の力によるそんな作業は大変だが、彼は一体何をしているの・・・？

私が生涯のベストワンに挙げる『サウンド・オブ・ミュージック』では冒頭、アルプスの山に登って歌うジュリー・アンドリュース扮するマリアを、空中から次第にアップでとらえていく映像が印象的だったが、本作のラストはそれとは全く逆。コスタがひとつひとつ敷き詰めていた白い瓦礫は、一体何を目指していたの？そして完成まで残り僅かとなった今、その全貌は？

そんな『サウンド・オブ・ミュージック』の冒頭とは全く逆に、上空からズームアウトしていく映像によってその全貌がはっきりわかるから、それもあなた自身の目でしっかりと。なるほど、なるほど・・・。しかして、コスタが15年前の、あの戦争当時、毎日通っていたあのミルキーロードは今・・・？

2017（平成29）年10月13日記

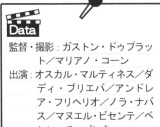

# 笑う故郷

2016年／アルゼンチン＝スペイン映画
配給：パンドラ／117分

2017（平成29）年11月23日鑑賞　　テアトル梅田

★★★★

**Data**
監督・撮影：ガストン・ドゥプラット／マリアノ・コーン
出演：オスカル・マルティネス／ダディ・ブリエバ／アンドレア・フリヘリオ／ノラ・ナバス／マヌエル・ビセンテ／ベレン・チャバンネ

## 👀みどころ

　まずは、ノーベル文学賞作家の授賞式でのスピーチに注目！「これは喜びよりも作家として衰退のしるし」の言葉に会場が一瞬凍りついたのは当然だが、さて、その発言の真意は・・・？

　「名誉市民」の称号を受けるべくノーベル文学賞作家ダニエルは、生まれ故郷のサラスへ錦を！小説の上で故郷がどう書かれていても、それは架空の世界だから、故郷は市長はじめ住民全員がダニエルを大歓迎。そう思っていたが、意外にも「反対派」も活発な活動を・・・。

　幼なじみや元カノとの再会は楽しいもの。さらに、ハニートラップも故郷なら・・・。そう思わなくもないが、とんでもないドタバタ劇の展開にびっくり！ラストにはライフルに撃たれる体験まですることになるが、それだって次の新作に生かせれば、作家冥利に・・・？

―＊―＊―＊―＊―＊―＊―＊―＊―＊―＊―

## ■□■冒頭に見る授賞式のスピーチにビックリ！■□■

　ノーベル文学賞といえば、私にとっては２０１２年の中国の作家・莫言さんの受賞がビッグニュースだった。毛丹青氏のプロデュースで彼と事務所で対談をし、有馬温泉に泊まって温泉談議をしたのは、その前年２０１１年の７月２６日。その翌年の受賞だから、かなりの確率で予想していたとはいえ、ずっとＮＯ.１候補者になっていた村上春樹氏を押しのけての受賞にビックリ！２０１７年の受賞者はカズオ・イシグロになったが、ノーベル文学賞の受賞式における彼のスピーチも莫言さんのスピーチも、まあ普通だった。それに対して、本作に見るアルゼンチン初のノーベル文学賞受賞者になったダニエル・マントバ

ーニ（オスカル・マルティネス）の冒頭でのスピーチは・・・？

　万雷の拍手の中、控え室から壇上に登場したダニエルは、司会者からマイクを渡されるとおもむろに口を開いたが、そこでは受賞に感謝すると言いながらも、「これは喜びよりも作家としての衰退のしるし」との発言が・・・。これには会場が一瞬凍りついたのは当然だ。しかも、その後に続くスピーチはそれをさらに演繹していく内容だったから、「ありがとう」の言葉でスピーチが締めくくられても、なお会場は凍りついたままだった。彼がこんなスピーチをした真意は一体ナニ？彼は受賞をホントに喜んでいるの？それとも・・・？

　メダルを手渡す国王をはじめとする主催者側も、会場の出席者もしばらくはダニエルのスピーチの真意を理解できなかったが、会場から遠慮がちに拍手が起きる中、やっとスタンディングオベーションに・・・。それによって授賞式はやっと格好がつき、ダニエルも無事笑顔の中で退場することができたが、それにしても彼のスピーチの真意はどこに・・・？

## ■□■有能な秘書がいても、決定はあくまでも自分自身で！■□■

　莫言さんも、ノーベル文学賞の受賞前と受賞後ではマスコミからの注目度が全く変わったそうだ。受賞から５年間、１冊も新作を発表していないダニエルであってもマスコミからの注目度がすごいことは、有能な秘書ヌリア（ノラ・ナバス）との打ち合わせ風景を見ているとよくわかる。連日押し寄せてくるのは、各種イベントへの出席要請や講演依頼・サイン会の依頼等だが、近時のダニエルはそのほとんどを断っているらしい。

　映画『ミッドナイト・イーグル』（０７年）（『シネマルーム１８』１０７頁参照）の原作者で、私の友人でもある著名作家・高嶋哲夫氏は精力的な執筆の傍ら、講演会やサイン会にもマメに出席しているから、彼のフェイスブックを見ていると、その忙しさにビックリ！しかし、ダニエルは、マスコミを中心とする世界からのそういう要請にいい加減飽きたのだろう。秘書が次々と報告する手紙の中には、彼の故郷サラスから「名誉市民」の称号を送りたいという招待状もあったが、彼は他の多くの招待状と同じように、それを瞬時に却下。

　サラスは、２０代の時に逃げるように出て行って以来、およそ４０年も帰ったことのない彼の生まれ故郷だが、１度も帰ったことがないのは一体なぜ？そんな故郷からの招待状に彼が見向きもしなかったのは当然だが、何故かその日の夜、急に彼はヌリアを呼び出し、サラスに行くと言い始めたから、アレレ・・・。そのためには既にぎっしり詰まっている予定をすべてキャンセルしなければならないが、ダニエルの何らかの心境の変化を察したヌリアはそれに賛意。ところが、彼は秘書のヌリアも一緒に行く必要はない、あくまで自分１人で行く、マスコミにも絶対に内緒にしろ、と言い始めたからビックリ！一体ダニエルの心の中に、どのような変化が・・・？

## ■□■これは実話にあらず！脚本の素晴らしさに拍手！■□■

アルゼンチンの隣国チリには、ガブリエラ・ミストラルとパブロ・ネルーダという2人のノーベル文学賞受賞者がいるが、アルゼンチンにはいない。本作の原題は「名誉市民」だが、邦題は「笑う故郷」。その舞台とされているのは、ダニエルの生まれ故郷であるサラスだ。サラスはアルゼンチンの首都ブエノスアイレスから車で7時間もかかる田舎町だが、どうも架空の町らしい。ちなみに、パンフレットにある久野量一氏の「ノーベル賞作家と故郷」によれば、コロンビア出身のノーベル文学賞作家であるガルシア・マルケスの作品の舞台としていつも登場するのがマコンドだが、これは彼の生まれ故郷のアラカタカをモデルにしているらしい。そして、彼の小説のおかげでそのアラカタカが有名となり、世界中から多くの観光客が訪れているそうだ。したがって、サラスもダニエルの小説のおかげで世界的に有名なったのだから、サラス市がダニエルに感謝し、市長がダニエルに「名誉市民」の称号を贈るぐらいのことは当然だ。

　ノーベル文学賞の授賞式で、司会者はダニエルのすべての小説の舞台になっているサラスのことを「小説で扱う普遍的なテーマの数々はある町の物語を通して展開されます。20年間彼は読者をかの地へと誘ってきました。そこでは彼の想像力が大いに発揮されます。あふれんばかりの独創性と実話を交えた奇抜なストーリー。示唆に富み、豊かで明白で、時に重苦しい描写が物語を紡ぎます」と紹介していたが、それはどうもキレイゴトすぎる紹介で、ダニエルとサラスとの間には様々な確執があったらしい。そのことが、ダニエルの40年ぶりのサラスへの帰郷の中で少しずつ明らかにされていくので、それに注目！

　サラス市からの招待に応じてダニエルが1人で空港に降り立ったのに、迎えに来たのは車1台のみ。本来なら車で7時間もかかる道のりを、抜け道を通れば5時間で行けると豪語していた運転手だったが、悪路でタイヤがパンクすると、スペアタイヤもなく、携帯も持っていなかったから最悪。たき火をして夜明かしをしたのはある意味貴重な体験かもしれないが、ヒッチハイク状態でやっとホテルに着いたのは、やっぱり最悪。これがサラス市流の、招待状を送ったノーベル文学賞作家のお迎え？もちろん、カチョ市長（マヌエル・ビセン）はそんな不測の事態について丁寧にお詫びを述べ、滞在中のパレード、授賞式、講演会等の予定を説明したが、ひょっとして最初のお迎えの車がケチのつき始めだったのかも・・・？

## ■□■見どころ①　親友や元カノとの再会は？■□■

　本作冒頭のノーベル文学賞受賞式でのスピーチは、すべて本作の（脚本の）オリジナルだからすごい！もっとも、パンフレットの中にあるガストン・ドゥプラット監督とマリアノ・コーン監督のインタビューによると、本作は同名の小説に先行して制作されたそうだし、「文学の世界には有力なゴーストライターが存在しますが、そのことについてお答えできません」と語っているので、ホントは誰がこの脚本を？それはともかく、本作中盤には面白い見どころが沢山あるので、それに注目！まず、見どころ①は、本作のストーリーの

核心となる、ダニエルの幼なじみアントニオ（ダディ・ブリエバ）とダニエルの元カノで今はアントニオの妻になっているイレーネ（アンドレア・フリヘリオ）との出会いの面白さだ。

　４０年ぶりに再会した２人が男同士の抱擁を交わし、男同士のキスを交わす姿は微笑ましいが、ダニエルの元カノであるイレーネを自分がゲットした話をするときのアントニオは少し自慢げで鼻につくのが気になるところ・・・？自宅への食事の招待を受けたダニエルは超豪華な食事やアントニオの心温まる接待に喜んだが、どことなく違和感も・・・。さらに、イレーネの車で移動してる時にエンジンが故障して動かなくなると、何となく間が持たず２人でキスを交わしたりすると、さらに・・・？また、ラストの日にはアントニオとの会話の中で、１人娘フリアの恋人と一緒に「狩り」に出かける約束もしたが、実弾を使った「狩り」の獲物は一体ナニ・・・？

　本作は、あくまで故郷をテーマとしたノーベル文学賞作家のお話で、スリラーでもホラーでもないが、本作ラストには、あっと驚く、そんなシーンが登場するので、それにも注目！それを指導し演出するのが、いかにも朴訥で一本気なサラスの町に生きる男アントニオだから、アントニオのダニエルへの永遠の友情のあり方に注目！

## ■□■見どころ②　市長の動きは？反ダニエル派の動きは？■□■

　私が再開発組合の代理人として担当していた徳島市の新町西地区の再開発に関する補助金支出差止め請求訴訟は、予想通り私たちの「勝訴」で終わった。しかし、２０１６年３月の市長選挙で再開発を推進してきた原秀樹前市長が、再開発の白紙撤回を掲げた遠藤彰良候補に敗れたため、新市長は就任直後に再開発の権利変換処分を不認可とする処分をした。そのため、私は再開発組合の代理人として２０１６年８月、権利変換不認可処分の取消を求める訴訟を提起したが、裁判所は２０１７年９月２０日、市長の大幅な裁量権を認め、市側を勝訴させる行政追従の判決を下した。このように再開発をめぐって推進派と反対派が対立することはよくあるケースだが、サラス市でもカチョ市長に反対する勢力は強力らしい。

　ダニエルを「名誉市民」に推薦したのはカチョ市長だが、どうも彼はノーベル文学賞を受賞したダニエルを自分の人気取りや権力闘争に利用しようとしているらしい。ダニエルに「名誉市民」を授与する授与式はそのための絶好の舞台だし、「美の女王」を伴ったパレードもそうだ。授賞式での、ダニエルの誕生から現在までをまとめたショートムービーの上映に涙すら流していたダニエルを、市長が絵画コンクールの審査委員長に指名したのも、そんな政治利用の狙いがあったらしい。絵画コンクールでは公平さが何よりも大切。ところが、そこではサラス造形美術協会のロメロという男が自分の絵が落選したことにいちゃもんをつけてきたり、その後の処理を市長に任せていると、いつの間にかロメロの絵が入選していたり・・・。

さらに、ダニエルの講演会には多くのファンが詰めかけて、興味深くダニエルの話しを聞いていたが、そこにはダニエルがその小説の中で故郷サラスの町にいちゃもんばかりつけていたことに抗議するロメロたちの執拗な「反ダニエル」の行動も・・・。ロメロたちのそんなお行儀の悪い抗議行動は本来主催者側が阻止するのが当然。ところが、それができない中、ダニエルは精一杯紳士的な対応を取っていたが、その結果は・・・？

## ■□■見どころ③　生まれ故郷にもハニートラップが・・・？■□■

ダニエルは今日まで独身を貫いているそうだが、講演会に参加し、ダニエル文学について鋭い質問をしていた若く美しい女性ファンが、その日の夜遅く、ホテルの部屋まで押しかけてくると・・・？マスコミの目が光っているノーベル文学賞作家ともなれば、ハニートラップをはじめ様々な誘惑には気をつけているはず。しかし、ブエノスアイレスから遠く離れた田舎町サラスまでやってくると、ダニエルの気持ちも少し緩んだのか、その女性をベッドの中まで受け入れてしまったから、アレレ・・・？しかも、欲望の赴くままにその後の日程を強引にキャンセルして、若い女性の魅力をたっぷり楽しんだが、そのとばっちりは？もしくは処罰は・・・？

ダニエルがアントニオを本当に信頼できる幼なじみと考えていたことは、アントニオの家に食事に招かれた時、本来なら秘密にしておくべきそんな若い女との出会い（情事？）までしゃべったことに表れている。しかし、その場でアントニオとイレーネの一人娘だと紹介されたのが何と、あの時の若い娘フリア（ベレン・チャバンネ）だったから、ダニエルは唖然！「お前、その女とヤったのか？」とのアントニオの質問に対し、「とんでもない」と否定したのは当然だが、今どきの若い娘は一体何を考えてるの？しかも、フリアには婚約者だというかなり頭の悪そうな男がついていたから、さあ、その後のストーリー展開は・・・？

ホテルのフロントスタッフの若者が、ダニエルに読んでみてくれと差し出した短編集の出来が予想外に良く、ダニエルがその出版を引き受けるまでになったというお話しは本作で唯一まともなお話。それと正反対の、アントニオとイレーネの一人娘フリアをめぐるドタバタ劇は腹を抱えて笑いたいが、あまり笑い飛ばせないのは一体なぜ・・・？それはひょっとして、それもこれも人間のなせる業だから、自分だってひょっとして・・・と考えるせい・・・？

## ■□■作家はすべての体験を小説のネタに！■□■

本作に見る、サラス市における3度の講演会でダニエルがしきりに強調しているのは、「小説はあくまで架空のものだ」ということ。そのため、「作品の中の、あの人物は、自分の知り合いだ」などとつまらない関心を集めるファンには手厳しく対応していた。たしかに、ダニエルが言うとおり、小説はすべてフィクション。

270

もちろん、人物にしろ、町にしろ、風景にしろ、そこには何らかのモデルが存在するかもしれないが、それを取り上げ、小説として構成するのは、すべて作家の想像力によるものだ。そう考えると、作家にとってはとにかく何でも体験してみることが価値であることがよくわかる。そう考えると、人が死ぬ小説を書くには、作家自身が1度死んでみるのがベスト。たしかに、それはそうだが、その体験をしてしまうと2度と書けなくなるから、いくら作家でもそれは体験したくないのが本音だ。

ところが、本作ラストでは、ホラー小説のような不気味な雰囲気の中で「狩り」のストーリーが展開していくが、ライフルの照準が合わされたのは、一体誰？そして、足早に逃げていくダニエルが、ホントに倒れてしまうことに。ええ、こりゃ一体ナニ・・・？本作はそういうミステリー的、ホラー的展開で終わってしまうの・・・？そう思っていると、本作ラストには何とも意外な結末が・・・？なるほど、なるほど。やっぱり、作家はすべての体験をネタにしなければ・・・。

2018年5月2日発売　配給：パンドラ

２０１７（平成２９）年１１月２９日記

# 表紙撮影の舞台裏（29）

1）１月と２月は寒い日が続いたが、３月中旬からは急に暖かくなったため、２０１８年の桜の開花は例年になく早まり、３月２８日には大阪でも満開。私が毎日通勤のために自転車で通う桜の宮大橋も源八橋も美しい桜でいっぱいになった。土日祝日にはウォーキングと筋トレに励み、平日の夕方には毎日サウナに入っている、帝国ホテルのフィットネスクラブの前にある公園も美しい。そのうえ天候は１０日間ほど暖かく、快晴の日が続くとあって、こりゃ『シネマ４１』の表紙撮影に絶好と考え、スタッフとともに撮影会に！

2）２０１５年９月の大腸（直腸）ガンの手術後は６８kgあった体重が５２kgに減るとともに、目の下には黒いクマができたため、いかにも弱った老人風になってしまった。翌２０１６年１１月の胃ガンの手術後は一層その印象が強くなっていたが、２０１７年春頃からは、手術後の治療の万全さの他、食べ物の種類、量、回数とその胃腸での消化がうまくかみ合い始めたため体重も増加し、頬も少しふっくらしてきた。そして、フィットネスでのウォーキング（８km＋４km＝１２km）、筋トレの継続、毎日のサウナ通いの効用もあって、心身ともに少しずつ元気に。

3）『シネマ４１』の表紙をなぜ桜の花一色に？それは、吉永小百合１２０本目の記念作たる『北の桜守』に敬意を払っ

たため。中・高校時代に熱烈なサユリストだった私は、０８年１０月のスカパー『祭りＴＶ！吉永小百合祭り』にゲスト出演したが、１９４５年生まれの彼女のその後の活躍はお見事だ。同作は樺太の地で桜の花が咲くシーンから始まる。ラストにはその桜の下に再度一家が勢ぞろいするが、これはあくまで映像上のこと。その間の物語は悲痛だ。寒い樺太に咲かせた一本の桜にそれほどの価値があったことを考えると、桜の宮大橋で一面に咲き誇る桜を毎年見ることができる私たちの幸せは格別。それが、ここ数年の健康状態と『北の桜守』の鑑賞から生まれてきた私の今日この頃の感慨だ。

4）近時は北新地のクラブでマイクを握ることはもちろん、カラオケで歌うこともなくなったが、カラオケでの私の愛唱歌は多い。松田聖子の『あなたに逢いたくて～Missing You～』は採点用で高得点を目指すときの勝負曲だし、中国語の得意曲にはテレサ・テンの『月亮代表我的心』や『我只在乎你』（時の流れに身をまかせ）等がある。しかし、近時の心に沁みる曲は、竹内まりやが５０歳になった時に作った『人生の扉』。２０歳から９０歳までの人生を歌った同曲の歌詞は心に沁みるもの。２０１８年の春、この歌詞を実感しながら、これからも、「ひとりひとり、愛する人たちのために生きていきたい」ものだ。

　２０１８（平成３０）年４月３日記

## 👀みどころ

　前から気になっていたフィンランド人監督、アキ・カウリスマキの名作をはじめて鑑賞。「港町３部作」から「難民３部作」と名前を変えた本作は、ヨーロッパの難民問題がテーマだが、社会問題提起作というよりも、シリアからの難民とフィンランド人の老紳士との心温まる物語。

　それにしても、難民を従業員として雇い入れたばかりでなく、身分証明書の偽造から妹の受け入れまで、この老齢の男はトコトン性善説！さらに、中国のことわざである"上有政策　下有対策"を地でいく鮮やかなお手並みにも感心！

　もっとも、極右政党やネオナチの台頭は北欧の小国であるフィンランドでも同じ。したがって、あっと驚く本作ラストの展開はハッピーエンド？それとも・・・？

——＊——＊——＊——＊——＊——＊——＊——＊——

### ■□■近時の北欧映画の名作の数々に注目！■□■

　スウェーデン、ノルウェー、フィンランド等の北欧諸国は日本にほとんど縁のない遠い国だが、近時その北欧諸国の映画の名作が次々に登場しているのでそれに注目！

　本作のアキ・カウリスマキ監督は近時人気急上昇のフィンランド人監督で、本作の舞台はフィンランドの首都ヘルシンキ。他方、近々鑑賞予定の『ヒトラーに屈しなかった国王』（１６年）はノルウェー映画で、まさにタイトル通りの感動作らしい。また、近時観た『幸せなひとりぼっち』（１５年）はスウェーデン映画で、日本人の多くが日本と違って安心して暮らせる「高負担、高福祉の国」と思っているスウェーデンで、妻に先立たれた５９歳

273

の頑固じじい（？）が織りなす面白い映画だった（『シネマルーム３９』２４３頁参照）。

さらに、デンマーク・ドイツ映画の『ヒトラーの忘れもの』（１５年）は、ナチスドイツ敗戦後のデンマーク国内でドイツ人の少年兵が地雷除去作業に従事させられるストーリーの中で、ギリギリの人間性を問いかける問題提起作だった（『シネマルーム３９』８８頁参照）。また、フィンランド・エストニア・ドイツ映画の『こころに剣士を』（１５年）は、ドイツとソ連に挟まれたエストニアという小国を舞台とし、フェンシングをテーマにしたもので、矢口史靖監督の『スウィングガールズ』（０４年）（『シネマルーム４』３２０頁参照）のような面白い映画だった（『シネマルーム３９』２３９頁参照）。

このように、近時スウェーデン、ノルウェー、フィンランド等の北欧映画の名作が次々と公開されているのでそれに注目！

## ■□■アキ・カウリスマキ監督の魅力に一目惚れ！■□■

作家の村上春樹氏がフィンランドと聞いて真っ先に思い浮かぶのはアキ・カウリスマキ監督の映画、というように、アキ、そして兄のミカのカウリスマキ兄弟の名前は日本でもよく知られているらしい。フィンランドは２０１７年１２月６日に独立１００年を迎えたそうだし、近年では毎年恒例のフィンランド映画祭で最新のフィンランド映画が紹介されているらしい。そんな記念すべき年に、私ははじめてフィンランドのアキ・カウリスマキ監督の名作を鑑賞し、その魅力に一目惚れしてしまうことに。

私は、２０１１年カンヌ国際映画祭で国際批評家連盟賞・パルムドッグ賞を受賞したアキ・カウリスマキ監督の『ル・アーヴルの靴みがき』（１１年）を見たいと思いながら見逃していたが、アキ・カウリスマキ監督は同作を「港町三部作」の１つとしていたらしい。ところが、彼は本作を発表するについて、それを「難民三部作」に変え、今や全世界で火急の課題となっている難民問題に再び向かい合ったそうだ。

本作はフィンランドに難民申請してきたシリア人の青年カーリド（シェルワン・ハジ）を主人公にした物語。当初は何の接点もなかったフィンランド人の老人ヴィクストロム（サカリ・クオスマネン）が、自分の生き方を模索する中で始めたレストラン"ゴールデン・パイント"に、たまたまカーリドを従業

© SPUTNIK OY, 2017

員として雇い入れる中から、アキ・カウリスマキ監督流の温かい人間模様が広がっていく。スウェーデン映画『サーミの血』（１５年）は、真正面から人種差別問題を問うすごい問題提起作だった（『シネマルーム４０』９３頁参照）が、本作は難民という目下ヨーロッパ最大の政治問題をテーマとしながらも問題提起作ばかりとはせず、温かい人間讃歌のドラマになっているので、それに注目！

さらに、パンフレットの中で映画評論家の宇田川幸洋氏が「ぶっきらぼうなスタイル」と題して評論している通り、本作の登場人物は皆、押しなべてぶっきらぼう。近時の、わかりやすさと馬鹿みたいにセリフに頼る安物の邦画とは大違いだ。２０１７年ベルリン国際映画祭で銀熊賞（監督賞）を受賞した、そんなフィンランド発の名作をしっかり味わいたい。

## ■□■カーリドはなぜフィンランドに？２人の接点は？■□■

本作では冒頭、石炭の山の中に隠れてフィンランドに入国してきた煤まみれの青年・カーリドの姿にびっくりさせられる。そして、ストーリーの進行につれて、彼はシリアのアレッポという町から、たまたまフィンランド行きの船に乗ったためフィンランドで難民になったことがわかる。その旅路は、難民申請をした彼らが入れられる収容施設の中でお友達になったイラク人青年・マズダック（サイモン・フセイン・アルバズーン）らに語るところによれば、かなりかなりの道のりだ。それはパンフレットにある「カーリドがたどった旅路」や『希望のかなた』にみる難民問題にまつわるキーワード」から学ぶしかないが、平和で安全かつ豊かな日本ではとても想像できないものすごい行程だ。

日本人には中東のイラク、シリア、トルコ等の知識もなければ、東欧のギリシャ、マケドニア、セルビア、スロヴェニア、ハンガリー等の知識もない。また、フィンランドのヘルシンキに至るポーランドのグダンスクについても何も知らないから、カーリドが語る旅路のほとんどは理解できないはずだ。しかして、今彼の願いは自分の難民申請が認められることと、途中で離ればなれになった妹のミリアム（ニロズ・ハジ）の居所を探すことだが、カーリドにとってこれは両方とも難問。さて、物語はいかなる進行を・・・？

他方、そんなカーリドの物語とは別に、ヴィクストロムは今はカッコ良く（？）妻(カイヤ・パカリネン)に結婚指輪と家のキーを残し、愛車のクラシックカーに乗り家を出て行ったが、このおっさん、いい年をしてこれから一体何を・・・？そしてまた、何の縁もゆかりもないこのシリア難民のカーリドとフィンランド人のヴィクストロムとの接点は・・・？

## ■□■フィンランド人は楽天的？シリア難民も笑いが大事？■□■

クラシックカーに身の周りの物だけを乗せ、家を出て行ったヴィクストロムは、衣類の販売業を営んでいたが、この際心機一転レストランの経営をしようと考えたらしい。もっとも、本作ではそんなヴィクストロムの心理状態は全く説明されず、ほとんどセリフのな

275

いまま、①在庫商品の処分、②レストラン"ゴールデン・パイント"購入の交渉、③不足資金調達のためカジノに臨むヴィクストロムの姿、をカメラが淡々と（？）追っていく形となる。三船敏郎や高倉健がカッコいいのは、その風貌やスタイルの良さとは別に、「男は黙って・・・」というところにあるが、フィンランド人の初老の紳士ヴィクストロムにもそれと同じような風格があるのでビックリ！妻への離婚の切り出し方といい、ポーカーの最後の勝負での全額つぎ込みの決断といい、この男を見ていると、フィンランド人は日本人と比べて楽天的・・・？そう思わざるを得ないが、ストーリーの進行につれて、この初老のオヤジの魅力がどんどん大きくなっていくので、それに注目！

他方、難民申請をしたカーリドは収容施設の中でマズダックと仲良くなり、以降「先輩格」で何かと器用な彼のアドバイスを受けることになる。カーリドは意志の強そうなところは認められるものの、言葉はたどたどしくいかにも不器用そうだから、さて難民申請の行方は・・・？そう心配していると、案の定、カーリドが出廷した法廷であっさり難民申請は却下されたうえ、その決定には不服申し立てできないと宣言されたから、さあカーリドはどうするの？そんなカーリドに対するマズダックのアドバイスは、「難民が異国で受け入れられる秘訣は、楽しそうに装いながら、決して笑いすぎない事」だが、さて不器用なカーリドにそんなことができるの・・・？

## ■□■やっぱり性善説がベスト！どこまでも暖かく・・・■□■

日本では、２０１８年の年明け早々、はれのひ社による成人式での晴れ着詐欺（？）やカヌーの鈴木康大選手による小松正治選手への薬物混入の自白など、人間不信を助長させる事件が世間を賑わせている。戦後７３年もの間、安全と平和を享受し、豊かな国となった日本で、なぜこんな現象が・・・？それに比べると、本作中盤でヴィクストロムが見せる、トコトン性善説の行動にビックリさせられると共に、大いなる清涼感を感じ取ることができる。

その第１は、レストラン買収に伴う虚々実々の取引（？）の中で、ヴィクストロムが従業員である①案内係のカラムニウス（イルッカ・コイヴラ）、②コックのニュルヒネン（ヤンネ・ヒューティアイネン）、③ウエイトレスのミルヤ（ヌップ・コイブ）に見せる温かい人間味。第２は、レストラン経営には素人だったらしいヴィクストロムが、そこでも見せるお客さんを信じて（？）の思い切りの良さ。第３は、ゴミ捨て場を「俺の寝所だ」と主張するカーリドと互いに一発のパンチを交わし合いながらも、「ここで働いてみるか？」と声をかけるヴィクストロムの度量の広さだ。本作では、これらがすべて「結果オーライ」となり、温かくほのぼのとした物語になっているが、一歩間違えば、ヴィクストロムは倒産し、寒空の中で自殺に追い込まれる可能性も・・・。

もちろんすべては結果論だと言ってしまえば身もふたもないが、そんな人間ドラマを、ぶっきらぼうながらとことん性善説の立場で描く本作のどこまでも暖かい視点に思わず目

276

がうるうる状態に・・・。中国の馮小剛(フォン・シャオガン)監督や日本の山田洋次監督とも共通する、そんなアキ・カウリスマキ監督の映画と人間に対するあくまで暖かい視点に注目したい。

## ■□■フィンランドにも"上有政策　下有対策"？■□■

今や難民問題はヨーロッパ最大の政治外交問題になっているが、東洋の島国ニッポン国ではまだまだ問題意識は薄い。昨年末から日本海の荒波の中で命懸けで漁業に従事する北朝鮮の漁民（？）たちの船が多数日本に漂着しているが、それに対する日本国の対策はいつもながらの「後追い、後追い」になっている。日本でも近時外国人観光客の増大を受けてビザや入管

© SPUTNIK OY, 2017

手続きの簡素化等の努力を続けているが、いざ「朝鮮半島有事」となり、多数の難民が押し寄せてきた場合には、十分に対応できないことは明らかだ。

さらに、法治国家たる日本では難民申請の手続は厳格だし、違法滞在の処罰もハッキリしている。そのうえ、日本人の遵法精神は少なくとも中国人よりはマシだから、中国で"上有政策　下有対策"と言われているようなことはあり得ないのが常識だ。しかし、いくら性善説の立場からとはいえ、難民申請を却下されたため違法滞在状態になっているカーリドを従業員として雇ったり、身分証明書の偽造まで平気でしてやるヴィクストロムの遵法精神は如何に・・・？

中国の"上有政策　下有対策"（上に政策あれば、下に対策あり）は積極的に違法状態を容認することわざではなく、昨年の流行語大賞の候補の１つとされた"忖度"を含む味わい深いことわざだ。レストランの定期検査にやって来たフィンランドのお役所の監督官たちをうまく煙に巻くヴィクストロムのしたたかさを見ていると、まさにこれぞ中国流の"上有政策　下有対策"を地でいくものと感心させられたが、さてあなたはヴィクストロムが見せるフィンランド流の"上有政策　下有対策"をどう見る・・・？

## ■□■ここまでやるか！ここまでできるの？■□■

昨今のＳＮＳや情報社会の進展のスピードはものすごいものがあり、これからはＡＩ（人工知能）の時代とされている。しかし、難民のカーリドは携帯すら持っておらず、マズダックのそれを借りる始末だが、それでもマズダックの協力によって妹のミリアムに関する

情報が集まってくるからすごい。ミリアムの安全と所在が確認できたのは喜ばしいが、そうかといって、いきなり"妹を探しにいくため、仕事を辞めます。"と言われると、ヴィクストロムは困るはず。しかし本作では、ヴィクストロムはすんなりカーリドの申し出を認めたばかりか、ここでこそ長年の知恵と人脈の使いどころ、とばかりにすごい作戦をひねり出し、それを実行に移すから偉い。ここでもまた中国流の"上有政策　下有対策"がフィンランド流に生かされているので、その鮮やかさに注目！

しかし、たまたま出会った難民を違法滞在だと知りつつ従業員として雇ったばかりか、国外にいる妹のフィンランドへの受け入れにも協力するヴィクストロムの姿を見ていると、ここまでやるか！の思いが強い。さらに、これはあくまでアキ・カウリスマキ監督の演出によるものだが、ここまでできるの？との思いも・・・。まあ、たしかに「現実離れ」の感もあるが、そこは映画だから・・・。

## ■□■ハッピーエンド？それとも・・・？■□■

難民問題が深刻化する中、ヨーロッパの優等生国であるドイツでもその受け入れに寛容だったメルケル首相への風当たりが強くなっている。そのため、ヨーロッパ各国で極右政党が力を伸ばし、アメリカのトランプ大統領ばりの「排外主義」と「自国第一主義」が強まっている。北欧の小国の一つであるフィンランドでもそれは同じで、本作には"フィンランド解放軍"を名乗る、スキンヘッドの男ヴィクトリーが登場するので、それに注目！

彼らの攻撃目標は違法滞在状態にある難民だから、カーリドがある日ヴィクトリーに襲われたのはある意味仕方なし。しかし、ヴィクトリーの警告を無視して、ヴィクストロムのレストランで引き続き働いていたり、妹までフィンランドに入国させてくるとヴィクトリーは・・・？難民の一人をこっそりナイフで刺すくらいは朝飯前。ヴィクトリーのその行為は鮮やか

© SPUTNIK OY, 2017

の一言だが、ナイフの一刺しで人間は死んでしまうの・・・？翌日はミリアムが警察に出頭して難民申請をする日。その時刻まで約束しているカーリドは必ず妹と会わなければならないが、さてカーリド（の命）は・・・？

本作は全編を通じてアキ・カウリスマキ監督の暖かさに満ち溢れているが、このラストはさてハッピーエンド？それとも・・・？

２０１８（平成３０）年１月１５日記

### はじめてのおもてなし

2016年／ドイツ映画
配給：セテラ・インターナショナル／116分
2017（平成29）年12月11日鑑賞　　ギャガ試写室

**Data**
監督・脚本：サイモン・バーホーベン
出演：センタ・バーガー／ハイナー・ラウターバッハ／フロリアン・ダーヴィト・フィッツ／パリーナ・ロジンスキ／エリヤス・エンバレク／エリック・カボンゴ

## 👀みどころ

　世界各国からの制裁が続く中、冷たく荒れた日本海で無理矢理操業する北朝鮮の漁師たち（？）は危険でいっぱいだが、「２０１５年欧州難民危機」の中、１００万人を超す難民・移民も大変だ。

　ドイツのメルケル首相は一貫して難民受け入れOKと表明していたが、ハートマン家では、妻の独断と偏見で一人のナイジェリア人難民の受け入れを宣言したから大変。そこから噴出してくる本音と建前の矛盾、そして家族の諸問題とは・・・？

　深刻かつ難解な難民問題も、映画なら山田洋次監督流に家族の視点から。そしてまた、あくまで笑いの視点から！さあ、２０１６年度ドイツ興行成績Ｎo.1の魅力を満喫しよう。

――＊――＊――＊――＊――＊――＊――＊――＊――＊――＊――

### ■□■深刻難解な「難民問題」を分かりやすく！こりゃ必見！■□■

　韓国には韓国特有のテーマとして南北分断問題があり、そのため『シュリ』（９９年）、『ＪＳＡ』（００年）（『シネマルーム１』62頁参照）、『二重スパイ』（０３年）（『シネマルーム３』74頁参照）等の名作がある。近時のキム・ギドク監督の『レッド・ファミリー』（１３年）（『シネマルーム33』227頁参照）や『The NET 網に囚われた男』（１６年）（『シネマルーム39』145頁参照）もそのテーマの傑作だった。それと同じように、ドイツにはドイツ特有のテーマとして、東西ドイツの分断問題と共にナチスドイツ、ヒトラー、ホロコースト、アイヒマン裁判、等がある。１２月９日に見た『否定と肯定』（１６年）はそのテーマの傑作だった。

それに対して、近時ヨーロッパで大きな社会問題になっている難民・移民問題では、イギリスのケン・ローチ監督の『この自由な世界で』（０８年）（『シネマルーム２１』２４７頁参照）等の傑作が生まれていた。そして、２０１５年には地中海やヨーロッパ南東部を経由してＥＵへ向かう１００万人を超す難民・移民が発生する、いわゆる「２０１５年欧州難民危機」が発生したため、大規模な難民受け入れＯＫを表明していたドイツのメルケル首相も、今ではかなり苦しい立場に追いやられている。そんな状況下、本作がドイツで大ヒット！「ドイツ・アカデミー賞観客賞受賞、４００万人が笑って泣いた２０１６年度ドイツ興行成績Ｎｏ．１の大ヒット作！」だそうだが、それは一体なぜ？

## ■□■難民受け入れ宣言は誰が？その波紋は？■□■

　ドイツはアメリカと違い、フランスと同じで、一戸建て住宅は少なく、共同住宅が多い。都市法をライフワークにしている私はそう理解していたが、大病院の医長を務める外科医リヒャルト・ハートマン（ハイナー・ラウターバッハ）と、教師を定年退職して暇を持て余す妻アンゲリカ・ハートマン（センタ・バーガー）夫婦ともなると、収入が多いためか

2018年1月シネスイッチ銀座ほか全国順次公開
©2016 WIEDEMANN & BERG FILM GMBH &CO. KG / SENTANA FILMPRODUKTION GMBH / SEVENPICTURES FILM GMBH

その家は庭付きの立派な一戸建て。車も夫婦それぞれ一台だから、そのライフスタイルはヨーロッパ風ではなく、アメリカ風だ。

　また、長男のフィリップ（フロリアン・ダーヴィト・フィッツ）は弁護士として大活躍中だが、次女のゾフィ（パリーナ・ロジンスキ）は３１歳にもかかわらず、「自分探し」を

続ける大学生だから、中途半端。学校ではストーカーに付きまとわれ、父親からは受験勉強に精を出すよう圧力をかけられていたから、その毎日の生活は大変そうだ。フィリップは現在上海で大きなプロジェクトに挑戦中だが、仕事ばかりで妻とは離婚しており、両親に預けている小学生の一人息子・バスティは生意気盛りでかなりヤバそう。こんな風にハートマン家は経済的には豊かだし、それなりの家族秩序は保たれているようだが、その内実は・・・？

　ある日曜日の晩、久しぶりに家族が集まった夕食会は家族懇親の場とはならず、それぞれの生き方における現在の問題点が露呈。テーブルに険悪な雰囲気が流れ始める中、突然アンゲリカが「難民を一人受け入れる」と宣言したから、夕食会は大混乱に。メルケル首相と違って、リヒャルトは難民受け入れ反対派。また、人権派弁護士ではなく、企業弁護士であるフィリップも、当然そうだ。それに対して、３１歳まで中途半端な立場にあるゾフィは難民に同情的。しかして、ハートマン家は、男２人ＶＳ女２人に分かれたが、「反対だ。議論は終わりだ」と一方的に宣言するリヒャルトに対して、アンゲリカは「ここは私の家でもあるの」と反撃。ハートマン家は決定的対立状態に・・・。

## ■□■警察沙汰、近隣紛争、極右デモ■□■

私は深田晃司監督の『歓待』（１１年）の評論で、「闖入者二態！『冷たい熱帯魚』ＶＳ『歓待』」と題して、「招かれざる客」＝「闖入者」をテーマとした両作品を紹介した（『シネマルーム２７』１６１頁参照）。両作品とも、一見人懐っこい顔で家族

2018年1月シネスイッチ銀座ほか全国順次公開
©2016 WIEDEMANN & BERG FILM GMBH &CO. KG / SENTANA FILMPRODUKTION GMBH / SEVENPICTURES FILM GMBH

の中に入ってきた闖入者が、いざそこに自分の居場所をみつけ、それをキープすると、たちまち君子は豹変！何ともすさまじい闖入者二態を見せたわけだ。

　それに比べると、ハートマン家に難民としてやってきた、ナイジェリア人の青年ディア

ロ（エリック・カボンゴ）は闖入者ではなく、リヒャルトとアンゲリカが難民施設で自ら面接して決めた若者だ。祖国で何があったのかについては「話せません」と拒否していたが、お行儀も良く、アンゲリカの指導によるドイツ語の勉強も真面目だし、庭仕事もきちんとこなしていたから、受け入れ難民としては優等生。しかし、アンゲリカがディアロのために開催した歓迎パーティは、アンゲリカの友人で難民センターのボランティアをしているハイケ（ウルリケ・クリーナー）達のおかげで乱痴気騒ぎとなり、警察問題、近隣問題、さらには極右デモにまで発展することに。ここまで問題が広がれば、家族内での解決は到底ムリ！さあ、大変な事態に・・・。

## ■□■いい青年だが、亡命申請の可否は？■□■

　日本の弁護士はよほどのことがなければ「亡命」事件に関与することはないが、ナイジェリアからドイツに難民としてやってきたディアロにとっては、亡命が認められるか否かが最大の問題。メルケル首相の大方針のもとでは、特別な問題を起こさなければ、ディアロは大丈夫だったはずだが、前述したような警察問題、近隣問題が起きると・・・？

　それに輪をかけたのは、ディアロがフィリップの息子のバスティのミュージックビデオ撮影を手伝うためのダンサーとしてストリッパーを呼んだこと。さらに、ゾフィのストーカーとして付きまとう男とディアロが殴り合いになったことで、これまた警察沙汰になったから、更にヤバイ。これでは、ディアロの難民申請は却下されてしまうのでは・・・？そう思っていると、案の定・・・。

　すぐに異議申し立てをし、２日後に裁判所で審査されるそうだが、ディアロとハートマン家はどんな対応を？バスティは父親のフィリップに対して、上海からすぐに戻るよう脅迫めいた電話をしたがさて、フィリップは上海での儲け仕事を放棄してまでダニエルの危機＝一人息子バスティの危機に対処してくれる？この時既にリヒャルトの家には、ネオ・ナチや極右団体のデモ隊、それに反抗する反ナチ団体のデモ隊の双方が駆けつけ、一触即発状態になっていたが、さてディアロの亡命申請の可否は・・・？

## ■□■あくまで１家族の視点から！また、あくまで笑いで！■□■

　１２月１２日付日経新聞「回顧２０１７　映画」では、編集委員の古賀重樹氏が「家族に映る不寛容社会」という見出しで、三島有紀子監督『幼な子われらに生まれ』（１６年）（『シネマルーム４０』１０２頁参照）、廣木隆一監督『彼女の人生は間違いじゃない』（１７年）（『シネマルーム４０』２７２頁参照）等を取り上げた、また、そこでは山田洋次監督の『家族はつらいよ２』（１７年）を「誰もがピリピリし、他人を許さない。そんなこわばった空気をドタバタ喜劇として笑いのめした」と書いている。つまり、「一段と不寛容になっていく日本社会」の中でも、「無縁社会という深刻な主題だからこそ、お節介な家族の騒動がおかしく、しんみりした切実感もあった」ということだ。

それと同じように本作では、年間１００万人を超す難民・移民が発生する「２０１５年欧州難民危機」をテーマとしながら、映画は笑いでいっぱい。ちなみに、ドイツ映画『おじいちゃんの里帰り』（１１年）も深刻な難民問題をテーマとしながら、国際的ホームドラ

2018年1月シネスイッチ銀座ほか全国順次公開
©2016 WIEDEMANN & BERG FILM GMBH &CO. KG / SENTANA FILMPRODUKTION GMBH / SEVENPICTURES FILM GMBH

マとしての楽しさが目立つ、安モノのＴＶドラマとは一味違う教養とセンスが身につく映画だった（『シネマルーム３２』５２頁参照）が、本作は「４００万人が笑って泣いた」そうだからすごい。それは一体なぜ？本作については、何よりもそこに注目したい。
　サイモン・バーホーベンの監督インタビューでも、彼は難民・移民問題という深刻なテーマを題材としながら本作をあくまで家族のドラマにしたかったこと、そしてまた、ストーリー展開上はハートマン家が次々と深刻な状況に陥っていくにもかかわらず、観客にはあくまで笑いをもってそれを見てもらいたかったことを強調している。中国の馮小剛（フォン・シャオガン）監督は「中国の山田洋次監督」と呼ばれているが、本作の作り方を見ればこのサイモン・バーホーベン監督も、若いけれども「ドイツの山田洋次監督」と呼べるのかも・・・？ちなみに、本作のプレシートには①ヤマザキマリ氏の「先進国の裕福な"難民"たちを笑いで描き出す」、②六草いちか氏の「ヨーロッパ難民事情は今・・―この映画をより深く理解し愉しむために―」、③黒田邦雄氏の「ヒアルロン注射を笑えるか」、という３本のエッセイがあるので、それにも注目。
　　　　　　　　　　　　　　　　　　　　　　　　２０１７（平成２９）年１２月１４日記

## ◉◉みどころ

　韓国には３大国際映画祭を制覇したキム・ギドクという私の大好きな韓国人監督がいるが、フィリピンにもラヴ・ディアス監督がいることを発見！

　彼の映画は度肝を抜く長尺とワンシーン・ワンカットが特徴だから、３時間４８分の本作は異例の短さ。トルストイの短編に着想を得た本作は哲学的で難解だが、こりゃ必見！

　近時の日本の純愛ものとは大違いで、ヒロインも３人の主要登場人物もヘンな奴ばかりだが、その奥深さをしっかり確認したい。

―――＊―――＊―――＊―――＊―――＊―――＊―――＊―――＊―――＊―――

### ■□■隆盛のフィリピン映画に注目！■□■

　近時フィリピン映画が注目されており、『シネマルーム４０』でも『ローサは密告された』（１６年）を収録した（『シネマルーム４０』２５９頁参照）。

　韓国には、『サマリア』（０４年）（『シネマルーム７』３９６頁参照）で第５４回ベルリン国際映画祭の銀熊賞（最優秀監督賞）を、『アリラン』（１１年）（『シネマルーム２８』２０６頁参照）で第６４回カンヌ国際映画祭のある視点部門最優秀作品賞を、『嘆きのピエタ』（１２年）（『シネマルーム３１』１８頁参照）で第６９回ベネチア国際映画祭の金獅子賞を受賞して３冠を制覇したキム・ギドク監督がいる。

　しかして、フィリピンにも、『昔のはじまり』（１４年）で第６７回ロカルノ国際映画祭金豹賞を、『痛ましき謎への子守唄』（１６年）で第６６回ベルリン国際映画祭銀熊賞を、本作で第７３回ベネチア国際映画祭金獅子賞を受賞する形で３冠を制したラヴ・ディアス監督がいることに注目！

284

## ■□■度肝を抜く長尺とワンシーン・ワンカットに注目！■□■

　１９５８年生まれのラヴ・ディアス監督は観客の度肝を抜く「長尺」をトレードマークとする映画作家で、その作品は平均で５〜６時間、時に１０時間を超えるらしい。しかし、その圧倒的長さにもかかわらず、観客はディアス特有のリズムがもたらす"魔術的魅力"に引き込まれ、メリル・ストリープ、サム・メンデスなどハリウッドの映画人らも巻き込んだ「ラヴ・ディアス中毒」が世界中に増え続けているらしい。

　それに比べると、本作の３時間４８分はディアス監督作品の中では異例の「短さ」だそうだからビックリ。さらに、ディアス監督の映画は、ワンシーン・ワンカットの魔術的映像美が特徴だというから、それを本作でしっかり確認したい。

## ■□■着想はトルストイの短編。こりゃ難解！■□■

　ディアス監督の『北―歴史の終わり』（１３年）はドストエフスキーの『罪と罰』から着想を得たものらしい。それに対して、本作はトルストイの短編『God Sees the Truth But Waits(神は真実を見給ふ、されど待ち給ふ)』から着想を得たらしい。そのココロは"人生を本当の意味で理解している者はいない"だそうだから、いかにも難しそう。

　ディアス監督は本作について「人間として、何が我々を形づくるのか？」と問題提供したうえ、「今や記憶があるのは物語の前提のみで、詳細や登場人物の名前は忘れてしまっています。しかし読んだ時に、"人生を本当の意味で理解している者はいない"と書かれていたことに衝撃を受けたことは忘れられません。我々が何も分かっていない、ということは、我々の存在についての極めて重要な真実の１つでしょう。言い換えると、我々の中には少なくとも連続性を感じられる人々が存在し、我々が為すことは派生的になり得るというこ

10月14日（土）より、シアター・イメージフォーラムほか全国順次ロードショー

とです。さらに多くの場合、我々は人生の虚構に従いそして屈服してしまいます」と解説している。

これを読んだだけでも本作はかなり哲学的で難解そうだが、さて、ついていけるかな・・・？

## ■□■ヒロインはおばさん（老女？）！物語の起点は？■□■

去る6月12日に観た『歓びのトスカーナ』（16年）は、精神病施設に入っている女同士の友情をテーマとして、人間の生き方を問う名作だった（『シネマルーム40』121頁参照）。そして、同作のヒロインは2人ともかなり変だったが、それなりの美人だった。しかし、本作の主人公ホラシア（チャロ・サントス・コンシオ）は元小学校の教師だが、刑務所に30年間も入っていたから、すでに60歳前後の到底美人とは言えないおばさん（老女？）。したがって、本来ならそれだけで映画としての魅力は半減されるはずだが、さて本作は・・・？

ある日、同じ受刑者ペドラ（シャイマイン・センテネラ・ブエンカミノ）から、「真犯人は自分だ」と思いがけない告白をされたことによって、ホラシアは釈放。それはそれで嬉しいことだが、ホラシアが犯人とされた殺人事件の黒幕がホラシアのかつての恋人ロドリゴ（マイケル・デ・メサ）だったことがわかると・・・。

釈放されたホラシアがとりあえず昔の家に戻ったのは当然だが、そこでは一家は離散し、息子は行方不明、夫はすでに死亡していた。娘だけは生きているようだが、そんな状況下ホラシアが新たに生きていく目的は・・・？

## ■□■奇妙な登場人物とモノクロ映像に注目！■□■

本作の基本プロットは、無実の罪によって30年間も刑務所に入れられていたホラシアおばさんが出所後、自分を陥れた元恋人のロドリゴへの復讐に立ち向かうもの。それだけ聞くとハリウッド映画にもよくあるパターンだが、ロドリゴの家の周りをうろつくホラシアの周辺に登場する人物は変な奴ばかりだ。

10月14日（土）より、シアター・イメージフォーラムほか全国順次ロードショー

**10月14日（土）より、シアター・イメージフォーラムほか全国順次ロードショー**

　本作は冒頭の刑務所のシーンから、ワンシーン・ワンカットの手法が顕著だから、ド派手かつスピーディな展開を特徴とする近時のハリウッド映画に比べるととにかくスローテンポ。なるほど、これが近時普及しつつある映画用語「スローシネマ」の範疇なのかということがよくわかる。そんなワンシーン・ワンカット、そして、スローテンポで進む物語に、モノクロ映像の中で登場するのは、①バロット（アヒルの卵）売りの男（ソニー・ブエンカミノ）、②物乞いの女マメン（ジーン・ジュディス・ハビエル）、③心と身体に傷を抱える謎の「女」ホランダ（ジョン・ロイド・クルズ）の3人だ。日本でも近時格差社会の拡大が叫ばれ、底辺社会におけるさまざま社会問題が指摘されているが、本作に見るバロット売りの男、物乞いの女マメン、謎の女ホランダほど底辺の人間は日本ではなかなか見当たらないのでは・・・？

　ちなみに、都市問題をライフワークとしている私には、バロット売りの男の家（不法占拠のアバラ屋？）を含む周辺一帯のスラム街が取り壊されるシークエンスはハチャメチャだが、どうもこれがフィリピンの現状らしい。また、日本では近時LGBTの市民権が拡大している（？）が、ゲイの男ホランダの苦しみや悲しみを見ていると、あまりLGBTを讃歌するのは如何なもの、と思ってしまう。ホラシアが教会で物乞いをする女マメンから貴重な情報を聞き出したり、バロット売りの男の手引きで闇のルートの拳銃を購入できたのはラッキーだが、こんなおばさんの素人探偵では、ロドリゴへの復讐など到底無理。中盤から飽きさせることなく続くワンシーン・ワンカットの展開を見ていると、そう思ってしまうが、さて・・・？

287

## ■□■本作の上映は大変！興行は如何に？■□■

何ゴトも目的達成に至る過程が大切で面白いもの。したがって、それを長々と描く本作は、その映画制作手法の独自性と共にその展開が興味深い。それに対して、目的達成の瞬間自体は、ある意味あっけないことが多いが、さて本作では・・・？

毎年２月に発表されるアメリカのアカデミー賞は世界の映画祭として注目されているが、ベルリン、ベネチア、カンヌという３大国際映画祭は、クソ難しい映画が受賞することが多いこともあって、日本では公開されない映画もあるそう。すると、平均で５、６時間、特に９時間を超える作品もあるというディアス監督の映画は、日本での公開が難しいのは当然だ。本作は幸いディアス監督の中でも比較的短い３時間４８分だが、それでも日本での公開は大変だ。しかし、本作は１２月に第七芸術劇場で公開されるそうだから、その「英断」に拍手！

日本の若者たちには、日々大量宣伝されている安易な純愛ものばかりに行かず、たまにはこんなものすごい映画を鑑賞して、人生を深く考えてもらいたいものだ。

10月14日（土）より、シアター・イメージフォーラムほか全国順次ロードショー

10月14日（土）より、シアター・イメージフォーラムほか全国順次ロードショー

２０１７（平成２９）年１１月１５日記

## 婚約者の友人

2016年・フランス、ドイツ映画
配給／ロングライド・113分

2017（平成29）年10月28日鑑賞　テアトル梅田

★★★★

**Data**
監督：フランソワ・オゾン
出演：ピエール・ニネ／パウラ・ベーア／アントン・フォン・ラック／エルンスト・ストッツナー／マリエ・グルーバー／ヨハン・フォン・ビューロー／シリエル・クレール／アリス・ドゥ・ランクザン

### 👀 みどころ

　時代は１９１９年、舞台は敗戦国ドイツ。息子を殺された父親と息子の婚約者だったアンナ。そんな息子のお墓に、ある日戦勝国フランスからやってきた１人の美男子が花を手向けていたが、さてこの男は何者？

　１９３２年に公開された『私の殺した男』が大胆にアレンジされて『婚約者の友人』として登場したが、なぜタイトルがそんなに変わったの？２人の間の国境を越えた愛は実現するの・・・？

　アンナによる素人探偵の姿がミステリー調の展開を助長させていくが、戦勝国フランスＶＳ敗戦国ドイツという対比を明確にしたうえで、２人の恋模様の展開を確認したい。しかして、マネの「自殺」の絵の登場をあなたはどう理解・・・？

——＊——＊——＊——＊——＊——＊——＊——＊——＊——

### ■□■時代は１９１９年。舞台はドイツ。この家族は？■□■

　第１次世界大戦の西部戦線における「塹壕戦」をテーマにした最高傑作は『西部戦線異状なし』（30年）だが、人類がそこではじめて経験した塹壕戦＝長期戦＝消耗戦の過酷さは想像を絶するものだったらしい。第１次世界大戦は１９１４～１８年まで４年間続き、その結果ドイツは敗戦国になったから、１９１９年当時のドイツの惨状は容易に想像できる。そして、その塹壕戦に出征していた１人息子フランツ（アントン・フォン・ラック）を失った父親の老医師・ハンス（エルンスト・ストッツナー）とその妻・マグダ（マリエ・グルーバー）、そしてフランツの婚約者だったアンナ（パウラ・ベーア）の喪失感も想像を絶するもので、この家族が立ち直れないでいたのは当然だ。

もっとも、ヨーロッパ映画はそもそも説明が少ないうえ、フランソワ・オゾン監督の最新作もまさにそれ。冒頭には、黒いコートを着たアンナが1人でお花を買ってお墓参りするシーンが登場するだけだから、本作は一体何の物語かさっぱりわからない。ところが、アンナが訪れたお墓には誰かが新しい花を手向けていたから、これは一体誰が？セリフが全くないそんな展開が続く中で、観客はたちまち本作のストーリーに引きずり込まれていくことに・・・。

## ■□■なぜ、『私の殺した男』から『婚約者の友人』に？■□■

邦題を『婚約者の友人』とされた本作は、1932年に公開されたエルンスト・ルビッチ監督の『私の殺した男』をベースとして大胆に脚色された映画らしい。そして、『私の殺した男』の内容は、そのタイトル通り、塹壕戦でドイツ兵のフランツを殺したフランス兵のアドリアンが、戦後フランスからドイツを訪れ、フランツの婚約者であったアンナに「真実」を語るというストーリーらしい。したがって、本作がそれをベースにした物語というのなら、アンナが翌日再びフランツのお墓の前で目にしたフランス人の若者・アドリアン（ピエール・ニネ）は婚約者のフランツを殺したフランス兵・・・？

いやいや、本作導入部における2人の出会いやアドリアンがフランツの両親の家を訪れて歓待されるシーン、さらに、アドリアンとアンナが親しくなっていくシーンを観ていると、全くそんな雰囲気は感じられない。むしろ、それとは逆で、導入部に見るアドリアンはフランツがフランスで生活していた際のフランツの良き友人として終戦後の今は、フランツのお墓に花を手向け、フランツの両親の元を訪れているらしい。そして、そんなストーリーなら、アドリアンはアンナにとって「婚約者の友人」ということになる。なるほど、なるほど・・・。

そう聞くと、邦題にはそれなりに納得したが、それでは『私の殺した男』という本作のベースとなったストーリーは全面的に撤回されたの・・・？

## ■□■婚約者亡き今、新たな恋の芽生えが・・・？■□■

戦勝国フランスから敗戦国ドイツにやってきた青年アドリアンは美男子だし、バイオリン演奏もプロ級。そして、何よりもフランツのフランス在留時の親しい友人だったから、フランツの両親がアドリアンを歓迎し、アドリアンの話を聞きたがったのは当然。もちろん、それはアンナも同じだ。そうなると、アンナにとっては、死んだフランツの代わりにアンナに求婚しようとしていたフランツの父親世代の男・クロイツ（ヨハン・フォン・ビューロー）なんかよりアドリアンの方がよほど良いに決まっている。

その結果、クロイツから誘われた舞踏会は「踊る気持ちになれないから」と断っていたアンナは、アドリアンからの誘いは喜んで承諾し、楽しそうに踊っていたから、これにクロイツが怒ったのは当然だ。日本でも、太平洋戦争の敗戦後、東京に乗り込んできた進駐

290

軍の兵士と日本人女性との間にいろいろあり、それが多くの日本男児から侮蔑の目で見られたようだが、アンナがアドリアンに対して見せる姿は、息子を戦場で失ったドイツ人の父親たちにとっては屈辱そのもの・・・？

本作前半ではそんなシーンがたくさん登場するので、１９１９年という時代状況を踏まえつつ、ドイツＶＳフランスの敵対ぶり、とりわけ兵士だった息子を失った父親たちの思いを、しっかり理解したい。

## ■□■嘘も方便！しかし、これ以上は耐えられない！■□■

舞踏会でのアドリアンとアンナの接近ぶりを見れば、２人の間に好意（愛）が芽生え始めていることは明らか。そして、息子のフランツを失った両親もアドリアンに対して少しずつ好意を見せはじめたから、このまま順調にいけばひょっとして・・・？

そんな状況下でストーリーは急転換し、突如アドリアンは「これ以上耐えられない」と叫び、ドイツからの帰国を決めたから、ビックリ！これは一体なぜ？それは、互いに引きつけ合うように出会った夜のお墓で、アドリアンがアンナに語った驚くべき秘密によるものだ。その秘密とは、なんとアドリアンがフランツの友人だという話はすべて嘘。逆にアドリアンは、あの戦場の塹壕の中で偶然出会ったフランツを自らの銃で撃った男だというから、ビックリ！ならば、アドリアンが１人でドイツまでやってきてフランツの墓に花を手向けていたのは、一体なぜ？それはどうやら、「許しを乞うため」だったらしいが、そんなことを今更告白されても・・・。

アンナの心が乱れに乱れたのは当然だが、アンナはアドリアンの告白をそのままフランツの両親に伝えたの？しかし、それを聞けば両親の悲しみは如何ばかり？そう考えたアドリアンはその日からフランツの両親に対して「嘘も方便」とばかりに嘘で固めた生活に徹することに。さあ、そこから本作はミステリー的要素を含めて複雑な様相を呈していくことに・・・。

## ■□■舞台はフランスに！素人探偵の調査結果は？■□■

日本は四方を海に囲まれているから、かつての蒙古来襲も撃退できたし、近時の難民の流入問題も深刻さが薄い。しかし、ドイツとフランスは陸続きだから、ある意味で侵攻しやすいし、ある意味で交流も深めやすい。フランツの両親はドイツ語しかしゃべれないが、アンナはフランス語もＯＫだから、フランス語で会話することもできたし、アンナがフランス語の手紙をフランツの両親に読んであげることもできた。しかし、アンナがフランツの両親に読んであげているアドリアンから来たという手紙は、どれもこれもあまり内容がないのは、一体なぜ・・・？

さらに、ある日アンナがアドリアン宛に出した手紙が「転居先不明」で戻ってきたから、アレレ？その結果、アンナが１人でフランスに行きアドリアンの動静を探ることになった

が、ドイツ娘が１人で戦勝国のフランスに乗り込み、アドリアンの所在調査という私立探偵みたいなことがホントにできるの？そんな不安でいっぱいだが、本作中盤からの展開を見ていると、アンナは何とかその役割を果たしているからひと安心。本作は、そのにわか仕立ての素人探偵調査の過程で、１９１９年当時のドイツＶＳフランスの立場の相違を、①息子を失った父親たちの視点、②ビールとワインの視点（？）等を取り入れながら、うまく対比させていくので、それに注目！

## ■□■嘘で固めた人間関係はいつまで？■□■

　しかして、アンナがたどり着いたのは、大きなお屋敷のお坊ちゃまに収まっているアドリアンの姿。アドリアンがパリ管弦楽団のバイオリン奏者をしていたというのは本当の話だったが、アドリアンが死んでしまったというのはフェイクニュース。アドリアンは今は母親（シリエル・クレール）とともに大きなお屋敷に住み、そこには声楽家の美しい婚約者、ファニー（アリス・ドゥ・ランクザン）も出入りしていた。そのため「フランツの婚約者」として紹介されたアンナはアドリアンの屋敷で歓迎を受け、アドリアンのバイオリン、ファニーの声楽、アンナのピアノで小さな演奏会まで開いたが、今度はそこでアンナが「嘘も方便！しかしこれ以上は耐えられない！」とばかりにピアノ演奏を中止し、直ちにドイツに戻ると言いはじめることに・・・・アレレ、これは一体なぜ？

　ドイツでも真の事情を知っているのはアンナとアドリアンだけで、フランツの両親は嘘の情報ばかり。そして、フランスでもアドリアンの母親もファニーも嘘の情報ばかりに囲まれていたから話があれこれとややこしくなったのは当然だ。アンナ流の「嘘も方便」の理屈は、アンナの告白を聞いた神父さんも承認していたが、ドイツでもフランスでも続いた「嘘で固めた人間関係」は、さて、いつまで続くの・・・？

## ■□■１９３２年の視点と２０１７年の視点の相違は？■□■

　本作のベースとされた『私の殺した男』は１９３２年公開の映画だから、第２次世界大戦前のもの。周知の通り、第１次世界大戦で敗戦国となったドイツは、塗炭の苦しみの中からヒトラーが台頭し、ドイツが長い間フランスを占領したが、再びドイツはアメリカ、イギリス、フランス等の連合国に敗れることになった。したがって、本作におけるフランスＶＳドイツの対立と和解の描き方が、第２次世界大戦前の『私の殺した男』のそれと異なるのは当然だが、本作に見るその対比は興味深い。

　１１月５日には、トランプ大統領が来日するが、安倍晋三首相、松山英樹プロとのゴルフの話題ばかりに注目せず、日中韓そして北朝鮮の問題を、現時点でトランプ大統領と安倍晋三首相が如何に議論するかに注目したい。そしてその際、本作の視点は大いに参考になると私は考えているが、さて・・・。

## ■□■あなたは、マネの「自殺」を知ってる？■□■

　私は今年4月18日に徳島県鳴門市にある大塚美術館をはじめて見学した。そこではスケールの大きさに圧倒されながら4時間以上かけて数多くの絵画を鑑賞した。美術館自体はもちろん、マネの絵もたくさん見たはずだが、残念ながら本作に登場する「自殺」は見ていない。ルーブル美術館に所蔵されているこの「自殺」と名付けられた絵は、アドリアンもフランツも好きな絵だと言っていたが、その絵はタイトル通りかなり気味の悪い絵だ。なぜアドリアンもフランツもこの絵が好きだったの？また、はじめてそれを見たアンナも、なぜそれを好きになったの？

　そこらあたりはフランソワ・オゾン監督の描き方では明確にされないが、本作ラストはこの「自殺」を前にアンナが某人物と並んで座るところで終わるので、最後までこの絵に注目！

2017（平成29）年11月1日記

# おわりに

◆今、世界は激動しています。日本にとって最も身近で重要な動きは、韓国の文在寅大統領と北朝鮮の金正恩委員長が４月２７日に板門店で実施した南北首脳会談と、６月１２日にシンガポールで開催予定の歴史的な米朝首脳会談です。北朝鮮の核ミサイル放棄と朝鮮半島の非核化は似て非なるもの。金委員長にとって親北体質が強い文大統領は与し易いお相手でしょうが、トランプ大統領は違います。その側近たちも近時は次々と強硬派に入れ替わったばかり。ハプニング的な米朝首脳会談中止もあり得るし、もしそうなったら、いざ朝鮮半島有事！の可能性も。すると、さあ日本は・・・？

◆有意義な米朝首脳会談にできるか否かの鍵を握るのは、金正恩の後見人的立場に立つ中国の習近平国家主席です。関税合戦に始まり、米中貿易戦争にまで発展するかもしれなかった米中間の難問題を、押したり引いたりしながらそれなりにまとめるのがトランプ流であり、習近平流の技。そこが、キレイ事しか言えない日本の政府や外交筋とは決定的に違うところです。他方、華やかな表舞台の裏では、スパイ映画顔負けのＣＩＡの動きがあるはずだし、中国側ではいよいよ国家副主席に就任した習近平の盟友である王岐山の活躍が始まりそうです。

　香港、台湾の取り込みを進め、南沙諸島の軍事基地化を加速させている中国は、昨年１０月の共産党大会で宣言したとおり、２０３５年には習近平流の現代化を成し遂げ、中国建国１００年である２０４９年には米国に比肩する強国を作り上げるという壮大なプランの実現に向けて着々と歩を進めています。

　そんな流れの中、私たちはモリカケ問題やセクハラ問題ばかりにうつつを抜かしていていいのでしょうか。

◆トランプ外交は、アジアのみならず、中東でも次々と波乱を巻き起こしています。その第１は、オバマ前大統領が苦労の末にまとめ上げた、イランとの「２０１５年の核合意」を一方的に離脱すると宣言したことです。これは２０１６年１１月の大統領選挙時に公約した「ＴＰＰからの離脱」を大統領就任後本当に実行したのと同じく、それまでの国際的な約束やルールを一方的に破棄するものです。そうであれば、一般的には"けしからん"となるのが常ですが、トランプ大統領の場合はそれなりの国益とそれなりの国民の支持を得ているため、あくまで強気です。これによって、原油の生産や供給にどのような不安定要素が強まるのか、さらに、４期目の当選を果たし、総計２０年間の長期政権を確立させたロシアのプーチン大統領が、今日までのイランとの友好的な関係の上にどのような行動に出るのか、等が注目されます。

◆トランプ大統領の中東でのあっと驚く政策転換の第２は、在イスラエル米大使館のテルアビブからエルサレムへの移転です。「エルサレムの地位はイスラエルとパレスチナの和平交渉で決める」としていた従来の中東政策をいきなり１８０度転換さ

せることを２月に宣言するや、その宣言どおり５月１４日にはそれを本当に実行しました。エルサレムにはユダヤ教、キリスト教、イスラム教の聖地が集まっていますが、この決断に建国７０周年を迎えたイスラエルは大喜び。しかし、パレスチナ諸国の猛反発はもとより、従来の秩序を重んじる西欧諸国も反発しています。そのため、すでにガザ地区ではイスラエルと米国に対する大規模な抗議デモと激しい衝突が続いています。これによって、アメリカ主導の中東和平はもはや絶望的に・・・？

◆これらの動きは、はるか海の向こうの、日本とは無関係な話だと思っていると大まちがい。『アラビアのロレンス』（６２年）で明らかにされた、イギリスの二枚舌外交の影響が今なお続いているうえ、中東諸国の日々のせめぎ合いは常に国際紛争・軍事衝突の火種になることはまちがいないと考えるべきです。トランプ大統領は、「ＴＰＰからの離脱」も「イランの核合意の離脱」も本当にやり切りました。コトの当否は別として、その意志力と実行力、そして交渉力には敬服です。島国ニッポンの国民は、広い目でそんな世界情勢をしっかり勉強する必要があります。

◆いやいや、日本だってすごい。日本も捨てたものではありません。それは５月２０日に届いた第７１回カンヌ国際映画祭で、是枝裕和監督の『万引き家族』がパルムドール賞を受賞したことです。黒澤明監督の『影武者』（８０年）、今村昌平監督の『楢山節考』（８３年）と『うなぎ』（９７年）に続く快挙は日本映画の、そして日本人の誇りです。米国大リーグのエンゼルスに入団し、投打の二刀流で予想以上の大活躍を見せている大谷翔平選手や、史上最年少で四段に昇段し、その後も予想以上のスピードで勝ち星を重ね、１５歳９カ月での七段昇段を決めた将棋の藤井聡太棋士らを見ても、一部の日本の若者の底力には凄いものがあります。是枝監督の映画による世界への発信力や大谷翔平、藤井聡太らの天才力、さらに羽生善治や井山裕太の天才力を広く日本の力としたいものです。しかし、そのためには、今のニッポン、何を変えなければならないの・・・？

◆私の本来の仕事である法曹界では、毎年の司法試験の合格者は概ね１５００人で落ち着いていますが、受験者は減り続け、母体となるべき法科大学院も統廃合が続いています。そして、やっと司法試験に合格して弁護士バッジをつけても、就職先もなく、ろくな仕事もなし。そんな惨状は目をおおうばかりですが、残念ながらそれもこれも今のニッポン国の実力。なぜ日本はこんなに情けない国になってしまったのでしょうか？あえてその根本原因を探れば、私は「競争力の欠如」だと考えています。要するに、現状のような優しく寛容な日本でこのままいければいいのですが、多分それは無理。羽生や井山、そして大谷や藤井のような天才は、過酷な競争の中でこそ生まれたのだということを認識すべきです。

◆それでは、２０１９年の事務所だより３２号（新年号）と共に届くであろう『シネマルーム４２』までの半年の間、バイバイ。バイバイ。バイバイ。

　２０１８（平成３０）年５月２３日

弁護士　坂　和　章　平

# シネマルーム41　索　引

タイトル（50音順）

**ア** あゝ、荒野【前篇】【後篇】……………………………… 50頁

アトミック・ブロンド　　　　　　　………………… 194頁

祈りの幕が下りる時　　　　　………………… 77頁

ウイスキーと2人の花嫁　　　　　　　 254頁

ウィンストン・チャーチル　ヒトラーから世界を救った男　 26頁

嘘八百　……………… 72頁

永遠のジャンゴ　　　　　　　　 227頁

エルネスト　　　　　　　　 93頁

オン・ザ・ミルキー・ロード　　　　 260頁

**カ** 彼女がその名を知らない鳥たち……………………… 57頁

空手道　　　　　　　　 160頁

カンフー・ヨガ（功夫瑜伽／Kung Fu Yoga）……… 151頁

北の桜守　　　　　　　 99頁

希望のかなた　　　　　　 273頁

空海　KU-KAI　美しき王妃の謎　（妖猫伝 Legend of the Demon Cat）　 112頁

血観音　　　　　　 156頁

ゲット・アウト……………………………………… 33頁

ゴッド・オブ・ウォー（蕩寇風雲／God of War）……… 146頁

婚約者の友人　　　　　　 289頁

**サ** ザ・シークレットマン　　　　　　 44頁

猿の惑星　聖戦記（グレート・ウォー）　　 164頁

シェイプ・オブ・ウォーター………………………… 10頁

15時17分、パリ行き　　　　　　 168頁

素敵なダイナマイトスキャンダル　　　 88頁

スリー・ビルボード　　　　　　 18頁

聖なる鹿殺し　キリング・オブ・ア・セイクリッド・ディア　… 184頁

戦狼2　ウルフ・オブ・ウォー2　　　 136頁

**タ** 立ち去った女………………………………………… 284頁

296

| | | |
|---|---|---|
| | 長江　愛の詩（長江図／Crosscurrent） | 131頁 |
| | デトロイト | 174頁 |
| | ドリーム | 198頁 |
| **ナ** | 苦い銭（苦銭／Bitter money） | 125頁 |
| **ハ** | 朴烈（パクヨル）　植民地からのアナキスト | 243頁 |
| | はじめてのおもてなし | 279頁 |
| | 花筐／HANAGATAMI | 67頁 |
| | バーフバリ　王の凱旋 | 141頁 |
| | The Beguiled／ビガイルド　欲望のめざめ | 181頁 |
| | ビジランテ | 81頁 |
| | 否定と肯定 | 214頁 |
| | 火花 | 62頁 |
| | ブルーム・オブ・イエスタディ | 221頁 |
| | ベロニカとの記憶 | 249頁 |
| | ペンタゴン・ペーパーズ　最高機密文書 | 37頁 |
| | 僕の帰る場所 | 105頁 |
| **マ** | マンハント（追捕　MANHUNT） | 117頁 |
| | 密偵 | 236頁 |
| | 女神の見えざる手 | 204頁 |
| **ヤ** | ユダヤ人を救った動物園　アントニーナが愛した命 | 231頁 |
| **ラ** | レッド・スパロー | 189頁 |
| **ワ** | 笑う故郷 | 266頁 |

# 弁護士兼映画評論家　坂和章平の著書の紹介

## ＜都市問題に関する著書＞

『苦悩する都市再開発～大阪駅前ビルから～』（都市文化社・８５年）（共著）

『岐路に立つ都市再開発』（都市文化社・８７年）（共著）

『都市づくり・弁護士奮闘記』（都市文化社・９０年）

『震災復興まちづくりへの模索』（都市文化社・９５年）（共著）

『まちづくり法実務体系』（新日本法規・９６年）（編著）

『実況中継　まちづくりの法と政策』（日本評論社・００年）

『Ｑ＆Ａ　改正都市計画法のポイント』（新日本法規・０１年）（編著）

『実況中継　まちづくりの法と政策　ＰＡＲＴⅡ－都市再生とまちづくり』（日本評論社・０２年）

『わかりやすい都市計画法の手引』（新日本法規・０３年）（執筆代表）

『注解　マンション建替え円滑化法』（青林書院・０３年）（編著）

『改正区分所有法＆建替事業法の解説』（民事法研究会・０４年）（共著）

『実況中継　まちづくりの法と政策　ＰＡＲＴⅢ－都市再生とまちづくり』（日本評論社・０４年）

『Ｑ＆Ａ　わかりやすい景観法の解説』（新日本法規・０４年）

『実務不動産法講義』（民事法研究会・０５年）

『実況中継　まちづくりの法と政策　ＰＡＲＴ４－「戦後６０年」の視点から―』（文芸社・０６年）

『建築紛争に強くなる！建築基準法の読み解き方―実践する弁護士の視点から―』（民事法研究会・０７年）

『津山再開発奮闘記　実践する弁護士の視点から』（文芸社・０８年）

『眺望・景観をめぐる法と政策』（民事法研究会・１２年）

『早わかり！大災害対策・復興をめぐる法と政策
　　―復興法・国土強靭化法・首都直下法・南海トラフ法の読み解き方―』（民事法研究会・１５年）

『まちづくりの法律がわかる本』（学芸出版社・１７年）　ほか

## ＜映画評論に関する著書＞

『ＳＨＯＷ－ＨＥＹシネマルームⅠ～二足のわらじをはきたくて～』（０２年）

『社会派熱血弁護士、映画を語る　ＳＨＯＷ－ＨＥＹシネマルームⅡ』（オール関西・０３年）

『社会派熱血弁護士、映画を語る　ＳＨＯＷ－ＨＥＹシネマルームⅢ』（オール関西・０４年）

『ナニワのオッチャン弁護士、映画を斬る！ＳＨＯＷ－ＨＥＹシネマルーム４』（文芸社・０４年）

『坂和的中国電影大観　ＳＨＯＷ－ＨＥＹシネマルーム５』（オール関西・０４年）

| | | | |
|---|---|---|---|
| 『ＳＨＯＷ－ＨＥＹシネマルーム６』 | （文芸社・０５年） | 『ＳＨＯＷ－ＨＥＹシネマルーム２４』 | （１０年） |
| 『ＳＨＯＷ－ＨＥＹシネマルーム７』 | （文芸社・０５年） | 『ＳＨＯＷ－ＨＥＹシネマルーム２５』 | （１０年） |
| 『ＳＨＯＷ－ＨＥＹシネマルーム８』 | （文芸社・０６年） | 『ＳＨＯＷ－ＨＥＹシネマルーム２６』 | （１１年） |
| 『ＳＨＯＷ－ＨＥＹシネマルーム９』 | （文芸社・０６年） | 『ＳＨＯＷ－ＨＥＹシネマルーム２７』 | （１１年） |
| 『ＳＨＯＷ－ＨＥＹシネマルーム１０』 | （文芸社・０６年） | 『ＳＨＯＷ－ＨＥＹシネマルーム２８』 | （１２年） |
| 『ＳＨＯＷ－ＨＥＹシネマルーム１１』 | （文芸社・０７年） | 『ＳＨＯＷ－ＨＥＹシネマルーム２９』 | （１２年） |
| 『ＳＨＯＷ－ＨＥＹシネマルーム１２』 | （文芸社・０７年） | 『ＳＨＯＷ－ＨＥＹシネマルーム３０』 | （１３年） |
| 『ＳＨＯＷ－ＨＥＹシネマルーム１３』 | （文芸社・０７年） | 『ＳＨＯＷ－ＨＥＹシネマルーム３１』 | （１３年） |
| 『ＳＨＯＷ－ＨＥＹシネマルーム１４』 | （文芸社・０７年） | 『ＳＨＯＷ－ＨＥＹシネマルーム３２』 | （１４年） |
| 『ＳＨＯＷ－ＨＥＹシネマルーム１５』 | （文芸社・０８年） | 『ＳＨＯＷ－ＨＥＹシネマルーム３３』 | （１４年） |
| 『ＳＨＯＷ－ＨＥＹシネマルーム１６』 | （文芸社・０８年） | 『ＳＨＯＷ－ＨＥＹシネマルーム３４』 | （１４年） |
| 『ＳＨＯＷ－ＨＥＹシネマルーム１７』 | （文芸社・０８年） | 『ＳＨＯＷ－ＨＥＹシネマルーム３５』 | （１５年） |
| 『ＳＨＯＷ－ＨＥＹシネマルーム１８』 | （文芸社・０８年） | 『ＳＨＯＷ－ＨＥＹシネマルーム３６』 | （１５年） |
| 『ＳＨＯＷ－ＨＥＹシネマルーム１９』 | （文芸社・０８年） | 『ＳＨＯＷ－ＨＥＹシネマルーム３７』 | （１６年） |
| 『ＳＨＯＷ－ＨＥＹシネマルーム２０』 | （文芸社・０９年） | 『ＳＨＯＷ－ＨＥＹシネマルーム３８』 | （１６年） |
| 『ＳＨＯＷ－ＨＥＹシネマルーム２１』 | （文芸社・０９年） | 『ＳＨＯＷ－ＨＥＹシネマルーム３９』 | （１７年） |
| 『ＳＨＯＷ－ＨＥＹシネマルーム２２』 | （０９年） | 『ＳＨＯＷ－ＨＥＹシネマルーム４０』 | （１７年） |
| 『ＳＨＯＷ－ＨＥＹシネマルーム２３』 | （０９年） | 『ＳＨＯＷ－ＨＥＹシネマルーム４１』 | （１８年） |

## ＜その他の著書＞

『Ｑ＆Ａ　生命保険・損害保険をめぐる法律と税務』（新日本法規・９７年）（共著）

『いま、法曹界がおもしろい！』（民事法研究会・０４年）（共著）

『がんばったで！３１年　ナニワのオッチャン弁護士　評論・コラム集』（文芸社・０５年）

『がんばったで！４０年　ナニワのオッチャン弁護士　評論・コラム集』（１３年）

『いまさら人に聞けない「交通事故示談」かしこいやり方』（セルバ出版・０５年）

『名作映画から学ぶ裁判員制度』（河出書房新社・１０年）

『名作映画には「生きるヒント」がいっぱい！』（河出書房新社・１０年）

## ＜中国語の著書＞

『取景中国：跟着电影去旅行（Shots of China）』（上海文芸出版社・０９年）

『電影如歌　一个人的银幕笔记』（上海文芸出版社・１２年）

＊著者プロフィール＊

# 坂和 章平(さかわ しょうへい)

| | |
|---|---|
| １９４９（昭和２４）年１月 | 愛媛県松山市に生まれる |
| １９７１（昭和４６）年３月 | 大阪大学法学部卒業 |
| １９７２（昭和４７）年４月 | 司法修習生（２６期） |
| １９７４（昭和４９）年４月 | 弁護士登録（大阪弁護士会） |
| １９７９（昭和５４）年７月 | 坂和章平法律事務所開設 |
| | （後　坂和総合法律事務所に改称） |
| | 現在に至る |

表紙撮影の帰り道、南森町駅すぐの天神橋筋商店街２丁目の入口で撮影。アーケードを飾るお迎え人形に注目！

### ＜受賞＞

| | |
|---|---|
| ０１（平成１３）年５月 | 日本都市計画学会「石川賞」 |
| 同年同月 | 日本不動産学会「実務著作賞」 |

### ＜検定＞

| | | |
|---|---|---|
| ０６（平成１８）年 | ７月 | 映画検定４級合格 |
| ０７（平成１９）年 | １月 | 同　３級合格 |
| １１（平成２３）年 | １２月 | 中国語検定４級・３級合格 |

### ＜映画評論家ＳＨＯＷ－ＨＥＹの近況＞

| | |
|---|---|
| ０７（平成１９）年１０月 | 北京電影学院にて特別講義 |
| ０７（平成１９）年１１月９日～<br>０９（平成２１）年１２月２６日 | 大阪日日新聞にて「弁護士坂和章平のＬＡＷ　ＤＥ　ＳＨＯＷ」を毎週金曜日（０８年４月より土曜日に変更）に連載 |
| ０８（平成２０）年１０月１６日 | 「スカパー！」「ｅ２ｂｙスカパー！」の『祭りＴＶ！　吉永小百合祭り』にゲスト出演（放送期間は１０月３１日～１１月２７日） |
| ０９（平成２１）年　８月 | 中国で『取景中国：跟着電影去旅行（Shots of China）』を出版 |
| 同月１８日 | 「０９上海書展」（ブックフェア）に参加　説明会＆サイン会 |
| ０９（平成２１）年　９月１８日 | 上海の華東理工大学外国語学院で毛丹青氏と対談＆サイン会 |
| １１（平成２３）年１１月<br>３～６日 | 毛丹青先生とともに上海旅行。中国語版『名作映画には「生きるヒント」がいっぱい！』の出版打合せ |
| １２（平成２４）年　８月１７日 | 『電影如歌　一个人的銀幕筆記』を上海ブックフェアで出版 |
| １３（平成２５）年　２月９日 | 関西テレビ『ウェル　エイジング～良齢のすすめ～』に浜村淳さんと共に出演 |
| １４（平成２６）年　９月 | 劉蒨懿の初監督作品『鑑真に尋ねよ』への出資決定 |
| １４（平成２６）年１０月 | 日本とミャンマーの共同制作、藤元明緒監督作品『僕の帰る場所／Ｐａｓｓａｇｅ　ｏｆ　Ｌｉｆｅ』への出資決定 |
| １５（平成２７）年　６月２９日 | 北京電影学院"実験電影"学院賞授賞式に主席スポンサーとして出席 |
| １７（平成２９）年１０月２５日<br>～１１月３日 | 『僕の帰る場所／Ｐａｓｓａｇｅ　ｏｆ　Ｌｉｆｅ』が第３０回東京国際映画祭「アジアの未来」部門で作品賞と国際交流基金特別賞をＷ受賞 |
| １８（平成３０）年　３月 | 『僕の帰る場所／Ｐａｓｓａｇｅ　ｏｆ　Ｌｉｆｅ』が第１３回大阪アジアン映画祭の特別招待作品部門で上映 |

## SHOW−HEYシネマルーム41
### 2018年上半期お薦め50作

2018年7月25日　初版　第一刷発行

著　者　　坂和　章平

　　　　　〒530-0047 大阪市北区西天満3丁目4番6号

　　　　　西天満コートビル3階　坂和総合法律事務所

　　　　　電話　　06-6364-5871

　　　　　ＦＡＸ　06-6364-5820

　　　　　Ｅメール office@sakawa-lawoffice.gr.jp

　　　　　ホームページ http://www.sakawa-lawoffice.gr.jp/

発行所　　ブイツーソリューション

　　　　　〒466-0848 名古屋市昭和区長戸町4-40

　　　　　電話　　052-799-7391

　　　　　ＦＡＸ　052-799-7984

発売元　　星雲社

　　　　　〒112-0005 東京都文京区水道1-3-30

　　　　　電話　　03-3868-3275

　　　　　ＦＡＸ　03-3868-6588

印刷所　　モリモト印刷

万一、落丁乱丁のある場合は送料当社負担でお取替えいたします。

小社宛にお送りください。

定価はカバーに表示してあります。

©Shohei Sakawa 2018 Printed in Japan　ISBN 978-4-434-24944-0